普通高等教育"十一五"国家级规划教材

清华大学汽车工程系列教材

汽车电子学教程
（第2版）

Automobile Electronics
(Second Edition)

李建秋 赵六奇 韩晓东 等 编著

Li Jianqiu, Zhao Liuqi, Han Xiaodong, et al.

清华大学出版社

北 京

U0331237

内容简介

本书系统地介绍了汽车各个电子控制系统的组成、主要部件的结构和工作原理、控制策略和发展趋势等问题。全书内容分3篇。第1篇介绍动力传动控制系统,分为4章,内容包括汽车电子控制系统及其开发方法、汽油发动机管理系统、柴油机电子控制系统和自动变速器的电子控制;第2篇介绍底盘车身电子控制系统;第3篇介绍汽车电子系统的可靠性和故障诊断,分为3章,内容包括汽车控制网络、汽车电子系统的可靠性和汽车电子控制系统的故障诊断。附录是清华大学汽车工程系汽车电子学课程的实验指导书。

本书可作为汽车工程专业和动力机械与工程专业内燃机方向的本科生、硕士研究生的教材或参考书,也可作为从事汽车和发动机电子控制系统产品开发和性能研究的工程技术人员的参考书。

图书在版编目(CIP)数据

汽车电子学教程/李建秋等编著. —2版. —北京:清华大学出版社,2011.5(2022.12重印)
(清华大学汽车工程系列教材)
ISBN 978-7-302-25321-1

Ⅰ. ①汽… Ⅱ. ①李… Ⅲ. ①汽车－电子控制－高等学校－教材 Ⅳ. ①U463.6

中国版本图书馆 CIP 数据核字(2011)第 068023 号

责任编辑:庄红权 杨 倩
责任校对:刘玉霞
责任印制:刘海龙

出版发行:清华大学出版社
  网 址:http://www.tup.com.cn,http://www.wqbook.com
  地 址:北京清华大学学研大厦 A 座   邮 编:100084
  社 总 机:010-83470000   邮 购:010-62786544
  投稿与读者服务:010-62776969,c-service@tup.tsinghua.edu.cn
  质 量 反 馈:010-62772015,zhiliang@tup.tsinghua.edu.cn
印 装 者:北京国马印刷厂
经 销:全国新华书店
开 本:185mm×260mm 印 张:23 字 数:555 千字
版 次:2011 年 5 月第 2 版   印 次:2022 年 12 月第 11 次印刷
定 价:65.00 元

产品编号:042047-05

前　言

法规和市场一直是汽车工业向前发展的两个推进器。随着世界上汽车保有量的增加，能源、排放、安全等法规不断加严，加之人们对舒适、便利、豪华的追求，对汽车的性能提出了更高的要求。使用传统的机械方法已不能使汽车的性能进一步得到明显的改善和提高。近年来，微电子技术的飞速发展，特别是微型计算机技术的巨大进步，使上述问题的解决成为可能。汽车电子技术使汽车工业进入一个全新的时代。

目前，汽车电子技术已广泛应用于汽车的发动机控制、底盘控制、车身控制、故障诊断以及音响、通信、导航等各个方面。汽车电子化的程度逐年增加，被认为是汽车技术发展进程中的一次革命。当今世界，汽车电子化的程度已被看作是衡量一个国家汽车工业水平的重要标志。

在国外，平均每辆汽车上的电子装置在整车成本中占 20%～25%，一些豪华轿车上装有 40 多个微处理器，有的汽车电子产品甚至占整车成本的 50% 以上。汽车电子工业正处在前所未有的发展时期。未来几年内，汽车领域的技术革新将有 70% 来自于电子技术的进步。汽车制造商认为，增加汽车电子装备的数量，促进汽车电子化是夺取未来汽车市场的有效手段。

电子技术在汽车上的应用已成为汽车设计研究部门考虑汽车结构革新的重要手段，且已取得了显著效果。比如，汽油发动机采用电控汽油喷射系统精确地控制空燃比，实现了闭环控制并采用三元催化转化器取代了传统的化油器，因而使汽油机的有害排放物降低 95%以上，燃油效率较 20 几年前提高近 2 倍。又比如，由于安装了防抱死制动系统，使汽车在湿滑冰雪路面上伤亡事故的发生率降低了 24%～28%。与一般人的观点恰好相反，大多数情况下，汽车电子控制系统比它们所代替的机械系统价格更便宜，且可靠、有效，性能价格比高，并更有利于环境保护。

现代汽车的电子化、多媒体化和智能化，使汽车已不仅仅是一个代步工具，还同时具有交通、娱乐、办公和通信等多种功能。

为了将国内外的新技术尽可能地介绍给大学生、硕士生、研究人员和工程技术人员，以适应汽车工业迅猛发展的要求，清华大学开设了"汽车电子学"课程，为此编写了本教材。由于涉及的内容广泛，很难由少数人完成，因此本书大部分是由各课题组的主要科研人员编写的。由于近年来汽车电子技术发展很快，我们在 2005 年出版的《汽车电子学》的基础上，去除了一些较陈旧的内容，增加了汽车控制网络及近几年新发展的电子控制技术的内容，并在全书体系上也作了一些改动，将汽车电子控制系统及其开发方法编写成独立的一章。本书绪论由袁大宏教授编写；第 1、3 章和附录由李建秋教授编写；第 2、7、8 章由王绍锐教授编写；第 4 章和第 5 章的 5.4 节由赵六奇教授编写；第 5 章的 5.1～5.3 节由夏群生教授编写；第 6 章由韩晓东高级工程师编写。在本书的编写过程中，得到了各个课题组的大力支持，在此向他们致以深切的谢意。

本书是在普通高等教育"十一五"国家级规划教材《汽车电子学》的基础上精选了主要内

容编写而成,以满足更广泛读者的要求。

由于编写的时间较短、资料不足和水平有限,想必有许多不足之处,恳切地希望同行和读者不吝指正。

来信请寄:北京清华大学汽车工程系　邮编:100084

作　者

2011 年 2 月于清华园

目　　录

第1篇　动力传动控制系统

0 绪 论

0.1 汽车电子的发展史

1948 年发明了晶体管收音机,到 1955 年,安装在汽车上的晶体管收音机数量迅速增加。1959 年,集成电路制作的收音机开始在汽车上推广应用。收音机成为在汽车上最早应用的电子装置。

20 世纪 60 年代初期,由于硅二极管整流器的出现,交流发电机开始替代原来车上使用的直流发电机。1960 年,美国克莱斯勒(Chrysler)汽车公司和日本日产(Nissan)汽车公司首先在车上采用了硅二极管整流的交流发电机。随后车用发电机的交流化迅速在世界范围内得到了推广。

1960 年,美国通用(GM)汽车公司最先使用了晶体管电子电压调节器。到了 20 世纪 60 年代中期,晶体管电压调节器在车用交流发电机上开始普及。

从 20 世纪 60 年代起,汽车制造商已经开始试图用电子技术来改善发动机和汽车的性能。通用汽车公司在 1962 年开发了晶体管点火装置,用来提高点火能量,改善发动机的经济性。1967 年 BOSCH 公司制造了一系列简单的电子燃油喷射控制系统。此外,在汽车底盘方面还有巡航控制系统和防抱死制动系统(ABS)。当时这些新技术的应用,存在的共同问题是价格昂贵、可靠性差,复杂的电路使它们的维修费用也很高,因而没有得到推广应用。

1966 年,美国加利福尼亚州首先颁布了世界上第一个汽车排放法规。1971 年美国清洁空气法规要求必须大幅度地降低汽车废气中有害污染物的限值。当时在世界范围内又出现了能源危机,从而推动了汽车电子技术的快速发展。

进入 20 世纪 70 年代,随着排放法规的加严,1974 年美国通用汽车公司开始采用高能无触点点火系统(HEI)减少汽车排气对大气的污染。

电子工业的长足进步,特别是大规模集成电路和超大规模集成电路技术的快速发展,使微处理器的广泛应用被称为是"第三次工业革命"。微处理器在汽车上的应用,使汽车的性能发生了重大的改变。第一个在汽车上应用微处理器的是通用汽车公司,它于 1976 年将其使用在 MISAR 点火定时控制系统上。该系统能够精确地控制发动机的点火时刻,在提高发动机的燃烧效率和输出功率的同时,还可以大幅度地降低排气中的有害成分。这种电子点火控制技术迅速在全世界范围内得到了推广。1977 年,美国福特汽车公司在发动机计算机点火控制系统的基础上,又增加了废气再循环和二次空气喷射的控制功能。此后,有的汽车公司又将这个系统发展成为电子控制化油器空燃比控制系统。由于电子控制燃油喷射系统的出现,电子控制化油器只存在了一段很短的时间。

Bendix 公司于 1957 年在世界上最早公布了燃油喷射技术的研究成果,但是由于各种原因,没有能够得到推广应用。1962 年,德国的博世(BOSCH)公司开发了电子控制汽油喷射技术,D-Jetronic 系统(速度密度法)也于 1967 年开始投放市场。1972 年,又开发了 K-Jetronic 和 L-Jetronic 两种质量流量式的汽油喷射系统。1979 年,BOSCH 的 Motronic 燃料喷射系统大批量投放市场。

汽油发动机燃油喷射系统具有空燃比控制功能,空燃比闭环控制和三元催化转换器一起使用,和传统的化油器发动机相比,可以使发动机排气中有害生成物 CO,HC,NO_x 的排放量减少95%以上,是解决汽油发动机降低排放最有效的技术措施。

出于对汽车动力性、经济性和排放性能的综合要求,1970年以后,美国联邦政府和加州政府实施了强制安装发动机电控燃油喷射系统的规定。

在废气排放立法方面,欧洲一般落后于美国和日本,直到1993年1月才要求美国销往欧共体(EC)国家的汽车,全部强制安装排气污染控制系统。这意味着大约每年有4000万辆汽车都配有电控发动机燃油喷射系统。

20世纪80年代,微处理器的应用已经深入到我们生活中的各个领域,从家用电器、各种工业控制装置一直到航空航天。汽车制造商们也把微处理器控制汽车的各种系统作为提高和改善汽车性能最有效的技术手段。

自动变速箱的微型计算机控制系统,改善了汽车换挡时的平稳性,使汽车的使用油耗大幅度降低。牵引力控制系统(TCS)能够帮助车辆在光滑的道路表面上加速;在恶劣的驾驶条件下,ABS可以保证汽车良好的制动性能;装有四轮转向系统(E4WS)的车辆,在车辆陷入一个狭窄的空间或拐角里时,控制系统可以准确地操纵前、后轮,使车辆摆脱困境;电子控制悬架系统可以改善车辆的舒适性和操纵性。

在车内,电子装置已经用来大幅改善乘员的舒适性和方便性。车上都已经普遍安装了立体声收音机;许多汽车都配置了电操纵的座椅、后视镜、遮阳顶篷和车窗等。在一些高档的轿车上都安装了电子控制的空调系统,这种系统正在逐渐进入中档轿车。

安全气囊的使用,已被证明是保证驾驶员和乘员生命安全非常重要的安全设备,在美国已被规定为汽车上强制性安装的设备,在许多欧洲生产的车型上也是标准的配置。由于传感器技术的最新发展,侧面碰撞的安全气囊也已经被一些汽车制造商所采用。

进入20世纪90年代,由于汽车保有量的不断增多,导致石油能源消耗的急剧增加,汽车排出的废气造成的大气污染日趋严重,交通拥堵,交通事故增多,加之人们对汽车安全、舒适、便捷、豪华的追求,对汽车的性能提出了更高的要求。使用传统的机械办法已不能使汽车的性能进一步得到明显的改善和提高。由于微电子技术的飞速发展,特别是微型计算机技术的巨大进步,电子技术和传统的机械机构相结合,使得人们对环保、节能、安全、舒适与便捷等问题的需求得到了进一步的满足。

在此期间,各种控制系统的功能进一步增强,性能更加完善。例如,在动力控制方面,发动机管理系统(EMS)增加了变速箱的控制功能,组成了动力传动控制系统(PCM)控制;在汽车主动安全控制方面,防抱死制动系统又增加了牵引力控制系统和驱动防滑系统(ASR)控制功能;在车辆稳定性控制方面,有车辆稳定性控制(VSC)系统、强化车辆稳定性(VSE)系统以及智能悬架控制系统;在被动安全控制方面,发展了安全带和安全气囊的综合控制技术。

智能巡航控制,也称为自适应巡航控制(ACC),包括了防死抱制动系统、牵引力控制系统及车辆稳定系统。驾驶员即使没有踩制动踏板,ACC也能够在必要的时刻自动完成制动的操作。

汽车安全在英国是一个受到特别重视的问题,因为英国盗窃汽车的犯罪案件是世界上最高的。现在大多数英国市场上出售的汽车,都提供由工厂配置的防盗警报器和发动机锁定系统,目的是为了减少新车的保险费。

此外,汽车内部环境的人性化设计方面、无线网络通信技术、自动防盗系统和车载防撞雷达等电子装置,都得到了进一步的开发和应用。

由于汽车上的电子控制装置越来越多,车上的线束变得非常粗大。为了减少导线的数量,控制器局域网(CAN)总线技术在此期间有了很大的发展。CAN总线将各种汽车电子装置连接成为一个网络。在这个网络中,各控制装置独立运行,完成各自的控制功能,同时还可以通过通信为其他控制装置提供数据服务。

0.2 汽车电子的现状及未来的发展趋势

20世纪90年代,电子技术取得了巨大的进步,电子元器件的体积变得很小,重量减轻,电能的消耗进一步降低。由于微处理器功能的增强,计算速度提高了几倍,价格也变得非常便宜,特别是可靠性得到了极大的提高,为用电子技术改造传统的汽车创造了条件。未来汽车电子的发展趋势仍将会集中在环保、安全、驾驶乘坐环境和公共设施的建设4个方面。

0.2.1 保护环境

全世界约有4亿辆汽车在道路上行驶,汽车对环境造成的影响是非常可怕的。举例来说,据德国政府的研究表明,一辆典型的汽车从投入使用到最后报废,要向大气中排放 59.7 t 产生温室效应的二氧化碳、污染 20.4 亿 m^3 的空气和产生 26.5 t 的固态垃圾。除此之外,汽车产生的废弃物还要进行处理。

为了保护地球上现存的有限的碳氢化合物资源,减少汽车排放的二氧化碳和其他有害污染物,提高发动机的效率仍是当前急需解决的问题。为了使发动机获得最好的燃油经济性,汽车制造商们正在开发"稀薄燃烧"的发动机,提高发动机的燃油效率。目前,世界上大多数国家的政府都要求汽车安装催化转化器,采用先进的电子控制系统,精确地控制发动机的点火和喷油,这样将使发动机的效率比传统发动机的效率提高 25% 左右。

减少汽车排气对环境的污染还可以通过使用"代用燃料"、采用油电混合动力系统和氢燃料电池技术的发动机来实现。为此要研究制造新型的发动机、传感器、执行器,以及体积小、运算速度更快和更智能的控制器。

0.2.2 安全

一年一次的道路意外事故的统计,在人们的心中并没有引起足够的重视,由于车祸造成的伤亡事故几乎成为可以被人们接受的生活常识。据公安部交通管理局发布的 2009 年全国道路交通事故情况显示,全国共发生道路交通事故 238 351 起,造成 67 759 人死亡、275 125 人受伤,直接财产损失 9.1 亿元,全国万车死亡率高达 3.6 人。汽车给人们的生命财产造成了极大的损失。

近年来,汽车安全装置的销售呈上升趋势。电子技术的应用主要集中在两个方面:一是主动安全,即协助驾驶者避免意外事故的发生和提高驾驶的安全性;二是被动安全,指一旦不可避免地发生了碰撞事故,可以保护车上乘员的安全。

1. 主动安全

汽车由于安装了主动安全电子控制系统,减少了驾驶员的疲劳程度,使驾驶变得轻松和比较安全。由于电子系统的响应速度快,能够非常快地参与对汽车的操纵和控制,在紧急情况发生时,它们的价值是无法衡量的。牵引力控制系统和防抱死制动系统在车辆发生事故时,可以减少车辆碰撞事故的发生。碰撞预测系统使用雷达或红外线探测器能够识别障碍物,如果将其连接到车辆的速度控制和制动控制系统,就可以发出警报,并采取减速和制动措施。

此外还有驾驶员监测系统,这个系统可以在驾驶员的行为或反应变得异常时警告驾驶员;改进的显示和警告系统,可以清晰地显示或用语音提示驾驶者所需的信息,而不需要他的视线离开行进道路的前方。

2. 被动安全

汽车安全带于 1960 年在汽车上开始使用。安全带的使用已经证明,在汽车发生意外碰撞事故时,它对防止乘员受到伤害起到了明显的效果。作为安全带的补充又开发了安全气囊系统。最初安全气囊是用机械方式触发的,在使用电子控制后性能有了相当大的提高,气囊瞬间充气胀大所需的时间小到 $20 \sim 30$ ms。未来的智能保护系统将安全带、气囊、乘员感知系统和碰撞预测系统集成在一起,在实际碰撞发生之前就能够预知碰撞的发生。这种技术能够使气囊在撞击的时候已经充满气体。

0.2.3 驾驶乘坐环境

对任何一种乘用客车的最基本的要求应当是使乘坐者舒适和容易驾驶。换句话说,车辆的设计应当满足人体工程学的设计要求。在操作时要省力和准确,驾驶的信息应当醒目、易读。

按照人体工程学设计的"智能"转向助力系统,车上的转向盘和转向柱会在驾驶员上下车的时候,自动地摆向仪表板一侧,让出一个驾驶员容易通过的通道。有一些车使用的电子"钥匙",不但可以操纵门锁和点火钥匙开关,而且还可以把调整座椅、后视镜和转向柱个性化的位置数据自动保存起来。此外,常见的例子还有动力转向助力系统和车速巡航控制系统,它们可以减轻驾驶员在长途旅程中的疲劳。

汽车已经变得非常先进,随着提供给驾驶员的信息量的增多,指示灯、警告灯和机械式仪表使得仪表板变得非常复杂。为了使这些数据显示醒目和容易辨识,已将仪表板改为液晶(LCD)和荧光管(VFD)显示的电子仪表板。正在研制的新型显示系统,可以把汽车仪表上的图像投影在挡风玻璃上,位置正好是在驾驶者的视线下面,即所谓的平视显示系统(HUD),这样驾驶员的视线可以不离开车辆行进的道路,就可以看到仪表板上各种信息的显示。为了增强信息的效果,还可像在航行器座舱中一样,使用语音提示驾驶员注意。

0.2.4 公共基础设施的建设

社会逐渐走向信息化,汽车将会越来越多地配置一些电子装置,在车辆行进中为驾驶员和乘客提供大量来自车辆外部的信息。将来的在板通信系统(on-board communication systems)能够使驾驶员避免塞车和发生意外事故,并且可获得停车位、商店和购物场所详细的地理位置等许多有用的信息。

目前,绝大多数的汽车上都配置了调幅、调频(AM/FM)收音机,提供娱乐和收听由电台广播员播出的交通信息。在 20 世纪 90 年代早期,欧洲普遍采用了收音机数字系统(RDS),用传送的数据和收音机信号一起发送的方法,来增强 FM 广播信息的承载能力。许多车辆现在仍然把 RDS 收音机作为标准配置。

未来的交通数据系统将会具备更多的功能,道路数据系统在大屏幕的液晶显示屏上,可以显示车辆现在所处的位置、导航系统所选择的最佳行驶路线以及到达目的地所需的最少时间。惯性导航系统采集车速传感器提供的车速信号、车载陀螺仪输出的方位信号以及全球定位系统(GPS)卫星网络的信号与保存在 CD-ROM 数据磁盘上的道路地图相比较,在屏幕的地图上实时显示车辆位置。

因为运行这些系统,都需要依靠大规模的通信基础设施,一些国家的政府正在支持所在地区的发展。在欧洲,欧盟国家正在发起 DRIVE 和 PROMETHEUS 计划;在美国,联邦政府正在与大学合作发展智能汽车-公路系统(IVHS)系统;在日本,正在开发车辆和通信系统(VICS)。

0.3 小　　结

20 世纪 70 年代,一些国家实行了严格的汽车废气排放法规,在此期间又发生了第一次石油危机,因此,环保和节能问题显得非常重要。采用电子控制发动机,可以减少汽车废气对大气的污染和节约能源。电子装置在恶劣的汽车环境下使用的可靠性问题也得到了解决。

20 世纪 80 年代,微处理器控制系统和精密的机械系统相结合制造汽车,使汽车的动力性、经济性、操纵性、平顺性、舒适性和安全性能等都得到了进一步的提高和改善。动力传动系统优越的性能得到了认可。

20 世纪 90 年代,消费者的要求变得更是精益求精。为了增加汽车的舒适性、方便性和安全性,人们熟悉的一些家用电器,如录像机、CD 唱机、DVD、卫星电视接收机、移动电话机和个人计算机逐渐地都移上了汽车,ABS 和安全气囊都变成了豪华车型上的标准配置。在这 10 年时间内,汽车电子装置产品的开发周期不断地缩短,每年新的电子系统的性能都在改进,它们的外形大小、重量、价格和功耗都在减少。汽车电子装置应用的范围进一步扩大,已逐渐取代了汽车各主要传统的机械操作系统。据统计,1989—2000 年,平均每辆车上电子装置的费用在整个汽车制造成本中所占的比例从 16％增至 23％以上;在一些豪华轿车上,电子装置使用的微处理器数量已经达到 48 个,电子装置的费用要占到整车成本的 50％以上。

进入 21 世纪,汽车设计的主要问题仍将是安全和环保。电子技术的快速发展,为汽车向电子化、智能化、网络化、多媒体的方向发展创造了条件。汽车已不仅仅是一个代步工具,它已同时具有了交通、娱乐、办公和通信的多种功能。汽车的电子化使汽车工业步入了数字化时代。

第1篇　动力传动控制系统

1 汽车电子控制系统及其开发方法

1.1 汽车电子控制系统的特点和组成框架

1.1.1 汽车电子控制系统的基本特点

汽车电子控制系统作为汽车中涉及安全、节能环保的关键系统,已成为目前世界各汽车强国竞相研发的热点。目前汽车上的控制系统越来越复杂、越来越智能也越来越灵活。和传统的家用消费电子、军用的航空和航天电子横向比较,汽车电子显示出了较强的独立性。汽车电子具有如下几个特点:

① 汽车上有的控制系统的实时性要求非常高,以满足车辆高速移动时的安全性和发动机精确控制的需要。例如,对发动机的点火正时和喷油脉宽的控制误差在曲轴角度(CA)±0.1°的数值范围,在发动机 3000 r/min 的工作转速下,该曲轴角度对应的时间为±5.56 μs,而一架时速 1000 km/h 的飞机,在该时间内的飞行距离只有 1.54 mm。因此车辆或者发动机的控制实时性,并不比航空或者航天控制系统的精度差。

② 汽车上的控制系统必须能够满足苛刻和剧烈变化的环境要求。这些要求可能来自温度变化,例如低温(−40℃)或者高温(60℃)。在炎热的夏天,发动机舱的温度可达 80~90℃,对布置在发动机周边的传感器、执行器和控制器都是重要的考验。此外,海拔高度、盐雾、潮湿、振动、光照、辐射、腐蚀气体或者液体等都会对控制系统性能带来不利的影响。而汽车上的控制系统,必须能够适应这些剧烈而苛刻的外部和内部环境的变化,长期稳定地工作。一般来说,汽车的工作温度范围分为 −40~85℃,−40~105℃,−40~125℃ 3 个级别,最严酷的级别和军用电子很相似。

③ 汽车上的控制系统必须具有高度的灵活性(flexibility)和可靠性(reliability)。为了不仅能够符合越来越严格的各种法规、标准等强制性标准,而且还能够满足各种客户的不同偏好和需求,汽车上的控制系统必须要有足够高的灵活性,能够适应不同产品的定位要求、多变的外部环境和驾驶员操作输入,并能够长期稳定而可靠地工作。同时为了保证车辆在各种故障条件下的安全性,对电子控制系统也提出了诊断(diagnosis)、容错(fault tolerant)和失效安全(fail safe)等要求。

④ 汽车上的控制系统还有一个特点,就是很强的机电结合、复杂的软件和硬件结合,以及控制算法和 MAP 图数据相结合。开发这样的控制系统需要一个知识复合型的团队,拥有多种研发和试验手段,经过大量和详细的标定和匹配,才能最终走向批量生产。因此,汽车电子控制系统还体现在知识高度密集、学科交叉程度大、投入开发周期长、需要投入的人力和物力多等方面,最后才能完成产品开发过程。

⑤ 汽车电子控制系统的另外一个显著特点,就是要实现系列化、规模化、大批量、低成本的生产。这点和家用消费电子很相似。要求电子控制系统在设计和研发阶段,就必须要考虑可扩展性(scalability)、可互换性(exchangeability)、兼容性(campatiability)、可维护性

(maintainability)等批量生产工艺的问题。并进一步在控制系统的研发流程、开发手段和生产检测以及售后服务等多个环节,形成汽车电子控制系统独特的产业特点。

总之,汽车电子控制系统的工作环境和品质要求方面基本和军用电子接近;而汽车电子控制系统的产量和价格竞争力方面又和家用的消费电子产品接近。因此,汽车电子体现了军品的质量、民品的价格的双重约束,无疑是汽车技术和产业中难度最大,也是最难自主产业化的部分。

因为上述特点,汽车电子自从 20 世纪 80 年代开始规模产业化以来,已经形成了独特的产业链,在芯片产业、软件开发、执行器和传感器的设计制造等方面都形成了独具特色的规模化产业。目前著名的国际汽车电子大集团主要有德国的博世(BOSCH)和西门子(Siemens)(后者目前已经被大陆公司 Continental 收购)、美国的德尔福(Delphi)、日本的电装(Denso)等跨国企业,还包括了像美国的飞思卡尔(Freescale)、德国的英飞凌(Infineon)、意法半导体(ST)以及日本的瑞萨(Renexus)等汽车半导体供应商。

1.1.2 汽车电子控制系统的基本框架

如图 1.1.1 所示,汽车电子控制系统中主要包括了传感器、执行器和控制器 3 个部分,其中的控制器又可划分为微处理器本身、输入数据处理和输出驱动等部分。传感器可以测量系统内部和外部的状态,执行器将对应的控制命令转化为相应的力或者运动,作用在被控对象上,有的执行器的状态也可以直接反馈到控制器,以实现更加精确和灵活的控制。目前在一辆车上,已经有多个控制器、很多的传感器和执行器。这些控制器通过网络形成一个分布式的控制系统,网络化已经是汽车电气与电子控制系统的基本特征。

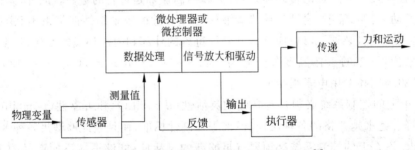

图 1.1.1　汽车电子控制系统基本组成框架[1]

1.1.3 汽车电子控制单元的硬件框架

每个电子控制单元(electronic control unit,ECU)的内部框架如图 1.1.2 所示,可分为以下 5 大部分:

① 传感器的接口电路部分(sensor interface);

② 单片机及其外围电路,俗称数字核心(digital core);

③ 驱动执行器的功率放大电路,俗称功率驱动(power driver circuit);

④ 对外通信电路,包括 K 线、CAN 总线、LIN 总线等车用总线;

⑤ 给所有电路供电的电源部分。例如,给传感器处理电路中的运放有时需要±12 V 电源;给数字核心需要 5 V、3.3 V 甚至更低的 2.5 V(单片机)电源;给驱动电路部分需要

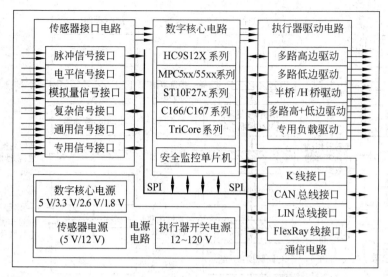

图 1.1.2 多 ECU 的汽车电子控制系统基本硬件框架

12 V 或者 24 V 的电源,有时甚至需要产生 120 V 的高压驱动电源。这些电源都来自车用 12 V 或者 24 V 蓄电池的供电,经过线性稳压或者 DC/DC 变换来得到。

有的汽车电子控制系统,在设计数字核心部分时,为了保证 ECU 的安全性和可靠性,往往采用一个主单片机加上一个安全监控的单片机(safety controller),形成双单片机(MCU)的结构,利用安全监控的单片机(通常是简单的 8 位单片机)监控主单片机(通常是 16 位或者 32 位高性能单片机)的工作状态,以确保控制系统的安全性和可靠性。采用安全监控的双单片机架构,已经在电子节气门的汽油机电子控制系统、共轨柴油发动机控制系统、ABS 控制系统、安全气囊控制系统以及变速器控制系统中成为经典应用。

1.1.4 汽车电子控制单元的软件框架

随着汽车电子和汽车半导体工业的发展,各种汽车级的专用芯片越来越多,导致汽车电子与控制系统的硬件设计变得越来越标准化和规范化,即硬件的可靠性越来越多地在器件的设计层面得到解决。相应的汽车电子控制系统软件的相对重要性得到提升。众所周知,和软件相比,ECU 的硬件更加直观,其中的器件和印刷线路板(PCB)的工艺更加容易扩散和仿制。但是软件作为控制器的灵魂与核心,对其编程、测试、验证和维护等研发难度要大得多。因此汽车电子与控制系统的软件,已经成为汽车电子控制系统中最核心、最关键的部分。

1. ECU 的静态框架

一般来说,汽车电子控制系统的软件按照静态层次进行划分,如图 1.1.3 所示。处于最底层的是基本输入输出模块(basic input/output system,BIOS),在硬件上,对应单片机(MCU)内部的各个周边模块,如 SCI 接口、AD 模块、SPI 模块、定时器模块等。

接着往上的是处理器抽象层(processor abstraction layer,PAL)。在 BIOS 和 PAL 之间的硬件联系对应为 MCU 内部,从中央处理单元(CPU)连接到外围模块(peripheral modules)的电气接口;在 BIOS 和 PAL 之间的软件联系对应为信号的采集或者输出模块,

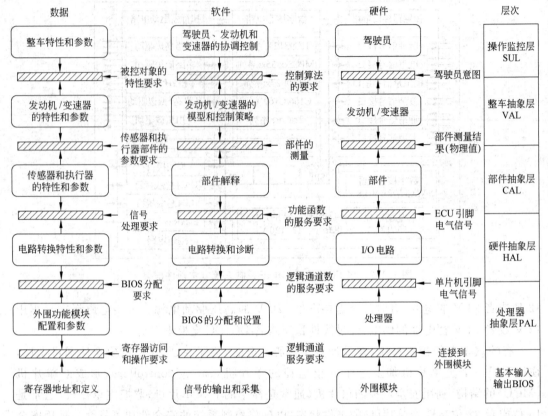

图 1.1.3　汽车电子控制软件的静态层次划分

程序运行时间代表了 CPU 访问该外围模块的响应时间,对应的数据为外围模块各个寄存器的物理地址和定义,即通常说的 BIOS 的 MAP 图。有时,BIOS 和 PAL 层又被称为 MCAL(micro-controller abstration layer)。

　　再往上的是 ECU 的硬件抽象层(hardware abstraction layer,HAL)。在 HAL 和 PAL 之间的硬件联系是单片机各个引脚和 ECU 各个硬件模块之间的电气接口关系;HAL 和 PAL 之间的软件联系为 BIOS 的分配和设置,例如配置多少路模拟量输入(analog input, AI)、多少路数字量输入(DI)和数字量输出(DO)等;对应的数据为信号处理电路参数,例如模拟量通道的放大倍数、数字量通道高电平代表逻辑 1 还是 0 等对应关系,即通常说的输入输出通道的 MAP 图。

　　接着往上的是 ECU 的部件抽象层(component abstraction layer,CAL)。在 CAL 和 HAL 之间的硬件联系是 ECU 对外的输入输出引脚定义;而相应 CAL 和 HAL 之间的软件联系是电路的转换和处理逻辑关系,例如针对采集水温传感器,需要处理测量得到的电压值(AD 值)与被测物理量(温度)之间的对应关系;对应的数据为传感器或者执行器的 MAP 图,例如对水温传感器,需要利用温度和传感器电阻值之间的对应曲线,计算目前采集得到的电压值所对应的温度值。

　　再往上就是整车抽象层(vehicle abstraction layer,VAL)。在 VAL 和 CAL 之间的硬件联系是物理变量的值,例如水温多少度、转速是多少等;而相应的软件联系为对部件的测量和解释,例如多少周期测量一次发动机的水温、当前发动机的水温值是多少、发动机状态是正常还是有故障等;对应的数据为被控对象,例如发动机的 MAP 图。

在最上层是代表驾驶员的操作监控层(supervisor layer,SUL)。在 SUL 和 VAL 之间的硬件联系是驾驶员的驾驶意图输入;而相应的软件联系是被控部件,例如发动机或者变速器本身的控制算法;对应的数据是整车性能参数。

2. ECU 中的实时操作系统

实际的汽车电子控制系统的软件是动态运行的,因此除了按照图 1.1.4 所示的静态层次之外,还有保证系统实时性要求的运行时序。为了保证控制系统多个任务的实时性,通常的软件设计方法有前后台模式和实时操作系统的方式。

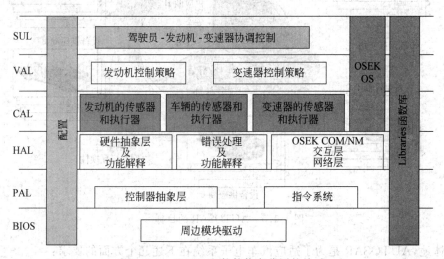

图 1.1.4　OSEK 和软件静态分层的关系

传统的汽车电子软件设计框架基于前后台模式(foreground and background mode)。所谓的后台,就是一个无限循环,循环地执行多个事件,完成相应的操作,这部分软件通常在主程序 main()中被调用;所谓的前台,一般由中断服务程序组成,中断服务程序处理异步事件。因此,后台可以称为任务级,前台称为中断级。详细的设计方法,可以参考文献[3]等。由于汽车电子控制系统任务多,实时性要求高,因此越来越多的控制器都采用嵌入式实时操作系统的设计框架,并且已经形成了国际标准和规范(ISO 17356):OSEK/VDX 嵌入式实时操作系统作为软件平台。

OSEK 的原文来自德语 Offene Systeme und deren Schnittstellen für die Elektronik im Kraftfahrzeug 的缩写[4],英文的意思为 Open systems and the corresponding interfaces for automotive electronics,中文可译为汽车电子开放式系统及其接口。OSEK 最初由欧洲的汽车制造商于 1994 年提出,后来逐步发展为汽车工业的全球标准。OSEK 的详细情况可访问其官方网站:www.OSEK.org。

3. AUTOSAR 简介

AUTOSAR 是 AUTomotive Open System ARchitecture 的简称,中文译为汽车开放式系统架构。目前已成为汽车电子控制系统软件架构的全球规范,其官方网站为 www.autosar.org。它的目标是为了解决汽车电子控制系统中的标准化、兼容性和扩展性等问题,希望控制系统的软件代码能够在不同的供应商之间具有可互换性、不同的车辆平台之间具有可互换性以及不同的整车应用之间具有可互换性而提出的汽车软件架构,如图 1.1.5 所示。

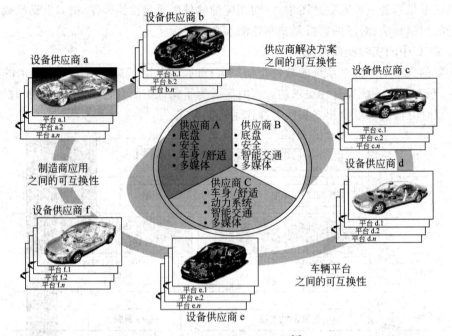

图 1.1.5　AUTOSAR 的目标[7]

具体地,AUTOSAR 是为了适应汽车电子系统在下述几个方面的要求:

① 管理汽车控制系统中越来越复杂的电气电子控制(electric/electronic,E/E)系统;

② 提高汽车电子控制系统在产品改进、升级和更新时的灵活性;

③ 提高汽车电子控制系统在不同产品之间的移植性和扩展性;

④ 提高汽车电子控制系统的质量和可靠性,AUTOSAR 要求将电子控制系统的失效概率降低到 10^{-8} 件/h;

⑤ 在设计阶段更早地发现错误等。

图 1.1.6 所示是为了适应目前汽车电子控制系统网络化发展趋势而提出的 AUTOSAR 的基本架构和关键概念。每个 ECU 内部的软件划分为上层的 AUTOSAR 软件部件(software components,SW-C)、实时运行环境(runtime environment,RTE)以及底层的基本软件模块(basic software,BSW)。在上层的 SW-C 之间通信方式上,定义了虚拟功能总线(virtual functional bus,VFB)。

AUTOSAR SW-C 是能够独立于底层硬件(ECU)、具有标准接口定义的软件模块,通过标准化的描述方法,不同的 SW-C 通过 VFB 实现通信。VFB 是所有通信机制的总称,既包括了 ECU 内部的通信,也包括了不同 ECU 之间的通信;VFB 是 SW-C 能够独立于 ECU 的具体硬件环境,从而实现自由地移植和扩展。在网络化的环境下,SW-C 可以分配到不同的 ECU 中,AUTOSAR 提供网络环境下不同 ECU 的资源和配置的描述方式,这些描述方式和 SW-C 的描述方式是独立的。AUTOSAR 提供了将不同要素的描述和定义集成到一个 ECU 中去的方法和工具,尤其是对实时运行环境和底层基本软件的配置和生成的方式

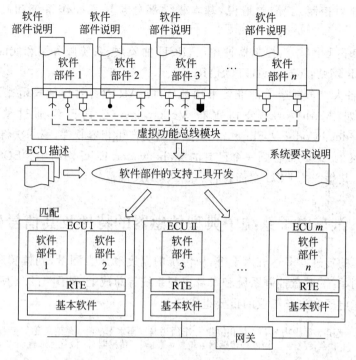

图 1.1.6　网络化条件下汽车电子控制系统的 AUTOSAR 架构[8]

进行了描述和定义,从而能够定制网络中每一个 ECU 的软件。

在 AUTOSAR 规范中,SW-C 软件部件在软件代码上能够独立于下述特征:

① SW-C 将要映射到的目标 ECU 中单片机的类型;

② SW-C 将要映射到的目标 ECU 的类型;

③ 和本 SW-C 进行通信交互的其他 SW-C 所在的 ECU 位置,也就是不管进行通信交互的 SW-C 是否在同一个 ECU 中。

从图 1.1.7 所示的 AUTOSAR 软件架构中可以看出,ECU 最底层为 ECU 的硬件结构,然后是基本软件部分(BSW),基本软件部分包括了嵌入式实时操作系统、控制器抽象层、ECU 抽象层(或者叫 HAL)以及复杂设备的驱动模块(complex device drivers,

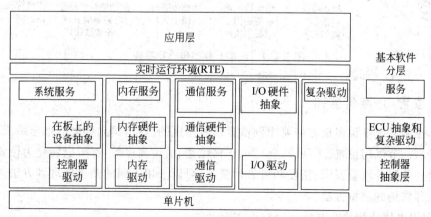

图 1.1.7　AUTOSAR ECU 内部的软件架构[7]

典型是发动机喷射控制）。简单地说，基本软件部分包括了操作系统和底层 ECU 的硬件驱动。

主要包括如下几个部分：控制器抽象层、ECU 抽象层、系统服务层和实时运行环境，详细参考 AutoSAR 网站：www. AUTOSAR. org。

目前，全球各大汽车制造商都准备采用 AUTOSAR 或者对应的规范来进行开发汽车电子产品。例如，MathWorks 公司宣布 Volkswagen 公司已经通过使用 Real-Time Workshop Embedded Coder 从 Simulink 模型中自动产生相容软件，第一次将一个完全符合 AUTOSAR 标准的 ECU 整合到一个已有的 Volkswagen ECU 网络中。BOSCH 公司宣布从 2009 年开始，其生产的 ECU 全面符合 AUTOSAR 规范。

1.2　汽车电子系统中典型传感器的特性及其信号处理

目前一辆车的传感器多达五六十个，从传统的温度和压力测量，到位置和速度测量等，分布在动力控制系统、底盘控制系统和车身控制系统等总成上，如图 1.2.1 所示。传感器技术和工业是汽车电子和汽车工业的重要组成部分。

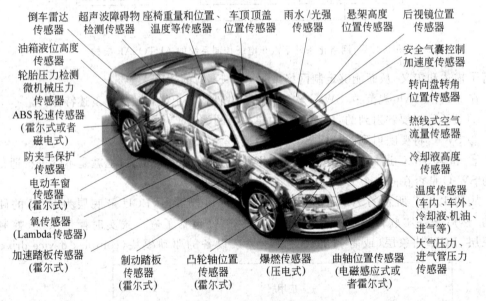

图 1.2.1　汽车上典型传感器举例

1.2.1　位置/角度传感器

汽车控制系统中很多地方需要用到位置或者角度的测量，例如典型的加速踏板、制动踏板、悬架位置、节气门位置、车顶顶篷位置、车窗位置、液位高度等，都可以转化为位置或者角度的测量。不同的测量范围、精度和可靠性要求，可以采用不同的测量原理和方法。下面重点介绍几种常用的测量方法。

1. 利用电位计测量的方法

典型测量方法一种是采用电位计（potentiometer）即可变电阻器测量的方法。典型的应用场合包括直线位移的悬架高度传感器、旋转位移的加速踏板传感器、节气门位置传感器和转向盘转角位置传感器等。

以图 1.2.2 所示的电子节气门传感器为例,一共有两个独立的位置传感器。一个传感器(主传感器,电位计 1)的输出随节气门角度的增大而增大;另外一个传感器则随节气门角度的增大,其输出线性减小,如图 1.2.3 所示。利用两个传感器一方面可以相互进行故障诊断,另一方面也可以通过冗余提高控制系统的可靠性。如图 1.2.2 所示的传感器在设计中,为了保证电位计的检测电刷和电阻的接触,将检测电刷设计为多钢丝组成的多触头以及具有良好弹性的电刷,以提高抗振性能和耐磨性能。

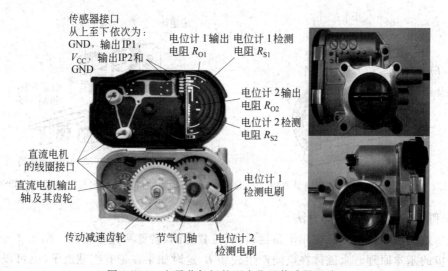

图 1.2.2　电子节气门的两个位置传感器照片

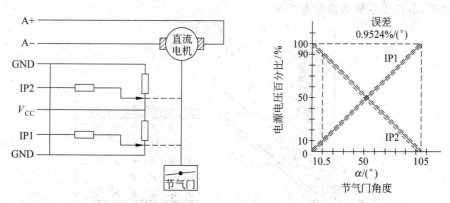

图 1.2.3　电子节气门的两个位置传感器的接线定义和输出特性曲线

2. 利用电磁感应测量的方法

典型测量位置传感器的第二种方法是采用电磁感应,如图 1.2.4 所示。该传感器主要由激励线圈、导磁体和短路环组成。在激励线圈中通过交变的正弦信号,沿着 E 形导磁体产生变化的磁场,在中间导磁体部分,磁场分布均匀,形成匀强磁场。短路环由良好导电材料如铜或者铝构成,如果有磁链穿过该短路环,就会产生感应电动势,在短路环内部产生巨大的电流,该电流将会产生与外部磁场相反的磁场,使得短路环的感应电动势为零。因此短路环的功能,就是使得图 1.2.4 中短路环右侧的磁场强度为零,短路环左侧的磁场仍然为匀强磁场。这样,整个传感器的电感值取决于短路环的位置。短路环的位置越靠左,传感器的电感值越小;短路环的位置越靠右,传感器的电感值越大。通过判断电感值的大小,就可以检测出短路环的位置,从而实现位置的测量。

典型的实际应用的例子如图 1.2.5 所示,它是 BOSCH 公司用于柴油机直列泵的齿条位置传感器。该传感器包括了一个固定短路环和参考线圈来确定传感器的零点,用另外一个检测线圈和与油泵齿条连在一起的短路环来检测柴油机的齿条位移,从而实现对柴油机喷油泵的位置反馈控制。

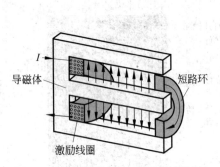
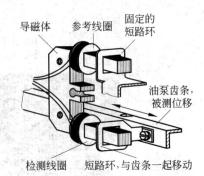

图 1.2.4　电磁感应的短路环测量原理　　　图 1.2.5　柴油机齿条位置反馈传感器(BOSCH)

3. 利用霍尔效应测量的方法

霍尔效应传感器被广泛应用于角度检测、位置检测、转速测量等场合。图 1.2.6 给出了霍尔效应的基本原理。永磁体在空间产生磁场 B,这时如果在带有正载流子(也可以是负载流子)的材料中通过电流 I,假定载流子在材料中的迁移速度是 v,电荷量为 e,则在磁场 B 的作用下,载流子受到的洛伦兹力为

$$F_m = ev \times B \tag{1.2.1}$$

图 1.2.6　霍尔传感器工作原理

于是载流子将在洛伦兹力作用下发生偏转,在材料的两侧聚集电荷,并产生电场,形成电势 V_H。载流子同时也会受到电场作用力,即

$$F_e = eE_H = e\frac{V_H}{W} \tag{1.2.2}$$

其中:W 为电荷聚集两侧之间的距离;E_H 为电场强度。当洛伦兹力与电场力达到平衡时,

输出电压 V_H 达到稳态。于是有

$$F_e = F_m \Rightarrow e \frac{V_H}{W} = e v \times B \Rightarrow V_H = W v \times B \tag{1.2.3}$$

根据电流的定义(单位时间内流过的电荷),有

$$I = n e v A = n e v d W \tag{1.2.4}$$

其中,d 为材料厚度;n 为材料中载流子的密度,对某种材料为常数;A 为导体横截面积。根据式(1.2.3)和式(1.2.4),可以得到

$$V_H = W v \times B = \frac{I}{n e d} \times B = R_H I B d^{-1} \tag{1.2.5}$$

从式(1.2.5)可以看出,传感器输出电压取决于材料常数 R_H、检测材料的厚度 d、激励电流 I 和电磁场 B 的大小。当其他 3 个参数不变时(直接集成在一个霍尔芯片中),霍尔芯片的输出正比于电磁场的强度 B。利用霍尔效应,可以研制出多种非接触式的开关(脉冲)类型的霍尔传感器和输出连续变化的线性霍尔传感器,分别用来检测位置开关、磁场强度、角度变化、线性位移和电流等信号。

如图 1.2.7 所示,霍尔传感器及其处理电路已经集成在一个集成芯片中。当永磁体接近霍尔芯片的检测面时,霍尔传感器输出"on"电平;当磁铁远离霍尔芯片的检测面时,霍尔传感器输出"off"电平。这样的霍尔开关具有非接触、耐磨损等特点。

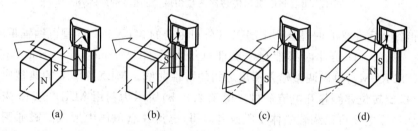

图 1.2.7　霍尔接近开关工作原理图
(a),(b) 平行运动检测;(c),(d) 垂直运动检测

霍尔传感器还可以用来检测汽车上的各种转速信号,包括 ABS 控制系统的轮速传感器、发动机控制系统的凸轮轴和曲轴转速、变速器控制系统中的轴速等。工作原理如图 1.2.8 所示。转速传感器中封装有霍尔芯片和永磁铁,霍尔元件位于被检测的齿盘和永磁铁之间,能够检测齿经过传感器时所引起的磁通变化。霍尔元件的输出经过放大、滞回比较后,由三极管的集电极开路(open collector,OC)输出给 ECU,在 ECU 一侧需要将其输出通过电阻上拉到电源。霍尔式的转速信号传感器具有低速特性好、信号处理简单等特点,在汽车控制系统中得到了越来越广泛的应用。典型的霍尔式转速传感器如 MELEXIS 公司生产的 MLX90254 差分型霍尔传感器。

霍尔开关芯片的优点是既可以输出标准的位置脉冲,即输出位置信号,又可以进一步根据位置脉冲之间的时间,计算出被测齿盘的转速,因此在后面介绍的转速测量的方法中,也要用到霍尔式传感器。

上面介绍的霍尔传感器,其输出是离散的开关状态,是比较简单的霍尔传感器。近年来,国外已经研制出精密的、智能(可编程)的线性霍尔传感器,并在汽车工业中得到广泛的应用。

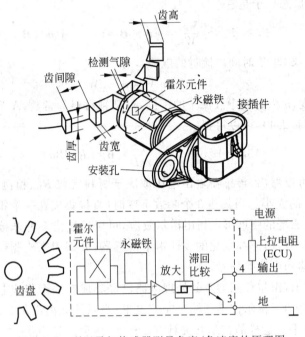

图 1.2.8　利用霍尔传感器测量角度/角速度的原理图

　　典型的线性霍尔芯片是德国 MELEXIS 公司生产的 MLX 90215 型可编程霍尔元件,如图 1.2.9(a)所示。该器件内部带有一次性可编程的 ROM(one time program read only memory,OTPROM),可以调整输入输出之间的特性曲线。MLX 90215 的典型应用包括直线位移测量、旋转位移测量和电流测量。图 1.2.9(b)所示为利用 MXL 90215 来检测电流的示意图。被测电流可以绕软磁体 1 匝或者多匝,电流在软磁体中形成的磁通密度被放置在气隙中的霍尔元件 MXL 90215 检测,从而实现对被测电流的检测。

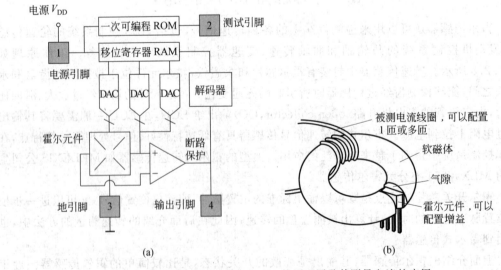

(a)　　　　　　　　　　　　　　　(b)

图 1.2.9　线性霍尔器件 MLX 90215 的原理图及其测量电流的应用

图 1.2.10 为利用线性霍尔芯片 MLX 90316 来检测旋转角度的示意图。被测量的转角部件末端连接一个永磁铁,其下方放置霍尔芯片 MLX 90316。

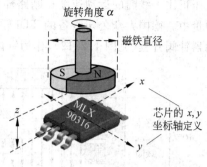

图 1.2.10　霍尔转角传感器的测量原理

当被测角度 α 变化时,永磁铁的 S 极和 N 极相对于芯片的 x 和 y 坐标发生改变,相应的磁通密度 B_x 和 B_y 也发生变化,于是霍尔元件的输出 V_x 和 V_y 也相应成比例地变化。

总之,由于微电子技术和测试技术的发展,基于霍尔原理的传感器在汽车和工业界得到了广泛的应用,表 1.2.1 是霍尔传感器在汽车工业中典型应用的汇总。

表 1.2.1　霍尔传感器在汽车工业中的应用

序号	用途和特点	序号	用途和特点
1	后视镜位置反馈	14	车前灯位置反馈
2	刮水器极限位置检测	15	车顶窗位置反馈
3	制动踏板位置反馈	16	各种简单的按钮开关
4	转向盘位置反馈	17	安全带锁止状态检测开关
5	悬架高度反馈	18	无刷直流电机位置反馈
6	燃油液面高度反馈	19	座椅位置/重量反馈
7	EGR 阀的位置反馈	20	流量测量
8	VVT 中控制阀的位置反馈	21	电流传感器
9	凸轮轴位置传感器	22	磁场测量
10	曲轴位置传感器	23	手机打开/合上的感应开关
11	电子节气门位置反馈	24	机械操纵手柄传感器
12	轮速传感器	25	游戏杆传感器
13	变速器轴速传感器	26	针阀升程传感器

1.2.2　速度/角速度传感器

在汽车电子控制系统中,速度或者角速度传感器是一大类传感器,尤其是角速度传感器,是所有车辆必须装备的传感器。目前转速传感器主要分为磁电式和前述的霍尔式两大类。

1. 直线速度的测量

在测量线速度的应用上,如图 1.2.11 所示。与测量位移时的交变激励电流不同,此时激励电流必须为恒值,保持不变,或者可以用永磁铁替代激励线圈,在 E 形电磁铁的空气中产生固定的匀强磁场。于是在断路环(检测线圈)上产生的感应电动势 U_M 为

$$U_M = -N\frac{\mathrm{d}\Phi}{\mathrm{d}t} = -N\frac{\mathrm{d}(Bx)}{\mathrm{d}t} = -NB\frac{\mathrm{d}x}{\mathrm{d}t} = -NBv \qquad (1.2.6)$$

式中:B 为磁感应强度;N 为感应线圈的匝数。可见,当磁场为恒定磁场时,断路环的输出

电压正比于线圈的运动速度。断路环传感器典型应用在柴油机电磁阀、喷油器针阀的升程测量中。德国大众公司装备的 TDI 轿车柴油机(装配分配泵)上,采用断路环的原理测量喷油器针阀升程(见图 1.2.12),作为缸内喷射时刻的反馈信号。

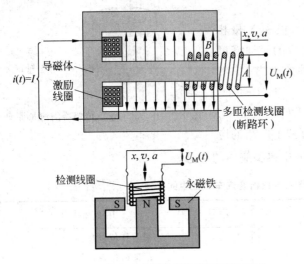

图 1.2.11　电磁感应断路环测量速度的原理

x—位移;v—速度;a—加速度

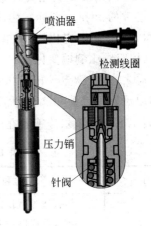

图 1.2.12　德国大众的喷油
器针阀升程测量

2. 角速度的测量

角速度的测量方法主要有磁电式和霍尔式两种,它们都采用传感器和测速齿盘之间的相互作用来测量转速。

由式(1.2.5)可知,霍尔传感器的输出电压取决于磁感应强度 B,因此不论转速高低,霍尔式转速传感器的输出幅值都是标准的电平跳变信号,相邻跳变(边沿)的电平之间的时间间隔代表了转速信息,如图 1.2.13 所示。在该图中,霍尔传感器由于内部采用滞回比较器对磁感应强度进行检测,因此对图 1.2.13 中右侧的叶轮探测时,正转和反转时的占空比是不一致的,可以利用这个规律来判断叶轮是正转还是反转。

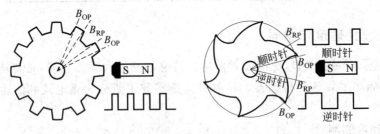

图 1.2.13　霍尔式转速传感器的输出波形

磁电式转速传感器的工作原理如图 1.2.14 所示。由断路环的感应电动势公式(式(1.2.6))可知,传感器感应线圈的输出电压取决于线圈的匝数 N 和磁通的变化率 $\dfrac{\mathrm{d}\Phi}{\mathrm{d}t}$,而 $\dfrac{\mathrm{d}\Phi}{\mathrm{d}t}$ 既和凸齿/缺齿与传感器之间的间隙有关,也和齿盘的转速有关。同样形状的齿盘、同一传感器,在间距不变、不同转速下,尽管转过一个凸齿和缺齿所对应的 $\mathrm{d}\Phi$ 一致,但是由于 $\mathrm{d}t$ 不一致,因此当转速增大时,由于 $\mathrm{d}t$ 变小而导致输出幅值变大。由一个齿盘的转速 n 计算可知

$$n = \frac{60}{Z\mathrm{d}t} = \frac{60}{Z} \cdot \frac{1}{\mathrm{d}t} \tag{1.2.7}$$

式中,Z 为齿数;$\mathrm{d}t$ 为转过一个齿对应的时间。当齿形和齿间距固定不变时,$\mathrm{d}\Phi$ 在不同转速下是不变的,于是磁电式转速传感器的输出电压为

$$U_{\mathrm{M}} = -N\frac{\mathrm{d}\Phi}{\mathrm{d}t} = -N\frac{\mathrm{d}\Phi}{1} \cdot \frac{nZ}{60} = -N\frac{nz}{60}\mathrm{d}\Phi \tag{1.2.8}$$

由式(1.2.8)可知,在齿形和齿间距固定不变的情况下,磁电式转速传感器的输出幅值将随着转速的升高而线性增大。

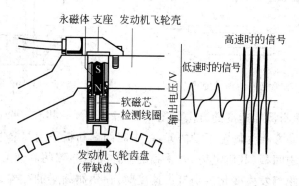

图 1.2.14　磁电式转速传感器及其输出波形

以发动机曲轴转速传感器为例,在发动机起动阶段(对应发动机平均转速为 $100\sim 200~\mathrm{r/min}$),磁电式转速传感器的输出信号幅值只有 $0.2\sim 1.0~\mathrm{V}$;但在发动机高速工况(对应发动机转速 $5000\sim 6000~\mathrm{r/min}$)时,磁电式转速传感器的输出信号幅值可以超过 $50~\mathrm{V}$。因此磁电式转速传感器在信号处理上,要比霍尔转速传感器复杂。但是磁电式转速传感器也有优点:

① 其工作原理就是一个小的发电机,因此传感器本身无须 ECU 供电;

② 结构简单,传感器主要部件就是线圈加上永磁铁,相对霍尔传感器,其成本低;

③ 齿盘和传感器之间的安装间隙,不像霍尔式传感器要求那么敏感。

转速传感器在发动机电子控制系统上的具体应用,见 2.2.2 节;转速传感器在 ABS 上的具体应用,见 5.1.2 节。

1.2.3　加速度传感器及其测量原理

1. 直线加速度的测量

加速传感器在车辆的动力学控制、被动安全控制系统等领域得到了广泛的应用。采用基于微电子机械系统(micro-electrical mechanical system,MEMS)技术的半导体式加速度传感器,已经逐步成为工业各种应用中测量加速度的主流技术。采用 MEMS 的加速度传感器的工作原理大多采用基于电容测量的原理。在介绍加速度传感器的工作原理之前,需要首先熟悉基于电容测量的工作原理。

如图 1.2.15 所示,一个电容由上、下两个平板组成,则该电容的容值为

$$C = \varepsilon_0 \varepsilon_r \frac{A}{d} \tag{1.2.9}$$

根据式(1.2.9),改变两个平板之间的距离 d、改变相对介电常数 ε_r、改变两个平板之间的相对面积 A,都可以改变电容的容值,通过测量电容的大小可以得到相应的位移变化 x。电容测量的原理,既可以直接用于位移的测量,也可以用于压力的测量,还能够用于加速度的测量。图 1.2.16 为一种采用电容测量原理的液位高度传感器的示意图。

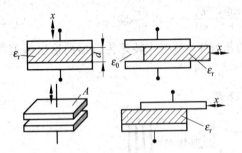

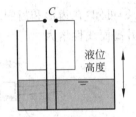

图 1.2.15　基于电容的测量原理　　　　图 1.2.16　基于电容测量的液位测量

采用电容的原理测量加速度的方法如图 1.2.17 所示,一共有 4 个微机械的平板,其中的上层板、下层板和参考板为固定不动的元件,中间的运动板采用细梁进行柔性支撑。当垂直方向有加速度时,中间板(其质量为 m)受到的惯性力将导致两侧细梁产生变形,于是中间板和上、下板之间的距离发生变化。当有加速度时,在两侧细梁的结构、中间板质量 m 等几何参数确定之后,加速度 a 和中间板的位移 x 有单调的对应关系,通过检测中间板的垂直位移 x,就可以计算出传感器所在的加速度 a,而位移 x 可以通过电容测量获得。

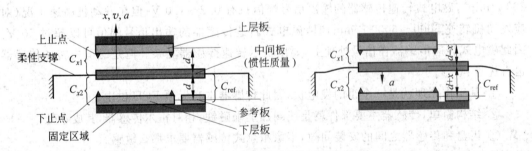

图 1.2.17　基于电容测量的加速度测量方法

图 1.2.17 中的参考板与被测的中间板之间构成一个参考电容 C_{ref},该电容的作用是测试和标定传感器。检测单元可以和信号处理单元集成在一个芯片中,如图 1.2.18 所示,专门的处理电路可以独立布置或者重叠布置在芯片内部。为了提高传感器检测的精度、加大电容量,往往采用微电子技术,将传感器检测元件设计为平板阵列,运动平板和固定平板组成多组相互嵌合在一起的电容组,可以提高电容总值,从而提高对加速度检测的敏感度,如图 1.2.19 所示。

目前加速度芯片在类型上不仅有测量单个方向的传感器芯片(x,y 和 z),还有可测量二维加速度甚至三维加速度的传感器芯片。

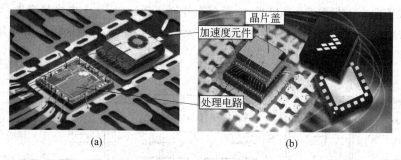

(a) (b)

图 1.2.18 加速度传感器内部结构的照片

(a) 分开布置；(b) 重叠布置

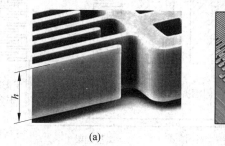
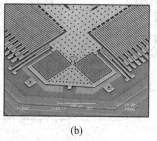

(a) (b)

图 1.2.19 微机械结构图

(a) 能够检测加速度；(b) 能够同时检测 x 和 y 二维加速度

加速度传感器根据检测的频率范围和幅值大小可以划分为很多种。国际上能够研制和生产加速度传感器的公司有 BOSCH，Freescale，ST，Analog Device 和 TI 等十余家半导体制造商。

2. 角速度-陀螺仪的测量原理

与加速度传感器类似的微电子机械系统，还在角速度传感器(陀螺仪，gyro)研制中得到了广泛的应用。其基本工作原理为采用科氏加速度(科里奥利，Coriolis)的测量原理，如图 1.2.20 所示。根据物理学的知识，科氏加速度力 $\boldsymbol{F}_{\mathrm{C}}$ 为

$$\boldsymbol{F}_{\mathrm{C}} = 2m\boldsymbol{\omega} \times \boldsymbol{v} \qquad (1.2.10)$$

在图 1.2.20 中，利用微电子机械设计的角速度传感器的工作原理是，首先利用电子电路的方法，让运动质量 m 沿着 x 轴产生一定幅值的高频往复运动 $\boldsymbol{v}$，当 z 轴方向的角速度 $\boldsymbol{\omega}$ 不为零时，在科氏

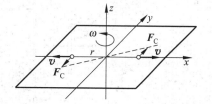

图 1.2.20 科氏加速度的产生和计算方法

加速度力的作用下，集中质量 m 在 y 轴会产生位移，如果在 y 轴上布置微电子机械电容，就能够间接测量出科氏加速度力，从而能够计算出被测的旋转角速度。具体的结构如图 1.2.21 所示。共有两个运动集中质量，为了产生 x 方向的高频激振往复运动，采用了微小的叉形共鸣器(fork resonate)的原理，各由两组叉形共鸣器驱动($C_1 \sim C_4$)，同步驱动两个集中质量，当左边的集中质量 1 向左运动时，右边的集中质量 2 也同步往右运动。在每个集中质量的下方，也就是 $-y$ 方向，还有一个固定的平板。这样，由两个集中质量和相应的固

定平板组成了两个平板电容 C_{s1} 和 C_{s2}。当存在外部角速度时,一个电容值变大,另外一个电容值变小,通过检测两个电容 C_{s1} 和 C_{s2} 输出的差分信号,便可以测量得到沿 z 轴施加的角速度。

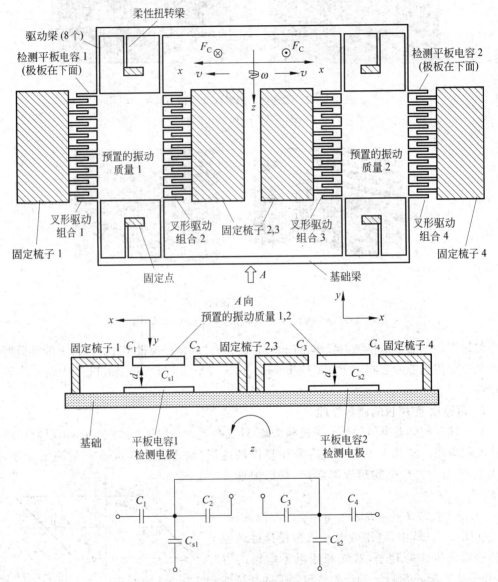

图 1.2.21 基于科氏加速度的利用叉形激振检测角速度的检测单元及其等效电路

图 1.2.22 为 Freescale 公司设计的实际角速度传感器元件的微观照片。图 1.2.23 为 BOSCH 公司利用微电子技术研制和生产的陀螺仪(gyrometer)。目前国际上已经出现了同时将多维的加速度和角速度的检测集成到一个芯片中的传感器芯片。这些高性能的惯性传感器(inertial sensor)具有体积小、精度高、响应快、可靠性好、匹配和标定灵活的特点,目前已经在汽车的被动安全和整车动力学控制中得到了广泛的应用,详细内容参见 6.1.2 节。

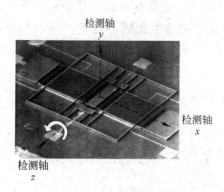

图 1.2.22　角速度传感器检测元件　　　　图 1.2.23　陀螺测试仪照片(BOSCH)

照片(Freescale)

3. 爆燃传感器的工作原理

在发动机管理系统中,尤其是汽油机管理系统中,检测缸体振动信号的爆燃传感器,其实质也是一种加速度传感器,其构造和工作原理与上述微电子机械的加速度传感器的原理不同,该传感器采用压电效应的原理,主要由紧固螺栓、陶瓷运动质量、压电晶体和接线组成,如图 1.2.24 和图 1.2.25 所示。该传感器可以由紧固螺栓直接安装在发动机缸体上,当缸体发生振动时,陶瓷运动质量也会随之振动,于是压电晶体受到来自紧固螺栓座和陶瓷运动质量的应力,输出电荷大小随振动幅值变化而变化。压电晶体的特点是当有晶体受到应力时,在晶体内部就会感应出电荷,该电荷会在压电晶体的两端形成电压。

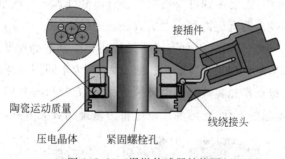

图 1.2.24　爆燃传感器结构图

图 1.2.25　爆燃传感器解剖和外形照片

实际的发动机缸体振动信号如图 1.2.26 所示,在没有发生爆燃的时候,缸体的振动信号幅值较小;发生爆燃后,缸体的振动信号幅值明显加大。从功率谱密度分布上看,6～7 kHz 的及其 1 倍的频率带上幅值明显加大了。通常发动机爆燃信号的频率在 2～20 kHz 之间的区域最为明显,这也是缸体固有振动信号的频率区间。爆燃传感器由于是高频的振动信号,因此其信号处理是比较复杂的,通常需要采用专用芯片来完成。

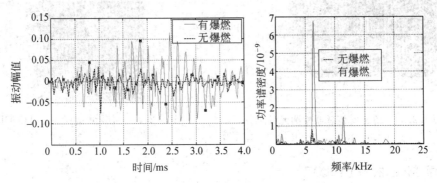

图 1.2.26　压电晶体输出信号的对比

1.2.4　应力/压力传感器的工作原理

在汽车的多个控制系统中都需要用到压力测量。测量压力的方法有很多种,有的采用上述基于电容测量的方法和 MEMS 技术,将压力转化为弹性材料的变形,再利用电容的方法测量变形量;有的采用压阻效应(piezoresistive effect)的方法,即将压力所引起的材料变形,转化为电阻的变化,例如将传统的应变片粘贴在变形材料的表面就是采用这种方法。在处理应变片信号的过程中,需要用到惠斯通电桥进行信号处理。在汽车工业中,目前越来越多地采用基于 MEMS 技术测量应力和应变的方法。

图 1.2.27 为 Freescale 公司的压力传感器发展历程。随着微电子技术的进步,传感器的体积做得越来越小,功能也越来越智能化。图 1.2.28 为不同测量范围的传感器及其相应的测量方法,其共同的特点是先将被测压力转换为材料的变形,再利用应变片(stain gauge)将材料的变形转化为电阻的变化,然后利用以电桥为基础的放大电路,以及温度补偿和校正

图 1.2.27　Freescale 公司的压力传感器发展历程

电路,最后得到被测压力值。

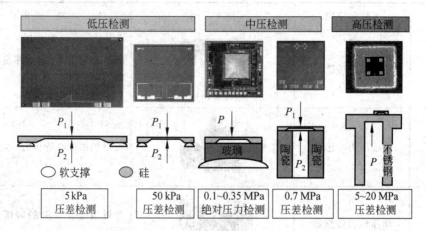

图 1.2.28　压力传感器的量程和测量方法

　　典型的压力传感器为测量大气绝对压力的传感器,可直接集成在 ECU 壳体内,图 1.2.29 为 BOSCH 公司的绝对压力传感器及其 ECU 的照片。在 ECU 的壳体上,安装有通气塞,在便于 ECU 保持内、外压力平衡的同时能够防止水气的进入,从而有助于安装在 ECU 的 PCB 板上的压力传感器能够准确测量到真实的大气压力。图 1.2.30 为该传感器的输出特性,其中已经考虑了故障诊断所需要的安全余量。压力传感的典型应用如表 1.2.2 所示。

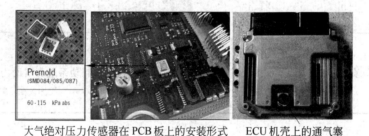

大气绝对压力传感器在 PCB 板上的安装形式　　ECU 机壳上的通气塞

图 1.2.29　采用 MEMS 技术的大气绝对压力传感器内部构造

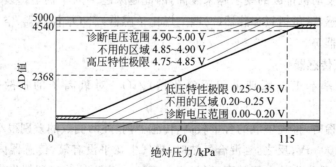

图 1.2.30　大气绝对压力传感器的输出特性曲线[13]

表 1.2.2 压力传感器的典型应用及其图例

序号	名称和应用	图 例	功 能
1	油箱压力传感器		测量油箱压力,燃油挥发控制(排放控制内容)
2	燃油压力传感器		测量燃油油轨的压力
3	增压压力传感器		测量增压发动机的增压(中冷后压力)
4	排气压力传感器	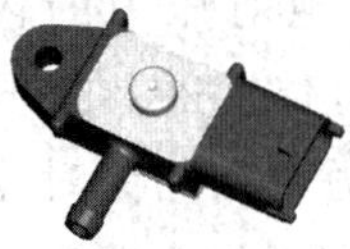	应用在柴油机排放后处理系统的微粒捕捉器(DPF)的压力检测
5	压差传感器		应用在 EGR 控制系统或者 DPF 控制系统中
6	真空传感器		制动系统真空助力泵压力传感器

1.2.5 气体传感器

目前由于对发动机排放的要求越来越高,因此越来越多的车辆上都装备了检测气体流量或者成分的传感器,包括氧传感器(又叫空燃比传感器)、NO_x 传感器、空气流量传感器和 NH_3(氨气)传感器等。

1. 窄范围氧传感器

氧传感器的基本工作原理采用了氧化锆(ZrO_2)对氧离子的扩散作用的原理,如图 1.2.31 所示。

当混合气较稀时,排气中氧的含量较高,传感器内、外两侧氧的差别很小,氧化锆产生的电压低,大约为 100 mV;反之,当混合气浓时,排气中几乎没有氧,传感器内、外两侧氧的差别很大,氧化锆组件产生的电压就高(800～900 mV)。表面的铂起到催化作用,使排气中的氧和一氧化碳反应,生成二氧化碳,使氧化锆两侧的氧浓度差别变得更大。于是,在理论的化学计量比附近,传感器的输出电压有突变,如图 1.2.32 所示。从该图可以看出,氧化锆式

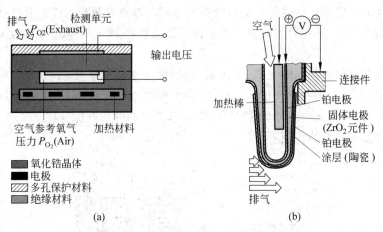

图 1.2.31　氧传感器的工作原理示意图

氧传感器的输出信号还与工作温度相关,一般要达到 350℃ 才能正常工作。为了保证传感器在冷起动条件下尽快达到正常的工作温度(350℃),在传感器内部还装有加热棒。实际的氧传感器照片如图 1.2.33 所示。ECU 根据氧传感器信号控制喷油量的增加或减小,保持混合气的空燃比在化学计量比附近。

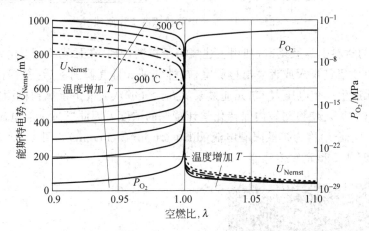

图 1.2.32　氧传感器的输出特性

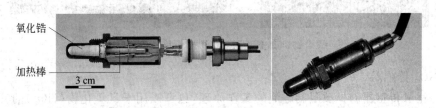

图 1.2.33　氧传感器实物照片(BOSCH)

氧化锆式的氧传感器共有 4 根线:加热用的 12 V 电源及其返回线(在 ECU 内部经过 MOSFET 管之后接地)、空燃比信号线及其地线。

2. 宽范围氧传感器

随着稀薄燃烧技术和排放后处理技术的发展,在发动机的控制系统中需要在一定范围内能够精确反馈空燃比。上述传统的氧化锆传感器的缺点是只能在理论化学计量比附近一个较窄的区域内工作,而新研制的宽范围氧传感器能够在 10 : 1～30 : 1 的范围内精确反馈空燃比。

实际宽范围氧传感器如图 1.2.34 所示,包括两个氧转换单元、一个泵氧单元(I_p)和一个排气检测室(V_s),即检测单元组成。V_s 由一个小的固定电流供电,可将微量的氧移动到右边的基准氧气室。V_s 两侧的电压即检测室和基准室的电压差保持在 0.45 V,这样基准室对传感器起到参考基准的作用。

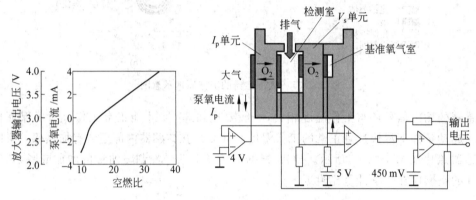

图 1.2.34　宽范围氧传感器工作原理

泵氧单元的材料也是氧化锆,利用上述氧离子扩散机理,在泵氧单元上施加不同方向的电流 I_p,就可以使氧气泵入或者泵出检测室,在排气进入排气检测室后,根据排气中氧的浓度经过 V_s 单元产生一个电压,I_p 单元通过泵氧到大气或从大气中泵氧到检测室,以保持 V_s 的电压稳定在 0.45 V,使检测室内保持化学计量比的浓度。因此通过泵氧电流 I_p 可测量出排气的空燃比,电流 I_p 称为扩散限制电流(diffusion limit current)。图 1.2.35 所示为典型的 BOSCH LSU 4.2 型宽氧传感器。

图 1.2.35　宽范围氧传感器照片(BOSCH)

3. NO$_x$ 传感器

上述宽氧传感器的扩散限制电流的工作原理,也可以用于氮氧化物(NO$_x$)的检测。典型氮氧化物传感器的工作原理如图 1.2.36 所示,由两个扩散泵和一个测量泵组成。排气首先经过扩散通道 1 进入 1 室,在该室中的主泵可以泵入或者泵出氧气,并将排气中没有完全氧化的成分(HC,CO 和 H$_2$)进行氧化。氧化过程可由铂催化电极来完成。当排气的成分较浓(小于当量空燃比)时,主泵从外部空气中泵入氧气,以供氧化 HC,CO 和 H$_2$ 所需的氧气;当排气成分较稀时,主泵将多余的氧气泵出到外部空气。这样,排气在 1 室中只剩下没有分解的氮氧化物和浓度很低(体积百分数几个 ppm[①])的氧气,气体成分接近于化学当量比,控制主泵的电流控制信号代表了排气的空燃比信号。在 1 室检测空燃比的过程与宽氧传感器的工作机制是完全一致的。

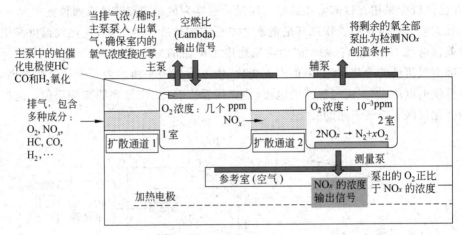

图 1.2.36　NO_x 浓度传感器的工作原理图

　　进入 1 室的气体进一步通过扩散通道 2 进入 2 室,在 2 室中,辅助泵进一步将剩余的氧离子泵出,使得气体只剩下没有分解的 NO_x;安装在另外一侧的测量泵可以将 NO_x 还原成氮气和氧气,并将氧气泵出到参考室,泵出的氧气量正比于 NO_x 的浓度。通过检测泵出所需要的电流大小,便可以得到 NO_x 的浓度。这种基于扩散机制的 NO_x 传感器,能够同时测量空燃比和 NO_x 的浓度。实际的 NO_x 传感器及其处理电路如图 1.2.37 所示。该传感器能够输出窄带空燃比信号、宽范围空燃比信号、NO_x 浓度信号。传统窄范围氧传感器的响应时间在几十 ms 到 100 ms 数量级,宽氧传感器的响应时间在几百 ms 数量级,而 NO_x 传感器的响应时间则更慢一些,接近 1 s。

　　目前,宽氧传感器和氮氧化物传感器在发动机的排放控制系统中得到越来越广泛的应用。图 1.2.38 所示为面向甚低排放(ULEV)和超低排放(SULEV)车辆的排放后处理示意图,它包括一个预催化器和主催化器、两个温度传感器和宽氧传感器、窄氧传感器和 NO_x 传感器。

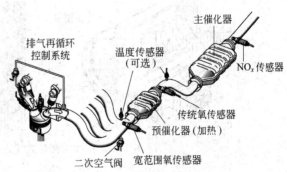

图 1.2.37　NO_x 传感器及其处理
　　　　　电路的照片

图 1.2.38　甚低排放(ULEV)发动机排放后处理示意图

---

① 　1 ppm＝10^{-6}。

4. 空气流量传感器

空气流量传感器的作用是将吸入的空气量转换成电信号送给 ECU,是决定发动机喷油量和空燃比控制的基本信号之一。较早的空气流量测量方法包括采用卡门涡和页板式流量计,现在已经较少采用。目前常用的空气流量传感器为热线式和热模式两种方式。

热线式空气流量计的工作原理是把通电加热的铂丝置于空气中,使热线温度和吸入空气温度差保持在 100℃ 左右,铂丝成为惠斯通电桥电路的一个桥臂,如图 1.2.39 所示。热线电阻因空气流动的冷却作用,阻值发生变化,使电桥失去平衡。为了保持电桥平衡,必须提高电桥供电电压,加大流过热线的电流,使热线温度升高,恢复到原来的阻值。电桥输出电压的变化反映了空气流速的变化。

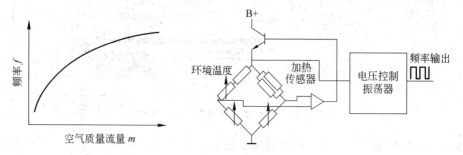

图 1.2.39 热线式空气流量计的工作原理

利用这种工作原理的空气流量计有 4 种形式。

（1）主流测量热线式空气流量计

该类传感器把铂丝和空气温度传感器均放在进气道中,如图 1.2.40 所示。为了减小气流中脏物沾污铂丝,降低空气流量传感器的灵敏度,在混合集成电路中还设置烧净电路,每次停机时,将铂丝加热,烧掉铂丝上的脏物。此种流量传感器由于铂丝线细（直径约 70 μm）,进气道中气流变化大,因而铂丝易断,现在汽车上采用较少。

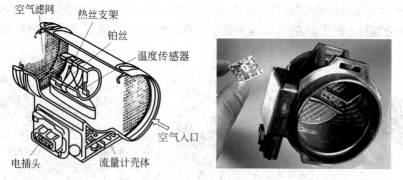

图 1.2.40 主流测量热线式空气流量计

（2）旁通热线式空气流量计

这种空气流量计的工作原理与主流测量热线式空气流量计相同,只是将铂丝和温度补偿电阻绕在陶瓷绕线管上,安装在旁通空气气道上,从而提高了铂丝的寿命,如图 1.2.41 所示。

（3）主流测量热膜式空气流量计

这种空气流量计将热线、补偿电阻、精密电阻等镀在一块陶瓷片上或将发热金属铂固定在树脂膜上,使制造成本降低,且发热体不直接承受气体流动所产生的作用力,增加了发热体的强度,提高了传感器的可靠性和使用寿命,如图 1.2.42 所示。

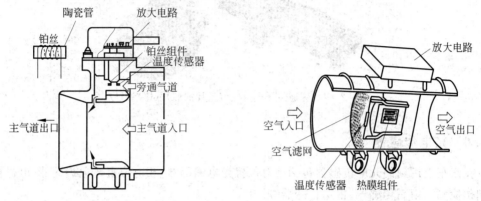

图 1.2.41　旁通热线式空气流量计　　　图 1.2.42　主流测量热膜式空气流量计

（4）热膜式空气流量计

BOSCH 公司研制了可以系列化的热膜空气流量计,如图 1.2.43 所示。该传感器由热膜、两个温度传感器组成,温度传感器对称布置在热膜的两侧。当空气静止时,热膜给两侧传递的热量相同,温度场为对称分布,两个传感器的温度差为零;当空气流过传感器表面时,空气首先流过传感器 1,使得其温度 T_1 下降;接着空气流过热膜的表面并被加热;再流过温度传感器 2,而使其温度 T_2 升高。于是两个温度传感器将测得温差 ΔT,该温度和空气流量相关。旁通热膜式空气流量传感器采用同样的传感器单元,统一的信号处理模块,配套不同

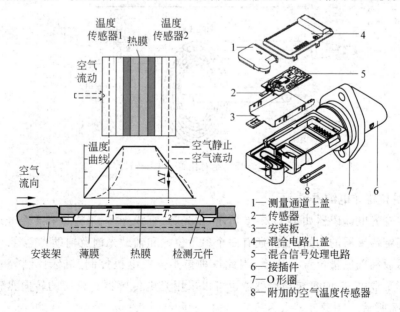

1—测量通道上盖
2—传感器
3—安装板
4—混合电路上盖
5—混合信号处理电路
6—接插件
7—O 形圈
8—附加的空气温度传感器

图 1.2.43　旁通热膜式空气流量计工作原理（BOSCH）

口径的空气导管,实现不同量程的空气流量测量,配套不同排量的发动机,从而实现传感器的系列化配套。图 1.2.44 为 BOSCH 公司的 HFM5 旁通热膜式空气流量计的照片。

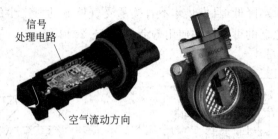

图 1.2.44　旁通热膜式空气流量计的照片(BOSCH)

1.2.6　光电传感器

在汽车上用到的光电传感器包括绝对位置光电编码器、相对位置光电编码器(电机控制的相位检测)、雨滴传感器、雷达传感器等。

1. 绝对位置光电编码器

绝对位置光电编码器可以用来测量绝对位置。如图 1.2.45 所示,光线由光源经过编码半圆到采样盘,被光电管接收。每一个光电管对一个编码盘上的一个轨道,因此一个分辨率为 2^n 的光电传感器,一共需要 n 个光电管和 n 路轨道,检测轴的每个位置对应唯一的一个编码。这种绝对位置传感器的优点是精度好,抗干扰能力强;缺点是需要多个编码盘的轨道和光电管,结构复杂,而且成本高,目前应用较少。

图 1.2.45　绝对位置光电编码器

2. 相对位置光电编码器

相对位置光电编码器如图 1.2.46 所示,由光源、直线光栅、采样板和 4 个光电二极管组成。为了确定传感器的初始位置,还有一个参考位置和辅助光栅及辅助光电管。

由于可以精确测量位置和速度,因此这种传感器在电机控制、机床控制等领域应用很多。在汽车工业中,转向盘转角传感器也可以采用光电传感器。典型的转向盘转角传感器如图 1.2.47 所示。

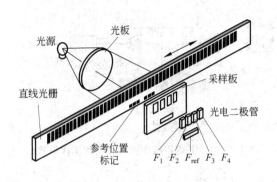

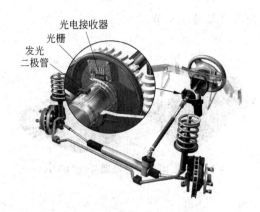

图 1.2.46　相对位置光电编码器　　　　　图 1.2.47　相对位置光电编码器的应用:
转向盘转角传感器

3. 雨滴传感器

有的车辆上安装有雨滴传感器,其工作原理如图 1.2.48 所示。雨滴传感器上一共有 3 个光强传感器和 1 个发光二极管。其中,S_1 为测量近光的环境光强传感器;S_2 为测量前方光线(远光)的光强传感器;S_3 为测量雨滴的光强传感器;S_4 为一个发光二极管,与 S_3 配合工作测量车辆前挡风玻璃上的雨滴密度。当玻璃上没有雨滴时,由 S_4 发出的大部分光都折射出挡风玻璃,反射回来被 S_3 接收的光强很少;当玻璃上雨滴较多时,被挡风玻璃反射回来由 S_3 接收的光强增加,于是传感器输出发生变化。

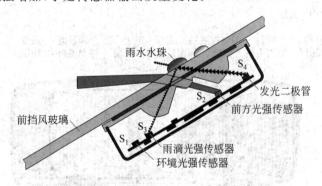

图 1.2.48　雨滴传感器工作原理示意图(BOSCH)

图 1.2.49 为实际的雨滴传感器。该传感器安装在前挡风玻璃内侧,能够被刮水器扫描到的地方。雨滴传感器在前照灯控制、远光灯控制和自动刮水器控制系统中发挥着重要作用。例如,有的车辆检测到环境亮度很暗时(过隧道),可以自动开启车辆的前照灯;检测到对方来车的强烈灯光时(会车),可以自动关闭远光灯,开启近光灯等;检测到雨滴时,可以自动起动刮水器控制系统,刮水器的速度可以和雨滴强度相对应。

4. 雷达传感器

有的车辆上安装有雷达,用来实现自适应导航控制和倒车告警等功能,其基本原理如图 1.2.50 所示。它由振荡器和放大器组成波形发生器,发射器发出波长为毫米级的电磁波,遇到前、后车辆或者障碍物后反射回来,被接收器接收到,并经过放大器放大。从发射到接收之间的时间差,代表车辆和障碍物之间的距离。超声波也采用这种工作原理。详细的内容可参考 5.4 节。

图 1.2.49 雨滴传感器照片(BOSCH)

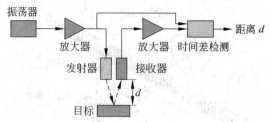

图 1.2.50 雷达和超声波传感器的工作原理

1.3 汽车电子系统中典型执行器的特性及其驱动电路

汽车中执行器的作用是将控制器发出的控制信号转化为力或者运动,是控制系统中的"手"和"脚"。一辆汽车上有多种执行器,图 1.3.1 所示为车上典型的执行器分布。由于控制器中单片机的输出信号是小功率的微弱信号(电压 5 V,电流 10 mA),而执行器的输出功率则要比其大很多,因此在控制器中需要设计一个功率放大的电路,称为驱动电路,如图 1.3.2 所示。执行器涉及电子、电力、电磁、机械、液力等多个学科,有的高精密的执行器还涉及材料、设计、制造和测试等多领域的综合,代表了一个国家的工业基础和制造能力,也是汽车工业的重要组成部分。目前一辆车上的执行器可以多达四五十个,平均一辆车上的执行器成本超过 3000 元。

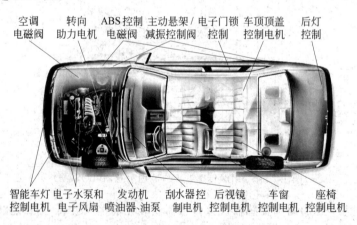

图 1.3.1 汽车上执行器举例

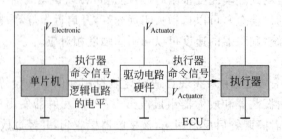

图 1.3.2 驱动电路的功能

1.3.1　典型负载及其分类

汽车中的执行器根据其工作原理,大致可以划分为如下几类:

① 各种类型的电磁阀,例如汽油机的喷油器、共轨柴油机的喷油器、电控组合泵喷射控制用的高速电磁阀、自动变速器换挡控制用的电磁阀、ABS 中控制压力的电磁阀等。图 1.3.3 所示为变速器控制中的换挡电磁阀的典型结构。这些电磁阀的等效电路可以看成是一个内阻加上一个电感,属于感性负载。

② 各种类型的电机,包括发动机起动电机、交流发电机、控制车门车窗的直流电机、控制车灯位置角度的步进电机。这些电机可以包括不同绕组形式,不同的功率、结构和尺寸。电机也基本属于感性负载。由于电机的结构和形式各种各样,具体可以参考相关的书籍,这里不再举例。

③ 各种类型的继电器。继电器属于电磁式的执行器,典型的继电器包括起动电机的继电器、冷却风扇的继电器、车灯控制的继电器等。图 1.3.4 描述了继电器的工作原理,当开关 S_1 合上时,控制电源向电磁铁注入能量,衔铁被往上吸合,于是工作电路(主回路)的触点 S_2 合上,工作电路开始通电工作。小功率的继电器在车辆上应用很广。近年来,随着混合动力和电动车的应用,大功率的继电器(通常叫接触器)也开始得到应用。这些继电器基本属于感性负载。

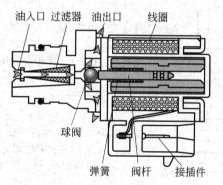

图 1.3.3　变速器控制系统中的换挡电磁阀结构

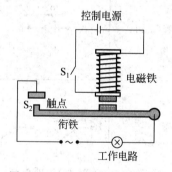

图 1.3.4　继电器的结构原理图

④ 各种提示信息用的状态指示灯,例如挡位指示灯、故障报警指示灯、OBDII 指示灯等。这些指示灯往往采用发光二极管,或者白炽灯等。通常来说,状态指示灯可以看成普通的电阻负载。

除了上述 4 种最为普遍的执行器之外,近年来在发动机控制系统和液压控制中,还出现了压电晶体执行器,例如高压共轨系统中的压电晶体喷油器,这类执行器的特性接近电容特性。具体细节可以参考本书相关章节。

可以看出,汽车上大量的执行器属于感性负载,因此感性负载的驱动是汽车控制系统执行器驱动的主要方式,感性负载的控制方法就是 ECU 控制执行器需要解决的核心问题。

1.3.2　典型功率开关器件及其特性

在图 1.3.2 所示的驱动电路中,直接控制执行器开关或者通断的元件为功率开关元件(power switches),它是执行器驱动的核心元件。目前,在汽车上应用的功率开关元件主要有继电器(relay)、功率二极管(diode)、功率三极管(bipolar junction transistor)、场效应功率晶体管(MOS 管)和绝缘栅型三极管(IGBT)等。表 1.3.1 给出了在汽车电子控制系统中，常用功率开关器件的特性对比。目前，这些功率开关在汽车中都有应用。继电器用在开关速度要求不高、电流要求大的场合，例如车灯控制、起动机控制等。三极管用在小型功率驱动场合，具有饱和压降小、电流控制方便等优点；缺点是需要电流控制。MOS 管则从小功率（W 级）到中等功率（1 kW 级）和高频控制等领域得到了广泛的应用。由于 MOS 管是采用电压控制，因此有的 MOS 管直接可以由单片机驱动，而且其内阻低、频率范围大，在汽车上是优先选用的功率开关器件。IGBT 综合了三极管和 MOS 管的优点，既可以采用电压信号控制，又可以保证较低的导通功耗，因此在各种大功率（>5 kW）的电机控制器和 DC/DC 变换器中得到了广泛的应用。

表 1.3.1　主要功率开关器件的特性和对比

器件类型	符号和控制特性	特性曲线	基本特点
继电器(relay)	U_C　U_V　R_C　i_C	U_M　On　Off:$i_C=0$　i_M	线圈不通电，双向截止；线圈通电，双向导通；控制线圈和主回路电势独立；导通电阻小，功耗低。开关速度慢
二极管(diode)	i_D　A　K　V_D	反向击穿电压　i_D　i　$V_F(i)$　反向截止区域	导通正向电流，反向截止；反向电压过高，会反向击穿。作为辅助元件，在续流、反接保护等场合应用广泛
三极管(transistor)	C　i_C　i_B　V_{CE}　B　V_{BE}　E　NPN(左)和PNP(右)	i_C　i　i_{B5}　i_{B4}　i_{B3}　i_{B2}　i_{B1}　O　$V_{CE(sat)}$　$i_B=0$　V_{CE}　NPN	只能单向工作，i_C 电流正比于 i_B 的电流。通过 i_B 控制来控制 i_C（负载）电流。电流控制型，导通压降小
场效应功率晶体管(MOS 管)	i_D　D　V_{DS}　G　V_{GS}　S　N型(左)和P型(右)	i_D　$V_{GS}=7\text{ V}$　6 V　5 V　4 V　V_{DSS}　O　V_{DS}	通过控制 V_{GS} 之间的电压，来控制DS 之间的导通和关断，电压控制型。导通内阻低，开关速度快。汽车控制系统应用最广。内阻具有正温度系数，可以多个并联使用
绝缘栅型晶体管(IGBT)	C　G　E　C　G　E　NPN(左)和PNP(右)	i_C　V_{GS}　O　V_{CE}	通过控制 V_{GS} 之间的电压，来控制CE 之间的导通和关断，电压控制型。综合了三极管和 MOS 管的优点。大功率控制领域应用广泛。通常具有负温度系数，一般不能并联使用

1.3.3　典型功率驱动电路

为了驱动不同的执行器,需要采用不同形式的驱动电路。驱动电路的种类按照执行器和功率开关器件的不同位置关系,可以分为低边驱动、高边驱动、半桥驱动和全桥驱动 4 种基本形式,下面分别介绍。

1. 低边驱动电路

所谓低边驱动,就是将功率开关元件的电势配置在比负载还低的下部。如图 1.3.5(a)所示,负载与继电器上端相连,当继电器导通时,功率开关器件(继电器)的电势要低于负载的电势。在负载两端,连接有续流用的二极管 D_1。在图 1.3.5(b)中,当 V_{GS} 为高电平时,电流经负载流过 MOS 管 T_1,然后流入地;当 V_{GS} 为低电平时,MOS 管关断,电流经负载和泄流二极管 D_1 形成回路。由于 MOS 管的开关频率可以很高,因此能够利用 V_{GS} 的高频 PWM 信号来控制负载 L 的平均电流,这样利用 PWM 信号的占空比,就能够控制负载 L 中流过的平均电流,也就控制了负载的平均输出功率。这种占空比控制负载输出功率的方法,是经常采用的典型方法。

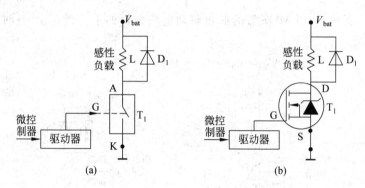

图 1.3.5　低边驱动的基本构型

(a) 继电器作为功率开关;(b) MOSFET 作为功率开关

在单片机控制信号和开关功率器件之间,例如和控制继电器线圈之间,往往要采用一个驱动器(或者叫预驱动器,pre-driver)。例如,单片机输出高电平的电压是 5 V,而继电器的线圈需要 12 V 驱动,则需要一个 5 V 转 12 V 的驱动器,如图 1.3.6 所示。可以看出,图 1.3.6 实际上是图 1.3.5(a) 和图 1.3.5(b) 的结合,即单片机先通过一个 MOS 管来驱动继电器的控制线圈,再利用继电器来控制功率更大的负载工作。在 ECU 驱动电流的设计中,这种两级低边驱动的配置是经常采用的。

$$I_B = \frac{V_A - V_{be\_Sat}}{R_B} = \frac{(5-0.7)\text{V}}{860\ \Omega} = 5\ \text{mA} \qquad (1.3.1)$$

也就是说,限流电阻可以确保当单片机输出高电平时,从单片机输出引脚输出的电流为 5 mA,能够驱动三极管在负载端产生 1 A 的额定电流。

当 MOS 管导通时,内阻 R_{ON} 是 MOS 管的重要参数指标,直接影响 MOS 管本身的发热量,目前汽车级的 MOS 管内阻只有几毫欧姆。由于大部分 MOS 管导通时内阻很小,接近于理想短路状态;关断时内阻很大,其漏电流很小,接近于理想断路状态。因此,在开关频率

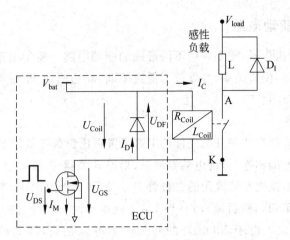

图 1.3.6　单片机通过 MOS 管驱动继电器线圈的低边驱动电路

不高的场合,可以忽略上述详细的导通和关断过程,而直接把 MOS 管看成理想的开关器件。

如图 1.3.7 所示,采用 MOS 管的低边驱动电路分析如下。当 $V_{GS} = 0$ 时,漏极和源极断路,则

$$V_S = 0, \quad V_D = V_{bat}, \quad V_L = 0 \tag{1.3.2}$$

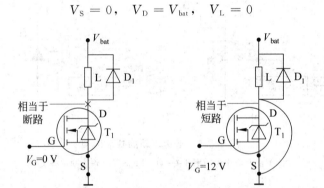

图 1.3.7　MOS 管在导通和关断时的状态

当 $V_{GS} = 12\ V$ 时,漏极和源极短路,则

$$V_S = V_D = 0, \quad V_L = V_{bat} \tag{1.3.3}$$

很多执行器的输出功率大小是通过电流控制来实现的,或者说电流反馈是执行器控制的基础。测量电流的方法通常采用采样电阻(shunt)和霍尔式电流传感器来测量。如果执行器的电流比较小,例如 50 A 以下,那么利用采样电阻可以节省空间和成本;如果执行器的电流较大,则需要采用霍尔式电流传感器进行测量。在汽车电子控制系统中,大部分的执行器电流都在 50 A 以下,因此最常用的方法都是采用精密的采样电阻的测量方法。采样电阻的阻值往往在几毫欧姆至几欧姆之间,取决于负载电流的大小。负载电流越大,采样电阻的阻值越小,以确保其发热量在 ECU 可以接受的范围内。

图 1.3.8 所示为典型的电流采样和放大电路。执行器(等效电感 L)为典型感性负载,车载电池(可以高达 42 V)给执行器供电。由于 MOS 管处于关断状态时,采样电阻两端的

对地电势都比较高,因此对采样电阻微小的压降放大,需要采用专门的高共模差分放大器(high common differential amplifier)。典型的高共模差分放大器例如 Aanalog Device 公司的 AD 8205,是专门用在 42 V 以下车载电源供电的电流传感器放大器。该放大器只需要 5 V 供电,输入输出差模放大倍数为 50,输入端能够耐受的最大共模电压可以高达 65 V。当负载电流为 20 A 时,采用 5 mΩ 采样电阻,则差分电压值为 100 mV,放大 50 倍后增大到 5 V。采样电阻的功率为 $I^2R = (20\ \text{A})^2 \times 5\ \text{mΩ} = 2\ \text{W}$,于是需要一个内阻为 5 mΩ、功率为 2 W 的采样电阻。

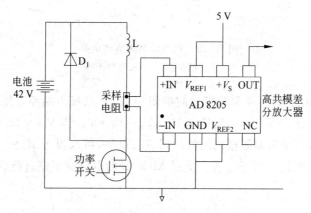

图 1.3.8　执行器电流采样和放大电路

电流的测量是驱动电路进行电流控制、功率控制、故障诊断和容错控制非常重要的信号处理环节。通过上述的例子,可以帮助读者理解如何运用运放来实现小电流的测量。在大功率的电流测量中,往往采用霍尔式非接触式电流传感器来测量。

选择 MOS 管的主要参数有最大正向耐压值 V_{DDS}、导通内阻 R_{ON}、最大漏极电流 I_D 和表征散热能力的从内部到封装表面的热阻值。当 DS 之间的耐压值超过极限值时,MOS 管内部的齐纳二极管会发生雪崩击穿,DS 之间丧失关断能力。因此选择 MOS 管时,需要考虑耐压值上要有余量。

以 Infenion 公司的 MOS 管为例,汽车级的 MOS 管可以按照耐压值划分为 30,40,55 和 75 V 等多个级别。12 V 的车载电源环境下,至少要 30 V 耐压值;24 V 的车载电源环境下,至少要 55 V 的耐压值,这是因为车载电源电压随负载有较大的波动。MOS 管的散热能力和封装大小有很大的关系。常见的汽车级 MOS 管主要为 TO-252 封装(又叫 D-PAK 封装)、TO-263 封装(又叫 D^2-PAK 封装)等。

2. 高边驱动电路

典型的高边驱动电路如图 1.3.9 所示。与图 1.3.5 所示的低边驱动电路相比,执行器和功率开关正好对调了位置。在电路中功率开关的电势相比执行器处于高电势位置,因此叫高边驱动(high side drive)。继电器的高边驱动电路和低边驱动电路控制上差别不大,因为继电器控制线圈回路本身和主回路电势上就是可以独立的。但是三极管和 MOS 管的高边驱动电路和低边驱动差别较大,下面以场效应管为例,重点介绍高边驱动电路的特点。

如图 1.3.10 所示,当 MOS 管的栅极控制信号 V_G 为低电平(=0 V)时,由于 $V_{GS}=0$,因

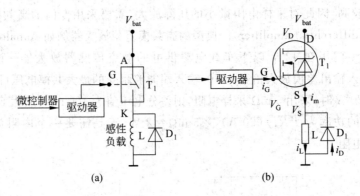

图 1.3.9　典型的高边驱动电路

(a) 采用继电器；(b) 采用 MOS 管

此 MOS 管处于关断状态,漏极和源极之间电阻很大,可以视为断路。经过一定时间(负载电感能量释放完)后,$i_M = i_L = i_D = 0$,$V_D = V_{bat}$,$V_S = V_L = 0$。当 $V_{GS} = 12$ V 时,MOS 管处于导通状态,可以认为在漏极和源极之间的内阻 R_{ON} 很小,可以视为短路。于是有 $V_D = V_S = V_L = V_{bat}$,负载和电源接通,开始工作。流过 MOS 管的电路等于流过负载的电流。

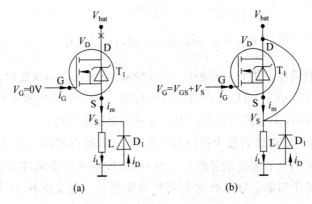

图 1.3.10　MOS 管关断和导通时的电路分析

(a) MOS 管关断；(b) MOS 管导通

为了确保 MOS 管处于保持导通的状态,将栅极电压 V_G 控制到多少才合适呢? 可以发现,此时由于源极的电压 V_S 已经被抬高,$V_S = V_{bat} - R_{ON} I_D \approx V_{bat}$,于是有

$$V_G = V_{GS} + V_S \approx V_{GS} + V_{bat} = 12 \text{ V} + V_{bat} \tag{1.3.4}$$

可见,在图 1.3.10 所示的高边驱动中,为了确保 MOS 管能够导通,需要在其栅极施加比电源电压还要高的驱动电压。实际上,栅极成为整个系统中电压最高的点。这是高边驱动和低边驱动差别最大的特点。由于单片机的电压往往只有 5 V,因此这里高边驱动必须要采用专门的浮动栅极的高边驱动器,才能确保 MOS 管的导通和关断。自举电容式的浮动栅极驱动电路,广泛应用在各种 PWM 控制的应用中。

对高边 MOS 管进行故障诊断的方法和低边驱动是类似的,读者可以自行分析和判断,这里不再详述。电流检测的方法和低边驱动也是类似的,这里也不再详述。

3. 半桥驱动电路

典型的半桥驱动电路实际上是高边驱动和低边驱动的结合。执行器的两端分别连接相应的 MOS 管，与电源和地都不连接（俗称"上不着天、下不着地"），高边和低边任何一个 MOS 管都可以控制执行器不工作，而执行器要工作，两个 MOS 管必须都工作。半桥驱动的优点是有两个控制信号来控制执行器的工作状态，可实现更加灵活和更加复杂的控制逻辑。同时，由于有两个 MOS 管控制负载，相当于提高了关断执行器的安全系数，因此能够应用在安全性能苛刻的场合。例如，有的场合高边采用继电器控制执行器是否通电（工作）、低边采用 MOS 管直接控制执行器的电流或者功率。

半桥驱动电路的典型应用包括柴油机喷射电磁阀控制、天然气发动机燃气电磁阀控制、缸内直喷汽油机喷射电磁阀控制等。图 1.3.11 所示为柴油机喷射电磁阀控制电路简图。各缸的电磁阀 $S_1 \sim S_6$ 与 1 个高边 MOS 管（T_H）和 6 个低边 MOS 管组成复合型的半桥驱动。其中，高边 MOS 管用来控制电磁阀的电流波形，而低边 MOS 管的控制代表各缸的选缸脉冲，其典型控制时序和逻辑如图 1.3.12 所示。只选择一个高边 MOS 管既简化了电路，也简化了单片机输出控制逻辑，降低了软、硬件设计的难度。每次喷射过程高边 MOS 管的控制波形一致，而低边的 MOS 管则根据当前曲轴相位来发出喷油脉宽。当发生故障或者喷油结束时，高边和低边的 MOS 管立即关断，从而结束喷油过程。半桥驱动电路也是下述全桥驱动的基础。

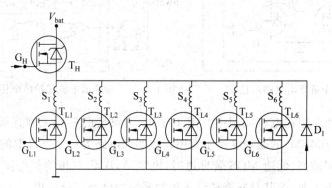

图 1.3.11 柴油机喷油器驱动电路示意图

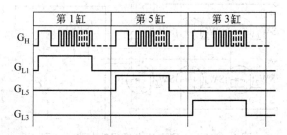

图 1.3.12 柴油机喷油器驱动电路的驱动控制时序

4. 全桥驱动电路

典型的全桥驱动电路如图 1.3.13 所示。为了控制电机相电流的大小和方向，由 4 个 MOS 管构成全桥驱动：T_1 和 T_4 构成一个半桥，T_2 和 T_3 构成另一个半桥。其中，T_1 和 T_3

不能同时导通，T_2 和 T_4 不能同时导通，否则将导致电源和地直接短路。因此电路设计了栅极电平互锁的逻辑电路。当 MOS 管的 T_1 和 T_4 导通时，电机相电流为正，电机输出正转矩。这时，如果 T_1 关断，T_4 保持导通，则由于电机线圈存在电感，电流将从电机→T_4 MOS 管→电源地→T_3 MOS 管（中的齐纳二极管）→电机，形成续流。如果 T_1 保持导通，T_4 关断，则电流将从电机→T_2 MOS 管（中的齐纳二极管）→电源→T_1 MOS 管→电机，形成续流。读者可以自行分析 T_2 和 T_3 工作、电机输出负转矩时控制回路和续流回路的情形。

在图 1.3.13 中，由于 T_1 和 T_3 之间存在互锁，T_2 和 T_4 之间存在互锁，因此实际只需要两路驱动独立的控制信号：一路控制电机输出转矩的方向（FWD）；另外一路通过脉宽调制（PWM）控制电机相电流的大小，也就是转矩的大小。可以针对电机的相电流设计相应的保护电路，如图 1.3.14 所示。在每个 PWM 波控制周期内，如果检测到电机相电流超过给定值，则 PWM 信号被清零，T_3 或者 T_4 被关断，于是电机电流便会自动续流，输出转矩下降。这种保护电路在电机堵转时对保护 MOS 管和防止电机绕组烧毁是非常有效的。

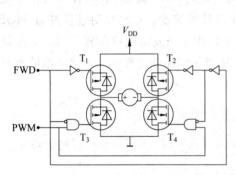

图 1.3.13　全桥驱动电路示意图

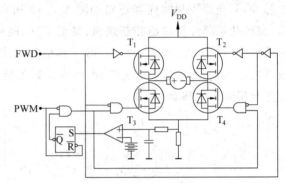

图 1.3.14　带峰值电流保护的全桥驱动电路示意图

全桥驱动广泛应用在电机控制中。图 1.3.15 为典型的三相无刷直流（BLDC）电机或者永磁同步电机（PMSM）的驱动电路示意图。该驱动电路为一个复合型的全桥驱动。读者可以自行分析不同的高、低边 MOS 管导通时，电机 A，B，C 三相的相电流大小和流向。目前电机控制在汽车工业，尤其是新能源汽车控制系统中已经广泛应用。

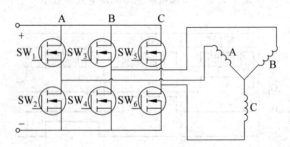

图 1.3.15　无刷直流电机驱动电路示意图

1.3.4　集成的智能功率驱动芯片

从高边和低边驱动的基本电路来看，一路驱动电路包括了单片机控制信号、驱动器、功率管、泄流二极管、相关的采样电阻和电容等元件。在实际的 ECU 设计中，由于尺寸限制，如果所有的执行器驱动都采用分离元件搭建，势必导致 ECU 的器件多、体积大、布局困难、可靠性低。近 20 年来，随着微电子技术的发展，已经出现了多种多样的集成式、智能型的功率驱动芯片，这些芯片在输入逻辑上可以直接和单片机输出的逻辑电平接口，在输出功率上直接和执行器接口，内部集成了电平转换、功率元件、驱动器、温度检测、过压和过流保护逻辑等，按照不同的类型，一个芯片可以同时驱动 1 路、4 路、8 路、16 路甚至 18 路不同的执行器负载，大大提高了 ECU 硬件的集成度，规范了底层驱动软件的设计和测试，改善了驱动电路的电磁兼容性，简化了 ECU 的散热和布局，也降低了 ECU 的设计和生产成本，代表了汽车电子发展的趋势。下面结合实际的芯片，对集成式智能化的功率驱动器件进行介绍。

1. 集成的低边驱动器件

Infineon 公司生产的 TLE 6216 芯片是典型的四通道低边驱动芯片，4 个低边驱动的驱动能力分别为 2×5 A 和 2×3 A，对应的导通内阻为 2×0.2 Ω 和 2×0.35 Ω，其内部结构如图 1.3.16 所示。单片机通过 $IN_1 \sim IN_4$ 端口直接控制每一路的功率 MOS 管。在 TLE 6216 内部，每一路低边驱动都设计了过载关断（overload shutdown）、过热关断（thermal shutdown）、诊断状态反馈（$ST_1 \sim ST_4$）、过压保护（over-voltage protection）和短路保护（shorted circuit protection）等逻辑功能电路，同时还设计了休眠模式（standby mode），芯片在该模式进入低功耗状态。该芯片中 MOS 管的反向击穿电压达到 60 V，完全可以适用于车载 12 V 或者 24 V 电源系统。该芯片采用 P-DSO-20 的标准功率芯片封装。

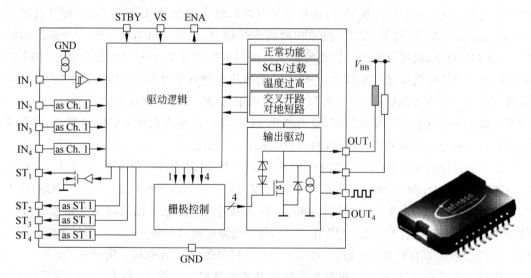

图 1.3.16　4 路低边驱动 TLE 6216 的结构原理图

由于 TLE 6216 单片机的故障诊断为每个通道对应一个状态反馈，当通道数增加时，单片机的通道数将增加较多。因此出现了并行控制（parallel control）、串行诊断（serial diagnosis）的芯片。所谓并行控制，就像 TLE 6216 一样，单片机对每一个低边驱动都有一路独立的控制信号 IN_x，通道之间没有什么联系；所谓串行诊断，就是所有通道的各种诊断都可以采用 SPI（serial peripheral interface），由集成功率芯片送到单片机。典型的芯片是

4 路低边驱动芯片 TLE 6220,如图 1.3.17 所示。该芯片采用 SPI 通信进行故障诊断。每一路低边驱动,如果发生的是短路、断路、过压、过温等故障代码,都可以通过 SPI 由 TLE 6220 发给单片机,提高了诊断的针对性和精确度。

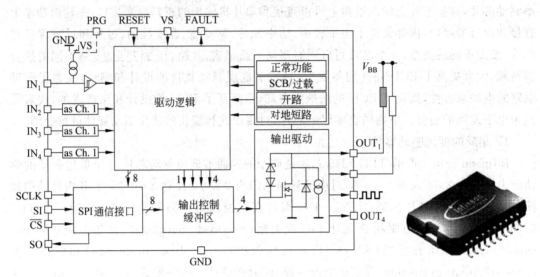

图 1.3.17　4 路低边驱动 TLE 6220 的结构原理图

采用 SPI 通信的另外一个特点,就是可以利用 SPI 总线直接控制每一路低边驱动的导通或者关断。例如在有的应用场合,单片机的 IO 口(输入输出端口)不够用时,可以直接利用 SPI 输出驱动芯片 TLE 6220。按照相应的 SPI 协议,由单片机直接发出每一路低边的 On 或者 Off 命令,就可以实现对负载的控制。但是和单片机输出的并行控制相比,SPI 的串行控制对 PWM 的精度要差得多,往往 SPI 的串行控制只是用在继电器、指示灯之类的开关量控制中。值得指出的是,图 1.3.17 中还给出了 TLE 6220 的复位输入引脚(RESET),该引脚确保在单片机处于复位期间,驱动芯片 TLE 6220 的输出也处于复位状态(执行器禁止工作),以防止发生单片机复位期间执行器误动作的状况。

由于并行控制命令 $IN_1 \sim IN_4$ 以及 SPI 串行命令都可以控制输出 $OUT_1 \sim OUT_4$,因此存在控制逻辑的综合问题。通常每路输出命令,可以根据并行命令和串行命令的"或"(OR)或者"与"(AND)之后的结果来确定。执行 OR 还是 AND 的选择,是可以通过单片机发给 TLE 6220 的 SPI 命令来进行配置的。SPI 还可以对每个通道配置成忽略并行命令而只接收串行命令的模式。这样,同样的驱动电路,可以实现不同的控制逻辑,从而提高了应用的灵活性。

按照上述思路,可以进一步提高低边驱动芯片的集成度。例如,TLE 6230、TLE 6240、TLE 6244 等芯片均是在 TLE 6220 的基础上扩展通道推出的芯片,相关资料可以通过访问 Infineon 的网站得到,这里不再详述。

集成低边驱动芯片给各种汽车电子控制系统中广泛应用的执行器驱动提供了完善的控制和诊断功能,使得 ECU 的硬件设计更加模块化、标准化和规范化。图 1.3.18 所示为采用 TLE 6244 低边驱动芯片设计汽油机 ECU 的示意图,一片 TLE 6244 就几乎完成了所有执行器的控制。

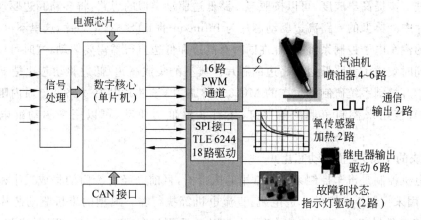

图 1.3.18　利用 TLE 6244 设计的汽油机 ECU 输出驱动部分的示意图

2. 集成的高边驱动器件

由上述高边驱动的基本电路可知,高边驱动要比低边驱动复杂。为了提高集成度,Infineon 公司推出了智能型的单通道、大电流高边驱动 MOS 管。典型的 BTS 6144 如图 1.3.19 所示。该芯片专门用于 12 V 电源系统中,导通内阻只有 9 mΩ,最大负载电流可达 37.5 A,具有短路保护、电流限制、过载保护、过热保护(可恢复)、过压保护、对地断路保护(loss of groud protection)等功能。从其内部结构图可以看出,该芯片内部集成了高边驱动所需要的充电泵,并设有一路小的电流分支电路,配合外部的采样电阻 R_{IS} 实现电流反馈。利用该芯片可以帮助 ECU 的硬件设计者大大减小额外的驱动器工作量,电路和 PCB 板的设计简化,同时具有一系列的保护功能,提高了系统的可靠性和容错能力。该芯片的作用,相当于传统车辆上的继电器＋自恢复保险丝的作用,广泛应用在各类大电流的执行器控制中。

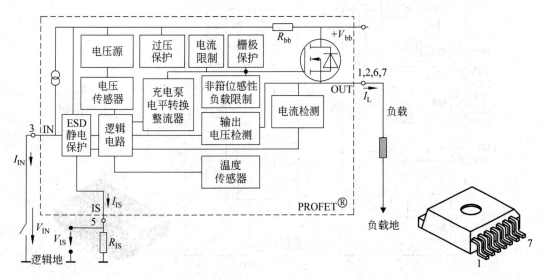

图 1.3.19　单通道高边驱动 BTS 6144 的结构原理图

为了进一步提高集成度,可以按照与 4 路低边驱动类似的思路,将多路高边驱动器集成在一个芯片中。典型的 4 路高边驱动芯片为 Infineon 的 BTS 824R 芯片,这里不再详述。

在有的汽车电子控制系统中,存在同时有高边和低边执行器需要驱动,这时可以采用一个芯片中同时集成了多路低边和高边的芯片。典型的集成高边/低边驱动芯片是 Freescale 公司针对车灯控制系统研制和生产的 MC 33888 芯片,该芯片共有 4 路低导通内阻的高边驱动,能够直接用来控制车辆的前照灯;还有 8 路低边驱动,可以用来驱动继电器或者 LED 灯。

3. 集成的半桥/全桥驱动芯片

各类电机控制是汽车控制系统中常用的执行器,目前已经有专门的集成式半桥和全桥驱动芯片,用来控制小功率的步进电机、直流电机等执行器。典型的半桥驱动芯片是 BTS 7970B,其特点是封装小、控制电流大(可达 68 A),适用于车载 200～300 W 的电机控制,其内部集成了一个高端的 PMOS 和低端的 NMOS,组成半个桥臂。

典型的全桥驱动芯片为 Infineon 公司研制的电子节气门(直流)电机的驱动芯片 TLE 6209。该芯片内部由 4 个 MOS 管组成全桥驱动电路,与单片机接口的电路包括 SPI 通信接口、允许和禁止标志输入、控制电流大小的 PWM 信号、控制电机转矩方向的 DIR 信号等。利用该芯片可以直接控制电子节气门的电机。该芯片的峰值相电流控制能力达到 7 A,导通内阻只有 150 mΩ。MOS 管可以承受 45 V 的瞬态电压,输出端具有短路保护、过流斩波调制等保护功能,对温度具有预先告警、告警和关断三级保护,具有过压和欠压锁止保护、断路故障检测等功能,并且设计了低 EMI 的电压变化斜坡保护,在省电模式下耗电只有 20 μA。与该芯片类似的还有 Freescale 公司研制和生产的 MC 33886 全桥驱动器。

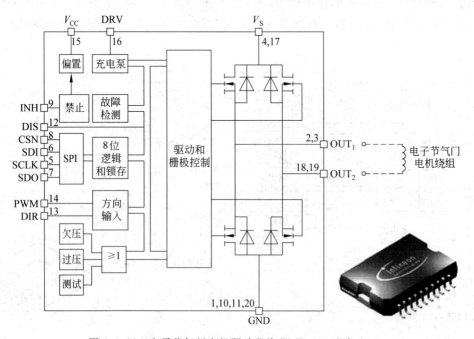

图 1.3.20　电子节气门电机驱动芯片 TLE 6209(Infineon)

目前除了 Infineon 公司之外,Freescale,BOSCH 和 ST 等公司都在生产类似的集成功率驱动芯片,广泛应用在发动机控制、变速器控制、ABS 控制和车身控制等系统中,形成了系列化的汽车电子功率驱动专用芯片,加上传感器芯片和微处理器芯片,已经形成了年产上百亿美元的汽车半导体市场。关于具体芯片的使用说明,读者可以浏览相应的网站,这里不再详述。

1.4　汽车电子系统的开发流程和开发方法

1.4.1　V 形开发流程简介

汽车电子控制系统的开发流程如图 1.4.1 所示。一个典型的汽车电子控制系统可以划分为传感器开发、执行器开发、ECU 的硬件设计和 ECU 的软件设计 4 个部分,每个部分都可以先进行任务分解,逐步深入然后再集成,即遵循所谓的 V 形开发模式。

如图 1.4.2 所示,电子控制系统的 V 形开发模式可以划分为系统层面和软件层面两部分,具体又可以划分为如下几个步骤:

① 分析客户需求,确定控制系统的逻辑系统架构(logic system architecture)。即根据客户要求的功能和目标,确定在系统逻辑层面应该如何

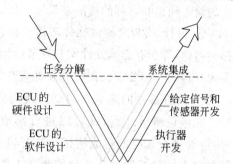

图 1.4.1　汽车电子控制系统的开发流程[2]

实现。系统逻辑架构包括定义功能网络(function network)、功能接口(function interface)以及整车或者零部件的通信功能等。这一步并不对技术实施进行描述。而是在架构层次上进行描述。

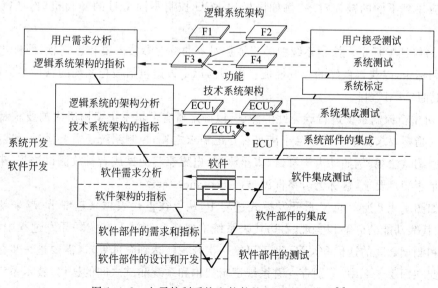

图 1.4.2　电子控制系统和软件的 V 形开发模式[2]

② 分析逻辑系统的架构,确定系统技术实现的架构和方案。同样的逻辑系统架构,可以有各种各样的技术实现方案,需要根据每种方案带来的成本和效果进行比较和优化,然后确定最佳的技术实施方案,并在实施方案中进一步确定所有的控制功能及其子功能,由此确定软件设计的需求(software requirement)。

③ 根据软件设计需求来确定软件架构的技术指标。要确定软件系统的边界条件要求和接口要求,同时定义软件部件(software components),包括 AUTOSAR SW-C 和传感器软件部件(sensor software components)以及执行器软件部件(actuator software components),明确各个软件层次及其工作模式。

④ 定义软件部件的技术指标要求。这一步可以在一个理想的实现环境下进行,忽略软件具体实现的技术细节,例如忽略如何实现一个积分算法等。通过这一步确定所有软件部件的输入输出和内部的算法逻辑。

⑤ 设计、实现和测试软件部件。在设计阶段,第④步中所忽略的现实世界的所有因素都会考虑,即所有影响软件实现环节的因素都会被考虑到,设计输出的结果就是对软件部件实现过程的详细要求。在软件部件被开发出来之后,需要进行相应的测试工作。

⑥ 软件部件的集成和测试。在相应的软件部件被软件开发部门人员完成开发并通过了相应的测试之后,就可以进行集成了。当一个新的软件部件被集成到软件系统中时,需要进行相应的集成测试。在开发过程中,往往单个软件部件的单独测试比较容易,但是多个软件部件联合运行的测试工作就复杂得多,这也是调试(debug)过程中最费资源的环节。

⑦ 控制系统的集成和测试。软件集成并测试完成之后,就可以进行软件和硬件联合测试的工作了,也就是一个或者多个 ECU 的联合集成和测试工作。这时需要给被测 ECU 提供相应的输入给定信号、传感器和执行器。更进一步的测试包括与实际的被控对象一起进行联合测试。确认没有问题之后,ECU 软、硬件开发基本就完成了。但是当控制系统应用到不同的被控对象,例如同样的 ECU 控制不同型号的发动机时,还需要匹配标定。

⑧ 系统匹配标定。控制系统中关于被控对象的特性参数需要和控制软、硬件进行仔细的匹配和标定,以获得良好的控制性能。典型的标定数据包括被控系统的特性参数值、特性曲线和特性 MAP 图。

⑨ 对整个控制系统进行验证性的测试,以确定所有逻辑系统架构层次的要求都满足客户提出的指标要求。很多时候除了满足客户的需求之外,控制系统还需要满足标准的、强制性的国家测试法规,例如动力学测试、安全测试、电磁兼容测试或者排放测试法规,来验证控制系统是否满足要求,这称为合格性测试(acceptance test)。

在如图 1.4.2 所示的 V 形开发模式过程中,从上往下代表越来越细节、越来越接近底层;左侧代表功能的分解和实现,右边代表系统的集成和测试。在实际开发过程中,往往存在指标和测试之间的迭代和循环,即不可能一次开发就达到全部要求,需要进一步修改和验证。因此在图 1.4.2 中,分别存在着系统逻辑架构和系统测试之间的迭代、技术系统架构和系统集成测试之间的迭代、软件架构和软件集成测试之间的迭代,以及底层的软件部件指标和软件部件测试之间的迭代。实际产品的开发过程如图1.4.3所示,从提出问题开始,经过系统架构设计、技术细节设计、软件和硬件设计、测试和检验,最后进行测试和生产,中间经过多次迭代,才能完成研发和产业化的整个过程。

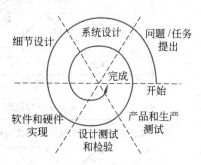

图1.4.3　汽车电子系统的研发迭代循环过程

1.4.2　快速原型的概念

一般来说,大部分的软件开发都集中在软件部件即AUTOSAR中SW-C的上面,因为这个部分代表着控制系统功能模块的主体部分。例如,发动机控制ECU中,包括的软件部件数量可以高达上千个,因此要完成整个控制系统的从功能定制到最后批量投产,往往投入巨大。从汽车电子控制系统的质量控制和风险防范的角度,希望能够尽早发现方案或者技术路线是否合适,因此在每个环节都需要进行测试和验证工作。而测试过程,尤其是实车的测试过程,往往需要耗费大量的资源。而电子控制系统的开发,必须要经过图1.4.3所示的多次迭代。那么,如何才能够快速迭代? 如何才能提高开发效率?

传统的控制器开发流程如图1.4.4(a)所示。在功能开发和控制器的软、硬件开发之间,采用的是人工迭代的方式,每一次的迭代过程,如图1.4.5的上半图所示,要分别经过功能开发(function development)、软件开发(software development)、软件验证(software verification),然后才能够进行功能验证(function validation),看其是否达到要求。如果达不到要求,就需要重新修改功能,即回到功能开发、软件开发、软件验证,再进行功能验证。由于从功能开发到软、硬件开发是人工迭代的过程,因此周期长,风险大。

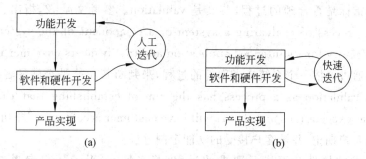

(a)　　　　　　　　(b)

图1.4.4　传统的人工迭代和现代的快速迭代效果对比

(a) 人工迭代;(b) 快速迭代

现代控制系统的快速原型开发模式,则是能够在功能开发和软、硬件开发之间进行快速迭代(见图1.4.4(b))。首先是利用仿真和建模工具,如 Matlab/Simulink 或者 ASCET-MD 等软件,一方面可以直接对功能本身进行快速的开发和验证迭代,另一方面可以再利用代码自动生成技术,直接将通过了验证、已经完善的功能模块进行快速的代码生成,并与控制器的硬件相结合,生成最终的可执行文件。其过程可以描述为如图1.4.5下半部分所示。可见,现代的开发模式和传统的开发模式相比,更省时、更省力,而且降低了开发风险。

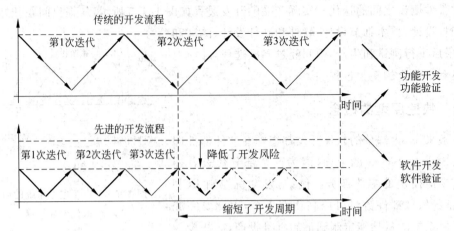

图 1.4.5　传统的开发流程和先进开发流程的效果对比

为了保证开发质量,降低开发风险,需要对软、硬件的开发过程实施质量控制工程。质量控制检测的目标是检测出失效,而且最好在功能开发阶段就能检测出失效。在整个开发阶段,质量控制分解为一系列任务来实施。失效主要包括在软件功能的指标定义阶段所产生的错误和在功能代码开发及实施过程中产生的错误。大量的工程开发的统计结果表明,功能设计(function design)的指标错误是主导错误,所带来的风险是项目开发的主要风险,因此如何快速对所设计的功能指标进行验证,成为降低项目开发风险的重要举措。传统的开发流程中,由于功能开发和软、硬件实现之间采用的是人工迭代,为了验证功能的正确,必须要求开发相对应的代码,才能进行功能验证的工作。对应的投入大,风险就高,一旦功能设计不合理,则对应的软、硬件开发工作就浪费了。

确定功能指标是否合理的过程,英文是 validation。参考文献[2]指出:"Validation is defined as the process of evaluating a system or a component of the system to establish that it is satisfactory for its intended application and that it meets customer expectations." 即可行性验证通过评估一个系统或者部件的过程,来判断其功能是否满足客户需求。特别地,"Function validation as a process has the aim of establishing that the specification meets customer expectations and that it will have customer acceptance." 即功能可行性论证是指建立满足客户期望,并被客户接受的功能定制过程。

判断所开发的软件是否满足要求的过程,英文是 verification。参考文献[2]指出:"Verification describes the process of evaluating a system or a component of a system to establish that the results of a given development phase meet the requirement for that phase." 即验证的过程是指通过评估一个系统或者系统中的一个部件,来证明某个开发阶段的结果满足该阶段给定指标的要求。特别地,"Software verification establishes that an implementation adequately meets the specifications defined for the respective development step." 即软件验证要建立一套能充分证明软件满足该阶段指标的实施过程。

那么,如何才能够对所设计的功能指标以及控制软件进行快速的验证和迭代,也就是快速原型开发呢?简单地说,快速开发的基础就是要有快速 validation 和 verification 的方法和途径,才能够实现图 1.4.4(b)和图 1.4.5 中的快速迭代;其次要将工程师们的大部分开发工作从传统的、繁琐的基于汇编和 C 语言的代码中解脱出来。功能设计或者算法开发可以直接基于图像化编程的语言,利用代码自动生成的技术,例如 Matlab/Simulink 或者 ASCET-MD,能够大大提高开发的效率,具有更好的可读性、更好的可扩展性、更好的可维护性,也更加容易升级。

　　图 1.4.6 是在 Matlab/Simulink 环境下,将一个图形化的控制算法转化为普通控制器的 C 语言的一个过程。首先开发人员在 Simulink 中建立模型,对应的文件为 model.mdl,利用 Simulink 中的 Real-Time Workshop(实时工作间),将上述的模型文件转化为实时工作间文件格式 model.rtw;再利用目标语言编译器(target language compiler,TLC),将 model.rtw 文件转化为目标系统(控制器)能够兼容的、标准化的 C 语言格式的文件。完成编译之后,利用 Make 命令创建生成目标系统的可执行文件,最后下载到目标系统并进行运行和仿真。从 model.mdl 到 model.exe,整个过程都是实时工作间自动化生成、编译和创建的,开发人员只需要完成一次目标系统的配置即可。

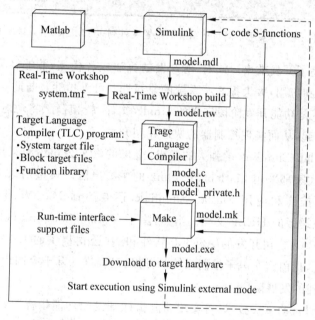

图 1.4.6　采用 Matlab/Simulink 进行仿真的过程

　　整个过程中,最核心和关键的环节是 TLC,它决定了一个通用的 model.mdl 模型文件,最后生产一个什么样的可执行文件,在什么样的目标环境中运行。例如,是在计算机上普通的 Intel 的 CPU 上运行,还是在 MPC555,TriCore 或者 DSP 等 32 位控制器芯片上运行。因此在 Matlab/Simulink 平台上,预先定义很多目标系统,如图 1.4.7 所示。通过开发人员选择期望的目标系统,TLC 就能够配置实时工作间来使一个通用的 model.mdl 转换为该目标系统能够运行的可执行文件。

　　可见,利用实时工作间,人们只需要在 Simulink 中开发".mdl"文件就可以实现控制算法的自动生成,从而避免了传统的 C 语言的繁琐编程和测试,使得开发人员主要关注于控制系统的控制算法和建模,而不用花费大量的时间编写 C 程序、检查编程语法、人为差错和

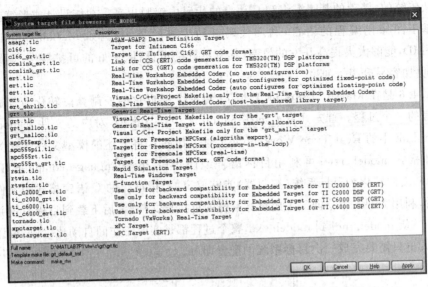

图 1.4.7　采用不同目标系统的配置文件列表（Matlab 7.1 版本）

软件调试,大大提高了开发效率。同时,所开发的算法或者模型,能够轻易在多个目标系统中转换、移植、扩展和应用,大大提高了系统的兼容性和可维护性。与此同时,如果实现最终 ECU 运行的程序就是功能开发阶段定义的".mdl"文件,就相当于将功能指标定义和软、硬件开发结合在了一起,从而实现控制器的快速原型开发。

正是因为 Matlab/Simulink 的强大的优点,全球的汽车公司纷纷采用新型快速开发模式,这也是为什么大家都采用 Matlab/Simulink 的主要原因。典型的像丰田公司等日系的企业,为了更好地推广和应用 Matlab/Simulink,还专门请 MathWorks 公司为 Matlab/Simulink 定制了日语版的 HELP 文档。当然,除了 Matlab/Simulink 软件平台具有这样的功能之外,还有 ETAS 公司开发的 ASCET 软件和 NI 公司提供的 LabView-RT 也具有类似的功能。可以说,目前汽车电子控制系统的开发,已经进入基于第四代图形化语言开发为主、C 语言开发为辅的发展阶段。

这样,利用代码自动生成技术,可实现功能指标开发和功能指标验证、软件开发和软件验证之间的快速迭代,降低了开发风险。通过高效的开发、快速的测试,遵行 V 形开发流程,经过多次迭代,实现汽车控制系统的快速原型开发。

1.4.3　软、硬件测试和开发方法

为了便于读者进一步理解功能验证和软件测试的过程,需要介绍 4 个基本的概念:正常仿真(normal simulation)测试、软件在环(software in the loop,SIL)测试、处理器在环(processor in the loop,PIL)测试和硬件在环(hardware in the loop,HIL)测试。

1. 正常仿真和测试举例

图 1.4.8 为 Simulink 中自带的一个发动机传感器容错控制的例子,该例子可以通过运行"sldemo_fuelsys"来找到,老一些版本的 Matlab 只需要运行 fuelsys 即可。在该例子中,假设需要测试的是中间的控制算法模块(FuelRateController),而该算法模块的输入模拟-

传感器输入正常和异常信号在图 1.4.8 中的左半部分,由手动开关(Speed_Selector 等)组成;算法模块的输出是一个发动机模型,即图中的 EngineGasDynamics 模块。像这样一个功能模块的输入和输出可以全部在 Matlab/Simulink 环境下模拟得到,没有任何环节是实际的系统。可以将这种 Matlab/Simulink 中普通仿真测试的过程,称为典型的软件正常测试的过程。

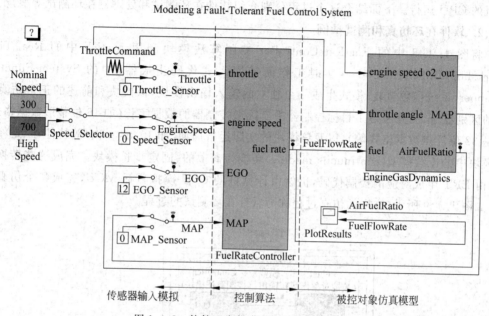

图 1.4.8　软件正常仿真和测试的概念举例

正常仿真测试的优点是成本低,没有任何实物,不存在任何飞车、停机等实际物理系统要考虑的安全性等问题,可以快速迭代。往往功能开发的第一步就是通过软件在环仿真,来搭建、完善、优化或修改控制算法本身内部的逻辑和输入输出接口以满足要求;通过软件在环测试来设置实际物理系统难以发生或者不能达到的极限参数,能够验证并判断所开发的功能指标是否满足进一步实机运行测试的条件,例如是否满足安全性等要求。可以说,软件在环仿真是既省钱又安全的开发方法。

正常仿真测试的精度,取决于模拟的输入和输出相对于实际物理系统的输入和输出的精度。随着发动机等汽车电子控制系统的基于模型的标定、辨识和测试技术的发展,企业能够获得越来越多的关于自己产品的精确测试数据,以建立非常精确的被控对象模型,能够对所开发的控制功能进行越来越全面和越来越精确的验证,从而大大提高了开发的效率。

在计算机上正常仿真的问题在于整个控制系统,包括传感器输入、控制器本身和被控对象,全部在计算机的 CPU 上运行,众所周知,普通 PC 机上的 CPU 所拥有的内存 RAM 等资源以及 CPU 本身的运算速度等性能指标,远远超过了目前汽车电子控制系统中所采用的微处理器(MCU)的性能。一个能够在 64 位、4 GHz 主频的计算机上验证了的控制算法,往往还不能直接应用到 16 位或者 32 位的典型汽车 MCU 中运行。可以说它们的性能根本不在同一个档次上,因此在计算机上正常仿真的验证和测试之后,还要进行二次开发,将算法移植到像 Tricore 或者 MPC5xx 这样的典型汽车中应用的 32 位单片机中,甚至像 HCS12 或者 C167 系列等低成本的汽车级 16 位单片机中。

为了解决上述问题,人们提出了采用联合仿真(co-simulation)的方法,即让控制算法(代表了将来要在汽车控制器中运行的部分)能够直接在 Matlab/Simulink 中生成代码,但是将在实际的控制器上运行,而被控对象的仿真模型仍然保留在 Matlab/Simulink 中,由计算机的 CPU 运行。下面结合这个过程分别介绍软件在环测试和处理器在环测试等概念。

2. 软件在环仿真和测试举例

将图 1.4.8 中的 FuelRateController 控制算法模块利用 Matlab 中的 Real-Time Workshop Embedded Coder(实时工作间的嵌入式代码生成器)中的 System-Function Wrapper(系统函数包装)模式生成一个独立的输入输出模块,该模块和前述的正常仿真模块的区别在于:一是考虑了目标控制器中实际微控制器的数据字长(如 16 位整形数据格式,还是 32 位浮点数据格式等),以及该模块的实际运行周期(如 10 ms 一次)等特性;二是将算法模块中的连续模型(continuous module)转换为离散的、固定步长模块。完成这些转换之后,由 ERT 生成对应的控制代码,仍然由计算机的 CPU 模拟目标 MCU,完成整个仿真过程,如图 1.4.9 所示,这样的仿真过程称为软件在环测试的过程。

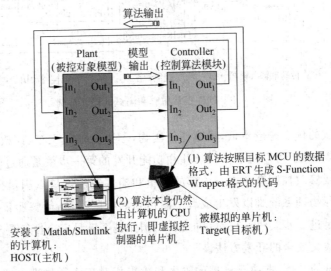

图 1.4.9　软件在环仿真和测试的概念举例

在图 1.4.9 中,安装了 Matlab/Simulink 的计算机既运行了被控对象模型,也模拟了目标 MCU 的特性,但是控制算法软件的格式已经按照目标 MCU 进行生成和仿真,因此只是称为软件在环测试。从正常的仿真测试到软件在环测试,能够检查按照目标控制器生成的给定数据格式、定点运算和固定步长仿真对控制算法带来的影响,也为进一步实现处理器在环测试做好了准备。

3. 处理器在环仿真和测试举例

处理器在环仿真和测试的方法如图 1.4.10 所示。在主机上的仿真模型仍然继续保留在计算机的 CPU 上进行计算,利用 Real-Time Workshop 中的目标系统配置文件(system target configuration file)将控制算法可以直接生成目标处理器(如 MPC555)的可执行代码,并通过调用底层和单片机最小系统或者开发装置的程序下载命令,将控制算法直接下载到真实的微处理器中,起动计算机上的模型仿真部分,从而实现计算机加上微处理器的联合仿真模式。

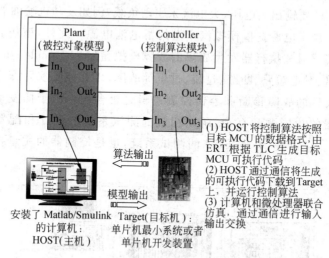

图 1.4.10　处理器在环仿真和测试的概念举例

和软件在环仿真和测试相比,微处理器的运行速度、字长和数据格式、浮点处理能力等都已经和真实 ECU 的完全一致,能够对控制算法能否在实际的控制器运行做出最基本的判断。必须指出的是,微处理器和计算机之间的通信必须要建立,例如 RS 232 的 SCI 通信或者 CAN 总线通信等。处理器在环仿真的缺点是只有建立通信才能建立联合仿真的模式,占用了额外的微处理器资源,并不能完全模拟实际控制器中微处理器对周边外围模块的驱动和访问。

处理器在环仿真的另外一个不足是,被测试的控制算法往往是单独下载到微处理器中进行测试的,很难将实际控制器中同时存在底层驱动、各种中断和动态任务调度过程对于被测试控制算法所带来的影响反映出来,因此需要进一步将控制算法仿真测试和整个控制器的测试相结合,才可能发现隐藏更深的缺陷或者 BUG。这就需要应用整个控制器在环的硬件在环仿真方法,对控制器的底层软、硬件和上层算法进行联合测试。这时整个控制器的软、硬件都在控制回路中出现,而处理器在环仅仅只是硬件在环的一种简单情况。

4. 控制器的硬件在环仿真和测试

为了对所开发的控制器软、硬件进行综合测试,需要采用控制器硬件在环的仿真和测试系统。汽车上的控制器测试,往往又可以采用多个 ECU 基于网络化的测试和单个 ECU 的功能测试,测试的内容可以包括通信功能测试、控制算法测试、硬件功能测试、故障诊断测试和数据标定测试等。从控制器的开发和生成角度,又可以将控制器的测试划分为开发阶段的原型测试和批量生产阶段的质量检测,这些测试都可以采用硬件在环仿真的测试技术来进行。

图 1.4.11 为 ETAS 公司为 BOSCH 开发的柴油机 ECU 的硬件在环测试系统,包括了在监控计算机上运行的被控对象模型,在这里是 ETAS 开发的整车模型软件 LabCar。该模块仿真计算的结果可以输出到一个信号箱(signal box),模拟输出相应的传感器信号,连接到与 ECU 线束相连的接口箱(interface box)。另外一个是模拟执行器的负载箱(load box),这是因为 ECU 要输出高电压、大电流来驱动负载,例如发动机喷油器电磁阀等;负载箱本身带有相应的功率电源提供模拟汽车上的蓄电池电源。此外,该仿真测试系统还包括一个专门模拟传感器和执行器发生故障的故障模拟箱(fault simulation box),能够模拟执行器对电源短路、对地短路、断路、过流、过压等故障,以此模拟实际车辆可能发生的失效模式,来检验 ECU 的故障诊断和容错控制逻辑是否合理。由于像发动机控制器等汽车零部件的控制器的功能非常复杂,所以相应的测试系统的设计和配置也是非常复杂的,而且价格昂贵。可以说,开发 ECU 的测试系统,也是控制器的质量控制体系中的重要难关之一。

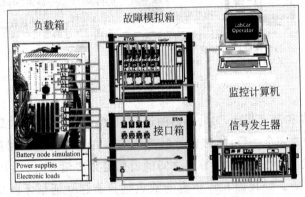

图 1.4.11 生产型 ECU 的硬件在环仿真和测试系统(ETAS)

具体测试流程如图 1.4.12 所示。预先制定的测试规范和测试内容存储在 Excel 格式的表格中,测试内容输出到 LabCar 仿真模型中,由仿真模型生成相应的测试条件。有时仿真模型需要操作者或者开发者进行定制,模型的输出经过一系列输入输出(I/O)硬件设备传送到 ECU。另一方面,这些硬件测试设备也会直接测量 ECU 的输出,并根据 ECU 的这些输出动作反馈到被控对象的模型 LabCar,以确定下一个时刻模型的输出,同时判断 ECU 的输出是否合理。测试系统同时还会通过 CAN 或者 LIN 总线直接测试和记录 ECU 的数据,最后生成测试结果记录在 Excel 表格中。整个过程基本上都采用自动测试,因此生产效率较高。

可以说,对 ECU 的测试水平和能力决定了 ECU 软、硬件开发和生成的质量。事实上,ECU 开发过程中的软件设计、算法开发和硬件设计固然重要,但更加重要是如何对所开发的这些算法、硬件和软件进行全面、彻底和有效的测试。从失效模式分析和可靠性工程的角度,控制器的测试不仅包括了上述这些功能性的测试和验证,还应该包括对环境适应能力的测试,也就是电磁兼容、高低温、温度冲击和振动测试以及盐雾和潮湿测试等可靠性测试的环节。

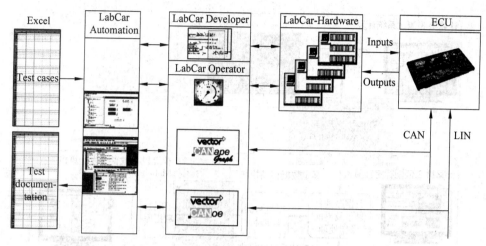

图 1.4.12　ECU 的测试流程示意图(ETAS)

1.4.4　控制器的匹配标定

1. 匹配标定的基本框架

为了实现汽车电子控制系统的控制器能够实现和被控对象的精确配合,解决控制器的标准化开发、批量化生产与客户个性化、应用系列化之间的矛盾,将控制器的软、硬件设计都变得可配置(configurable)是现在 ECU 开发中的重要特征。目前,汽车电子控制系统的匹配标定系统和匹配标定技术,也成为控制系统开发和最终验证客户需求的重要标志。在电子控制系统发展的初期,各大公司都采用各自的匹配标定系统,很少考虑控制器在匹配和标定方面的兼容性和标准化。随着控制器功能越来越复杂、控制器数量越来越多以及匹配标定工具和技术的发展,匹配标定系统的标准化、规范化显得越来越重要。发展到目前,匹配标定系统基本上实现了功能模块化、接口标准化、格式规范化、通信多样化和界面人性化等特征。

整个匹配标定系统的结构如图 1.4.13 所示。在进行匹配标定之前,控制器的软件开发已经完成。计算机 1 为控制器的开发计算机,经过代码自动生成技术,能够编译输出两个文件:一个是利用标定用的变量数据库文件,其格式为 A2L;另一个为单片机可执行代码和MAP 图文件,可直接编程写到单片机或者其外扩的 Flash 中。有的控制器生成的可执行代码文件包括了需要标定的 MAP 文件,可统一编程;有的控制器生成的代码和需要标定的MAP 图文件则可以独立编程和下载。可执行文件或者 MAP 图文件可以有多种标准格式,例如 S19 格式、ELF 格式或者普通的二进制格式文件。

图 1.4.13 中,计算机 2 为专门用来匹配标定和监控调试用的计算机,通常称为上位机,而被标定的 ECU 称为下位机。在该计算机上主要包括了匹配标定的 6 个功能模块,分别描述如下:

① 监控与标定数据处理及通信模块。该模块同时存在于上、下位机中,依据一定的接口协议,实现监控变量的循环采集、发送以及标定数据上传和下载。上、下位机具体的通信方式有很多种,典型的为 CAN 总线通信、基于串行通信的 KPW2000 协议(即通常意义上的

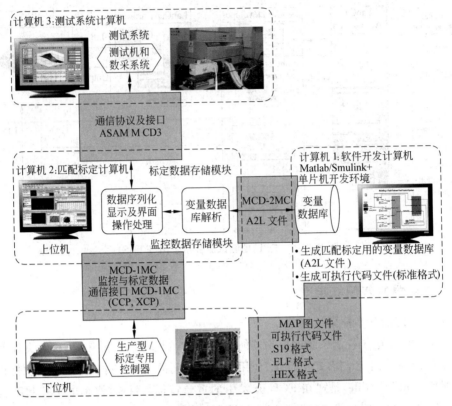

图 1.4.13　匹配标定系统的框架和组成

K 线),以及基于 TCP/IP 以太网协议的通信方式等,将来还可能采用 FlexRay 总线通信等。

　　② 变量数据库解析模块。该模块用来描述下位机中需要监控与标定的各种变量的属性。它通过解析来自计算机 1 生成的目标 ECU 的变量数据库(存放在 A2L 文件中),可以获得需要标定的 ECU 中各个变量和 MAP 图的物理地址、数据格式等信息,上位机便可将下位机上传的数据序列化,并转换成为具有实际意义的物理量。

　　③ 与测试设备的通信接口模块。该模块用于和测试系统进行通信,例如实现自动化的匹配标定应用,主要用于实验台架等设备和标定系统的通信。上位机匹配标定软件起中继器的作用,将转换后的物理量发送给测试设备,也可以将测试设备的标定操作(由图 1.4.13 中的计算机 3 控制)转换为下位机内部值发送给下位机,从而可以联合控制台架测试系统和被标定 ECU 的运行,或者同步采样台架测试系统的数据和被标定 ECU 的内部数据,实现预定工况的自动化标定和数据同步采集。

　　④ 监控数据存储模块。该模块能够将监控计算机 2 上收集的各种变量的数据保存成文件,以便后期的数据分析。

　　⑤ 标定数据存储模块。该模块能够将被标定的 MAP 图的数据保存成文件,用于标定数据的备份,以及 Flash 的在线烧写,将标定好的控制数据直接写入底层的 ECU 中。

　　⑥ 数据序列化、显示及界面操作处理模块。该模块是上位机匹配标定软件的核心,用于各种任务的调度以及用户操作的响应,例如存储、撤销、复制、替换 MAP 图数据,或者更

改、添加、转换监控的变量,或者显示模式。

2. 匹配标定的标准化数据格式

在国际上,由自动化与测试系统标准化协会(Association for Standardisation of Automation and Measuring Systems,ASAM)制定了汽车行业内广泛遵守的匹配标定标准接口。

① 第一部分是针对上、下位机之间的通信标准化问题,ASAM 制定了 MCD-1MC 协议。通过标准化的 MCD-1MC 协议,同一个标定软件(即图 1.4.13 中的计算机 2)可以和不同的控制器进行通信和标定,同样一个 ECU 也可以和不同的标定软件进行通信,提高了标定的通用性。

② 第二部分是为了实现变量数据库的标准化,即用一种通用性的语言来描述下位机监控与标定变量的属性,ASAM 定义了 MCD-2MC 协议。该协议用于描述下位机匹配标定变量的属性,与变量数据库接口,其中的变量数据库即为开发计算机 1 编译生成的 A2L 文件。该文件存放着物理变量的定义、地址、数据格式等信息。A2L 描述文件的引用使得上位机匹配标定软件与控制器硬件完全独立开来,是实现匹配标定系统平台化的关键。通过 MCD-2MC 文件,标定计算机能够准确访问 ECU 内部存放的各个变量,解决了统一的计算机标定软件对不同类型和不同版本的 ECU 软件监控或者标定的问题。

③ 第三部分为 MCD-3MC 协议。该协议用于匹配标定计算机与实验台测试计算机之间的接口定义。通过该接口,标定计算机可以协调和共享台架测试系统的各种设备,实现标定过程的控制自动化和数据同步。例如,发动机标定中的测功机控制系统、发动机测试系统、排放测试系统等测试设备的信息,可以直接联入标定计算机,标定计算机能够实现相关数据的处理、优化和存储等工作,能够实现基于模型的标定和在线优化的自动化标定。

④ 针对实时监控数据的存储格式进行了规范。从理论上说,存储的数据可以采用自定义数据格式而不影响数据回放,也不影响标定软件在各个控制器平台间的通用性,但考虑到与现在国内外电控系统数据采集模块的兼容性,基本上都采用 MDF(measure data format)存储格式。MDF 存储格式是专门针对汽车工业内数据记录、交换以及后期分析而设计的存储格式,具有如下特点:采用二进制文本格式,具有紧凑的数据描述结构;可以在不考虑文件长度的情况下获取文件的基本信息,如数据记录时间、记录对象属性、记录人员属性等。

⑤ 针对需要下载到控制器中的控制代码或者 MAP 文件,考虑到生成的标定数据存储文件不仅要用于数据的备份,还会用于标定数据的 Flash 烧写,而 Flash 烧写的功能常常采用专门的工具完成,所以其格式的标准化也有利于匹配标定系统的通用性。常用的控制代码和 MAP 图的数据存储结构为 Motorola 公司定义的 S-Record 格式的".S19 格式"文件、通用的二进制文件".HEX 格式"或者".ELF 格式"文件。这些格式文件针对汽车工业的各种控制器是可以相互转换的,也是通用格式。

3. CCP 标定协议和在线标定的概念

在图 1.4.13 所示的标定系统中,上、下位机之间的通信协议多种多样,常用的通信方式有 CAN、串口、K 线、ETK(TCP/IP)等,这几种方式中,串口速度慢,ETK 速度快但需要额外的硬件支持,K 线主要用于故障诊断。CAN 通信技术近些年来已成为车用电子设备间通信的主流技术,无论从速度还是质量方面都能够满足匹配标定系统的需求。在基于 CAN 且符合 MCD-1MC 接口定义的匹配标定协议中,基于 CAN 总线的标定协议(CAN calibration protocol,CCP)是目前使用最为广泛的一种。

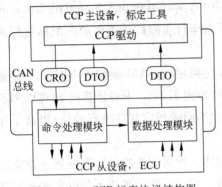

图 1.4.14　CCP 标定协议结构图

如图 1.4.14 所示,CCP 协议采用主从通信方式,其中 CCP 主设备只有一个,即匹配标定工具(上位机),CCP 从设备可以有多个,即待匹配标定的 ECU,主、从设备间通过会话方式实现数据传送等功能。CCP 协议规定,主设备发给从设备的数据对象为 CRO(command receive object),从设备发给主设备的数据对象为 DTO(data transmission object),即 CCP 协议只需要两个 CAN 的 ID 号。CRO 和 DTO 的 ID 号由目标 CAN 网络自行定义,标定系统可以配置。CRO 的优先级必须高于 DTO,命令与数据通过 8 字节的报文数据来进行交互,由主设备发出的普通命令均要求从设备返回带握手信息的反馈消息,握手信息包括命令返回码或者错误码。匹配标定系统的两个最主要的任务是实时监控与在线标定,下面说明 CCP 协议实现这两个任务的基本原理。

(1) 实时监控原理

实时监控是指在 ECU 运行过程中,实时地把 ECU 内部变量的取值传递给上位机。通过 CCP,有以下两种方式可以取得监控变量的数据:

① 拉数据(pulling data)方式。该方式为上位机主动询问,即在上位机程序中,定时器或者事件(如用户操作)触发采集命令,给下位机发送 UPLOAD 或 SHORT_UP 命令组合向上位机发送变量状态。这种方式下,每取得一次数据,上位机匹配标定工具都必须通过 CAN 往 ECU 发送多帧命令,当只监控少数变量时,比较灵活,但当监控变量较多时,总线负荷重,监控效率降低,且监控变量很难实现同步。

② 事件触发(event trigger)方式。该方式为下位机主动发送。在开始监控之前,由上位机确定需要监控的变量列表,并将之发送至下位机 ECU 中。在 ECU 内部有多个事件(由具体事件决定,例如常用的发动机控制器有 10 ms 事件、100 ms 事件和曲轴转一圈的同步事件),每次事件发生时,下位机都根据监控变量列表,主动发送一次数据。这种方式总线负荷低,效率高,且能实现监控变量的数据同步。但由于下位机需要存储监控变量列表,因此将占用较多的储存空间。实际监控中,一般使用该方式。

(2) 在线标定原理

标定分为在线标定和离线标定两种,它们的区别在于标定的过程中是否与正在运行的 ECU 相连。显然,在线标定能根据控制系统例如发动机的实时运行状态进行精确调整,标定结果更加准确。由于 ECU 中的 MAP 图一般储存在 ROM 中,直接修改 ROM 中的数据需要进行 Flash 编程等操作,速度上很难满足实时性要求,所以,一般在在线标定过程中,把 MAP 图数据从 ROM 复制到 RAM(一般称为 CALRAM,calibration RAM 的缩写)里,同时通过地址映射,把 ROM 中的 MAP 图地址映射到 RAM 中的相应位置,这样就不仅能更新 MAP 图数据,还能够让发动机根据更新后的 MAP 图运行,从而实现在线标定。当标定工作完成后,匹配标定工具再将标定好的 MAP 图数据通过 Flash 编程写入 ROM。

CCP 进行在线标定的步骤如下:当匹配标定工具与 ECU 首次连接完成后,如果匹配标定工具中保存有离线的 MAP 数据,则先将离线数据与 ECU 的 CALRAM 中的数据进行校验同步,之后即可通过 UPLOAD,DNLOAD 等命令上传或下载标定变量的数值。

4. XCP 标定协议简介

近年来,由于通信技术的发展,标定工具与测试设备和 ECU 之间的通信方式出现了多样化的趋势。除了 CAN 总线之外,还出现了 TCP/IP,UDP/IP,USB 和 FlexRay 等网络通信协议。为了实现不同物理层可以共用一个上层标定软件,ASAM 协议于 2003 年制定了 XCP(universal measurement and calibration protocol,通用测量和标定协议)V1.0 协议[17],如图 1.4.15 所示。该协议不仅可以兼容传统的 CCP 协议,而且可以在 TCP/IP,UDP/IP,USB 和 FlexRay 等物理层网络上实现 CCP 协议。详细的标定协议可以从 ASAM 的官方网站 www.ASAM.net 上获得。

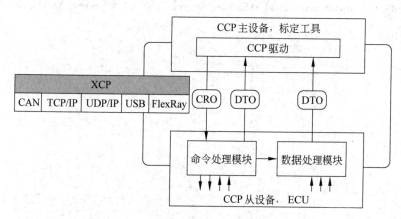

图 1.4.15　通用测量和标定协议(XCP)简图

参 考 文 献

[1] Wallentowitz H,Dellmann T. Mechatronic systems in vehicle technology. Lecture Manuscipt, RWTH-Aachen,2004

[2] Schaeuffele J,Zurawka T. Automotive Software Engineering:Principles,Processes,Methods and Tools. Warrendale:SAE International,2005

[3] 吴迪,郝军,沙毅,等. 嵌入式系统原理、设计与应用. 北京:机械工业出版社,2005

[4] OSEK/VDX Binding Specification Version 1.4.2,July 15th,2004. www.OSEK.org

[5] OSEK/VDX Operating System. Version 2.2.3,Feb. 17th,2005. www.OSEK.org

[6] OSEK/VDX System Generation OIL:OSEK Implementation Language. Version 2.5,July. 1st, 2004. www.OSEK.org

[7] Bunzel S. AutoSar Validation experiences. International Automotive Electronics Congress Paris,

2006. 10. 25

[8]　Specification of the Virtual Function Bus V1. 0. 2 R3. 1 Rev 001. www. autosar. org

[9]　MLX 90248 Micropower & Omnipolar Hall Switch. www. melexis. com

[10]　MLX 90316 Rotary Position Sensor IC. www. melexis. com

[11]　MLX 90333 Triaxis 3D-Joystick Position Sensor. www. melexis. com

[12]　MMA7361L ±1. 5 g, ±6 g Three Axis Low-g micromachined Accelerometer. www. freescale. com

[13]　Surface Mount Piezoresistive Silicon Absolute Pressure Sensor 60~115 kPa. Robert Bosch GmbH, Division Automotive Electronics. www. bosch. com

[14]　Wlodarczyk M T. High Accuracy Glow Plug-Integrated Cylinder Pressure Sensor for closed Loop engine control. SAE Paper 2006-01-0184

[15]　Schten K, Ripley G, Punater A, et al. Design of an Automotive Grade Controller for In-Cylinder Pressure Based Engine Control Development. SAE Paper 2007-01-0774

[16]　Balogh L. Design And Application Guide For High Speed MOSFET Gate Drive Circuits. focus. ti. com/lit/ml/slup169/slup169. pdf

[17]　XCP Version 1. 0-"The Universal Measurement and Calibration Protocol Family" Association for Standardization of Automation and Measuring System, 2003-04-08. www. ASAM. net

2 汽油发动机管理系统

2.1 概　　述

今天的汽车发动机必须在所有行驶工况下提供低的排放污染物、良好的燃油经济性和为汽车提供极好的驱动性能。实现该目标是非常重要的。许多工厂在改进发动机的机械设计方面做了许多工作,例如,燃烧室的形状、火花塞的位置、进气门的数目都是影响非常大的,但精确地控制空燃比和点火定时在获得发动机的最大功率和效率、减少有害排放物方面已成为实现此目标的关键。对于现代的发动机,必须使用简单的机械控制系统和电子发动机管理系统相结合的方法。这样的系统包含基于微处理器的电子控制单元(ECU)以及大量的电子和电磁传感器和执行器,应具有以下功能:

① 喷油系统能提供正确的混合气空燃质量比的控制;

② 确保所有发动机的运行工况正确和精确的点火定时;

③ 能够检测和控制大量的其他参数,例如怠速转速、排气再循环、空调的运转和燃油蒸发排放物,以确保在所有环境下均有相当好的性能。

2.2　空燃比的控制

控制点火的传感器信息和信号与控制燃油的有非常多的相同之处。当对发动机燃油经济性、排放性能一起考虑时,点火时刻和喷油量是相互影响的。这就是为什么现在大多数发动机管理系统是综合点火和喷油控制,以确保发动机在所有工况下都处于最佳工作状态。现有的发动机管理系统(图2.2.1)还包含怠速控制、进气管长度控制、增压压力控制和故障诊断等系统。综合控制不仅可使性能优化,还可使系统的结构简化。

下面介绍发动机管理系统中几个主要的控制系统。

2.2.1　概述

电控汽油喷射(electronic fuel injection,EFI)系统利用各种传感器检测发动机和汽车的各种状态,经微机的判断、计算,确定喷油脉宽、点火正时等参数,使发动机在不同工况下均能获得合适空燃比的混合气和合适的点火提前角。

在闭环控制系统中采用氧传感器反馈控制,可使空燃比的控制精度进一步提高。在汽车运行的各种条件下空燃比均可得到适当的修正,使发动机在各种工况下均能得到最佳的空燃比。因此,电控汽油喷射系统的发动机其动力性提高,经济性改善,更为重要的是汽车有害排放物得到很好的控制。

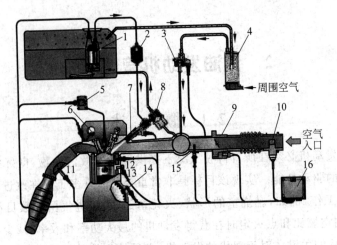

图 2.2.1　发动机管理系统简图

1—燃油泵；2—滤清器；3—炭罐控制阀；4—炭罐；5—点火线圈；6—凸轮；

7—喷油器；8—调压器；9—节气门；10—空气流量计；11—氧传感器；12—冷却液温度传感器；

13—爆燃传感器；14—发动机转速和曲轴位置传感器；15—进气温度传感器；16—电子控制单元

2.2.2　EFI 系统的分类

1. 按喷油器数量分类

① 多点喷射(multi-point injection, MPI)：每一个汽缸有一个喷油器，喷油器安装在进气歧管内，在进气门附近，如图 2.2.2 所示。现被广泛采用。

② 单点喷射(single point injection, SPI)：几个汽缸共享一个喷油器，单点喷射系统因喷油器装在节气门体上，因而有的国家又称其为节气门体喷射(throttle body injection, TBI)，如图 2.2.3 所示。

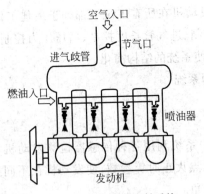

图 2.2.2　多点燃油喷射系统

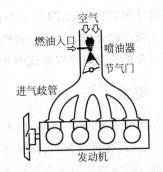

图 2.2.3　单点燃油喷射系统

2. 按喷油地点分类

① 缸内喷射：在压缩行程时将燃油喷入汽缸内，用于稀燃汽油机。

② 喷在节气门上方：喷油器在节气门上方，用于单点喷射系统。

③ 喷在进气门前：喷油器装在进气歧管上，用于多点喷射系统。

3. 按进气量检测方法分类

① 速度密度法：通过测量进气歧管内的真空度和温度，计算每循环吸入的空气量。由于空气在进气管内有压力波动，因此测量精度受到一定的影响。

② 质量流量法：用空气流量计直接测量单位时间吸入进气歧管的空气量，再根据转速算出每循环吸气量。这种测量方法比速度密度法准确，因而可更精确地控制混合气的空燃比。

4. 按喷油时间间隔分类

① 连续喷射：常见于机械喷射装置，不能用于缸内喷射。

② 间歇喷射：在一定的曲轴转角内喷射。

5. 按控制方式分类

① 开环控制，系统被控对象的输出对控制器的输出没有影响，如图 2.2.4 所示。

图 2.2.4　开环控制框图

② 闭环控制，系统被控对象的输出会返回来影响控制器的输出，形成一个或多个闭环，如图 2.2.5 所示。

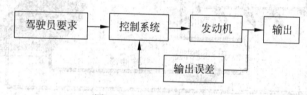

图 2.2.5　闭环控制系统

两者的差别是闭环控制系统根据输出结果要对控制系统进行调整。

2.2.3　EFI 系统的组成

EFI 系统由进气系统、供油系统、控制系统和故障诊断系统（此部分将在第 8 章中介绍）组成。

1. 进气系统

进气系统为发动机可燃混合气的形成提供必需的空气量。

空气经空气滤清器、空气流量传感器（只在质量流量法的 EFI 发动机中采用）、节气门、进气总管、进气歧管进入发动机。

节气门装在节气门体上，控制进入汽缸的空气量。当发动机处于急速时，大多数 EFI 发动机节气门全闭，由急速控制阀控制发动机的进气量，如图 2.2.6 所示。

1）节气门体

节气门体包括发动机正常运行工况控制进气量的节气门和急速运行时少量空气通过旁通通道的急速控制装

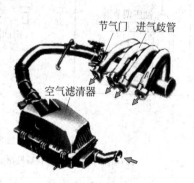

图 2.2.6　进气系统

置。节气门位置传感器装在节气门轴上,用来检测节气门开启的角度。

现有的电控发动机采用的是电子节气门,它不仅可以检测发动机节气门的开启程度,控制怠速转速,同时还可以根据底盘控制系统的状况(例如牵引力控制系统)自动调节节气门的开度。

2) 怠速控制装置

详见 2.4 节。

3) 进气总管和进气歧管

在多点喷射发动机中,为了消除进气脉动和改善各缸分配均匀性,进气总管的形状和容积都需进行专门的设计,每个汽缸都有单独的进气歧管。

2. 供油系统

电动燃油泵把燃油从油箱内泵出,经燃油滤清器进入喷油器。在多点喷射系统中喷油压力在 0.2~0.55 MPa 范围内;多余的燃油经压力调节器流回油箱。喷油量由喷油器通电时间的长短来控制。供油系统简图如图 2.2.7 所示。

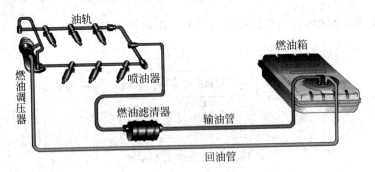

图 2.2.7　供油系统简图

现在有许多供油系统为了降低成本和提高可靠性,采用了无回油管的结构形式,如图 2.2.8、图 2.2.9 所示。

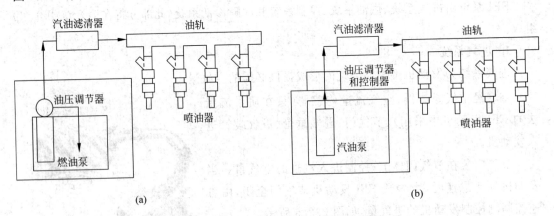

图 2.2.8　无回油管的供油系统结构简图

(a) 用油箱内油压调节器控制油压的供油系统;(b) 没有回油管路、用电子控制压力的供油系统

 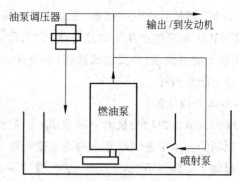

图 2.2.9　无回油管的供油系统的外形和油路简图

1）燃油泵

驱动油泵的电机和泵体做成一体，装在壳体内。工作时泵内充满燃油，故也称为湿式泵。

燃油泵采用涡轮泵，使油路内油压波动小。由于它安装在油箱内，所以噪声小。这种油泵由电机、涡轮泵、单向阀、卸压阀及滤网等组成，如图 2.2.10 所示。

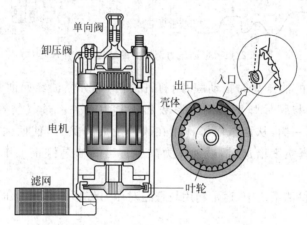

图 2.2.10　燃油泵结构

（1）涡轮泵

由一个或两个叶轮、外壳和泵盖组成。当电机转动时，带动叶轮一起旋转，叶轮外缘上的叶板把燃油从入口压向出口。油泵内的电机是用燃油进行冷却和润滑的，因此油箱内油面一定不能低于某一定值，以免烧毁电机。

（2）卸压阀

当油泵出口压力超过某一值，卸压阀打开，泄出的燃油返回油箱，以防止油路堵塞时油压过高，输油管路泄漏或胀裂，提高了车辆的安全性。

（3）残留压力单向阀

当燃油泵停止工作时，残留压力单向阀关闭，油路变成一个封闭体系，在压力调节器弹簧作用下使油路保持一定的残留压力，避免高温时产生"气阻"和便于再次起动。

（4）燃油泵的控制

① 发动机转速信号控制燃油泵开关：EFI 发动机中，为了安全，只有当发动机运转时，

燃油泵才工作。即使点火开关接通,发动机没有转动,油泵也不工作。

②油泵转速的控制:当发动机高速、大负荷运行时,需要供油量大,燃油泵应高速运转,以提供较大的泵油量;当发动机低速、小负荷运行时,燃油泵应低速运转,以减少泵的磨损和不必要的能源消耗。

2) 燃油压力调节器

燃油压力调节器的功能是调节喷油压力。喷油器喷出的油量是用改变喷油信号持续时间来进行控制的。由于进气歧管内的真空度是随发动机工况而变化的,即使喷油信号的持续时间和喷油压力保持不变,工况变化时,喷油量也会发生少量的变化,为了得到精确的喷油量,必须使油压 A 和进气歧管真空度 B 的总和保持不变,如图 2.2.11 所示。

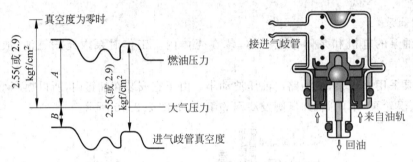

图 2.2.11　燃油压力调节器的结构和工作原理

来自输油管路的油压高时推动膜片,打开阀门,部分燃油经回油管流回燃油箱。输油管内油压的大小与膜片弹簧的刚度系数和预紧力有关。进气歧管的真空度被引至调压器的膜片弹簧一侧,从而减弱了作用在膜片上的弹簧力,使回油量增加,燃油压力降低,即进气歧管真空度增加时,喷油压力减少。当燃油泵停止工作时,在弹簧力作用下使阀关闭。

在无回油管的供油系统中,通常利用歧管绝对压力传感器测得的压力通过软件对供油压力进行调节。

3) 喷油器

喷油器是电磁式的,在多点喷油系统中,喷油器通过绝缘垫圈安装在进气歧管或进气道附近的缸盖上,并用输油管将其固定,如图 2.2.12 所示。

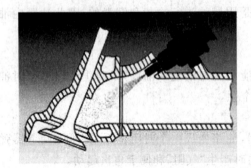 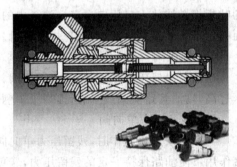

图 2.2.12　多点喷油器的结构和安装位置

Delphi 近年推出了进气/供油集成部件(见图 2.2.13),它不仅具有质量轻、成本低、进气通道流畅和降低热传导等优点,在系统中还装有充气控制阀。在发动机低速运转时关闭此阀,可以提高充气旋流的速度,使空气和燃油混合得更好,改善燃油经济性,降低排放污染物;在发动机高速时打开此阀,可以增加充气通道的截面和空气的流量,提高发动机的功率。在不采用空气泵的情况下,能达到美国加州超低排放法规(SULEV)的要求。

图 2.2.13 Delphi 的进气/供油集成部件

(1) 喷油器的工作原理

喷油器不工作时,针阀在回位弹簧作用下将喷油孔封住,当 ECU 的喷油控制信号将喷油器的电磁线圈和电源回路接通时,针阀才在电磁力的吸引下克服弹簧压力、摩擦力和自身重量,从静止位置往上升起,燃油从喷油器头部喷出。

(2) 喷油器的形式

最常见的是多孔形和 F 形喷油器。多孔形喷油器见图 2.2.14。新近推出了一种 F 形喷油器,如图 2.2.15 所示。它具有体积小、重量轻(轴针形一般重为 89 g,F 形为 39 g)、制造容易的优点,没有外部泄漏(油路和电路部分是分开的),改善了动态范围(在 100 Hz 的试验条件下,动态范围为 1.5～9.4 ms),改善了雾化,也降低了成本。

(3) 喷油器的流量特性

喷油器的流量特性可用两种方法表示:一种为稳态流量特性;另一种为动态流量特性。稳态流量特性是指针阀保持在最大升程位置时在一定的喷油压力下单位时间内喷出的油量,它与针阀在最大升程位置时喷口的等效通路面积和喷孔内外的压差有关。通常汽车修理厂用这种方法检测喷油器是否堵塞。动态流量特性是指喷油器每次喷出的油量和喷油脉宽的关系。图 2.2.16 表示的是一个喷油器喷油周期为 100 ms 的条件下测得的动态流量特性。

图 2.2.14 多孔形喷油器

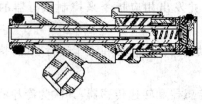

图 2.2.15 F 形喷油器

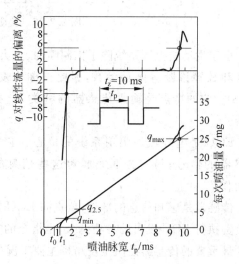

图 2.2.16 喷油器的动态流量特性

大部分喷油器流量特性的图形都很相似,具有以下特点:

① 当喷油脉宽小于 t_s 时针阀不离座,喷油量为 0,即无效喷射时间。

② 在中间喷油脉宽范围内(图 2.2.16 中为 2.5~9.0 ms),每次喷油量与喷油脉宽成正比。动态流量特性的线性段越长,喷油器可用流量范围越大。通常以偏离线性流量±5%为准,确定其最小动态流量 q_{min} 和最大动态流量 q_{max},将(q_{max}/q_{min})称为动态流量比(dynamic flow ratio,DFR)。DFR 越大,喷油器的性能越好。非线性段是由于喷油器打开和关闭都经过一段时间才能稳定住。当喷油脉宽小于针阀开启所需的时间时,喷油量小于线性段的数值;当喷油脉宽过大,本脉宽还未使针阀完全落座,新的控制脉冲又来时,喷油量会大于线性段的数值。

③ 为发动机选用喷油器时,怠速时所需的最小喷油脉宽和最大功率时所需的最大喷油脉宽都必须在线性段范围内,以利于控制。

3. 控制系统

控制系统一般由传感器、ECU 和执行器 3 部分组成,如图 2.2.17 所示。

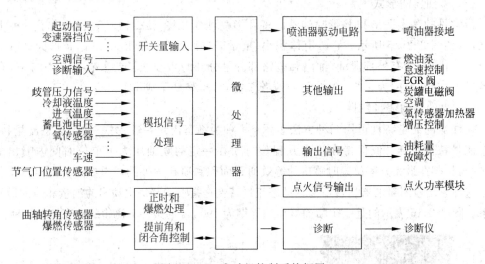

图 2.2.17 发动机控制系统框图

由于发动机控制系统除了控制喷油、点火、怠速外,还控制增压压力、配气相位、进气管长度和故障诊断等多种参数,因此被称为发动机管理系统(engine management system,EMS)。它的特点是输入传感器的种类多、执行器的种类也多,在汽车控制系统中最为复杂。

ECU 是电控汽油喷射系统的核心。它实际上是一个微型计算机,一方面接收来自传感器的信号;另一方面完成对这些信息的处理,并发出相应指令来控制执行器的正确动作。

传感器是感知信息的部件,负责向 ECU 提供发动机的工作情况和汽车运行状况;执行器负责执行 ECU 发出的各项指令,是指令的完成者。

最重要的传感器是决定发动机主要工况的负荷传感器和转速传感器,其次为冷却液温度、空气温度传感器和节气门位置传感器,还有控制空燃比闭环的氧传感器等。

1) 传感器

(1) 负荷传感器

负荷传感器又分为直接测量空气流量的空气流量传感器、采用速度密度法间接测量空气流量的进气歧管绝对压力传感器和节气门位置传感器3种类型。

① 空气流量传感器

空气流量传感器用来将吸入的空气量转换成电信号送给ECU,是决定喷油量的基本信号之一。目前最常用的是热线式空气流量计。

热线式空气流量计的工作原理和分类见1.2.5节空气流量传感器部分。此类传感器精度高,成本贵,一般在高档车上使用。

② 进气歧管绝对压力传感器

进气歧管绝对压力传感器是速度密度法控制系统中最重要的传感器。它依据发动机负荷状况,测出进气歧管中绝对压力的变化,并将其转换成电压信号,与转速信号一起送到ECU,作为确定基本喷油量的依据。

在EFI发动机中以半导体压敏电阻式进气歧管压力传感器应用最为广泛。工作原理见第1章气体压力传感器部分。

这种传感器具有体积小、精度高、成本低、响应和抗振性能较好等优点,现被广泛应用。

③ 节气门位置传感器

节气门位置传感器装在节气门体上,其工作原理见第1章位置传感器部分。

BOSCH公司的单点喷油系统中,将节气门位置传感器作为负荷传感器对喷油量进行控制。

在节气门位置传感器上还有两个触点:怠速触点用于怠速转速控制和点火提前角的修正;全负荷开关触点信号用来增加喷油量,以提高发动机功率。

最常见的节气门位置传感器是线性输出节气门传感器,其安装位置如图2.2.18所示,工作原理与滑动电阻器相同。

由于当节气门开度大时,空气流量变化很小,控制空气流量的精度较差,因而只能在低档车上使用。现代汽车发动机控制系统中主要是将节气门的变化率作为判断发动机加、减速的依据。

当前许多汽车上采用电子节气门,如图2.2.19所示,详见第1章位置传感器部分。电子节气门既能测量节气门位置,还可根据巡行控制、牵引力控制等要求控制节气门开度,广泛应用于混合动力、缸内直喷发动机,以及汽车避撞和自适应巡行控制等领域。

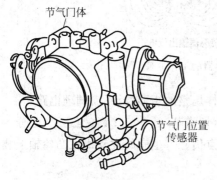

图2.2.18 节气门位置传感器的安装位置

图2.2.19 电子节气门

（2）转速传感器和曲轴位置传感器

转速传感器用来测量发动机转速，以确定基本喷油量和基本点火提前角。曲轴位置传感器用来确定相对于每缸压缩上止点的喷油定时和点火定时，在顺序喷射发动机上还需要有判缸信号。

常用的转速传感器和曲轴位置传感器有磁电感应式、霍尔效应式和磁阻式3种。

① 磁电感应式转速传感器和曲轴位置传感器的工作原理见第1章位置/角度传感器部分。这是一个简单的磁感应检测传感器，大部分的发动机在飞轮特制环上有60-2个齿（根据需要也可设计成其他齿数）触发轮。每一齿占飞轮的6°角，并带有一个12°角间隔的齿，通常称为缺齿。它的位置可确定某一缸上止点位置。触发轮的轮齿顶部与传感器头部的间隙要求在(1±0.5)mm。间隙过大，输出信号较小，不易检测；间隙过小，会给安装和加工带来困难。信号的大小还与切割磁力线的速度有关，发动机的转速高，输出信号强；发动机的转速低，输出信号弱。其输出电压在0.2~90V之间，因此，采用这种磁电传感器时需要调理电路。

② 霍尔效应式转速传感器是一种利用霍尔效应的信号发生器。其工作原理见第1章位置/角度传感器部分。信号发生器上的缺口数可与发动机汽缸数相同。

由于霍尔效应式传感器输出电压的幅度不像磁电式传感器那样受发动机转速的影响，且具有结构简单、工作可靠、抗干扰能力强等优点，已被广泛采用，如奥迪、桑塔纳和红旗等国产轿车均已采用这种形式传感器，但其价格要略高于磁电式转速传感器。它可装在曲轴前、后端，以检测发动机转速和曲轴位置。若装在凸轮轴前端，则可作为点火控制和顺序喷油控制的判缸信号。

③ 磁阻式传感器。在采用可变气门正时（VVT）的发动机上，也可用磁阻式（MRE）传感器来检测凸轮轴转过的角度。其工作原理与霍尔传感器的原理大致相同。磁阻随磁力线方向的变化而改变，见图2.2.20。在图2.2.21中可以看到磁阻式传感器与磁电式传感器的区别。

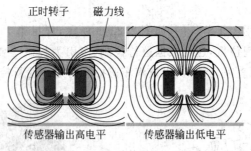

正时转子　　磁力线

传感器输出高电平　　　　传感器输出低电平

图2.2.20　磁阻式传感器的工作原理

磁阻式传感器输出的是与霍尔转速传感器一样规整的矩形波，不需调理电路。

信号盘有3齿（奔驰）、6+1齿（庞蒂克）、8齿（切诺基）和60-2齿（捷达王）之分。在信号盘上缺齿或多齿的情况是为了检测曲轴的上止点信号。也有的发动机在凸轮轴上装位置传感器检测上止点信号（凯迪拉克）。

为了降低成本，有些电控发动机采用歧管压力传感器安装在某进气歧管上，利用歧管压

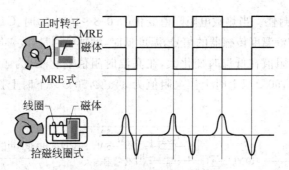

图 2.2.21　磁阻式传感器与磁电式传感器输出波形的区别

力变化进行判缸,如图 2.2.22 所示。Delphi 公司将装在某一缸的歧管压力传感器测得的歧管压力经低通滤波后的信号作为控制发动机供油的重要参数;而歧管压力经高通滤波后的信号经软件处理可作为判缸的依据。

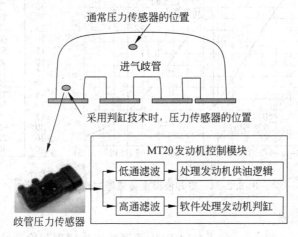

图 2.2.22　利用歧管压力传感器判缸

转速传感器信号盘大多数直接安装在曲轴上。安装在曲轴上的信号盘又分为在曲轴前端、曲轴后端(捷达王、切诺基等)和曲轴中间(庞蒂克、凯迪拉克等)。

（3）温度传感器

最常用的有两种温度传感器:一种是冷却液温度传感器;另一种为进气温度传感器。

① 冷却液温度传感器

冷却液温度传感器(coolant temperature sensor,CTS)通常采用负温度系数的热敏电阻检测冷却液温度,其结构如图 2.2.23 所示,通常安装在发动机出水口处。

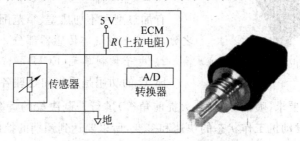

图 2.2.23　冷却液温度传感器和电路

热敏电阻由铜套封住。当热敏电阻阻值变化(0.048～100 kΩ)时,CTS信号的电压也随之改变。ECU根据冷却液温度传感器的信号,温度低时,增加喷油量,改善冷机的起动性能。

由于热敏电阻的阻值在低温时变化大,在高温时阻值变化小,为了提高测量的灵敏度,采用了两个上拉电阻,50℃以上时上拉电阻值为348 Ω,50℃以下时上拉电阻值约为4000 Ω(见图2.2.24)。

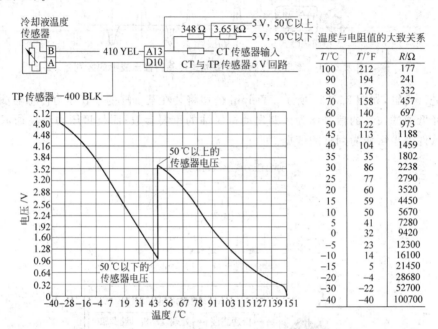

图 2.2.24　冷却液温度传感器的输出特性

② 进气温度传感器

进气温度(intake air temperature,IAT)传感器的工作原理和冷却液温度传感器完全相同,只是热敏电阻裸露在大气中,用以检测发动机的进气温度。在速度密度法EFI发动机中,进气温度传感器安装在空气滤清器的壳体内或进气总管内。在质量流量法的EFI发动机中,进气温度传感器通常装在空气流量计的空气流量测量部位。

图 2.2.25　歧管压力/进气温度传感器

为了节省控制系统的成本和结构紧凑,现已开发出歧管压力/进气温度传感器,同时检测发动机进气歧管压力和进气温度,见图2.2.25。空气温度传感器的热敏元件安装在传感器与进气歧管连接的插头处。

(4) 氧传感器

有加热型和不加热型、窄范围和宽范围氧传感器之分,见第1章气体传感器部分。

2) 电子控制单元(ECU)

ECU的功用是采集和处理各种传感器的输入信号,根据发动机工作要求(喷油脉宽、点火提前角等)进行控制决策的运算,并输出相应的控制信号。由于汽油发动机工作状态的快速和多变,所以要达到预期的控制效果,响应速度是实时控制系统中的主要指标。

ECU 中包括硬件和软件两部分。硬件处理速度快,在系统中采用的硬件功能强、硬件数量多,因此可改善系统的性能,但也会使系统复杂化;软件虽能代替一部分硬件功能,但处理速度慢,会使系统响应速度降低。通常硬件设置要按控制系统的需要进行选择,使控制系统的性能价格比高。

(1) ECU 的硬件

ECU 主要由带有微处理器和程序及数据存储器的微机、数字电路(包括 A/D 转换器和 D/A 转换器)、功率输出级电路(喷油、点火和怠速等)与外部通信电路和电源管理电路等组成,并通过总插头将 ECU 与蓄电池、各种传感器和执行器连接在一起。典型的基于 16 位单片机发动机控制系统的框图如图 2.2.26 所示。

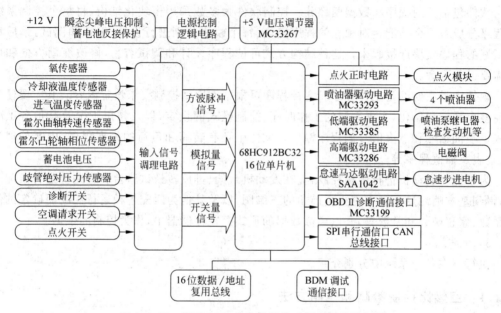

图 2.2.26　基于 16 位单片机的发动机控制系统框图

汽车上最常用的微机是单片机,它是一块集成电路芯片,具有集成度高、功能强、通用性好、体积小、重量轻、能耗小、价格便宜、抗干扰能力强和可靠性好等优点。根据发动机要求的功能不同,采用不同的单片机。目前对缸数较少(通常小于 4 缸)、功能要求不高的发动机可采用 16 位机,128 KB。例如,MT20 具有 4 个喷油器、两个点火线圈(IGBT)和爆燃控制等功能,可满足国Ⅲ排放标准;而对缸数较多或功能要求高的发动机均采用 32 位机——精简指令集计算机(reduced instruction set computer,RISC)。例如,MT38 具有 8 个喷油器、8 个点火线圈、具有数字处理功能的爆燃控制和可变气门机构,可满足欧Ⅴ的排放法规要求。

在控制系统中,微机和外设之间还有输入级和输出级处理,使微机和外设能协调工作。

输入级的作用是将系统中各传感器检测到的信号经 I/O 接口送给微机,完成发动机工况的实时检测。输入的信号有数字量和模拟量两种。

控制系统采集的数字量主要是转速传感器的转速信号和曲轴位置信号。这两组均为脉冲信号,磁电式转速传感器和曲轴位置传感器输出信号在输入级中要设有信号整形和调理电路。而采用霍尔传感器的转速信号就不需要进行信号处理。

输入的模拟信号有空气流量、空气温度、冷却液温度、节气门开度、蓄电池电压、氧传感器等信号。这些信号经传感器和相应的处理电路后,成为相应的电压信号。但必须经 A/D 转换器将连续电压信号转换为数字量后,才能输入微机进行处理。目前 A/D 转换器多数设置在单片机内。

输出级是为微机与执行器件之间建立联系,将微机的指令变为控制信号,驱动执行器工作,主要起着控制信号的生成和放大等功能。

输出信号主要有控制喷油、点火、油泵信号和怠速等信号。

(2) ECU 的软件

ECU 中的软件起着控制决策的作用,还可完成部分硬件的功能,它是控制系统中必不可少的部分。

软件包括控制程序和数据两部分。控制软件大多数采用模块化结构,将整个控制系统的程序分成若干个功能相对独立的程序模块,每个模块分别进行设计、编程和调试,最后将调试好的程序模块连接起来。这种结构方式可使程序设计和调试容易,修改变动方便和可按需要进行取舍。

软件中最主要的是主控程序。主控程序可根据使用和控制要求设定内容。其主要任务是使整个系统初始化,实现系统的工作时序、控制模式的设定,以及常用工况及其他各工况模式下喷油信号和点火信号的程序输出。软件中还有转速和负荷的处理程序、中断处理程序、查表及插值程序等。

为了能对发动机进行最优控制,应在发动机台架、排放转鼓试验台和道路上进行匹配试验,得到基本喷油量和基本点火提前角的三维图,以及其他为匹配各种运行工况而确定的修正系数、修正函数和常数等,并以离散数据的形式存在存储器中,作为控制的依据。

3) 执行器

执行器在各个系统中分别介绍。

2.2.4 空燃比控制策略和控制方法

1. 空燃比的控制策略

为了满足发动机各种工况的要求,混合气的空燃比要采用闭环和开环相结合的策略。主要分为 3 种控制方式。

① 冷起动和冷却液温度低时,通常采用开环控制方式。由于起动转速低,冷却液温度低,燃油挥发性差,因此需对燃油进行一定的补偿。可燃混合气的空燃比与冷却液温度有关,随着温度增加,空燃比逐渐变大。

② 部分负荷和怠速运行时,为了获得低的排放,并有较好的燃油经济性,必须采用电控汽油喷射加三元催化转化器,进行空燃比的闭环控制。图 2.2.27 中的虚线部分为未加三元催化转化器时 CO,HC 和 NO$_x$ 排放浓度与空燃比的关系,实线部分为采用三元催化转化器后 CO,HC 和 NO$_x$ 与空燃比的关系。从图中可以看出,采用三元催

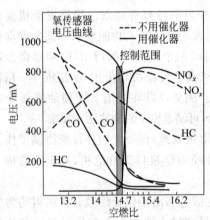

图 2.2.27 采用和不采用三元催化转化器对排放物的影响

化转化器时,空燃比在化学计量比附近很窄的范围内,CO,HC 和 NO$_x$ 的排出浓度均较小。只有采用闭环控制方式,才能使混合气空燃比严格控制在化学计量比附近很窄的范围内,使有害排放物转化效率最高。

③ 节气门全开(wide open throttle,WOT)时,为了获得最大的发动机功率和防止发动机过热,应采用开环控制,将混合气空燃比控制在 12.5～13.5 范围内。此时发动机内混合气燃烧速度最快,燃烧压力最高,因而输出功率也就越大。在大负荷时,为了避免发动机过热,可将混合气体调浓,以降低发动机的温度。

2. 空燃比控制的流程

要实现上述空燃比的控制策略,应按下列步骤进行工作:

① 精确地确定发动机质量流量。可用空气质量流量计直接测量空气质量流量,或在速度密度法的 EFI 发动机中,通过进气歧管绝对压力传感器、进气温度和发动机转速信号计算空气质量流量。

② 根据测量空气质量流量时的发动机转速,计算出每工作循环每缸的进气质量流量。

③ 测量发动机此工况下各种传感器的信号,例如节气门位置、蓄电池电压、变速器挡位、发动机冷却液温度、起步、驻车/空挡、节气门全开、海拔高度等参数。节气门位置变化率可检测到加、减速状况,对喷油脉宽进行修正;蓄电池电压会对喷油器的无效喷射时间和油泵流量特性有影响,要进行修正;冷却液温度、空气温度与燃油的蒸发有关,影响混合气形成,也需根据不同温度进行修正。修正参数的数值和修正曲线通过标定试验获得,每个汽车公司均有所不同。根据这些数据查表获得理想的燃油和空气的比例,从而计算出每缸理想的燃油质量。

④ 根据喷油器标定数据(流量系数)计算出喷油器喷油时间(喷油脉宽)。

⑤ 根据发动机工况确定喷油定时。喷油定时的大致范围如图 2.2.28 所示。

⑥ ECU 中驱动器根据发火顺序,按上面已计算得到的喷油脉宽和喷油定时使喷油器喷油。

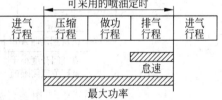

图 2.2.28 喷油定时的大致范围

喷油脉宽的整个计算流程如图 2.2.29 所示。空燃比的控制如图 2.2.30 所示。

空燃比的控制分为两大部分:一部分为起动工况,它又可分为正常起动时的 A/F 控制和淹缸的 A/F 控制;另一部分为运行工况,它又可分为冷机 A/F、暖机 A/F 和化学当量比 A/F 控制 3 种情况。

3. 喷油持续时间(脉宽)的控制

喷射方式有同步喷射和异步喷射两种。同步喷射是指喷油时刻与发动机曲轴转角有对应关系的喷射;异步喷射是根据传感器的输入要求控制喷油时刻,与发动机曲轴的角度无关。

在发动机大多数运转工况下,喷油系统采用同步喷油方式工作,只有在起动、起步、加速等工况才采用异步喷射方式工作。

发动机在不同工况下运转,基本喷油持续时间和各种参数的修正量是至关重要的。发动机型号不同,其修正特性曲线也各不相同。图 2.2.31 给出了常用的主要喷油控制。

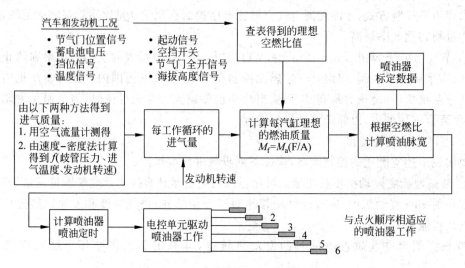

图 2.2.29　喷油脉宽的整个计算流程

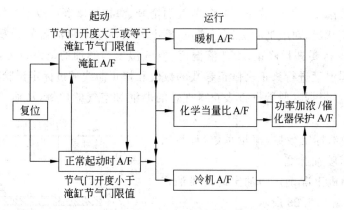

图 2.2.30　A/F 的控制框图

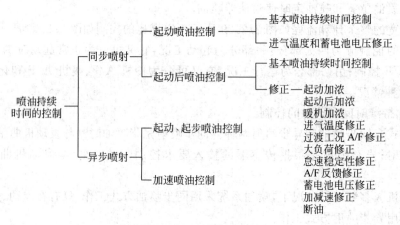

图 2.2.31　喷油的控制

1）同步喷射

（1）起动喷油控制

当发动机起动时，由于转速波动，在速度-密度法的电控汽油喷射系统中，进气歧管压力传感器和质量流量法的电控汽油喷射系统中空气流量计都很难精确地、间接或直接地测量进气量，从而计算出基本喷油持续时间，因此大部分发动机在起动时是根据内存中冷却液温度-喷油时间图（见图 2.2.32）查出相应的基本喷油持续时间，然后进行进气温度和蓄电池电压（＋B）的修正，得到起动时喷油持续时间，如图 2.2.33 所示。

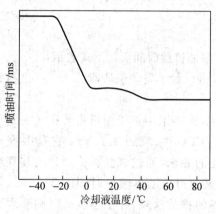

图 2.2.32 冷起动和冷却液温度低时的喷油时间　　图 2.2.33 起动时喷油持续时间的确定

$$起动时喷油持续时间 = 基本喷油时间（冷却液温度的函数）＋进气温度修正$$
$$＋蓄电池电压修正 \tag{2.2.1}$$

起动期间的喷油时间除了考虑冷却液温度、进气温度和电压等影响外，有的公司还考虑发动机的转速、起动次数等影响。

冷起动和冷却液温度低时混合气稍浓，喷油时间随发动机冷却液的温度升高逐渐减小，空燃比逐步达到化学计量比，如图 2.2.34 所示。

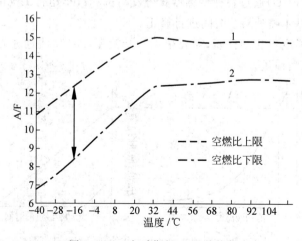

图 2.2.34 起动期间 A/F 的控制

(2) 起动后喷油控制

发动机转速超过预定值时,电子控制单元按下列公式确定喷油持续时间:

$$\text{喷油持续时间} = \text{基本喷油持续时间}$$
$$\times (\text{喷油修正系数} + \text{电压修正系数}) \qquad (2.2.2)$$

式中,喷油修正系数是指各种修正系数之和。

装有电控喷油系统的发动机之所以能获得良好的动力性、经济性和排放性能,是由于电子汽油喷射系统能精确地控制空燃比。空气流量可以由间接测量(速度密度法)或直接测量(质量流量计法)获得,根据目标空燃比的要求,由 ECU 计算出喷油脉宽(持续时间),输送给喷油器一个喷油脉宽的控制信号。

① 基本喷油持续时间

对于采用空气流量计的电控喷油系统,基本喷油持续时间可用下式表示:

$$\text{基本喷油持续时间} = K \times \text{进气量} / \text{发动机转速} \qquad (2.2.3)$$

式中,K 为修正系数。

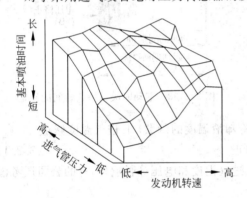

图 2.2.35 喷油脉宽的三维图(速度-密度法)

对于采用进气歧管绝对压力传感器的发动机,大多采用三维图形将数据按一定形式存储在 ECU 中,见图 2.2.35。它是根据目标空燃比的要求,通过试验获得发动机歧管绝对压力、转速对应基本喷射时间的数据图。若满足严格的排放法规,在中小负荷时则要求目标空燃比应在化学计量空燃比附近。汽车运行时,当转速传感器和歧管绝对压力传感器检测到转速和歧管压力时,即可通过查表方式获得基本喷油持续时间。当发动机的运行条件处于三维图工况点中间时,可用双内插法求得该运行条件下的基本喷油脉宽(持续时间)。

② 喷油量的修正

电子控制单元(ECU)通过各种传感器获得发动机和汽车运行工况的各种信息,根据这些信息对已确定的基本喷油持续时间进行修正。

起动加浓:为了改善起动性能,需要根据冷却液温度对喷油量进行修正,如图 2.2.36 所示。低温时,增加喷油量。

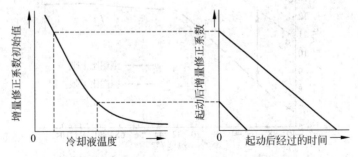

图 2.2.36 起动燃油增量系数的初值和衰减系数

起动后加浓:发动机起动后,点火开关从起动(STA)转到接通点火(ON)位置,或发动机转速已达到或超过预定值,ECU在这一段时间内额外增加一定的喷油量,使发动机保持稳定的运转。喷油量的初始修正值根据冷却液温度确定,然后以一定的速率下降,逐步达到正常值。此过程在起动后几十秒钟内完成。

暖机加浓:加浓量随着冷却液温度而变化。冷却液温低时,增加的喷油量多。当冷却液温度在 $-40℃$ 时,加浓的油量是正常喷油量的2倍。在怠速触点(IDL)接通或断开时,根据发动机转速加浓量有少许变化。修正加浓曲线如图2.2.37所示。冷机需要比正常的混合气浓,以免游车和失速。

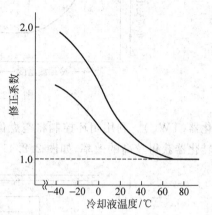

图 2.2.37 暖机修正

进气温度修正:发动机进气密度随进气温度而变化。根据进气温度修正喷油持续时间,以保证发动机在此工况下运行时达到所需的空燃比。一般把20℃作为进气温度信息的标准值,修正系数为1。ECU根据进气低于或高于该标准温度,增加或减少喷油量。增加或减少的最大修正量约为10%。进气温度修正曲线如图2.2.38所示。

冷却液温度修正:冷却液温度对发动机的性能影响要比空气温度的影响大,其最大修正量约为30%。冷却液温度高,修正系数小;反之,修正系数大。冷却液温度修正曲线如图2.2.39所示。

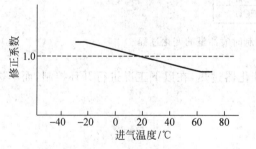

图 2.2.38 进气温度与修正系数的关系

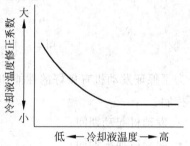

图 2.2.39 冷却液温度的修正

大负荷加浓:当发动机在大负荷工况下运行时,为了保证发动机处于最佳工作状态,降低发动机排气温度,ECU根据发动机负荷状况增加喷油量。发动机负荷状况可以根据节气门开启角度或进气量的大小来确定。大负荷的加浓程度约是正常喷油量的 $10\%\sim30\%$。

过渡工况空燃比控制:发动机在过渡工况下运行时,若只使用基本喷油持续时间,则在加速时混合气会瞬时变稀,在减速时混合气会瞬时变浓。主要是燃油汽化速度的影响,影响燃油的汽化速度有两个因素:一个是进气歧管内压力的高低;另一个是燃油附着部位温度的高低。因此,需要对燃油进行增加或减少的修正,以免发动机发生"喘振"、汽车产生振动、起动时发动机出现倒转、排气中有害成分增加等现象,其修正系数如图2.2.40所示。

怠速稳定性修正(只用于速度密度法):为了提高发动机怠速运转的稳定性,ECU根据进气歧管压力和发动机转速的变化,增减喷油量。详见怠速控制部分。

空燃比反馈修正:为了满足严格的排放法规的要求,必须采用氧传感器和三元催化转

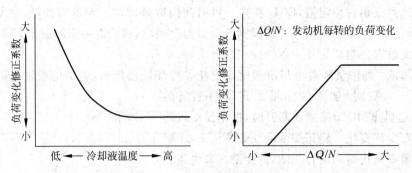

图 2.2.40　负荷变化的修正系数

化器(TWC)。利用闭环控制将空燃比控制在化学计量比附近很窄范围内,以保证三元催化转化器获得较高的效率,如图 2.2.41 所示。

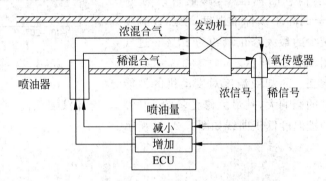

图 2.2.41　闭环控制时喷油量的变化过程

为了保证发动机有良好的性能和避免催化器过热,在以下工况进行开环控制,而不进行闭环控制。

- 发动机起动期间;
- 起动后加浓期间;
- 大负荷加浓期间;
- 冷却液温度低于规定值(如 60℃)时;
- 断油时;
- 氧传感器输出空燃比信号稀且持续时间大于规定值(如 10 s)时;
- 氧传感器输出空燃比信号浓且持续时间大于规定值(如 10 s)时。

闭环控制空燃比修正的过程是:ECU 把氧传感器输入信号与规定参考电压值进行比较,此值是"浓"和"稀"间的中值,对于氧化锆传感器约为 0.45 V。为了便于控制,通常设立了一个死区,例如:某发动机将死区设为±150 mV;当高于 600 mV 时,才认为混合气过浓;低于 300 mV 时认为混合气过稀,见图 2.2.42。在 300~600 mV 间,喷油脉宽不作调节,即使是在稳定行驶状况下,混合气也会在"浓"和"稀"状态下连续地振荡,但空燃比的实际平均值应为化学当量比。

闭环控制不仅可以使每辆汽车在满足性能要求的条件下减少排放物,还可以减少各新车之间由于制造装配等因素造成的有害排放物的差异,或减少由于车辆老化使发动机有害

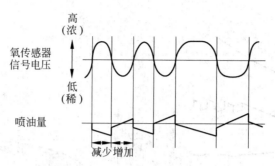

图 2.2.42 闭环控制的工作原理

排放物的变化。

空燃比学习控制：发动机各种工况的基本喷油持续时间存于 ECU 的存储器中。这些数据对于一种型号的发动机来说都是确定的标准数值。但在使用过程中，由于供油系统或发动机性能的变化，实际空燃比相对化学计量空燃比的偏离可能不断增大，虽然空燃比反馈修正可以修正空燃比的偏差，但是修正的控制范围是一定的。如果反馈值的中心偏向稀或浓的一边(图 2.2.43 中的 A—B—C)，修正值可能超出修正范围。如果在某一时间段内平均 A/F 修正系数大于或小于很多，就会造成控制上的困难(图 2.2.43 中的 C)。为了使修正值回到可以控制的修正范围之内，并使反馈值的中心回到化学计量空燃比的位置(图 2.2.43 中的 A)，ECU 根据反馈值的变化情况，设定一个学习修正系数，以实现燃油喷射持续时间总的修正。这个学习修正系数值存储在 ECU 的内存内，即使点火开关断开，也仍然保留着。

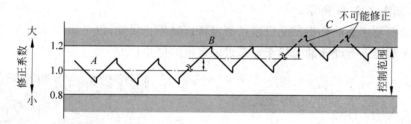

图 2.2.43 学习控制的修正系数

当运行条件发生变化时，学习修正量立即反映到喷油时间上，因此提高了过渡工况运行时空燃比的控制精度。从图 2.2.44 中可以看出，当吸入空气量从 A 向 B 变化时，反馈修正所起作用可用无学习控制和有学习控制时空燃比的变化来说明，有学习控制时 A/F 可控制在 14.7 附近，而无学习控制时有一段时间 A/F 不能达到化学计量空燃比。

电压修正：喷油器实际打开的时间比电子控制单元控制喷油器的时间要晚(见图 2.2.45)，电流进入喷油器的绕组所需的时间为 t_1，电流切断时所需的时间为 t_2，$t_1 - t_2$ 得到 t，即为喷油器绕组感应产生的延迟，这意味着喷油器打开的时间比 ECU 计算所需要打开的时间短，使实际空燃比比发动机所要求的空燃比大(即较稀)。蓄电池电压越低，滞后的时间也越长，如图 2.2.46 所示。ECU 根据蓄电池电压的高低相应地延长喷油信号的持续时间，对喷油量进行修正，使实际喷油时间接近于 ECU 的计算值。

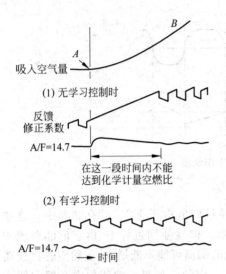

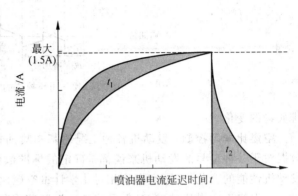

图 2.2.44　有、无学习控制的空燃比
控制精度

图 2.2.45　喷油信号与喷油器实际
开启时间的差别

断油：断油分为 3 种形式。

- 减速断油是指发动机在高速运转时急剧减速,节气门完全关闭,ECU 控制喷油器停止喷油,以改善排放性能和燃油经济性。断油后,当发动机转速降到某一定值以下时或节气门再度开启时,喷油器重新喷油,这一限定值与冷却液温度和空调状态有关,如图 2.2.47 所示。
- 发动机超速断油是指发动机超过额定转速时停止供油,以免损坏发动机。
- 汽车超速度行驶断油是指车速超过限定值时停止供油。

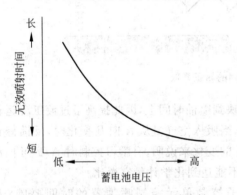

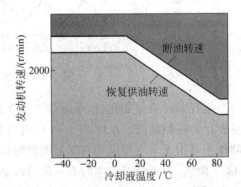

图 2.2.46　蓄电池电压与无效喷射
时间的关系

图 2.2.47　断油转速与冷却液温度的关系

2) 异步喷射

起动时,为了改善发动机的起动性能,需将混合气加浓,除了按正常的曲轴转角同步方式喷油外,在起动信号(STA)处于接通时,ECU 根据上止点(G)信号后检测到的第一个转速(Ne)信号开始,以固定的喷油持续时间,同时向各缸增加一次喷油,如图 2.2.48 所示。

起步时，发动机从怠速工况向起步工况过渡时，会出现混合气过稀现象。为了改善起步加速性能，ECU 在怠速（IDL）触点信号从接通到断开后，检测到第一个转速（Ne）信号时，增加一次固定喷油持续时间的喷油，如图 2.2.49 所示。

图 2.2.48　起动时异步喷射　　　　图 2.2.49　起步时异步喷射

加速时，当节气门急速开启或进气量突然变大时，为了提高加速响应性能，加速期间在同步喷射基础上加异步喷射，如图 2.2.50 所示。加速的加浓因子在开始一段时间大，随着点火次数的增加按一定斜率慢慢减至 0，见图 2.2.51。

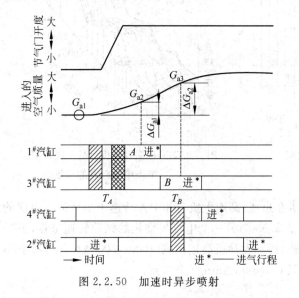

图 2.2.50　加速时异步喷射

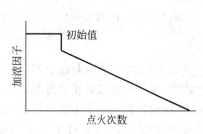

图 2.2.51　加速的加浓因子

4. 喷油定时的控制

如前所述，喷油可分为同时喷射、分组喷射和顺序喷射 3 种形式。为了满足严格排放法规的要求，大多数发动机都采用顺序喷射。

对于分组喷射来说，喷油定时的影响不大，但顺序喷射对喷油定时有一定的要求。有的公司规定在进气行程之前结束该缸喷油，如前述的图 2.2.28 所示，以便燃油更好地蒸发，形成较好的混合气；也有的公司规定 80% 的燃油在排气行程中喷射，留下 20% 在进气行程中喷射；还有的公司为了简化控制程序，采用固定的喷油定时，大多数设在进气行程前曲轴转角 $70° \sim 90°$。

5. A/F 控制中应注意的问题

1) 节点的选取

在速度-密度法中,为了得到不同工况下的喷油脉宽,通常先在发动机试验台架上进行稳态试验,把试验的工况点称为节点。这些节点不是均布的,而要根据以下原则来选择:

① 合理布局,工况的节点要覆盖发动机的整个工作范围。

② 发动机性能变化剧烈的工况区域节点要求比较密。

③ 常用工况、特殊工况(怠速、排放测试点)要重点考虑。

这些要求可通过各个发动机的工况频次图(用工况法进行排放测试时每秒钟记录一次发动机的转速和负荷)来分析和确定,见图 2.2.52 和图 2.2.53。

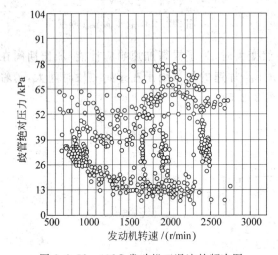

图 2.2.52 492Q 发动机工况法的频次图

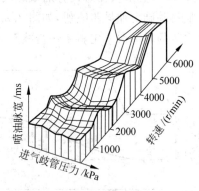

图 2.2.53 根据发动机运行工况确定
节点喷油脉宽的三维图

从图 2.2.52 中可以看出,492Q 发动机在怠速、高速大负荷和中等转速中小负荷区出现的频次较密,在节点分布时要着重考虑。图 2.2.53 为另一个电控发动机的试验转速节点,不是均布的,在怠速和常用中小负荷处节点较密,而在发动机高速区域(4000~6000 r/min),属于不是经常使用的工况,节点分布很稀,中间只有 5000 r/min 一个节点。

2) 排放量的控制

在工况法排放测试中(ECE 15-04＋EUDC)[①],第一循环排放量占整个测试循环的70%~80%(见图 2.2.54)。为了减少排放量,应使氧传感器和三元催化转化器尽早起作用。除了采用加热型氧传感器外,还可采用电加热催化转化器;在热负荷允许的条件下,尽量将氧传感器和三元催化转化器接近排气歧管;在车载诊断系统中,要求装两个氧传感器,一个在转化器前,起控制 A/F 的作用,另一个在催化转化器后,监测三元催化转化器的工作是否正常,见图 2.2.55 和图 2.2.56。

---

① 欧洲经济委员会 15-04(关于排放的城市运行 15 工况 4 个试验循环)与 EUDC(关于市郊公路的一个试验循环)的汽车法规。

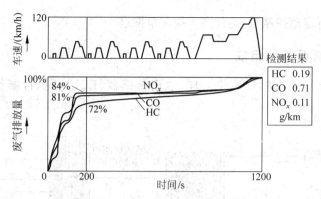

图 2.2.54　欧 Ⅱ 排放检测循环的检测结果

图 2.2.55　电加热催化转化器

图 2.2.56　紧接排气歧管的两个氧传感器

电加热催化转化器系统(EHCS)可解决冷起动后前 30～60 s 运行中高污染排放物的问题。新开发的 EHCS 具有小的体积并被直接安装在主三元催化转化器的上游,在发动机暖机时工作。当发动机起动时立刻由 ECU 接通 EHCS 的加热电路。进而加热催化器组件芯,造成热释放化学反应的产生。在发动机起动 15 s 后达到 400℃以上的工作温度,催化器的效率达到 90％,约在 40 s 后加热电流断开。

2.3　电子点火控制

2.3.1　汽车点火系统的要求

为了保证发动机在各种工况下可靠并准确地点火,点火系必须满足以下要求:

① 提供足够高的次级电压,使火花塞电极间跳火。能使火花塞电极间产生电火花的电压,称为击穿电压。起动时需要最高击穿电压 17 kV 左右,发动机在低速满负荷时需要 8～10 kV 的击穿电压。为了使点火可靠,通常点火系统的次级电压大于击穿电压。现代发动机中大多数的点火系统都能提供 20 kV 以上的次级电压。

② 火花要具有足够的能量。火花的能量不仅和火花的电压有关,而且还和火花电流以及火花持续时间有关,点火能量越大,着火性能越好。在发动机起动、怠速及急加速等情况下要求较高的点火能量。目前采用的高能点火装置,点火能量都要求超过 80～100 mJ。

③ 点火系统应按发动机的发火顺序并以最佳时刻(点火提前角)进行点火。最佳点火提前角是由发动机的动力性、经济性和排放性能要求共同确定的。

④ 当需要进行爆燃控制时,能使点火提前角推迟。

2.3.2 点火控制系统的组成

点火控制系统与电控喷油系统一样,也由传感器、ECU 和执行器组成,如图 2.3.1 所示。

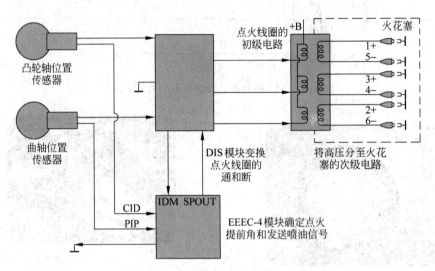

图 2.3.1 点火控制系统工作原理框图

除了与电控汽油喷射系统中转速和曲轴位置传感器、负荷传感器、节气门位置传感器、冷却液温度和空气温度传感器等一样外,还有专为点火控制用的爆燃传感器,其执行器是点火模块和点火线圈。点火模块的主要作用是将 ECU 输出信号送至功率管进行放大,并按发火顺序给点火线圈提供初级电流。常见的为无分电器点火系统,是两个汽缸共用一个点火线圈,高压线圈的两端分别接在同一曲拐方向两缸火花塞的中央电极上,高压电通过地形成回路。点火时,一个汽缸活塞处在压缩行程的上止点前,火花将压缩混合气点燃;另一个汽缸则处于排气行程上止点前,因此汽缸内是废气,点火无效。此种点火线圈由于废火的出现导致了火花塞加速腐蚀的趋势,为此现已开始采用每个火花塞装有它们自己的“塞顶”线圈,每个汽缸有一个点火线圈的方式。这种办法虽然成本略有增加,但能得到较好的发动机性能,如图 2.3.2 所示。

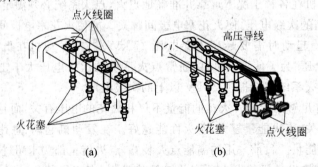

图 2.3.2 无分电器点火线圈

(a) 每缸一个点火线圈;(b) 两缸共用一个点火线圈

ECU 采集各种传感器信号,经 A/D 转换或对信号进行调理后,由微处理器进行判断、计算,得到最佳点火提前角,从而对点火进行控制。

2.3.3 点火控制

点火控制包括点火提前角控制、闭合角控制和爆燃控制 3 个方面。

1. 点火提前角控制

1）点火提前角

点火时刻是用点火提前角来表示的。

现代发动机的最佳点火提前角,不仅要使发动机的动力性、经济性最佳,还应使有害排放物最少。汽缸内压力与点火时刻的关系如图 2.3.3 所示。

从图 2.3.3 中可以看出,B 点点火过早,最大燃烧压力最高,但出现爆燃;D 点点火过晚,最大燃烧压力很低;而在 C 点点火,最大燃烧压力在上止点后 $10°\sim16°$CA 时出现,做的功(斜线部分)最多。

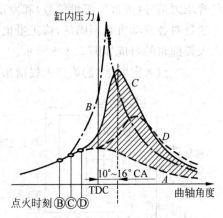

图 2.3.3 汽缸内压力与点火时刻的关系

2）影响点火提前角的因素

（1）发动机转速

发动机转速越高,最佳点火提前角也就越大。发动机转速增高时,扰流强度、压缩温度和压力均增加,但对燃烧诱导期所需时间影响不大,诱导期所占的曲轴转角就要加大。

（2）发动机负荷

发动机负荷低时,节气门开度小,充气量减小,汽缸内残余废气相对新鲜混合气的比例增加,使混合气燃烧速度降低。因此,当负荷低时,最佳点火提前角要增大;反之,最佳点火提前角要减小。

（3）燃油品质

汽油的辛烷值越高,抗爆性能越好,点火提前角可增大;反之,点火提前角应减小。

除了上述因素外,点火提前角还和发动机燃烧室形状、燃烧室温度、气流的运动、空燃比、排气再循环(EGR)等因素有关。

3）最佳点火提前角的控制策略

在电子控制的点火提前(electronic spark advance,ESA)中(ESA 也被称为可编程点火和数字点火),对于各种发动机运行工况,基本点火定时作为一个三维图储存在点火 ECU 微处理器的内存中,并从许多传感器中获得所需的基本信息,然后考虑特殊的驾驶环境进行某些修正。用这种方法虽然较复杂,但对点火定时控制的精度有很大改善。

ESA 控制器的基本输入参数是发动机转速和一个与发动机负荷有关的信号(进气歧管压力、进气流量或喷油的质量),根据这些信息从三维图中得到精确的基本点火提前角。三维图中的数据是从发动机台架试验中获得的,一般由 16 个数值的转速和 16 个数值的负荷的典型工况得到 $16\times16(256)$ 个点火提前角数值。与喷油控制相同,对于节点中间的工况可用数学插值的处理方法。有的发动机根据燃油辛烷值、EGR率不同,在存储器中存放多张基本点火提前角的数据表格,可根据使用情况进行选择。

（1）起动期间点火提前角的控制

在起动期间或发动机转速在规定转速（通常为 500 r/min 左右）以下时,由于进气歧管压力或进气流量信号不稳定,因此点火提前角设为固定值,通常将此值定为初始点火提前角。也有的点火提前角根据发动机的转速而有所变化。

发动机起动期间,微处理器并不计算点火定时,而由备用IC点火控制模块输出固定的参考点火定时,如图 2.3.4 所示。

（2）起动后点火提前角的控制

起动后的点火定时控制是指起动后发动机正常运行期间的点火定时的控制,它是由进气歧管压力信号（或进气流量信号）和发动机转速确定的基本点火提前角和修正量决定的。修正项目对各发动机是不同的,修正量也由各自的特性曲线所确定,如图 2.3.5 所示。起动后点火提前角的组成如图 2.3.6 所示。

$$点火定时 = 初始点火提前角 + 基本点火提前角 + 修正点火提前角 \qquad (2.3.1)$$

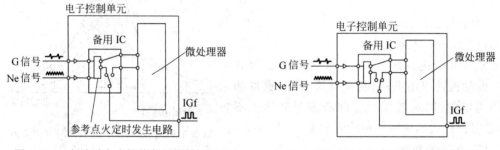

图 2.3.4　起动时点火提前角的控制框图　　　图 2.3.5　正常运行时的点火控制框图

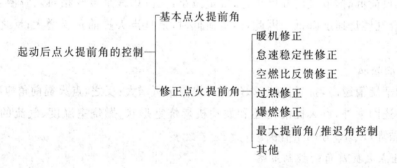

图 2.3.6　起动后点火提前角的组成

① 基本点火提前角

怠速工况：ECU 根据发动机转速、空调开关和动力转向开关是否接通确定基本点火提前角,见图 2.3.7。

非怠速工况：ECU 根据发动机转速和负荷信号（歧管绝对压力信号或空气流量计的进气流量信号）在存储器中查到这一工况下运行时的基本点火提前角。

数据表格的存储形式如图 2.3.8 所示,基本点火提前角三维图如图 2.3.9 所示。

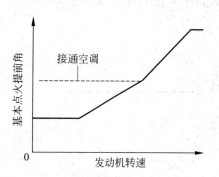

图 2.3.7 怠速工况的基本点火提前角

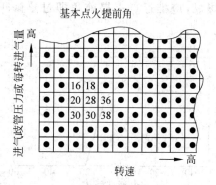

图 2.3.8 点火提前角数据表格的存储形式

② 点火提前角的修正

怠速工况：由于闭环控制的电控喷油系统中对空燃比进行修正。随着修正喷油量的增加和减少，发动机转速会在一定范围内波动，为了提高怠速的稳定性，在反馈修正油量减少时，点火提前角相应增加，如图 2.3.10 所示。

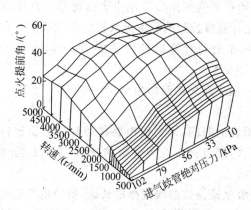

图 2.3.9 基本点火提前角三维图

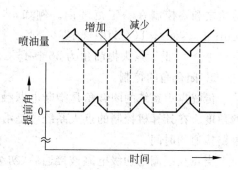

图 2.3.10 怠速稳定性的修正

在怠速运行期间，发动机负荷的变化会使发动机转速发生变化，ECU 调整点火提前角，使怠速转速与目标转速接近（见图 2.3.11）。

满负荷工况：要特别小心地控制点火提前角，以免产生爆燃（详见本节"3. 爆燃控制"）。

部分负荷工况：根据冷却液温度、进气温度和节气门位置等信号对基本点火提前角进行修正。

暖机修正：为了改善起动性能，当发动机冷却液温度低时，应增加点火提前角（即暖机修正）。暖机过程中，随着冷却液温度升高，点火提前角的变化趋势如图 2.3.12 所示。修正曲线的形状与提前角的大小随车型不同而异。

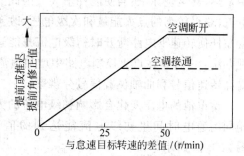

图 2.3.11 调整点火提前角使怠速转速接近目标转速

过热修正：发动机处于正常运行工况（怠速触点断开）时，如果冷却液温度高，为了避免

发生爆燃,应推迟点火提前角即过热修正,以降低燃烧温度和保护发动机,如图 2.3.13
所示。

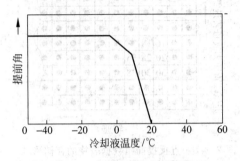

图 2.3.12　点火提前角的暖机修正

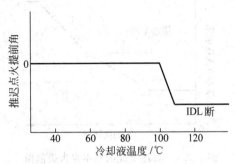

图 2.3.13　点火提前角的过热修正

爆燃修正将在后面介绍。

点火提前角变化率及最大和最小提前角控制:为了避免发动机在变工况时工作不稳定,通常将两次点火提前角输出的变化限制在一定值内(例如某一发动机控制在 32°CA/s)。

如果计算机算出的发动机点火提前角(初始点火提前角＋基本点火提前角＋修正点火提前角)不合理,发动机就很难正常运转。因此计算机控制的基本点火提前角和修正点火提前角之和要控制在一定范围内。例如,丰田汽车公司计算机控制系统(Toyota computer control system,TCCS)中规定:

最大点火提前角为 35°～45°CA;　　最小点火提前角为 -10°～0°CA

2. 闭合角的控制

传统点火系统的闭合角是指断电器触点闭合的时间,即初级电路接通时分电器轴转过的角度。在计算机控制的点火系统中是沿用了传统点火系统闭合角的概念,实际是指初级电路接通的时间。

当点火线圈的初级电路被接通后,初级电流是按指数曲线规律增长的,初级电路断开时初级电流的数值与初级电路通电时间的长短有关。只有当通电时间达到一定值时,初级电流才可能达到饱和。采用初级线圈电阻很小的高能点火线圈,其饱和电流可达 30 A 以上。点火线圈的次级电压和初级电路断开时的初级电流成正比。但通电时间过长,会使点火线圈发热,甚至烧坏,还会使能耗增大。因此要控制一个最佳通电时间,既能得到较大的初级电流,获得较高的点火能量和次级电压,改善点火性能,同时又不会损坏点火线圈。通常规定在任何转速下电路断开时初级电流都能达到某一值(例如.7 A)。要做到这一点可采用两种办法:一种是在点火控制电路中增加恒流控制电路;另一种办法是精确地控制通电时间,提高转速信号和曲轴位置信号分辨率。

蓄电池的电压变化会影响初级电流的大小。如图 2.3.14 所示,蓄电池电压下降时,在相同的通电时间里初级电流能达到的值会变小。因此,必须对通电时间进行修正,如图 2.3.15 所示。

3. 爆燃控制

爆燃产生的压力会使缸内燃烧气体强烈振荡,产生噪声;也会使火花塞、燃烧室、活塞等机件过热,严重情况下会使发动机损坏。为消除爆燃,在发动机结构参数已确定的情况下,采用推迟点火提前角是消除爆燃既有效又简单的措施之一(见图 2.3.16)。

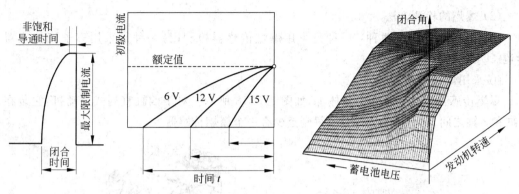

图 2.3.14　蓄电池电压对初级电流的影响　　　　图 2.3.15　闭合角的修正

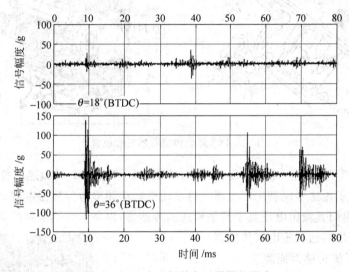

图 2.3.16　点火提前角对爆燃的影响

从图 2.3.16 可以看出,某一发动机当点火提前角为 36°时,产生较强的爆燃;而将点火提前角推迟到 18°时,爆燃基本消除。

(1) 爆燃界限和点火提前角的设定

发动机发出最大制动转矩(MBT)时的点火时刻是在开始产生爆燃点火时刻(爆燃界限)的附近。点火提前角越大,产生爆燃倾向也越大。因此在设定点火提前角时,应比产生爆燃时的点火提前角小,要留有一定余量。在无爆燃控制发动机中,为了使其在最恶劣的条件下也不产生爆燃,点火时刻均设在离开爆燃界限,并留有较大的余量。此时点火时刻将滞后于 MBT 的点火提前角,因而使发动机效率下降,输出功率降低,油耗增加,发动机性能恶化。在装有爆燃传感器的发动机上能检测到爆燃界限,将点火时刻调到接近爆燃极限的位置,从而改善了发动机性能,如图 2.3.17 所示。

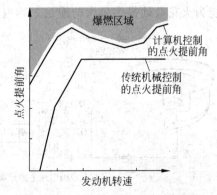

图 2.3.17　爆燃界限与点火提前角

（2）爆燃的检测方法

常用的检测方法有两种：一种是采用爆燃传感器检测；另一种是采用离子流传感器检测。

① 采用爆燃传感器检测

爆燃传感器安装在发动机缸体上，如图 2.3.18 所示。对于四缸直列式发动机，它装在 2 缸和 3 缸之间；对于 V 形发动机，每侧至少有一个爆燃传感器。

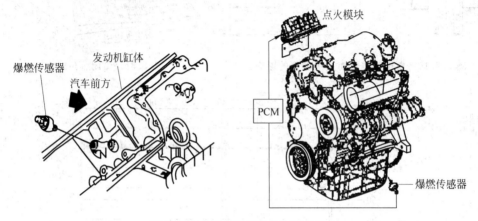

图 2.3.18　爆燃传感器的安装位置

爆燃传感器实际上是一个加速度传感器，其工作原理见第 1 章加速度传感器及工作原理部分。此种形式传感器还利用产生爆燃时发动机振动频率与传感器本身的固有频率相符产生共振现象，因而其输出电压高于其他形式的传感器，提高了爆燃检测的灵敏度。目前应用最多的是宽频带共振型压电式传感器。

② 采用离子流传感器检测

Delphi 从 1999 年开始生产离子流感应的点火子系统。其工作原理是在电离的气体（燃烧时）中，离子的电流量正比于火焰的电导率。在火花塞的电极接上一直流偏压，即可测得电导率。图 2.3.19 表示带有离子感应检测系统的火花塞，该系统包括每缸一个点火线圈和耐高温的电子元件。由于消除了移动零件和高压导线，因此能为火花塞处提供最大的能量。其电路图如 2.3.20 所示。

图 2.3.19　带有离子感应检测系统的火花塞

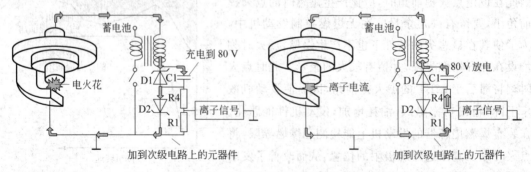

图 2.3.20　离子感应检测爆燃的电路图

图 2.3.21 为正常燃烧和有爆燃时的不同波形图。离子流感应信号可作为缸内传感器，检测发动机的燃烧过程。它不仅可以检测是否混合气点燃，还可以检测失火和爆燃。这种检测方法可避免采用爆燃传感器时会出现由于气门机构或其他机构振动而造成爆燃误判情况，提高了爆燃的检测灵敏度，并且鲁棒性好，同时还可降低成本。此系统框图如图 2.3.22 所示。

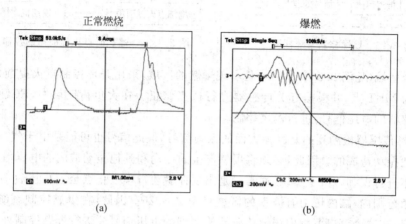

图 2.3.21　正常燃烧和爆燃时不同的波形
(a) 正常燃烧；(b) 爆燃

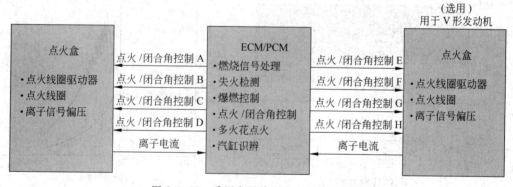

图 2.3.22　采用离子检测点火系统的框图

（3）爆燃控制系统

爆燃控制系统框图如图 2.3.23 所示。

爆燃传感器将检测到的电压信号传送给 ECU，由 ECU 中的爆燃信号处理器判断是否有爆燃存在，并根据信号的强弱和频度决定爆燃的等级，算出要推迟的点火提前角数值，将此点火时刻经点火模块放大后，通过点火线圈和火花塞，控制缸内混合气的点火。然后爆燃传感器又检测下一工作循环的爆燃信号，若爆燃还存在，则继续推迟提前角。当爆燃消失后，为了使发动机性能得到恢复，又要不断增加点火提前角，直至爆燃再次出现。如此不断地循环进行，见图 2.3.24。

（4）爆燃控制策略

① 当发动机负荷低于一定值时，通常不出现爆燃。因此，可将发动机工况按转速和负

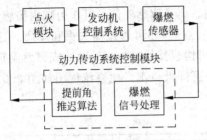

图 2.3.23　爆燃控制系统框图

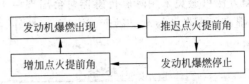

图 2.3.24　爆燃时点火提前角的控制逻辑

荷分为两个区域(见图 2.3.25),在不易出现爆燃的区域,采用开环控制点火提前角,此时点火时刻定为 MBT 点,并根据有关传感器进行适当修正。在大负荷区域中,ECU 检测并分析爆燃传感器的电压信号,进行爆燃控制。

② 爆燃传感器检测到的是缸体表面的振动信号,但此信号也可能是由于气门的升起和落座或其他振动造成的。因此,必须将爆燃产生的振动和其他振动造成的电压信号区分开,以免对爆燃进行误判。由于爆燃,通常只是出现在做功行程上止点至上止点后 70°～90°CA 的曲轴转角范围内,缸内压力有波动的区域见图 2.3.26。因此,在爆燃控制系统中设立了一个爆燃窗,在这个窗口范围内爆燃传感器检测到的电压信号才进行爆燃控制处理。

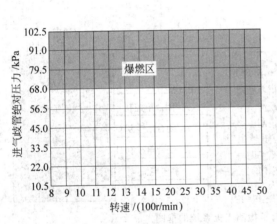

图 2.3.25　爆燃的分区控制

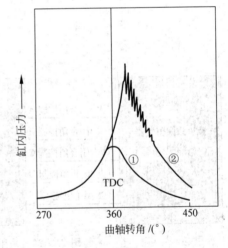

图 2.3.26　爆燃经常出现的区域
①—没有燃烧时缸内压力变化;
②—出现爆燃时缸内压力变化

③ 爆震程度的大小与爆燃的强度和爆燃频度有关。爆燃强度是指检测到的爆燃电压信号与爆燃判定基准值的差值。爆燃检测的电压信号比爆燃判定基准值大得越多,爆燃强度越大;反之,越小。当爆燃传感器检测到的电压信号比判定基准值小时,没有出现爆燃。爆燃频度是指单位时间内爆燃出现的次数,即爆燃出现的时间间隔。当爆燃强度大、频度高时,爆燃程度大;当爆燃强度小,爆燃出现的时间间隔大时,爆燃程度小。通常按爆燃程度大小分为若干等级。爆燃程度大的,点火提前角推迟角度大;反之,点火提前角推迟角度小,如图 2.3.27 所示。通常采用模糊控制算法来实现。爆燃程度大的,不仅推迟的角度大,而且是先快(5°CA),后慢(1°CA),直到爆燃消失为止。为了保证良好的发动机性能,爆燃消失

后,又将点火提前角逐步加大,增加的速率也分为快、慢两种(T_1 和 T_2)。当发动机再次出现爆燃时,点火提前角再次推迟,这样的调整过程反复进行。为了保护发动机,通常点火提前角推迟的速率要大于点火提前角增加的速率。

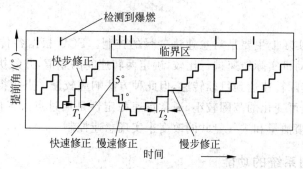

图 2.3.27 爆燃强度与频度对点火提前角控制的影响

④ 爆燃的分缸控制。由于发动机的结构和各缸混合气的 A/F 供给的不同,使各汽缸的燃烧状况也有差异,某一缸出现爆燃时,其他缸不一定产生爆燃,为了使发动机具有较好的性能,可采用分缸控制,只对出现爆燃的汽缸推迟点火提前角,如图 2.3.28 所示。

⑤ 最佳点火提前角(MBT)与爆燃限制的点火提前角的关系。当最佳点火提前角小于爆燃限制的点火提前角时,将 MBT 的点火提前角作为控制的基本点火提前角。有的发动机在一些工况下,最佳点火提前角大于爆燃限制的点火提前角,此时,需将爆燃限制的点火提前角作为控制的基本点火提前角,见图 2.3.29。

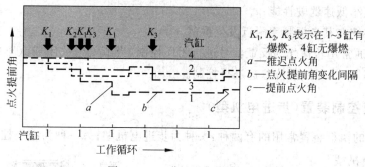

图 2.3.28 分缸进行爆燃控制

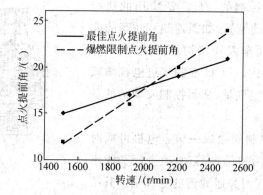

图 2.3.29 最佳点火提前角与爆燃限制的点火提前角

2.4 怠速控制

2.4.1 概述

怠速转速控制实际上主要是对怠速进气量的控制。ECU 根据各传感器输入信号所决定的目标转速与发动机实际转速进行比较,确定两转速间的差值,并经执行机构改变进入发动机的空气量,使实际转速达到目标转速,但此种方法响应较慢。点火提前角对发动机转速的变化影响较快,但可变化的范围较小,通常怠速稳定性是通过点火提前角修正来完成的。当负载突变时通过喷油量和进气量共同改变来实现怠速控制。

2.4.2 怠速控制系统的功能

怠速控制系统应具备的功能有:

① 在所有怠速工况下发动机保持目标怠速转速值;

② 当负荷突变时能补偿负荷的变化;

③ 防止失速;

④ 将燃油消耗量降到最低;

⑤ 具有学习功能,即能自动补偿发动机由于老化或制造上造成的差异,不需要经常调整怠速执行机构;

⑥ 节气门全闭减速时,增加额外的空气,以减少有害排放物;

⑦ 改善汽车低速驾驶性能;

⑧ 避免系统在其自振频率附近发生振荡。

怠速控制通常用转速作为反馈信号进行闭环控制,当节气门关闭或汽车的行驶速度低于设定值(如 6 km/h)时,都按怠速进行控制。

2.4.3 怠速控制装置(步进电机型)

怠速控制的执行装置常用的有两种:一种为步进电机型;另一种为电子控制节气门型。

1. 步进电机型

旁通空气量是由执行机构怠速控制阀(idle speed control valve,ISCV)来控制的。最广泛应用的执行机构是步进电机型的怠速装置,如凯迪拉克轿车的北极星发动机、凌志400轿车发动机均采用这种形式。怠速控制阀装在进气管内。ECU 控制步进电机增减流过节气门旁通通道的空气量,从而控制发动机的怠速转速。

步进电机与怠速控制阀做成一体。电机可顺时针或逆时针旋转,使阀沿着轴向移动,改变阀和阀座间的空隙,调节流过节气门旁通通道的空气量。其结构如图 2.4.1 所示。

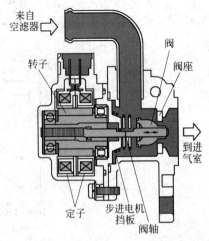

图 2.4.1 步进电机型怠速控制阀

步进电机型怠速控制阀与电子控制单元的连接如图 2.4.2 所示。与冷却液温度、空调等负荷的工作状态相对应的目标转速都存放在 ECU 单片机的存储器中。

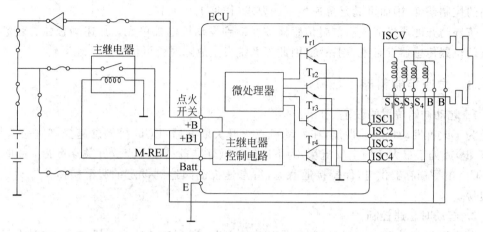

图 2.4.2　步进电机的控制框图

当 ECU 根据节气门开启的角度和车速判断发动机处于怠速运转时,根据实际转速与目标转速的差值,决定 $T_{r1} \sim T_{r4}$ 通断,给怠速控制阀供电,驱动步进电机,调节旁通空气量,使发动机转速达到所要求目标值。

2. 电子控制节气门型

近年来,由于车辆控制系统、混合动力的发展,广泛采用电子节气门进行转矩控制,电控发动机也开始采用电子节气门直接控制怠速转速。电子控制节气门主要由加速踏板及踏板位置传感器、节气门位置传感器、节气门控制电机和 ECM 模块组成,如图 2.4.3 所示。其工作原理是 ECM 根据驾驶者的意愿(加速踏板踏入量),由加速踏板位置传感器进行检测,并与燃油电喷系统(EFI)、自动变速器(ECT)、车辆稳定控制系统(VSC)等各种控制信号配合,进行各系统之间的协调,得到一个目标转矩的需求,由发动机 ECU 决定合适的节气门开度、喷油脉宽、点火提前角等参数,发出指令,再由节气门执行器开启或关闭节气门、改变喷油量和点火提前角。

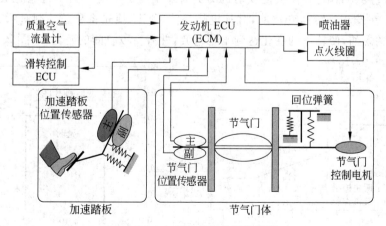

图 2.4.3　电子节气门的工作原理

由于大多数电子节气门是采用直流电机通过减速齿轮和拉杆等带动节气门转动，节气门电机的驱动电路较多采用 H 桥 PWM 脉宽调制驱动方式，占空比可以从 0～100％，达到较高的控制精度，因而可满足怠速控制的要求（详见 1.2.1 节）。

节气门开度通过节气门位置传感器被反馈到发动机电控单元。加速踏板位置传感器、节气门位置传感器设有主、副系统，因此当系统发生故障时仍可保持安全地运转。

2.4.4 怠速控制策略

1. 起动初始位置的设定

为了改善发动机起动性能，在发动机点火开关断开后，ECU 控制怠速控制阀完全打开（125 步）或处于最大旁通空气流量，为下次起动做好准备。即在点火开关切断后，主继电器由 ECU 电源锁存器供电，保持接通状态，待怠速控制阀达到设定的起动初始位置后，才断开电源。

2. 起动时怠速控制

若发动机起动后，怠速控制阀仍保持在全开状态，怠速转速会升得过高，此时 ECU 开始控制怠速控制阀，将阀门关到冷却液温度确定的阀门位置。例如，起动时冷却液温度为 20℃，当发动机转速达到 500 r/min 时，电子控制单元使怠速控制阀从全开位置（125 步）A 点关小到 B 点位置，如图 2.4.4 所示。

3. 暖机控制

怠速控制阀从起动后根据冷却液所确定的位置开始逐渐关闭，当冷却液温度达到 70℃ 时暖机控制结束，如图 2.4.4 从 B 点到 C 点所示。

4. 反馈控制

如果发动机转速与电子控制单元存储器中存放目标怠速间的差值超过规定值（如 ±50 r/min），电子控制单元就控制怠速控制阀，增减旁通空气量，使实际发动机转速与目标转速相同。如图 2.4.4 C 点到 D 点所示，目标怠速值与冷却液温度、空挡起动开关和空调开关的状态等有关。

5. 发动机负荷变化的预测控制

由空挡过渡到驱动挡时，会使发动机的负荷发生突然变化。为了避免此时发动机怠速转速的波动，在发动机转速变化前，对其进行补偿，ECU 预先将怠速控制阀增大一个定值，并增加额外的燃油，使转速的变化达到平稳过渡，并有一段时间的延迟，如图 2.4.5 所示。

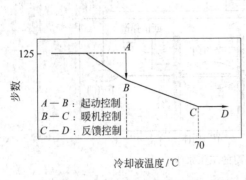

图 2.4.4　怠速反馈控制策略

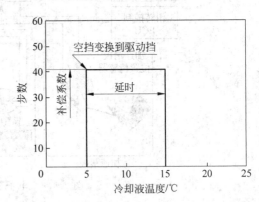

图 2.4.5　负荷（空挡变换到驱动挡）变化的补偿

空调是怠速时发动机的最大负荷。在空调压缩机离合器接合时,还会产生瞬时的负荷峰值。空调的负荷与环境的温度、湿度、鼓风机的转速和空调的设置(温度)有关。在大多数情况下,由 ECU 控制空调压缩机离合器的结合,也需延迟一段时间,以增加额外的空气量和油量,满足瞬时负荷的要求。在失速的情况下,要关掉空调压缩机;在起步时,为了提高加速性能也要关掉空调压缩机 10～30 s,这对一些功率不大的车辆尤为重要。在标定时,要确保额外的旁通空气量能满足空调最大负荷(最高的环境温度与湿度)的要求,空调压缩机离合器结合的延迟时间和增加的旁通空气量要使转速的变化达到最平顺作为标定的目标。动力转向泵、电动风扇等负荷的控制和标定原则与空调的情况基本相同。

6. 电器负载增多时的怠速控制

当使用的电器增多时,蓄电池电压降低,为了保证 ECU 的供电电压和点火开关端正常的供电电压,需要相应增加旁通空气量,提高发动机的怠速转速。

7. 失速补救

无论何时,只要发动机的转速降到低于标定的阈值,失速补救的功能就起作用,ECU 操作怠速控制阀增加额外的步数,以加大旁通空气量。在标定手动变速器车辆的失速补救时,应注意不要产生喘振。一旦发动机转速超过另一个较高的阈值时,失速补救将停止。经过一段时间(需标定后),怠速控制阀的额外步数将衰减至零,见图 2.4.6。

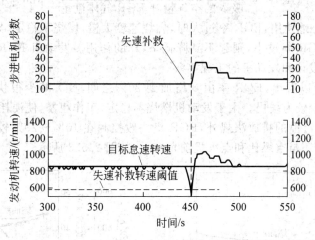

图 2.4.6　失速补救示意图

8. 学习控制

电子控制单元通过步进电机正、反转的步数决定怠速控制阀的位置,调整发动机的怠速转速。但发动机由于制造、装配的差异以及使用期间的磨损等原因,会使怠速性能发生变化,即使步进电机控制阀的位置不变,怠速转速也可能不同,电子控制单元用反馈控制方法输出转速信号,使发动机转速达到目标值。电子控制单元将此时步进电机的步数存于备用存储器中,供以后的怠速控制使用。

9. 点火提前角对怠速的影响见 2.3 节点火控制部分。

2.5 排气再循环

2.5.1 工作原理

排气再循环(EGR)能单独或与三元催化转化器相结合使用,以减少 NO_x 的排放。NO_x 是在高温下,N_2 和 O_2 发生化学作用形成的产物。燃烧温度越高,NO_x 的生成物越多。小部分已燃烧的气体返回到进气系统,在进气混合气中起到惰性稀释作用,混合气中单位燃料对应氧的浓度也减少,在缸内可燃油蒸气的质量减少了,降低了燃烧速度,燃烧温度随之下降,从而有效地抑制 NO_x 的生成。

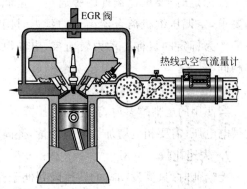

图 2.5.1 EGR 的工作原理图

EGR 通常由排气歧管经一个小通道连接到进气歧管来实现。经过小通道的排气再循环的流量由 EGR 阀控制,它的开度由发动机管理系统根据预编程的参数来决定,见图 2.5.1。

EGR 的数量可用 EGR 率表示:

$$EGR\ 率 = \frac{EGR\ 气体流量}{吸入的空气量 + EGR\ 气体流量} \times 100\% \qquad (2.5.1)$$

EGR 必须小心地使用,EGR 率过大时,燃烧速度太慢,燃烧不稳定,导致 HC 排放物和失火率的增加。EGR 率过小,则起不到降低 NO_x 的作用。发动机 EGR 率取决于许多因素,包括燃烧室的设计和发动机的工况等。

从图 2.5.2 可以看出,EGR 率由 0 增加到 20% 之间,NO_x 减少很快;当 EGR 率超过 20% 以后,NO_x 减少较为缓慢。由于发动机燃烧不稳定,工作粗暴,使油耗和 HC 增加较大,因此除了要满足极严酷的排放法规外,EGR 率一般控制在 10%~20% 较合适。EGR 率对排放和油耗的影响还与空燃比和点火提前角有关,如图 2.5.3 所示。

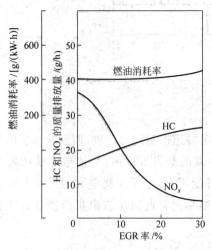

图 2.5.2 EGR 与燃油消耗率和排放的关系

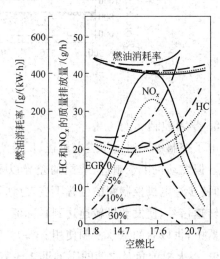

图 2.5.3 不同的 A/F 时 EGR 率与 NO_x,HC 和燃油消耗率的关系

2.5.2 EGR 阀

EGR 控制系统中,EGR 阀是关键部件。不同的 EGR 率是通过 EGR 阀的调节来实现的。现代发动机中广泛采用电子控制 EGR 阀的方法。电子控制的常用 EGR 阀主要有以下 2 种。

1) 线性 EGR 阀

EGR 工作期间,ECU 通过监测针阀位置反馈信号控制针阀位置。ECU 根据冷却液温度、节气门位置和进气流量等参数控制 EGR 针阀的位置,如图 2.5.4 所示。

2) 数字式 EGR 阀

数字式 EGR 阀由排气到进气歧管的 3 个孔口来精确地控制 EGR 率,如图 2.5.5 所示。

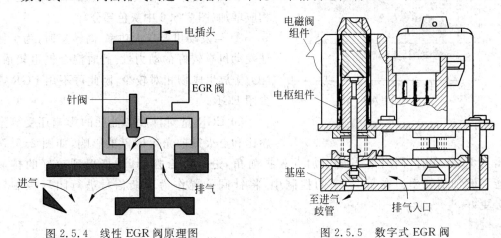

图 2.5.4 线性 EGR 阀原理图　　　　图 2.5.5 数字式 EGR 阀

这 3 个孔口大小不同,可构成 8 种组合的通道截面,调节不同的 EGR 率,见表 2.5.1。

表 2.5.1 数字式 EGR 逻辑表

编号	第1孔	第2孔	第3孔	EGR 率/%
0	关	关	关	0
1	开	关	关	14
2	关	开	关	29
3	开	开	关	43
4	关	关	开	57
5	开	关	开	71
6	关	开	开	86
7	开	开	开	100

当电磁线圈通电时,与轴连在一起的电枢和针阀均升起,孔口被打开。由于 EGR 率只与孔口的大小有关,因而提高了控制的精度。

数字式 EGR 阀通过 ECU 的接地电路开启。此驱动电路使电磁线圈通电,升起针阀,并使排气进入进气歧管。

ECU 通过冷却液温度、节气门位置和进气歧管绝对压力等传感器的信息调节各个电磁线圈的工作。

2.5.3 EGR 的控制策略

EGR 的控制策略有以下几点：

① 在冷机或怠速、小负荷时，NO_x 的排放量本来就很小，发动机为了稳定地运行，要求缸内充分充气，因此在这些情况下 EGR 阀是关闭的。

② 在轻微加速或低速巡航控制期间，可以使用小量的 EGR，以减少 NO_x 的浓度，同时保持良好的驱动性。

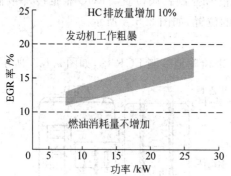

图 2.5.6 EGR 率与发动机性能的关系

③ 中等发动机负荷时，NO_x 的排放量是较高的，尽最大可能地使用 EGR 量，从而大量减少 NO_x 排放物。随着负荷的增加，EGR 率也可相应增加（图 2.5.6 中灰色部分）。

④ 当发动机要求大功率、高转速时，为了保证发动机有较好的动力性，此时混合气也较浓，NO_x 排放生成物相对较少，因此可不用 EGR 或少用 EGR。

⑤ EGR 量对排放和油耗的影响还受到空燃比和点火提前角等因素的影响，如图 2.5.7。在增大 EGR 率时，同时适当地增加点火提前角，进行综合控制，就能得到较好的排放性能和燃油消耗率。在 EGR 率的控制中，将针阀位置作为反馈信号进行闭环控制效果会更好。

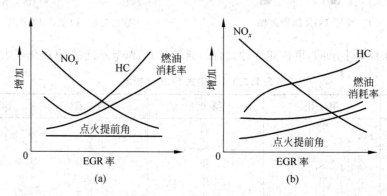

图 2.5.7 EGR 率与点火提前角的关系
(a) 点火提前角不变；(b) 点火提前角改变

2.5.4 内部 EGR

通常把发动机排气经过 EGR 阀进入进气歧管，与新鲜混合气混合在一起的方式称为外部 EGR。由于配气相位重叠角进、排气门同时开启，造成一部分废气滞留在缸内，稀释了新鲜混合气的方式称为内部 EGR。

现代发动机中采用可变气门正时（variable valve timing, VVT）后（详见 2.6 节介绍），内部 EGR 将取代外部 EGR。

2.6　发动机管理系统新的发展技术

全球气候变暖的趋势威胁着人类的生存和发展,日益严峻的能源和环境问题,对汽车的燃油经济性和排放性能提出了更高的要求。由于汽油发动机具有良好的动力性能,因此目前仍是乘用车首选的动力机型。近年来,随着电子技术的迅速发展,世界上汽车工业发达的国家,为汽油发动机开发了多种节能减排新技术,其中包括技术上比较成熟,并已经商品化的可变气门正时(VVT)、汽油机缸内直喷(GDI)和正在开发中的均质混合气压缩着火(HCCI)技术等。这些技术已成为今后汽油发动机发展的一个重要方向。

2.6.1　可变气门控制技术

1. 可变气门正时概述

气门正时和气流通过能力会影响到发动机的充气效率、残余废气量和泵气损失,从而影响发动机的动力性、经济性、怠速稳定性和排放性能,是发动机研究中的热点之一。

对一台发动机来说,低速时最有利的进气晚关角要比高速时小;低速、低负荷时气门的重叠角和开启延续角比高速、高负荷时小。传统的配气机构中配气相位和气门开启延续角以及气门升程均为固定值,为了兼顾高低速和大小负荷各种工况,对配气相位采用了折中的办法。采用可变气门驱动后,可改变气门升程、气门的开启和关闭时刻以及气门开启延续角等某些或全部参数,使自然进气发动机的性能有很大提高。对于增压发动机,因为增压发动机的气门定时是按有利于低速工况设计的(重叠角小、进气门关闭早),在高速时增压器出口的压力高,充气不会恶化,通常不需要采用可变气门正时(VVT)技术。

在自然进气发动机上应用 VVT 技术有以下好处:

① 控制重叠角。在低速、低负荷时,采用小的重叠角,可以使缸内残余废气减少,从而改善燃烧品质,提高怠速稳定性;在高速、高负荷时,采用大的重叠角,可以延迟进气门的关闭时刻,利用进排气惯性,可多进气和多排气,从而提高输出转矩,增加动力性。

② 采用进气门的早开或晚关,可以取消节气门或与节气门配合控制负荷,减少节流损失,改善部分负荷工况的经济性。

③ 降低有害排放物。在大负荷时,通过对重叠角的控制,实现机内的 EGR,增加残余废气量,稀释工质,降低燃烧温度,可使 NO_x 排放物降低。合理地控制进气开启角和排气晚关角,组织好气流,实现扫气,有利于新鲜的工质和激冷层的气体混合,可使碳氢化合物排放下降。

④ 可以控制发动机稳定燃烧,实现 HCCI 燃烧方式(见 2.6.5 节)。

可变气门正时技术按驱动方式的不同,可分为凸轮轴驱动系统和无凸轮驱动系统两大类。凸轮轴驱动的可变气门控制系统,已在乘用车上得到了较多的应用。近 20 年,随着电子控制技术的发展,无凸轮轴驱动的可变气门控制系统也有了很大进展,并已商品化。

无凸轮轴气门驱动机构在概念上完全不同于传统的机械气门机构,它取消了传统的凸轮轴及其从动件,而是以电机、电磁、电液等方式直接驱动气门。由于采用了电子控制技术,可以根据发动机的工况,将进气的充量调整到最佳状态。

2. 智能可变正时气门控制系统

20 世纪 90 年代中期,丰田汽车公司成功研制出了新一代智能可变正时气门控制系统(VVT-i)。该系统可根据发动机的工况,实时地调整凸轮轴的相位,精确地控制进、排气门打开和关闭的时间。

1)布置与结构

智能可变正时气门控制系统的总体布置如图 2.6.1 所示,可变正时气门控制系统的结构如图 2.6.2 所示。

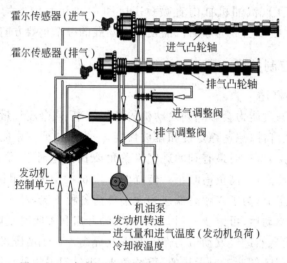

图 2.6.1 智能可变正时气门控制系统的总体布置

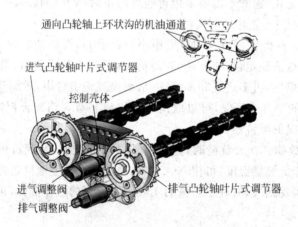

图 2.6.2 智能可变正时气门控制系统的结构

2)工作原理

ECU 根据发动机的转速、负荷等相关信息,确定进、排气门的配气正时,通过装在凸轮轴前端的液压执行机构转动凸轮轴,根据 VVT 霍尔传感器提供的反馈信号,将气门正时准确地调整到所要求的位置。VVT-i 的控制框图如图 2.6.3 所示。

执行机构由电磁分配阀、安装在凸轮轴前端的叶轮和气门正时链轮等组成。执行机构的工作原理为:轴向移动电磁分配阀柱塞的位置,可以变换机油通向叶轮室叶轮两侧的通

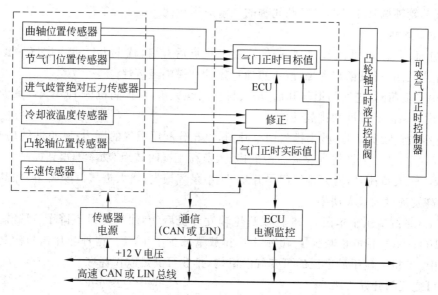

图 2.6.3　VVT-i 控制框图

路,进入叶轮室内的机油推动叶轮相对正时链轮转动,从而改变气门正时。调节机构的结构简图如图 2.6.4 所示。它由内转子、外转子和机油通道等组成。内转子与凸轮轴一起转动,经不同的机油通道的机油压力,可使内转子上的宽叶片相对外转子按不同的方向转动,使气门正时提前或延迟。当机油通过通道进入宽叶片逆时针侧时,推动宽叶片向顺时针方向转动,使凸轮轴也按同方向转动,可调整气门的正时提前;反之,可使凸轮轴的运动方向相反,推迟气门的正时。正时叶片进气凸轮轴的调整工作原理见图 2.6.5 和图 2.6.6。

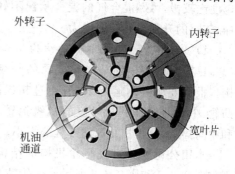

图 2.6.4　调节机构的结构简图

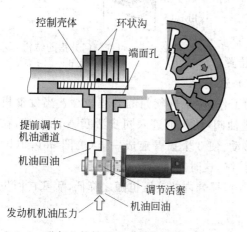

图 2.6.5　进气凸轮轴的正时提前调整工作原理图

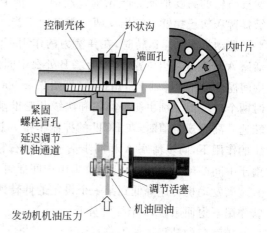

图 2.6.6　进气凸轮轴的推迟调整工作原理图

排气凸轮轴调整原理与进气凸轮轴的调整原理相同。

3）控制策略

① 急速、小负荷、低温起动时，进气门在上止点后开启，减少废气进入进气一侧。排气门在上止点关闭，可以稳定燃烧，改善急速稳定性和燃油经济性。

② 中等负荷时，进气门提前开启，增大排气门晚关角，可提高机内 EGR 率，减少泵气损失，从而改善燃油经济性和排放性能。

③ 中低速、大负荷时，减小排气门早开角，以充分利用燃气的压力；减小进气门晚关角，增加充气效率，使动力性得到改善。中低速、大负荷工况时转矩/功率都得到提高。

④ 高速、大负荷时，增大排气门早开角，减小泵气损失；增大进气门晚关角，提高充气效率，以提高发动机的最大功率。

VVT-i 系统应用于丰田 3L 6 缸双凸轮轴发动机后，燃油消耗量下降了 6%，输出转矩增加了 10%；NO_x 排放量减少了 40%，HC 排放量减少了 10%。这种叶片式结构是目前国内外车用发动机上应用最广泛的可变气门机构，排放可满足欧Ⅳ标准。

3. 可变气门升程

发动机在高转速、大负荷运行时，要求气门升程大，以获得更多的充气；在低转速运行时，如果气门升程大，则会使低速转矩和急速的稳定性变差。由于转速低时进气道中气流的速度比较慢，可燃混合气的混合状况不好，从而使燃油经济性变坏。随着发动机转速的增加，气门的升程需要逐渐增大。

1）分级式可变气门机构的结构和工作原理

目前采用较多的是本田公司的分级式凸轮机构。根据发动机的运行工况，通过初级凸轮、次级凸轮、中间凸轮和其相对应的初级摇臂、次级摇臂和中间摇臂，分级控制气门升程的大小。

本田公司的分级式凸轮机构的结构和工作原理如图 2.6.7 和图 2.6.8 所示。凸轮轴上的一组凸轮中，中间凸轮的高度最高，初级凸轮的高度居中，次级凸轮的高度最低。凸轮轴转动时，分别通过初级摇臂和次级摇臂直接推动两个进气门工作。

发动机在低速运转时，在弹簧力的作用下，同步活塞 A 处在最左边位置，同步活塞 B 处在中间位置，中间摇臂可在摇臂轴上自由摆动（见图 2.6.8(a)），这时两个进气门分别由初级凸轮和次级凸轮推动工作，两个进气门的升程较小。当发动机的转速升高到规定值时，在 ECU 的控制下推开进油阀，使机油进入同步活塞 A 的左端，在油压的作用下，同步活塞 A 和同步活塞 B 向右移动，使 3 个摇臂连成一体（见图 2.6.8(b)）。由于中间凸轮最高，气门升程改为由中间摇臂控制，这时气门的升程最大。

当发动机转速降低到某一个设定的低转速时，摇臂内的液压也随之降低，活塞在回位弹簧作用下退回原位，3 个摇臂分开。

排气门的升程一般不进行调节。

这种发动机技术已经推出了一段时间，事实证明这种设计是可靠的。它可以提高发动

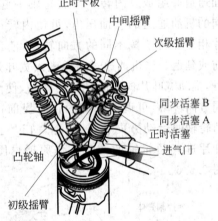

图 2.6.7　可变气门升程的结构
示意图（本田）

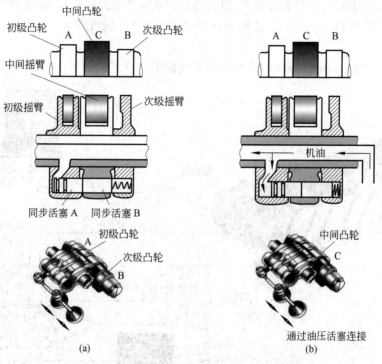

图 2.6.8　分级可变气门升程的工作原理(本田)

(a) 低速运转时,A 和 B 凸轮推动摇臂；(b) 高速运转时,中间凸轮 C 推动摇臂

机在各种转速下的性能,无论是低速下的燃油经济性和运转平顺性,还是高速下的加速性。

2) 连续可调节气门升程机构的工作原理

连续可调节气门升程机构(VVL)与分级式可变气门机构的结构相比,可以使发动机的性能得到进一步提高。近年来,国外的一些汽车公司和零部件供应商,如 BMW、本田、丰田和 Delphi 等公司,都相继开发出了控制自由度比较大的机械式连续可变的气门升程调节机构,它们的共同特点是采用直流电机驱动机械传动机构,实现气门升程的改变。

其中,BMW 公司的 Valvetronic 是比较典型的结构,已经商品化,其结构如图 2.6.9 所示。

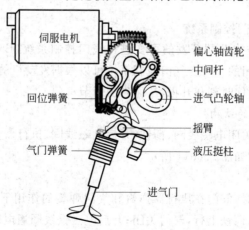

图 2.6.9　Valvetronic 结构简图(BMW)

它在偏心轴上安装了位置传感器,以传感器的输出作为反馈信号,准确地控制偏心轴的旋转角度。偏心轴可在 0°～170° 范围内连续调节,气门升程可在 0～9.7 mm 范围内连续改变。

图 2.6.10 为 Delphi 公司的 VVL 开发系统框图。

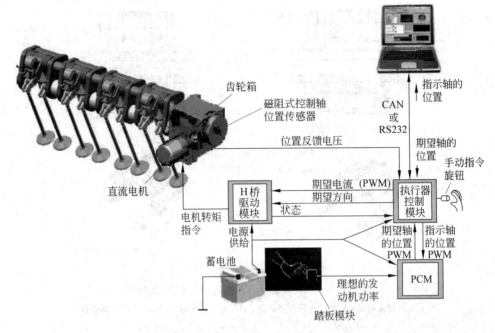

图 2.6.10　连续可调气门升程机构的开发系统框图(Delphi)

据 Delphi 公司估计,采用这种系统,可使经济性提高 8%～10%(NEDC),低速转矩增加 3%～5%,最大功率提高 3%～10%;HC 排放物可降低 10%,NO_x 排放物可降低 60%。其他公司也有类似的结果。

气门升程改变后,需要相应地改变凸轮轴的相位,否则会使气门正时和气门开启的持续时间发生变化。这种系统的机械部分结构比较复杂,目前基本处于小批量生产或研制开发阶段。

4. 电磁驱动可变气门控制系统

德国 FEV 发动机技术公司开发的可变进排气门控制系统(EMVT),是借助于电磁力来推动气门的开启和关闭的。可变气门控制系统可以根据发动机的工况,直接连续、精确地控制进、排气门开闭的最佳时刻和升程,从而省去了节气门。

1)电磁驱动执行器的结构

电磁驱动执行器由关闭电磁线圈、衔铁、开启电磁线圈、执行器弹簧、气门弹簧和传感器等组成,外形和内部结构如图 2.6.11 所示。

2)工作原理

两个线圈均不通电时,气门在执行器弹簧和气门弹簧的作用下,处于半开的中间位置。关闭电磁铁线圈通电时,衔铁上行,气门关闭;开启电磁铁线圈通电时,衔铁下行,气门打开,见图 2.6.11。

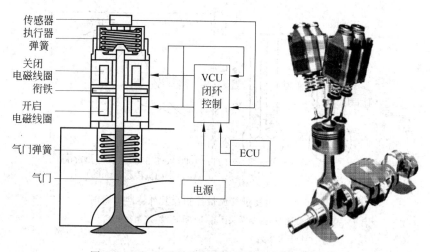

图 2.6.11　电磁驱动执行器系统的结构和外形图

3）配气相位和气门升程的控制

发动机 ECU 向气门控制单元 VCU 输出气门定时和气门升程的控制信号。VCU 根据 ECU 的指令接通或断开电磁铁线圈电路,并控制通过电磁铁线圈中电流的大小、变化的速率和通电的持续时间,控制气门的打开或关闭。在一个控制周期内,变换电磁铁线圈的供电,可以控制气门的行程。

电磁驱动的可变气门控制系统(EMVT)省去了节气门,改用气门控制发动机的进气,避免了节气门进气时的节流损失,可使燃油经济性改善 10%～20%,低速转矩增加 10%～20%,有害排放物 NO_x 和 HC 减少,进气状况的改变使燃烧更趋于稳定。

电磁驱动执行器直接驱动气门,简化了发动机的结构,为 GDI,HCCI 和多缸发动机采用变缸控制等新技术的应用提供了条件。

电磁阀式 VVT 是一种理想的配气机构。随着电子技术的快速发展以及车用 42 V 电源的广泛应用,电磁驱动可变气门控制系统的应用有着广阔前景。国外已在高档乘用车上应用,国内多家高等院校正在进行这方面的探索。

2.6.2　可变进气流量控制

当发动机转速低时,进气速度必须高,以克服缸内的排气压力,需要用长且窄的进气通道来实现;反之,在发动机转速高时,进气已具有较高的速度,为了减少流动阻力,需要一个短且宽的进气通道。这些复杂的要求可通过每一缸使用两个进气通道来实现,即一个主进气通道(主通道)和一个旁通通道(副通道)。副通道中装有一个圆盘阀,阀的位置由发动机的 ECU 根据发动机的转速进行控制,如图 2.6.12 所示。低速时,旁通阀保持关闭,迫使所有的进气经主通道高速地流入;高速时,两个阀保持全开,以减小进气流动阻力;发动机中等转速时,阀微微地开启,以免在两种运行方式变换时输出转矩下降。旁通阀可由电磁阀控制的真空膜片起作用,也可由伺服电机起作用,后者的控制较精确。低速时,进气管长,如图 2.6.13 中实线所示;高速时,阀门开启,进气管变短,进气的路径如图 2.6.13 中虚线所示。最理想的方案是进气管长度能够随转速而变。丰田公司雷克萨斯(LEXUS)汽车使用的可变进气管长度的实例见图 2.6.14。

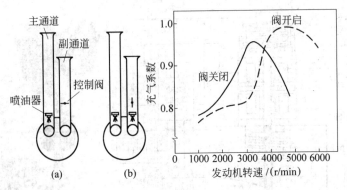

图 2.6.12 可变进气流量控制及其外特性示意图

(a) 低速时,控制阀关闭; (b) 高速时,控制阀开启

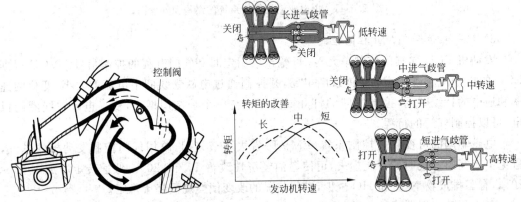

图 2.6.13 可变进气管长度示意图   图 2.6.14 发动机可变进气管长度方案和外特性(LEXUS)

雷克萨斯汽车上采用了 3 种进气管长度。从图 2.6.14 左下方的外特性图中可以看出,由于采用了此种方案,使发动机在高、中、低各种转速下都能得到较好的转矩。图 2.6.15 为可变进气管长度的控制系统框图。

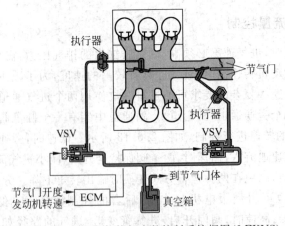

图 2.6.15 可变进气管长度的控制系统框图(LEXUS)

2.6.3 稀燃发动机控制

稀燃发动机通过混合气的空燃比，在比化学计量比稀的状况下运行，实现低排放。由图 2.6.16 可以看出，当空燃比 A/F 约为 16：1～25：1 时，CO 和 NOx 排放物降至非常低，同时燃油消耗量至少改善 10%，还可减少 CO_2 排放物（温室气体）。但是由于稀燃发动机运行接近燃烧极限，HC 的排放量开始急剧上升，导致不完全或不规则的燃烧，因此稀燃发动机需要一个氧化催化转化器以净化它的排气。

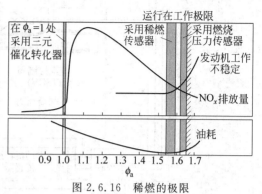

图 2.6.16　稀燃的极限

稀燃发动机要求有良好的混合气准备、点燃稀混合气的高能火花、非常好的循环燃烧质量。这些概念许多都被现代日本设计的发动机所采用，例如本田的 VTEC-E 和丰田的 Carina-E。这些发动机能典型地运行在 A/F 为 22：1，满足欧洲和 US 的排放法规，巡航情况下燃油消耗可改善 25%。这种控制系统的重要零部件是 EGO 型传感器（被称为宽范围氧传感器或 UEGO 传感器，详见第 1 章气体传感器部分）。

图 2.6.17 和图 2.6.18 为丰田汽车公司开发的稀燃发动机控制系统。它的特点是采用缸内传感器检测燃烧压力，采用顺序喷射系统控制每缸的供油，用安装在排气管下游的宽范围氧传感器检测发动机的 A/F 值。其设计特点是在进气系统安装旋流控制阀（TSCV）。每缸的进气管道分为两部分：一个通道允许平稳供给最大气体流量和良好的缸内充气；另一个通道装有一个螺旋形法兰引入进气旋流，ECU 通过 TSCV 在两个管道间控制空气流量。

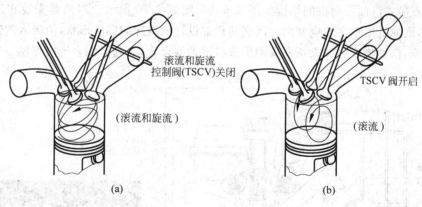

图 2.6.17　滚流和旋流控制（丰田）

(a) 稀燃状况；(b) 高速状况

当发动机在中小负荷工况运行时，它以稀燃的方式工作。此时 ECU 命令 TSCV 打开螺旋进气道，使进入的燃油蒸气有强的扰动并能非常好地混合。当 ECU 通过压力传感器检测到表征燃烧慢或不完全燃烧的任何信号后，就在每一缸原有的基础上修改 A/F 或点火定时，并与连续检测的排气氧浓度适当地配合，使发动机混合气空燃比在 25：1 时还能高效地工作。

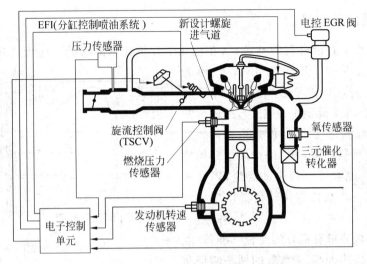

图 2.6.18　稀燃发动机控制系统(丰田)

当发动机在大负荷工况下工作时,为了得到最大功率或最大转矩,采用化学计量比混合气。通过命令 TSCV 打开大的进气通道,并利用氧传感器信号,使空燃比保持在 14.7：1。

2.6.4　缸内直喷汽油发动机

缸内直喷汽油发动机(GDI)的主要目标是实现高的燃烧效率,达到超低的燃油消耗(已经可以达到甚至超过柴油机的水平),并具有比 MPI 发动机更高的输出功率,且排放性能不降低。缸内直喷汽油发动机已经成为车用汽油发动机研究的一个重要方向。

1. 缸内直喷汽油发动机的结构

缸内直喷式汽油发动机的结构如图 2.6.19、图 2.6.20 所示。喷油器安装在发动机的汽缸盖上,汽油直接喷在燃烧室内。活塞的顶部设计成特殊的凹坑形状,使吸入汽缸内的空气形成旋流,汽油喷入后在火花塞周围形成较浓的混合气,以利于混合气的点燃。

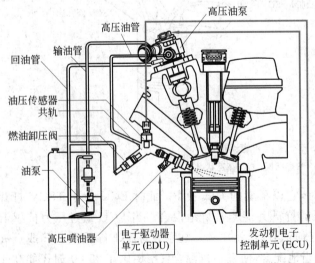

图 2.6.19　缸内直喷汽油机的结构框图

图 2.6.20　缸内直喷汽油发动机

缸内直喷汽油发动机的结构具有以下特点：

① 垂直型的进气道，比普通 MPI 发动机的水平进气道具有更好的充气效果，在最佳喷射时能产生强的反向滚流，如图 2.6.21 所示。

② 在压缩行程的后期喷入燃油，活塞顶部的形状可控制混合气的形状和燃烧室内的气流，使保持密集空燃比的混合气能在混合气扩散前将混合气引至火花塞附近，以利着火，如图 2.6.22 所示。

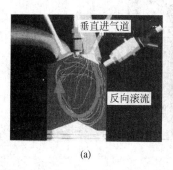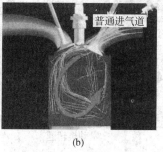

(a)   (b)

图 2.6.21　GDI 与 MPI 发动机进气道的比较　　　图 2.6.22　GDI 发动机的活塞
(a) GDI 发动机；(b) MPI 发动机　　　　　　　　　　　　顶部形状

③ 高压油泵提供缸内直喷所需的 8～12 MPa 的喷油压力，使缸内的直喷油雾粒直径可达 20～25 μm，而 MPI 的发动机油雾粒直径为 200 μm。有的 GDI 发动机和电控柴油机一样采用油压传感器，可对油轨内的油压进行调节。

④ 高压旋流式喷油器，可提高油粒雾化细度，喷孔较大，不易堵塞，减小贯穿度，如图 2.6.23 所示。

GDI 发动机供油系统总成见图 2.6.24。

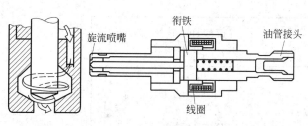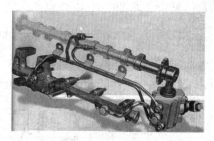

图 2.6.23　GDI 发动机的高压喷油器　　　　图 2.6.24　GDI 发动机的供油系统

2. GDI 的控制策略

缸内直喷汽油发动机要根据发动机的运行工况，控制喷油时刻和喷油方式的变换。

在部分负荷时，节气门不是全开，进入汽缸的空气在缸内形成旋流，汽油在压缩行程的后期喷入，利用活塞的形状和缸内的滚流，在旋流的作用下，在火花塞的周围形成较浓的混合气。其余的区域混合气较稀，形成分层燃烧的稀薄混合气，混合气的空燃比可以达到 25～50，极大地改善了汽油发动机在部分负荷下的经济性。

在发动机大负荷高速运行时，节气门全开，高速气流进入汽缸形成较强的旋流，在进气行程(上止点后 $60°\sim120°CA$)喷射均匀混合气,促进燃油充分燃烧。由于燃油喷入缸内,汽油蒸发使缸内的充气温度降低,爆燃的倾向减少,从而可提高发动机的压缩比($\varepsilon=12$),使发动机的热效率得到提高,提高发动机的动力输出。

GDI 发动机的工作范围如图 2.6.25 所示。

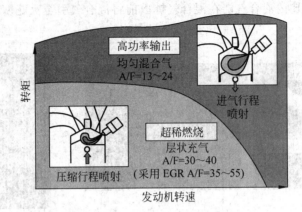

图 2.6.25　GDI 发动机的工作范围

3. GDI 发动机的优点,以某发动机为例。

① 小负荷时燃油消耗明显下降。怠速时油耗降低 40％;巡航控制期间油耗降低 35％;10—15 工况 GDI 发动机油耗降低 35％。

② 动力性能提高。由于压缩比的提高,并采用质调节使发动机在全工况范围内容积效率提高 10％,转矩和功率均有提高。

③ 加速性能明显提高,将近 10％。

④ 排放性能得到改善。采用 EGR(30％)和新开发的 NO_x 催化剂,使 NO_x 减少了 97％,见图 2.6.26。

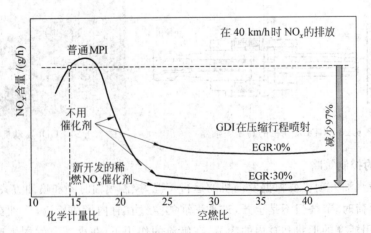

图 2.6.26　GDI 发动机 NO_x 的降低

4. GDI 发动机存在的问题

中小负荷未燃的 HC 较多,这是由于油雾会碰到活塞顶部和缸壁,分层燃烧使局部区域混合气过稀,缸内燃油蒸发造成温度过低,不利于未燃的 HC 进行后燃。微粒排放比 MPI 发动机增加,主要是由于分层燃烧局部区域混合气过浓、液态油滴扩散燃烧、缸内温度低、氧化不完全形成的。在不同的转速工况下,缸内气流强度不同。如何在宽广的工况范围内把气流控制好,保证分层混合气的形成是 GDI 的关键技术问题。

图 2.6.27　新的一代 GDI

为了解决 GDI 发动机的上述问题,正在开发新一代的 GDI,将喷油器放在缸盖的中央,紧靠火花塞,用火花塞直接点燃定向羽毛状油雾,这样可避免油雾与缸壁接触,达到减少 HC、改善油耗的目的,见图 2.6.27。

2.6.5　均质压燃发动机

均质混合气压缩燃烧技术(homogeneous charge compression ignition,HCCI)采用汽油发动机空气与燃料均匀混合的方式形成混合气,使用柴油机压燃方式着火代替火花塞点火是一种可控预混低温燃烧方式。

1. 系统组成

HCCI 发动机的结构如图 2.6.28 所示。

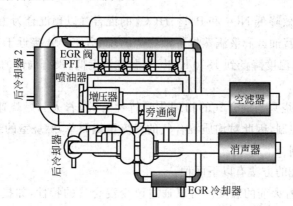

图 2.6.28　HCCI 发动机结构示意图

2. 工作原理

HCCI 发动机吸入均质的混合气,通过提高压缩比,采用废气再循环、进气加温和增压等技术,提高缸内混合气的温度和压力,而使混合气压缩自燃。它可在缸内形成多个点火核,有效地维持了火焰燃烧的稳定性,并减少了火焰传播距离和燃烧持续时间。它的燃烧速率只与本身的化学反应动力学有关。

燃烧分为两个阶段:第一阶段为放热和主放热阶段,它与低温动力学有关,燃烧产生的主要是冷焰和蓝焰,在放热和主放热之间有时间的延迟(这也是汽油机产生爆燃的原因);第二阶段由于是多点火核同时着火,混合气燃烧迅速,解决了均质混合气燃烧速度慢的问题。

HCCI 发动机的适用范围如图 2.6.29 所示。在起动和低负荷阶段,由于失火的限制不能采用 HCCI 方式;而中负荷和全负荷区为了获得较好的动力性,一般采用传统的燃烧方式,只在中小负荷区才适用 HCCI 燃烧方式,并受到排放要求的限制。

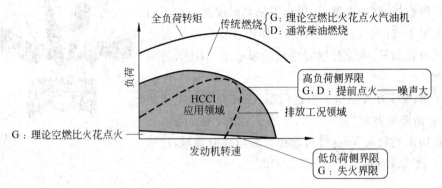

图 2.6.29　HCCI 发动机的适用范围

3. HCCI 的优点

(1) HCCI 具有较高的动力性和经济性,保持了汽油机升功率高的特点。为了控制能量释放速率,在稀燃和高 EGR 率条件下,节气门全开,减少了泵气和节流损失;缸内燃烧温度低,使散热损失减少;可提高压缩比和采用多点同时着火的燃烧方式,使能量释放的效率较高。

(2) HCCI 可有效降低 NO_x 和 PM。HCCI 的混合气以预混合为主,空气与燃油混合较均匀,不存在局部的富油区和液滴蒸发扩散燃烧的现象,使 PM 接近于 0。利用较稀的空燃比或 EGR,可将燃烧温度降低到 1800 K 以下,燃烧温度低,没有局部的高温区,抑制了 NO_x 的产生。

(3) HCCI 的燃烧只与混合气的物理化学特性有关,着火与燃烧速率只受燃油氧化反应的化学动力学的控制,因此对均质混合气的气流组织简单,燃烧室的结构要求不高。

4. HCCI 的控制

控制 HCCI 燃烧的方法有以下两种:

① 控制混合气着火前的温度。可以通过改变混合气的特性,如提高进气温度、调节空燃比和改变发动机的工作和设计参数(比如改变压缩比,如果采用 VCR,则在结构上较难实现,通常采用 VVT 改变有效的压缩比),使各种工况下都能获得最佳的燃烧状况和燃烧速率。

② 改变燃料特性。可以混合两种不同的燃料,使用添加剂或 EGR(若采用机外的 EGR,则响应较慢。通常采用机内的 EGR,也是用 VVT 来实现的)。

控制系统的结构框图如图 2.6.30 所示。

HCCI 在一定的工况下可以实现稳定的运行和达到降低排放的效果,但汽车运行的工况范围很宽,HCCI 难以满足要求。对 16 烷值高的燃料在高负荷区,混合气的浓度大,燃烧速率极高(大于柴油机),易产生爆燃;对高辛烷值的燃料,在小负荷时需要很高的进气温度和缸内压力,HCCI 才能实现压燃,否则会导致燃烧不完全,严重时甚至会熄火。因此研究 HCCI 的核心问题是拓宽 HCCI 的运行范围,即在不同工况下着火点的控制和燃烧速率的控制。

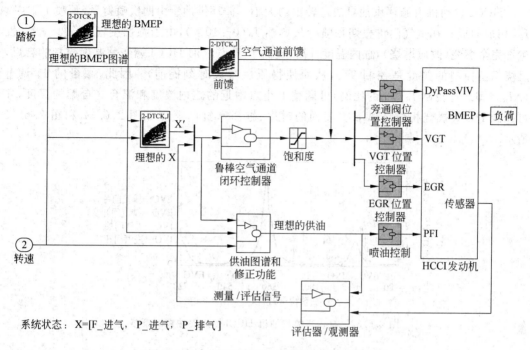

图 2.6.30 HCCI 发动机的控制系统结构框图

在汽车上较实用的方法是采用两种燃烧方式：在起动和大负荷时采用点燃，采用较低的压缩比和较小的空燃比；在中、低负荷时转换为 HCCI，使发动机在中、低负荷时有较好的经济性和较低的排放。其关键问题是两种燃烧方式切换时能保持工况快速平顺地过渡。现有试验表明，通过缸内直喷改变喷油策略，可以较好地在一个循环内完成工况过渡。

在汽油 HCCI 发动机工作时一般采用节气门全开的稀燃模式，排气门早关（EVC 在进排气上止点前，形成负气门重叠，见图 2.6.31），截留部分废气（40%～70%），因此，利用 VVT 调整 EVC 即可控制内部 EGR 率。内部 EGR 率大，则可进入汽缸的新鲜空气量就少，空燃比浓（仍是稀燃）。同时由于废气温度高，与新鲜空气掺混后，提高压缩上止点时缸内温度（T_{edc}）。

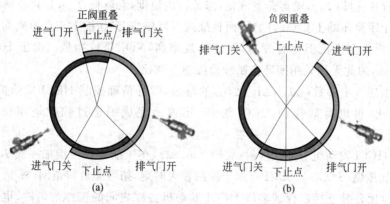

图 2.6.31 传统的正阀重叠和 HCCI 发动机的负阀重叠的配气相位图

(a) 传统的正阀重叠配气相位；(b) 负阀重叠的配气相位

HCCI 发动机由循环供油量决定转矩的大小。循环供油量由两次喷射量（预喷 I_R、主喷 I_H）相加而成。在负气门重叠期预喷少量燃油 I_R（$0\sim10\%$），由于稀燃废气中含少量氧，发生不完全燃烧（改质燃烧），缸内温度升高，提高了 T_{edc}（汽油 HCCI 燃烧是温度控制的自燃，燃烧相位控制的关键是控制 T_{edc}，从而使得压燃着火时刻提前）。因此，微量的 I_R 调整（ΔI_R）（即通过控制 I_R/I_H 的比例）可调整上止点附近的缸内温度和混合气自燃的温度，并可控制 HCCI 燃烧相位（CA_{50}）。喷油的时序、缸压和缸内温度如图 2.6.32 和图 2.6.33 所示。

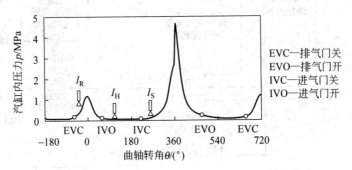

图 2.6.32　缸内直喷汽油机 HCCI 燃烧喷油控制策略

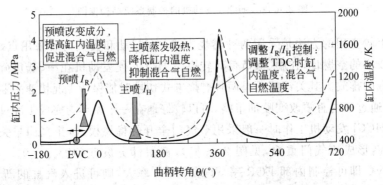

图 2.6.33　采用 GDI,VVT 和 HCCI 相结合的发动机缸内压力和温度的变化

进气冲程中主喷（I_H），喷雾蒸发汽化，降低缸内温度，会降低 T_{edc}，起到抑制混合气自燃的作用。由于距离压缩上止点时间长，而且缸内温度较高，到压缩上止点形成均质混合气压缩着火燃烧，燃烧温度低但等容度高，因此热效率高，NO_x 排放物低。由于 HCCI 燃烧时 NO_x 排放很低，因此无须采用闭环控制理论控制空燃比。

通过对上述 3 个参数（$\Delta\theta_{evc}$，ΔI_R，ΔI_H）的调整，即可精确控制 HCCI 发动机负荷、着火时刻和空燃比，可以有效控制 HCCI 燃烧，迅速地完成瞬态过程燃烧相位的调整，如图 2.6.34 所示。

也有的 HCCI 发动机分 3 次喷射（见图 2.6.32），在压缩冲程中增加一次 I_S 的喷射，实现分层混合气压燃（SCCI）。SCCI 有助于控制着火时刻，拓展高负荷范围，减少 HC 排放。

采用分缸闭环独立控制保证多缸 HCCI 发动机各缸之间的工作均匀性，也是 HCCI 发动机产业化必须采用的技术。戴姆勒-克莱斯勒公司于 2005 年底将一台 1.8 L 4 行程壁面引导缸内直喷汽油机改造成 SI/HCCI 混合燃烧模式发动机，利用 VVT 在一个循环内完成

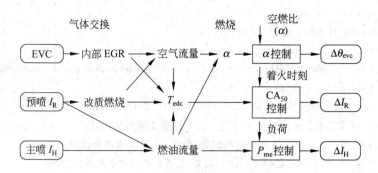

图 2.6.34　HCCI 发动机的控制逻辑

EVC—排气门关闭时刻；I_R—负阀重叠期内的第一次喷射(预喷射)；

I_H—进气冲程中的第二次喷射(主喷射)；T_{edc}—压缩上止点时的缸内温度；α—过量空气系数；

CA_{50}—燃烧中点(50％累积放热量对应的曲轴转角)；P_{me}——平均有效压力；

$\Delta\theta_{evc}$—EVC 的调整；ΔI_R—预喷量调整；ΔI_H—主喷量调整

SI/HCCI 燃烧模式切换,采用缸内直喷两次喷射控制 HCCI 着火时刻和发动机负荷,采用分缸独立控制保证各缸工作的均匀性。它在国际上率先将 4 行程 4 缸汽油 SI/HCCI 发动机装在 C 类车上进行了 NEDC(美国的一种试验标准)循环测试评价。此发动机较进气道喷射汽油机节油 11.5％。NO_x 排放为欧排放限值的 1/4,HCCI 模式下噪声水平介于汽油机和柴油机之间。

HCCI 是一种新型的高效、低污染内燃机燃烧技术,如能开发成功推广应用,将会成为内燃机技术的一次革命。由于还没能找到在发动机全负荷范围内控制 HCCI 燃烧过程切实有效的方法,因此到目前为止,HCCI 汽油发动机的商品化还没有成功的先例。

参 考 文 献

[1]　清华大学汽车工程系. 汽车构造. 北京:人民邮电出版社,2000

[2]　交通部公路司审定. 汽车排放污染物控制实用技术. 北京:人民交通出版社,1999

[3]　Chowanietz E. Automobile Electronics. SAE Society of Automotive Engineers,Inc. , 1995

[4]　Denton T. Automobile Electrical and Electronic Systems. 2nd ed. SAE,The Engineering Society for Advancing Mobility Land Sea Air and Space International, 2000

[5]　Robert BOSCH GmbH. Automotive Electric/Electronic Systems. SAE Society of Automotive Engineers,Inc. , 1988

[6]　King D H. Computerized Engine Controls. USA:Delmar Publishers,Inc. , 1996

[7]　Ribbens W B. Understanding Automotive Electronics. USA:Howard W Sams & Co. , 1993

[8]　The Exhaust Oxygen Sensor Engineering Department. The Exhaust Oxygen Sensor Book. AC Rochester Division GM Corp. , 1995

[9]　GM Service Technology Group. LT1/L99 Fuel and Emission. General Motors Corporation,1993

[10]　GM Service Technology Group. Emission Control Systems and Components. General Motors Corporation,1994

[11]　GM Service Technology Group. Fuel Injection. General Motors Corporation,1996

[12]　GM Service Technology Group. Fundamentals of "Closed Loop" Fuel Injection. General Motors

Corporation，1992

[13] Simens. Engine Management Systems，1993

[14] GM-China Technology Institutes. Engine Control System，1997

[15] Tatehito Ueda Advanced Technologies on Current Gasoline Engine and Exhaust Emission Control System. Toyota Motor Corporation，2004

[16] Glockler O. 汽油发动机排放控制. Robert BOSCH GmbH. CATEC，1997

[17] 李东江,等. 现代汽车电子控制技术. 北京：科学技术文献出版社,1998

[18] 秦文新,程熙,等. 汽车排气净化与噪声控制. 北京：人民交通出版社,1999

[19] 陆际清,刘峥,等. 汽车发动机燃料供给与调节. 北京：清华大学出版社,2002

[20] 钱耀义. 汽车发动机点控汽油喷射系统. 北京：人民交通出版社,1996

[21] Ichiro Sakata. 最新发动机技术. 丰田汽车技术中心(中国),2003

[22] 刘飞龙. 汽车发动机控制单元硬件的研制.［硕士学位论文］. 清华大学汽车工程系,2002

[23] 樊林. 电控汽油机怠速控制策略的研究.［硕士学位论文］. 清华大学汽车工程系,2003

[24] 吴庆文. 汽油机爆燃智能控制电脑点火系统的研究.［博士学位论文］. 清华大学汽车工程系,1996

[25] 杨斌. 基于 16 位单片机的汽油机电子控制单元软件开发.［硕士学位论文］. 清华大学汽车工程系,2003

[26] 汪智勇. 多点汽油喷射控制软件的研究.［硕士学位论文］. 清华大学汽车工程系,2000

[27] 王志,张志福,杨俊伟,等. 均质压燃式发动机研究开发新进展. 车用发动机,2007,6

[28] 赵新顺,曹会智,温茂禄,等. HCCI 技术研究现状与展望. 内燃机工程,2004,4

[29] 纪常伟,何洪,李辐喆,等. 均质充量燃烧(HCCI)的研究进展与展望. 黑龙江工程学院学报,2006,12

[30] Zhao Fuguan(Frank)，Harrington D L，Lai Mingchai. Automotive Gasoline Direct-Injection Engine. SAE,2002

[31] Lean D. Delphi Advance Technology Review,2008,4

[32] Haraldsson G，Tunestal P，Johans-son B. Transient Control of a Multi Cylinder HCCI Engine During a Drive Cycle . SAE Paper,2005-01-0153

[33] Tian Guohong,Wang Zhi，Wang Jianxin. HCCI Combustion Control by Injection Strategy with Negative Valve Overlap in a GDI Engine . SAE Paper,2006-01-0415

[34] Wang Zhi,Shuai Shijin,Wang Jianxin. Modeling of HCCI Combustion：from 0D to 3D. SAE Paper,2006-01-1364

[35] Tian Guohong,Wang Zhi,Wang Jianxin. Mode Switch of SI-HCCI Combustion on a GDI Engine. SAE Paper,2007

[36] Zhong Shaohua, Wysrynski M L, Megaritis A, et al. Experimental Investigation into HCCI Combustion Using Gasoline and diesel Blended Fuels,SAE Powertrain & Fluid Systems Conference & Exhibition,2005

[37] Jackson N. Advanced Gasoline Technology and Processes. Ricardo,2007

[38] http://www.delphi.com/manufacturers/auto/powertrain/gas

[39] 国家环境保护总局. 轻型汽车污染物排放限值及测量方法(中国Ⅲ、Ⅳ阶段)(GB 183523—2005 2007-07-01 实施)

3 柴油机电子控制系统

从 20 世纪 70 年代开始,随着微电子技术的发展,8 位微处理器开始在汽车电子控制系统应用,柴油机也开始了电子控制的进程。从结构和功能的角度看,柴油机的电子控制系统包括燃油系统的电子控制(这也是柴油机电子控制的核心问题)和柴油机空气系统的电子控制,后者包括增压压力(可变截面涡轮)控制系统、排气再循环(EGR)控制系统以及为了满足未来更加严格的排放法规而开发的排放后处理电子控制系统。这些电子控制系统使得柴油机在动力性、经济性和排放性能等方面都取得了巨大的进步,是继 20 年代用机械喷射代替空气喷射、50 年代采用排气涡轮增压技术之后,柴油机技术的第三次里程碑式的进步。目前,轿车柴油机在保证百公里油耗 3 L 经济性的同时,还能保证排放达到欧Ⅲ、欧Ⅳ甚至更好的排放标准。例如,奇瑞公司的 1.9 L 轿车柴油机,其最佳燃油经济性已达 200 g/(kW·h)。进入 21 世纪以来,随着全球石油短缺和二氧化碳减排的需要,基于电控柴油机的新型混合动力系统也开始陆续推出,出现了柴油机加上一体化起动电机—发电机(integrate starter generator, ISG)这样的轿车轻度混合动力系统,以及以电控柴油机为辅助动力总成(axuarially power unit, APU)的串联式大客车混合动力系统。

从图 3.0.1 可以看出,为了满足国Ⅲ以上的排放,首先需要采用的技术是电子控制燃油喷射;为了满足更加严格的排放法规,则需加入排放后处理装置和采用更加清洁的燃油;为了进一步降低柴油机的二氧化碳排放,还需要进一步改善其燃烧方式和采用混合动力。

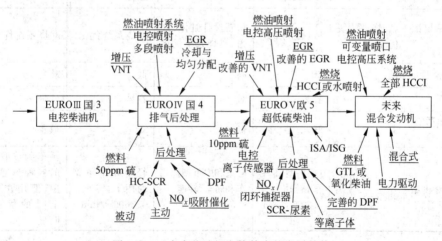

图 3.0.1 未来柴油机电控技术的发展趋势

在柴油机的电子控制系统中,最早研究并实现产业化的是电子控制的柴油喷射系统。随着排放法规的加严以及加工和制造技术的进步,先后出现了 3 代电控燃油喷射系统,即第一代的位置控制式电控燃油喷射系统、第二代的时间控制式(喷射电磁阀)电控燃油喷射系统,以及第三代的高压共轨系统。其中的第一代电控系统由于不能满足更加严格的排放法规,因此将逐步退出市场;第二代的时间控制式电控燃油喷射系统中,又根据具体的结构可以划分为电控泵喷嘴系统、电控单体泵系统、电控分配泵系统和直列(组合)泵电控系统。这些系统性能比较可参见表3.0.1。从这些比较可以看出,电控组合泵和高压共轨系统都能够实现欧Ⅲ~欧Ⅴ的排放法规,都不需要对缸体和缸盖生产线进行改动,是最值得我国推广应用的两种电控燃油喷射系统。

表 3.0.1　各种电控燃油喷射系统的比较

电控系统类型	电控分配泵	插入式单体泵	电控泵喷嘴	电控组合泵	高压公共系统
结构					
喷油规律					
最高喷射压力/MPa	<200	>300	>300	>250	>200
全工况高压喷射	不能	不能	不能	不能	能
压力柔性控制	不能	不能	不能	不能	能
多次喷射能力	不能	两次	两次	两次	多次
可满足的排放要求	欧Ⅲ,需要排放后处理配合	欧Ⅲ和欧Ⅴ,欧Ⅳ以上时需要排放后处理配合	欧Ⅲ~欧Ⅴ,欧Ⅳ以上时需要排放后处理配合	欧Ⅲ~欧Ⅴ,欧Ⅳ以上时需要排放后处理配合	欧Ⅲ~欧Ⅴ,欧Ⅳ以上时需要排放后处理配合
可能的重要配套措施	燃烧系统优化	重新设计缸体,燃烧系统优化	重新设计缸体、缸盖,燃烧系统优化	燃烧系统优化	燃烧系统优化
制造成本	低	低	高	低	最高
加工难度	容易	容易	难	容易	最难
油品的适应能力	差	好	好	好	最差
主要配套机型	轻型商用车和轿车	中重型商用车,转速<3000 r/min	轻型和中重型商用车和轿车,转速<5000 r/min	轻型和中重型商用车,转速<3600 r/min	轿车到重型商用车的各种车型均可适用,但用在轻型车上时的优势更加明显

3.1　第一代电控柴油喷射系统(位置控制式)

　　传统的机械式喷油系统的燃油控制是利用油泵上的机械式调速器完成驾驶员的控制命令与发动机实际运行状态(转速、负荷)之间的调节与平衡,最终喷油量的控制是通过油泵的齿条(齿杆)或者滑套的位置来实现的。根据原有机械泵形式的不同,第一代电控燃油喷射系统又可划分为分配泵位置电控系统、直列泵位置电控系统和单体泵位置电控系统等。下面通过传统机械直列泵和电控直列泵的结构对比来进行说明。

3.1.1　在直列泵上实施的位置式电控系统

传统柱塞式喷油泵喷射过程的控制机理如图 3.1.1 所示。[17]柱塞与齿圈连接在一起由齿条带动，而柱塞套则不转动。当齿条的位置向右移动时，齿圈转过的角度也加大，于是柱塞上的斜槽与出油阀之间的柱塞行程加大，喷油量也就加大。在直列泵上实施的位置电子控制就是将传统的机械调速器取消，将齿条的控制改由一个电子控制的执行器。执行器的类型既有旋转的电机，也有直线运动的电机。如图 3.1.2 所示为 BOSCH 公司的一种电子控制方案，采用的是直线运动的线性电磁铁作为执行器，直接安装在传统的机械调速器的壳体内，而机械调速器已经被取消。

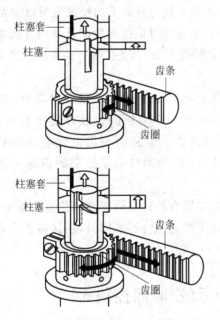

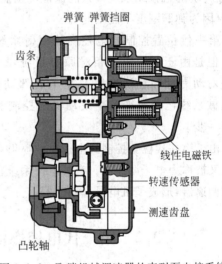

图 3.1.1　柱塞和柱塞套的控制方式　　　　图 3.1.2　取消机械调速器的直列泵电控系统

为了检测发动机的工作转速，图 3.1.2 中还在油泵凸轮轴的自由端安装了测速齿盘和转速传感器。

在图 3.1.2 所示的位置控制式电控燃油喷射系统中，执行器线性电磁铁决定了齿条的位置，但由于存在弹簧预紧力，以及线性电磁铁电流到力之间受到温度、摩擦等非线性因素的影响，在外界驱动电压一致的条件下，相同的驱动电流对应的齿条位置可能有所不同。因此当采用线性电磁铁作为执行器时，必须要反馈齿条位置才能知道当前齿条的准确位置，这对于车用发动机来说是必需的。但在有些电站用的柴油机上可以例外。因为发电条件下对应的发动机转速是固定的，电子控制系统将发动机转速作为闭环的控制目标，而不要求精确控制齿条的位置，这时不需要反馈齿条的位置。

除了在直列泵上实施的位置控制式电控燃油喷射系统以外，还有在泵喷嘴和单体泵上实施的位置控制式电控燃油喷射系统。这些系统中的位置电控在控制机理、结构上都和直列泵有类似之处,只要在其控制齿杆的连接处加装一个电子执行器就能够实现电控,这里不再详述。

3.1.2　第一代电控燃油喷射系统的控制特点

通过对比直列泵上实施的位置控制式电控燃油喷射系统以及其他构型的第一代电子控制系统,可以看出其共同之处在于:

①　二者都是将传统的机械式喷油系统作了局部改进,如取消了调速器,保留了柱塞和柱塞套(产生高压的装置与机械一致),改用电子执行器来完成分配转子与滑套(或者柱塞和柱塞套)之间的相对位置控制。

②　增加了反馈位置的传感器、转速传感器以及燃油温度传感器等,从而实现对油泵的精确控制。

③　实施了电子控制后,整个系统的优点在于,不同转速与负荷下的喷油量可以灵活标定,因此在发动机的整个稳态工况范围,发动机的工作特性可以按照性能最佳的方式来确定,而传统的机械式系统则只能保证个别点工况下的特性最佳,其他工况下的特性不能灵活改变(因为弹簧刚度不能改变)。

第一代位置控制式电控燃油喷射系统的最大优点是相对原有系统改动简单,成本低。但是由于喷射压力相对原有系统没有提高,因此对发动机的排放性能改善有限,只是对动力性和经济性以及整车的驾驶性能有所改善。但是第一代位置电控相对传统机械系统已经改变整个发动机的控制和匹配模式,在柴油机电子控制的道路上迈出了第一步。

由于第一代位置控制式电控燃油喷射系统只是在原有的机械调速器的位置实施电控,所以又被称为电子调速器。有的电控系统在加装电子控制执行器的同时,还保留了原有的机械调速器,形成了机电混合调速器。

3.2　第二代电控燃油喷射系统(时间控制式)

第二代时间控制式的电控燃油喷射系统根据高压产生装置的不同,也可以分为分配泵、直列泵、泵喷嘴和单体泵电控燃油喷射系统,下面以电控直列泵和电控单体泵为例,介绍第二代时间控制式的电控燃油喷射系统的特点。

3.2.1　在直列泵上实施的时间控制式

在传统直列泵上可以实施时间控制式的电控化改造。如图 3.2.1 和图 3.2.2 所示,将与直列泵相连的原机械调速器取消,在喷油泵出油阀和喷油器之间的高压油管上,安装一个三通电磁阀,得到所谓的泵-管-阀-嘴(pump-pipe-valve-injector,PPVI)式电控燃油喷射系统[9],即通常的电控组合泵系统。与传统的泵-管-嘴的机械式喷油系统相比,每缸都对应安装了一个控制喷射过程的电磁阀。与此同时,传统柱塞上的斜槽被取消,柱塞泵的功能只是建立高压,不再具有喷油量调节的功能,真正的喷油控制由电磁阀来完成。

图 3.2.2 中,在泵体上安装了指示凸轮轴相位的转速传感器,目的是为喷射过程的相位

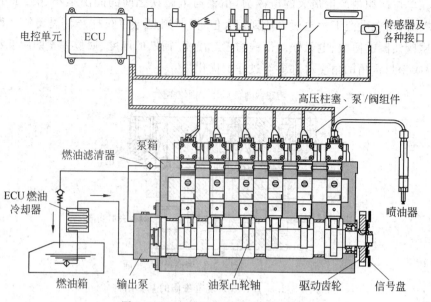

图 3.2.1　电控组合直列泵的结构图

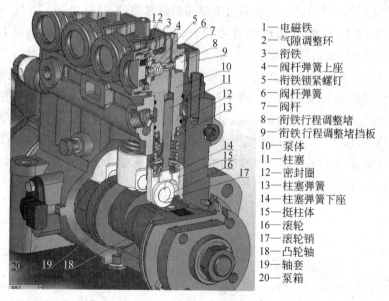

1—电磁铁
2—气隙调整环
3—衔铁
4—阀杆弹簧上座
5—衔铁锁紧螺钉
6—阀杆弹簧
7—阀杆
8—衔铁行程调整堵
9—衔铁行程调整堵挡板
10—泵体
11—柱塞
12—密封圈
13—柱塞弹簧
14—柱塞弹簧下座
15—挺柱体
16—滚轮
17—滚轮销
18—凸轮轴
19—轴套
20—泵箱

图 3.2.2　电控直列组合泵的工作原理图

计量提供基准。当柱塞上行时（见图 3.2.2），如果电磁阀通电，则高低压之间的连通被隔断，高压建立，燃油经过高压油管自喷油器中喷出；当电磁阀断电后，电磁阀阀杆在回位弹簧的作用下打开密封端面，高压油路和低压油路被连通，燃油经电磁阀迅速泄压，喷射过程随之停止。电磁阀通电开始时刻决定了喷射定时，电磁阀通电时间的长短决定了喷射脉宽，即决定了发动机的负荷大小。可见对电磁阀实施的控制在时间上要求很高，这也是为什么叫"时间控制式"的主要原因。

　　图 3.2.3 给出了 PPVI 系统电磁阀的基本结构。该结构采用了所谓的多极式电磁铁结

构,以期在单位面积内产生最大的电磁力,衔铁与电磁铁之间的间隙很小(0.2 mm 左右),目的是使相同通电电流下的电磁力达到较大值,同时满足电磁阀打开和关闭的升程变化的需要,电磁阀线圈的匝数、电磁铁与衔铁的正对面积、衔铁的厚度、回位弹簧的刚度和预紧力以及电磁阀密封锥角的角度等都要经过仔细优化。

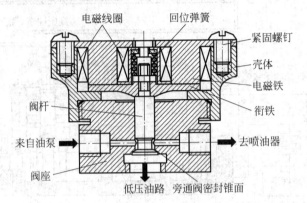

图 3.2.3　PPVI 系统电磁阀的基本结构

　　图 3.2.4 为电磁阀线圈驱动电路的示意图。高位 MOSFET M0 为各缸共用的高端驱动,低位 MOSFET M1~M6 为对应各缸电磁阀的选缸驱动,只当 M0 和 M1~M6 中的每一个都导通时,对应缸电磁阀线圈才有电流通过。M0 上的脉宽调制器(pulse width modulated,PWM)控制信号可以灵活控制线圈电流的大小,其调制频率可达 20~25 kHz。从单片机或者信号发生装置输出的 0~5 V 控制信号 A 和 B(TTL/CMOS 电平)经过一定变换后分别控制高位 MOSFET M0 和低位 MOSFET M1~M6。整个喷射过程的控制时序如图 3.2.5 所示。安装在凸轮轴末端的转速传感器可以同时输出指示相位的参考脉冲信号和转角脉冲信号,ECU 根据这两个信号和发动机上的其他传感器来确定喷油脉宽和定时,发出控制脉冲信号 A 和 B。图 3.2.6 给出了 PPVI 系统喷射控制和发动机整机管理在单片机任务方面的设置。

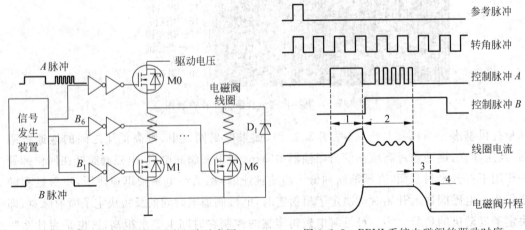

图 3.2.4　电磁阀线圈驱动电路示意图　　　图 3.2.5　PPVI 系统电磁阀的驱动时序

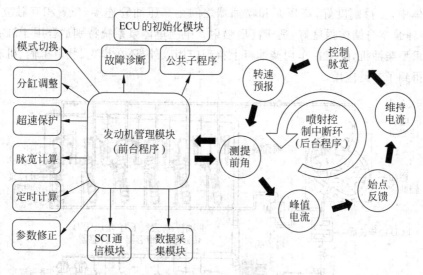

图 3.2.6　发动机整机管理和喷射控制的对应关系

3.2.2　电控单体泵和电控泵喷嘴系统

图 3.2.7 和图 3.2.8 分别为泵喷嘴系统(unit injector system,UIS)和单体泵系统(unit pump system,UPS)时间控制式电控燃油喷射系统。[2]可见,二者的区别仅仅在于电磁阀与喷油器之间的连接方式上有差别。电控泵喷嘴系统将产生高压的柱塞泵与喷油器直接连成一个整体,没有高压油管;而电控单体泵系统在泵体和喷油器之间还有一段高压油管。图 3.2.9 和图 3.2.10 分别给出了电控泵喷嘴系统和电控单体泵系统在发动机上的安装和布置形式。可以看出,电控泵喷嘴系统直接采用顶置凸轮轴的方式驱动,优点是发动机结构紧凑,液力系统响应快,能够实现快速高压喷射;缺点是发动机缸盖上往往还有配气系统的凸轮轴和摇臂,结构复杂。电控泵喷嘴由于液力响应快,在轿车用的小型高速柴油机和车用中重型柴油机中都有应用。电控单体泵则采用凸轮轴中置的方式驱动。凸轮轴直接安装在

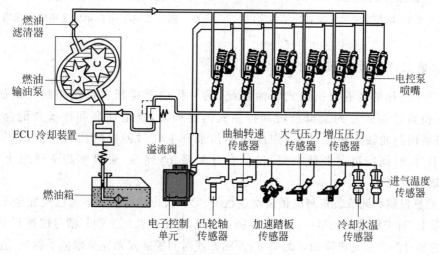

图 3.2.7　电控泵喷嘴燃油喷射系统的组成

133

发动机缸体中,支撑刚度好;高压泵和喷油器之间由高压油管连接,位置相互独立,便于布置;电控单体泵本身结构强度好,适于高压喷射。电控单体泵系统特别适合用于缸心矩较大的大型和重型柴油机,除了在车用柴油机上得到应用以外,还在坦克、装甲车辆、机车和船用柴油机上得到了广泛应用。

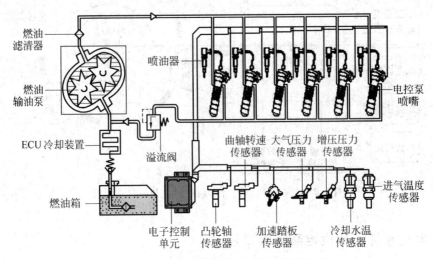

图 3.2.8　电控单体泵燃油喷射系统的组成

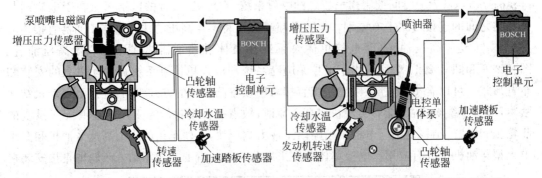

图 3.2.9　电控泵喷嘴控制系统结构简图　　　　图 3.2.10　电控单体泵系统结构简图

3.2.3　第二代时间控制式的特点

　　① 产生高压的装置与机械式喷油系统、第一代位置控制式系统相同。例如,机械直列泵、位置控制式直列泵以及时间控制式的直列泵,都是柱塞和柱塞套配合产生高压,都需要用凸轮轴来驱动柱塞,用压缩燃油来产生喷射需要的压力。依据产生高压装置的不同,时间控制有多种类型,包括在分配泵、直列泵、泵喷嘴和单体泵上实施的时间控制式系统。

　　② 油量控制和调节装置与机械式喷油系统、第一代位置控制式系统已经完全不同。例如直列泵上,对于机械式和第一代位置控制式系统,都依赖柱塞上的斜槽与柱塞套上的回油孔之间的相对配合来完成喷油量的调节;而第二代时间控制式则完全取消了斜槽,直接由电磁阀的动作完成每个喷射过程。

③ 时间控制式对于喷射过程更加直接和精确。每次喷射过程中,电磁阀关闭的时间决定喷油定时,电磁阀关闭的持续时间决定喷油量和喷射压力,电磁阀直接调整发动机的工况。位置控制式系统则只是通过控制齿条或者滑套的位置来间接调整发动机的工况。也是因为第二代电控系统要直接参与喷射过程的控制,给 ECU 的软硬件设计带来了新的挑战,实时性要求更加严格,控制的精度和灵活性也要求更高,使发动机性能的改善幅度也很大。

④ 在时间控制式系统中,电磁阀是整个系统的核心与关键,这是因为:

- 密封压力高。喷射压力大于 100 MPa;
- 时间响应快。关闭和打开速度小于 1 ms;
- 控制实时性要求高。缸内直喷,喷射定时和脉宽要求严;
- 寿命和可靠性要求高。保证发动机几十万 km 的性能不下降;
- 设计和制造要求高。电磁阀本身综合了机械、液力、电磁、电子等多个环节,只有合理设计才能够进行大批量生产并有可接受的制造成本,高速强力电磁阀的制造和加工是第二代时间控制系统产业化的基础,也是第三代共轨系统实现的前提。

⑤ 第二代时间控制式存在的不足是,仍然需要凸轮型线的驱动来产生喷射所需的高压,其喷射压力严重依赖于凸轮型线的设计,不仅喷射区间受到限制,而且也是脉动的,使得喷油压力控制、喷油速率控制和喷油定时控制都没有得到充分发挥,从而也限制了发动机性能的进一步改善。

3.3 第三代电控燃油喷射系统(高压共轨系统)

针对第二代时间控制系统存在的不足,人们进一步推出了第三代共轨式电控燃油喷射系统。在这个系统中,柱塞产生的脉动高压被输送到一个高压腔中,使高压能够长时间维持,即在任意时刻电磁阀开始喷射都能够得到满足。共轨系统在发展过程中出现了不同类型,这里主要介绍高压共轨系统。

3.3.1 高压共轨系统

如图 3.3.1 所示为第三代高压共轨式电控燃油喷射系统结构图[12],共轨式电控发动机系统的组成可以划分为下述 4 个部分:

① 燃油低压子系统,包括油箱、输油泵、滤清器和低压回油管;

② 共轨压力控制子系统,包括高压泵、高压油管、共轨压力控制阀(pressure control valve,PCV)、共轨、共轨压力传感器,以及提供安全保障的安全泄压阀和流量限制阀;

③ 燃油喷射控制子系统,包括带有电磁阀的喷油器、凸轮轴和曲轴传感器等;

④ 电控发动机管理系统,包括电子控制单元和发动机的各种传感器。

从上述可以看出,与第二代时间控制式系统相比,第三代高压共轨系统在结构上增加了共轨压力控制子系统。

世界上提供共轨系统的公司主要有德国的 BOSCH 公司[13,14]和 Continental(原西门子VDO 部门)公司,美国的 Delphi 公司[15,16]以及日本的 Denso 公司[19~22]等。它们各自的结构稍有差别,但是整个系统的框架基本相同。和电控单体泵相比,共轨系统的重量轻,适合

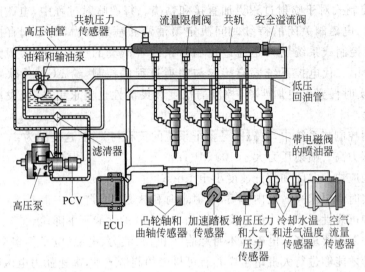

图 3.3.1　第三代高压共轨系统组成结构图

整机布置。下面以 BOSCH 公司的共轨系统为例,介绍共轨系统的主要技术特点。

1. 高压泵

图 3.3.2 与图 3.3.3 分别为高压泵的纵向和横向结构图。一个高压泵上有 3 套柱塞组件,由偏心轮驱动,在相位上相差 $120°$。从图上可以看出,这种偏心轮驱动平面和柱塞垫块之间为面接触,比传统的凸轮-滚轮之间的线接触的接触应力要小得多,更有利于高压喷射。高压泵的基本工作原理如下:当柱塞下行时,来自输出泵压力为 $50\sim150\ kPa$ 的燃油经过低压油路到达各柱塞组件的进油阀,并由进油阀进入柱塞腔,实现充油过程;当柱塞上行时,进油阀关闭,燃油建立起高压,当柱塞腔压力高于共轨中的压力时,出油阀被打开,柱塞腔的燃油在 PCV 的控制下进入共轨。

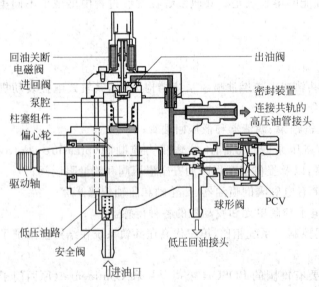

图 3.3.2　高压泵的纵向结构图

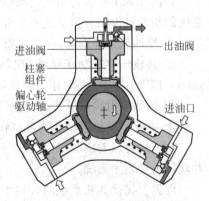

图 3.3.3　高压泵的横向结构图

2. PCV

共轨压力的控制是在压力控制阀（pressure control valve，PCV）的控制下完成的。图3.3.4给出了BOSCH共轨系统中PCV的结构。结合图3.3.2中PCV的安装位置可知，球阀是整个共轨压力控制的关键元件。球阀的一侧是来自共轨燃油的压力，另一侧衔铁受弹簧预紧力和电磁阀电磁力的作用。而电磁阀产生电磁力的大小与电磁阀线圈中的电流大小有关。当电磁阀没有通电的时候，弹簧预紧力使球阀紧压在密封座面上，当燃油压力超过10 MPa时，才能将其打开，即共轨腔中的燃油压力至少达到10 MPa时，才有可能从PCV处泄流到低压回路。在PCV通电后，燃油压力除了要克服弹簧预紧

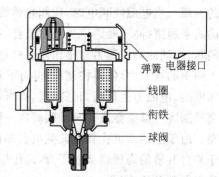

图3.3.4　PCV的结构

力之外，还要克服电磁力，即电磁阀的电磁力通过衔铁作用在球阀上的力的大小决定了共轨中的燃油压力。电磁阀的电磁力可以通过调整电磁阀线圈中电流的大小来控制。线圈相当于一个感性（电感＋电阻）负载，线圈中的平均电流可以通过脉宽调制来实现。例如，1 kHz左右的调制频率就足够控制电磁阀的平均电流大小。

3. 共轨组件

共轨组件包括共轨本身和安装在共轨上的高压燃油接头、共轨压力传感器、起安全作用的压力限制阀、连接共轨和喷油器的流量限制阀等，如图3.3.5所示。共轨本身容纳高达150 MPa以上的高压燃油，材料和高压容积对于共轨压力的控制都是重要参数。流量限制阀的作用是计量从共轨到各喷油器的燃油量的大小。当流量过大时，可以自动切断去喷油器的高压燃油。而压力限制阀的作用是当共轨中的燃油压力过高时，压力限制阀连通共轨到低压的燃油回路，实现安全泄压，保证整个共轨系统中的最高压力不超过极限安全压力。

图3.3.6、图3.3.7、图3.3.8分别给出了流量限制阀、共轨压力传感器以及压力限制阀的结构示意图。

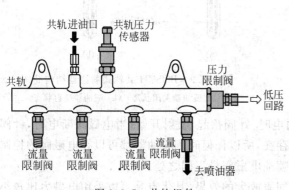

图3.3.5　共轨组件

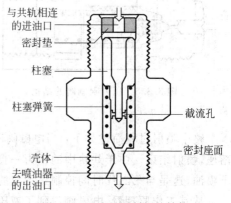

图3.3.6　流量限制阀的结构

4. 喷油器

图 3.3.9 为 BOSCH 共轨式喷油器的结构简图,控制喷射过程的电磁阀安装在喷油器的顶端。当电磁阀断电时,球阀在弹簧力的作用下压紧在电磁阀的阀座上,高压和低压之间的流通通道(高压回路→进油截流孔→柱塞控制腔→溢流截流孔→球阀阀座→低压回路)被隔断,燃油的高压压力直接作用在柱塞顶部,克服喷油器底端针阀承压面上的燃油压力,加上弹簧的预紧力,使得柱塞-针阀向下紧压在喷油器针阀座面上,喷油器不喷射。当电磁阀通电后,电磁力使球阀离开阀座,高压和低压之间的流通通道(高压回路→进油截流孔→柱塞控制腔→溢流截流孔→球阀阀座→低压回路)打开,部分高压燃油经过此通道进入低压回路。由于进油截流孔和溢流截流孔都很小,因此流体的截流作用导致柱塞控制腔的压力小于来自共轨的高压燃油的压力,高压燃油在喷油器针阀承压面上的压力使柱塞和针阀抬起,喷射器就开始喷油。

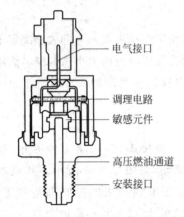

图 3.3.7 共轨压力传感器的结构

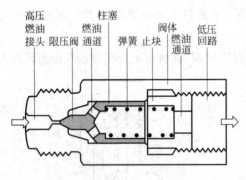

图 3.3.8 压力限制阀的结构

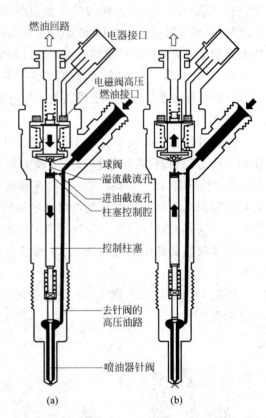

(a)　　　　　　(b)

图 3.3.9 BOSCH 共轨式喷油器结构简图
(a) 喷油器关闭状态;(b) 喷油器喷射状态

整个喷射过程简述如下:当电磁阀通电时,针阀抬起,喷射开始;当电磁阀断电时,针阀落座,喷射结束。由于共轨中的压力一直存在,所以任何时刻喷油器都可以在电磁阀的控制下喷油,这是与第二代时间控制式系统的喷油电磁阀最不同之处。

从其工作原理看,电磁阀起到了液压伺服放大的效果,其优点是可以采用电磁力比较小的电磁阀,通过液压力控制喷油器的开启和关闭,降低电磁阀功率和驱动要求,可以设计出较小的电磁阀满足喷油器安装空间限制的需要。但是控制过程中,从电流产生到电磁力再到阀的运动,再到液压力的变化,才能实现喷油器的打开和关断,中间有液力系统的延迟和响应问题,使得其喷射过程的动态响应时间不容易进一步缩短。

3.3.2　压电晶体喷油器

针对共轨喷油器中线圈式电磁阀的响应速度不够快、驱动功率要求大等缺点,BOSCH,Continental 和 Denso 等企业研制了压电晶体形式的喷油器。压电晶体的喷油器和传统线圈式的喷油器相比,具有体积小、响应快、驱动功耗低、一致性好和控制更加灵活的特点,在多次喷射过程中的小喷射量精确控制方面更加具有优势,因此在近几年中得到规模应用,并开始向汽油机缸内直喷的喷油器上推广。

压电晶体的工作原理如图 3.3.10 所示。当给晶体两端通上电压时(充能),晶体由于充入了电荷,会产生变形,而且变形量(应力)正比于加在其两端的电压。与线圈电磁阀等电感类的负载不同,压电晶体的物理特性更加接近电容特性,如图 3.3.11 所示。充能过程即为给压电晶体加上期望的电压(如 140 V),由于压电晶体的内部结构与电容类似,因此充电电流先大后小,最后压电晶体维持在 140 V 时,电流降为零。释能过程也是先放出电流,对应电压下降,最后直到两端电压为零时,不再有电荷移动,即电流降为零。

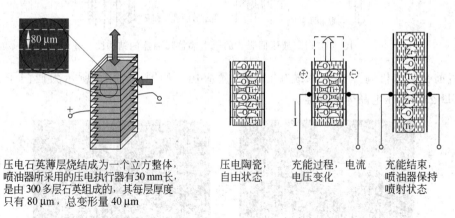

压电石英薄层烧结成为一个立方整体,喷油器所采用的压电执行器有30 mm长,是由300多层石英组成的,其每层厚度只有 80 μm,总变形量 40 μm

图 3.3.10　压电晶体的工作原理

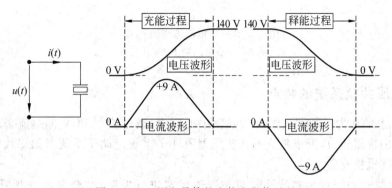

图 3.3.11　压电晶体的充能和释能过程

晶体由于压电效应会产生纵向的变形和应力,该变形和应力可以用来驱动喷射控制阀的打开和关断,如图 3.3.12 所示。由于每层的石英晶体都很薄,因此为了产生足够大的累积变形量,需要采用多层叠片的方式串联组合起来,使之能够满足打开和关断喷射过程对应的位移量。

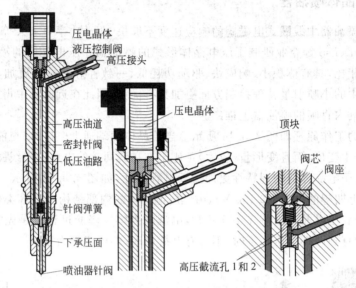

图 3.3.12　液压伺服式的压电晶体喷油器的结构图

目前在柴油机高压共轨系统中已经大量应用。如图 3.3.13 所示为西门子公司和 BOSCH 公司的压电晶体喷油器。

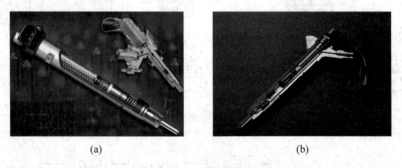

(a)　　　　　　　　　　　　　　(b)

图 3.3.13　压电晶体喷油器照片

(a) 西门子公司;(b) BOSCH 公司

3.3.3　高压共轨系统的特点

① 共轨上的压力传感器实时反馈共轨中的压力,通过控制 PCV 的电流来调整进入共轨的燃油量和轨道压力,形成独立的共轨压力闭环子系统。此子系统对第二代时间控制式来说完全是共轨特有的系统。

② 喷油器电磁阀直接对喷油定时和喷油脉宽进行控制,结合灵活的预喷射、主喷射和后喷射以及共轨压力控制,实现对喷射速率、喷射定时和喷射压力以及喷油量的综合控制。和第二代时间控制式系统相比,喷油器和电磁阀的一体化设计,要求电磁阀尺寸

小、响应快。

③ 高压泵的体积较小,而且一般采用齿轮驱动的方式,共轨中的蓄压就是喷油器的喷射压力,最高压力可达 150 MPa,因此叫高压共轨。

④ 共轨沿发动机纵向布置,高压泵、共轨和喷油器各自的位置相互独立,便于在发动机安装和布置。对现有发动机生产进行改造时,安装共轨系统对缸体和缸盖的改动小。

⑤ 从技术总体实现难度上看,共轨系统组成较复杂,机械、液力和电子、电磁阀耦合程度高,加工制造、控制匹配要求的水平高,与第二代时间控制式相比,具有更好性能的同时,开发难度也更大。

⑥ 高压共轨系统一方面在大量应用的同时,还在向更高的水平发展。例如,进一步降低高压泵的功耗、提高高压泵的高压能力,采用压电晶体式的喷油器,取消传统的线圈电磁阀作为执行器,降低 ECU 的驱动功耗等。目前,共轨系统已经发展到第三代,最高喷射系统压力可以达到 200 MPa,可以一个缸连续 5 次喷射。

3.4 柴油机空气系统和排放后处理系统的电子控制

随着排放法规的加严,要求柴油机的微粒和 NO_x 排放同时大幅度降低,这就要求柴油机也像汽油机一样要对空燃比进行控制。因此在柴油机上开始采用电子控制的空气系统。典型的空气系统电子控制的措施包括可变截面涡轮的增压压力控制系统、排气再循环控制系统、排放后处理系统。

3.4.1 增压压力控制系统

柴油机在采用排气涡轮增压之后,与自然吸气的柴油机相比,动力性、经济性和排放性能都有较大提高。但是,普通的增压器特性往往不能够兼顾柴油机的高速工况和低速工况。在柴油机的低速工况,由于循环频率低,废气流量和能量相对较小,很难将涡轮和增压器的转速提高到期望的水平,即最终的增压压力(或者增压比)难以提高;而在高速工况,由于废气流量和能量都较高,使涡轮和压气机的转速可能超过期望的增压压力,导致涡轮速度过高,可靠性和寿命下降。例如,一般固定截面的涡轮增压器都带有废气放气阀,目的是为了在高速工况避免增压器转速过高,旁通部分废气使之不对涡轮做功。为了兼顾高速和低速工况,可变截面的涡轮增压器(variable nozzle turbocharger,VNT;或 variable geometry turbocharger,VGT)得到了应用。

典型的可变截面涡轮如图 3.4.1 所示,发动机燃烧产生的废气经涡轮入口(环形入口),在导向叶片的作用下,经过喷嘴环截面冲击涡轮叶片,对其做功后从涡轮的废气出口流出。压气机轴和涡轮轴是一体的,因此在增压器的另一侧,压气机利用涡轮传递来的功压缩空气,实现废气涡轮增压的过程。与固定截面涡轮不同的地方在于,喷嘴环截面有圆周均布的导向叶片,导向叶片一方面能够调整喷嘴环的等效流通截面,另一方面能够调整废气冲击涡轮叶片的角度,这两个因素也就调整了废气对涡轮做功的大小,即不同喷嘴环截面、不同叶片角度将不同的废气能量转换为对涡轮做功的效率,从而实现对增压压力的控制。VNT的控制方式既可以像图 3.4.2 那样利用杠杆机构,由真空膜片阀来控制 VNT 导向叶片的位置角度,也可以由电机等执行器来控制 VNT 导向叶片的位置角度。

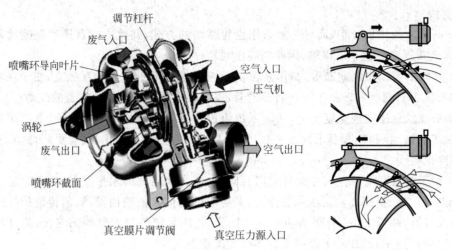

图 3.4.1　喷嘴环可变截面涡轮的基本结构

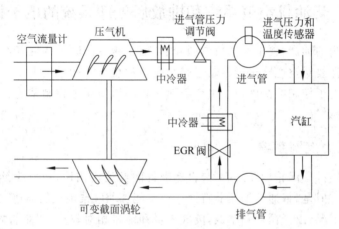

图 3.4.2　VNT 和 EGR 联合控制时的柴油机空气系统结构示意图

和传统的增压器相比,VNT 的优点如下:

① 在兼顾高速动力性、经济性和排放性能的同时,能够大幅度提高低速大转矩区的空气量,从而提高柴油机的低速转矩储备,同时降低低速工况的排烟。

② 加快和优化空气的动态过程,降低加速过程的排烟。从前述的燃油系统的电子控制可知,采用电磁阀控制的燃油喷射系统,可以在一个循环内将柴油机的喷油量从很小变到很大,即柴油机的燃油瞬态响应是很快的。而空气系统的瞬态响应时间相对较长,这是因为涡轮-压气机的转速较高(可达 10 万 r/min),改变涡轮和压气机的速度相对较慢,也就是改变增压压力的速度相对慢,一般的响应时间在秒级以上,相对燃油系统中一个发动机循环的响应速度要慢得多。采用 VNT 可以加快空气动态过程,使空气系统的过渡过程和燃油系统的过渡过程较好匹配,从而避免柴油机加速冒烟的问题。

③ 结合排气再循环(EGR),实现空燃比闭环。[24] 增压压力的控制可以灵活实现后,再结合 EGR,使柴油机的空气和燃油的配合过程更加精确,从而为同时降低柴油机的 NO_x 和微粒排放提供可能。

3.4.2 排气再循环控制系统

为了控制柴油机在部分负荷下的 NO_x 排放,采用排气再循环(exhaust gas recyclation, EGR)可降低进入汽缸的新鲜空气量的相对比例,从而抑制 NO_x 的生成。图 3.4.2 为 VNT 和 EGR 联合控制时的柴油机空气系统结构示意图。可见 EGR 阀直接连通排气管和进气管,能够直接调节进入汽缸的废气比例。在增压控制系统中,增压后空气一般带有中冷器来降低进入汽缸的空气温度,EGR 也有类似的中冷器。可以根据是否带有中冷器将 EGR 分为冷 EGR 和热 EGR,其中又根据冷却方式的不同分为水冷 EGR 和空气冷却的 EGR。进气管压力调节阀有系统可以不装,其作用是可以快速控制进入汽缸总的空气量和废气比例,与汽油机节气门的功能有相似之处。

柴油机对空气系统检测和控制的基本思路如下:

① 电子控制单元通过空气流量计来实时检测进入发动机的新鲜空气量,该空气流量传感器的位置在增压器之前,滤清器之后。

② 电子控制单元通过控制 VNT 实现增压压力的控制,通过控制 EGR 阀控制 EGR 回路流通截面的大小,增压压力可以通过进气压力传感器实时反馈。

③ 利用进气温度和压力传感器及速度密度法来估计进入汽缸的总空气流量,总空气量与流量计测量的新鲜空气量之差就是 EGR 的流量,可见当同时采用 VNT 和 EGR 时,空气流量传感器和速度密度法测量空气流量被同时采用。

④ 电子控制单元根据进入汽缸的总空气量和 EGR 的流量,计算出新鲜空气和废气的比例。于是电子控制单元就能够实现 EGR 的闭环控制,为空气系统和燃油系统的综合匹配奠定基础。

与 VNT 执行器一样,EGR 阀直接与发动机的高温排气接触,因此在材料和工艺上与一般的执行器有所不同。图 3.4.3 给出了不同结构和形式的 EGR 阀,这些阀在控制方式、动态响应等方面各不相同,在匹配 EGR 控制系统时,执行器本身的动态响应也要综合考虑。图 3.4.4 为 TDI 轿车柴油机的增压压力控制系统和排气再循环控制系统[24],从这两个图中可以清楚地看出,增压压力控制和排气再循环控制是密切相关的。

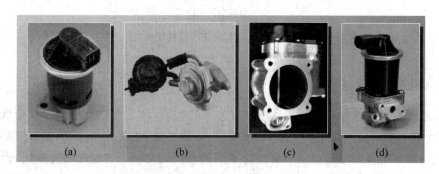

图 3.4.3　各种不同结构的 EGR 阀
(a) 线性电机形式的 EGR 阀;(b) 真空泵形式的 EGR 阀;
(c) 旋转电机形式的 EGR 阀;(d) 小流量 EGR 阀

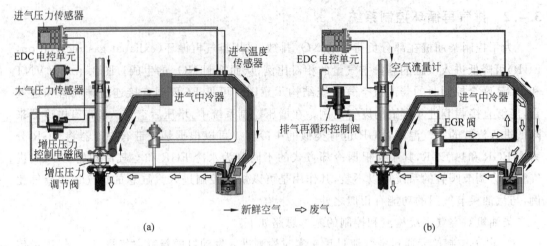

图 3.4.4　TDI 轿车柴油机的电子控制空气系统

(a) TDI 的增压压力控制；(b) TDI 的排气再循环控制

如图 3.4.5 所示为装有高压共轨、电子节气门、EGR 中冷器和 EGR 阀的大众轿车柴油机。

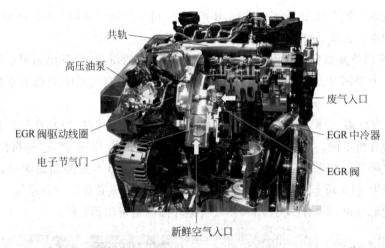

图 3.4.5　大众轿车柴油机

3.4.3　排放后处理系统

为了进一步降低柴油机的有害排放物对大气的污染，除了在燃烧环节尽量降低有害排放物的生成以外，还可以采取排放后处理措施。柴油机较完善的后处理系统如图 3.4.6 所示。目前，后处理也是柴油机的主要热点问题之一[25]。与汽油机不同，由于柴油机的空燃比较大，因此无法利用汽油机的三元催化器对排放物进行有效处理。

柴油机排放后处理系统的基本组成和功能如下。

1. 氧化催化器

氧化催化器(DOC)的作用是将没有完全燃烧的 HC，CO 和部分微粒氧化，生成 CO_2 和

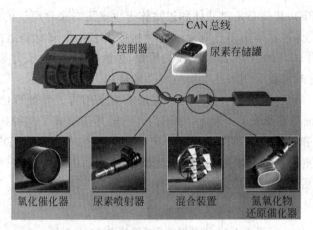

图 3.4.6 典型的柴油机排放后处理系统

H_2O。柴油机的氧化催化器如图 3.4.7 所示。多孔的蜂窝状结构使 HC 和 CO 与 O_2 的接触面积很大,保证氧化效率。在正常工作时,HC 和 CO 氧化过程的放热能够使催化器处于正常的工作温度范围。在冷起动时,控制装置可以采用电加热的办法使催化器快速达到正常的工作温度。

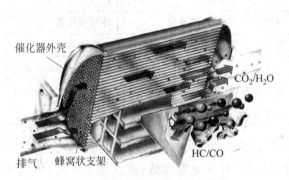

图 3.4.7 氧化催化器的基本结构

2. NO_x 的还原催化器

由于柴油机的空燃比较大,因此 NO_x 的还原是其后处理的难点之一。目前,相对比较成熟的方法是尿素辅助还原法。在图 3.4.7 中,$SINO_x$ 还原催化装置的有效工作需要在排气管中喷入一定量的尿素来辅助 NO_x 的还原。因此,设计了专门喷射尿素的带电磁阀的喷油器、尿素存储罐以及帮助尿素和排气混合的混合装置。由于尿素的喷射量与排放的空燃比有关,因此在 $SINO_x$ 前后需要加装反馈空燃比的氧传感器。而且,氧传感器功能检测空燃比的带宽要比汽油机上使用的带宽宽得多。

3. 微粒捕捉器

与汽油机相比,柴油机的有害排放物中微粒是主要成分之一。图 3.4.8 为蜂窝结构的微粒捕捉器(deposit

图 3.4.8 蜂窝结构的 DPF

particular filter,DPF),其核心是过滤体和过滤体再生装置。来自废气的微粒被吸附在过滤体蜂窝结构的网格上,过滤体由多孔陶瓷过滤材料或者多孔金属材料组成。在刚开始工作时,过滤体可以吸附90%的微粒,随着微粒的堆积,过滤体前、后的压力差越来越显著,发动机排气阻力加大,这时需要采用加热等措施将微粒烧掉。

一般来说,为了满足国Ⅳ以上的排放法规,都需要采用排放后处理措施,但并不是上述3种排放后处理系统都需要安装。目前,在国内外已经逐步形成了两种排放后处理的模式。一种是针对轻型车和轿车的柴油机排放后处理,采用的是加装 EGR+DPF 的措施,通过高压共轨电控燃油喷射系统的后喷射技术,实现 DPF 的主动再生;另外一种是针对中重型商用车的柴油机排放后处理,采用的是加装 SCR(尿素还原 NO_x)的措施。这两种后处理的解决方案对比见表 3.4.1。

表 3.4.1 两种排放后处理技术路线的对比

后处理方案	EGR+DPF	SCR
油耗(欧Ⅲ到欧Ⅳ)	后喷射增加油耗,大约增加7%	由于喷油提前角可以提前,因此油耗降低,大约降低6%
燃油	要求含硫量低于 50 ppm	对硫不敏感
机械强度	缸压大幅度增加	缸压变化不大
冷却系统	EGR 冷却功率大幅增加	冷却系统改动不大
燃油喷射系统	需要多次喷射(共轨)	不需要多次喷射
成本	有所增加	增加了 Adblue(添蓝)系统,成本提高较大
体积	体积略有增加	体积增加较大
适用车型	轿车及轻型商用车	中重型商用车

从上述对比可以看出,SCR 的后处理方案在整机改造、经济性和油品的适应能力等方面相对较好,对电控燃油喷射系统要求低;缺点是成本高、体积增加较大,需要增加一套新的添蓝(Adblue)系统,这种方案比较适合对燃油经济性敏感的中、重型商用车[26],而且在商用车上的空间更加容易布置。而 EGR+DPF 的后处理方案的优点是体积增加不大,成本增加不多,适于对成本比较敏感,而且本来就需要采用 VNT+EGR 和高压共轨系统的轿车柴油机。图 3.4.9 和图 3.4.10 是典型的轿车柴油机和商用车柴油机的电子控制系统结构框图。

3.4.4 柴油机空气系统电子控制的特点

与燃油喷射控制系统相比,柴油机空气系统的结构较复杂。为满足欧Ⅲ标准排放或更严的法规,对燃油喷射、VNT 和 EGR 以及后处理装置将采取电子控制。电子控制技术对于柴油机的油气综合控制以及排放性能起着重要作用,其基本特点可以总结如下:

① 增压压力控制。通过进气压力传感器反馈增压压力,通过 VNT 来实现增压压力的闭环控制。

② 排气再循环控制。通过空气流量计和进气压力传感器计算出排气再循环率,通过 EGR 阀实现排气再循环闭环控制。

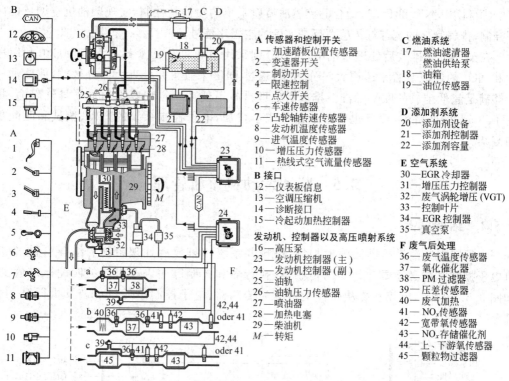

A 传感器和控制开关
1—加速踏板位置传感器
2—变速器开关
3—制动开关
4—限速控制
5—点火开关
6—车速传感器
7—凸轮轴转速传感器
8—发动机温度传感器
9—进气温度传感器
10—增压压力传感器
11—热线式空气流量传感器

B 接口
12—仪表板信息
13—空调压缩机
14—诊断接口
15—冷起动加热控制器

发动机、控制器以及高压喷射系统
16—高压泵
23—发动机控制器（主）
24—发动机控制器（副）
25—油轨
26—油轨压力传感器
27—喷油器
28—加热电塞
29—柴油机
M—转矩

C 燃油系统
17—燃油滤清器
    燃油供给泵
18—油箱
19—油位传感器

D 添加剂系统
20—添加剂设备
21—添加剂控制器
22—添加剂容量

E 空气系统
30—EGR 冷却器
31—增压压力控制器
32—废气涡轮增压（VGT）
33—控制叶片
34—EGR 控制器
35—真空泵

F 废气后处理
36—废气温度传感器
37—氧化催化器
38—PM 过滤器
39—压差传感器
40—废气加热
41—NOx 传感器
42—宽带氧传感器
43—NOx 存储催化剂
44—上、下游氧传感器
45—颗粒物过滤器

图 3.4.9　轿车柴油机电子控制系统结构框图

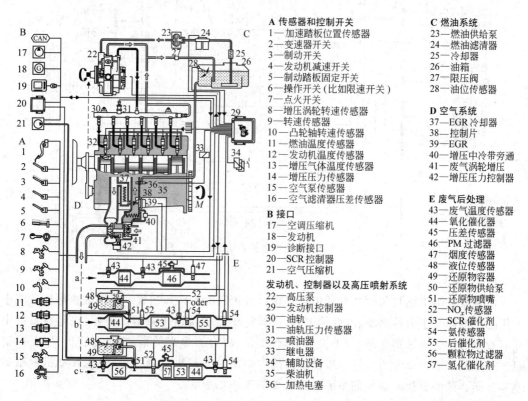

A 传感器和控制开关
1—加速踏板位置传感器
2—变速器开关
3—制动开关
4—发动机减速开关
5—制动踏板固定开关
6—操作开关（比如限速开关）
7—点火开关
8—增压涡轮转速传感器
9—转速传感器
10—凸轮轴转速传感器
11—燃油温度传感器
12—发动机温度传感器
13—增压气体温度传感器
14—增压压力传感器
15—空气泵传感器
16—空气滤清器压差传感器

B 接口
17—空调压缩机
18—发动机
19—诊断接口
20—SCR 控制器
21—空气压缩机

发动机、控制器以及高压喷射系统
22—高压泵
29—发动机控制器
30—油轨
31—油轨压力传感器
32—喷油器
33—继电器
34—辅助设备
35—柴油机
36—加热电塞

C 燃油系统
23—燃油供给泵
24—燃油滤清器
25—冷却器
26—油箱
27—限压阀
28—油位传感器

D 空气系统
37—EGR 冷却器
38—控制片
39—EGR
40—增压中冷带旁通
41—废气涡轮增压
42—增压压力控制器

E 废气后处理
43—废气温度传感器
44—氧化催化器
45—压差传感器
46—PM 过滤器
47—烟度传感器
48—液位传感器
49—还原物容器
50—还原物供给泵
51—还原物喷嘴
52—NOx 传感器
53—SCR 催化剂
54—氨传感器
55—后催化剂
56—颗粒物过滤器
57—氢化催化剂

图 3.4.10　商用车电子控制系统结构框图

③ 利用 VNT 和 EGR,结合电控燃油喷射系统的喷油量控制,实现柴油机空燃比的闭环控制,排气管上的宽带氧传感器反馈实际的空燃比信号。

在柴油机的排放后处理系统中,可以分别采用氧化催化器来氧化 HC 和 CO,利用尿素和 NO_x 的还原装置来还原大部分 NO_x,通过 DPF 来收集并处理大部分微粒,使柴油机能够满足超低排放的欧 V 标准。排放后处理措施不仅在一定程度上增加了排气阻力,损失了约 5% 的经济性,而且也使柴油机的成本增加,电子控制系统的开发、调试和匹配更加复杂。

3.5 柴油发动机整机管理

3.5.1 结构框图

为了实现柴油机的燃油喷射控制、进排气系统和排放后处理系统的综合控制,发动机电子控制系统必须要有完整的传感器、执行器和控制算法以及对应的匹配标定数据。如图 3.5.1 所示,电控系统从硬件上可分为传感器、电子控制单元(ECU)及执行器 3 个部分。

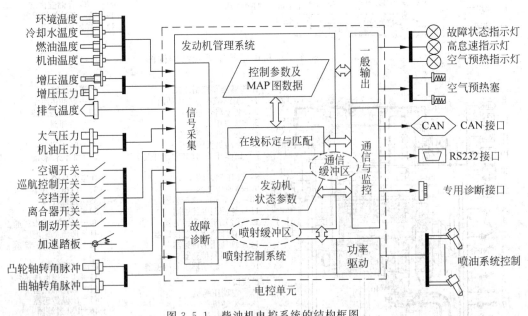

图 3.5.1　柴油机电控系统的结构框图

1. 传感器

传感器是用于感知和检测发动机及车辆运行状态的元件和装置。在柴油机电控系统中常用的传感器有压力传感器、温度传感器、位置传感器和转速传感器。另外,在电控系统中还有专门的开关量采集电路,用于检测空调、挡位、离合器等开关量的状态信息。所有的信息最后都经过电控单元的信号采集模块处理后提供给发动机管理系统,作为发动机控制的基本依据。柴油机控制系统的主要传感器如图 3.5.2 所示。

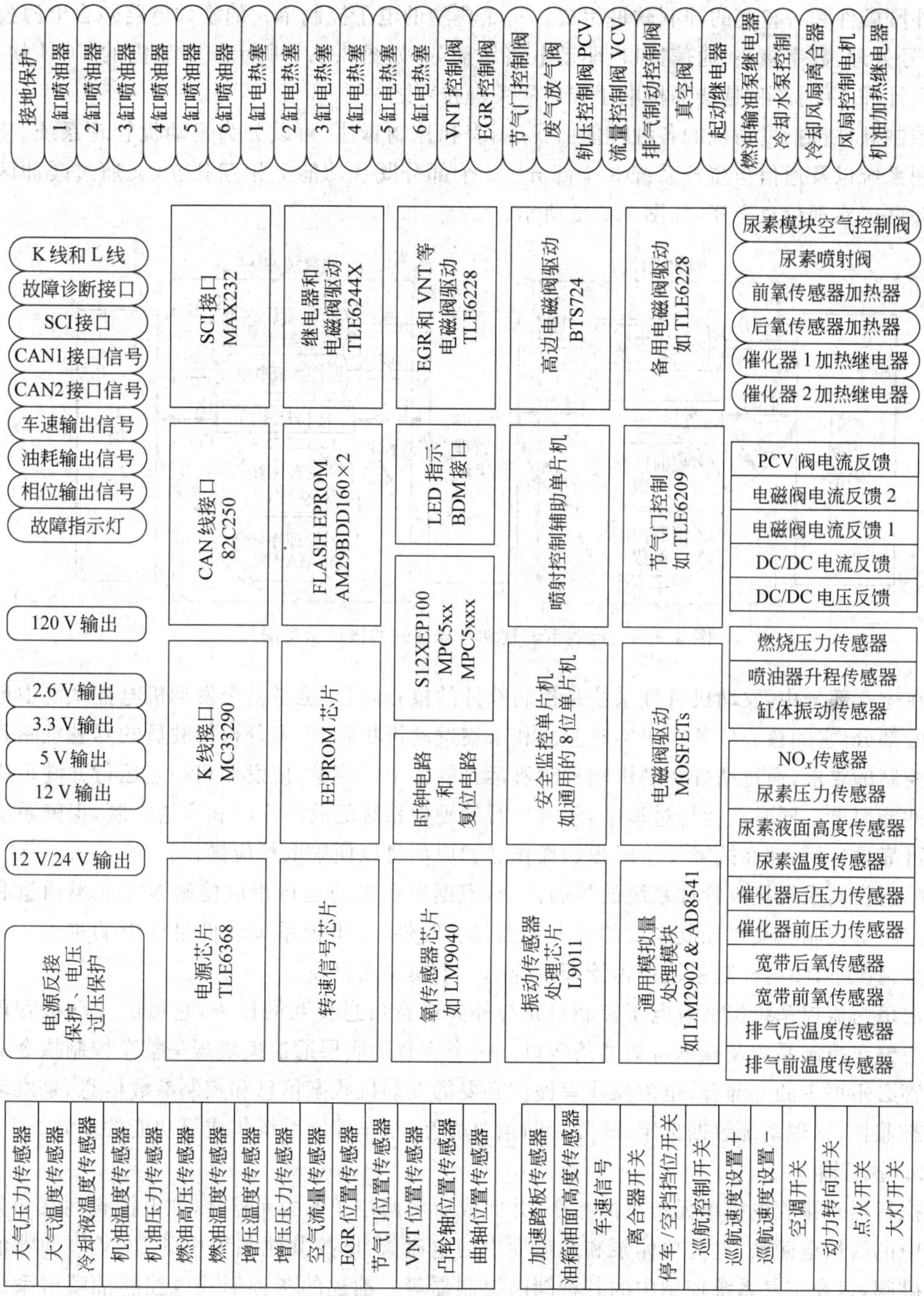

图 3.5.2 柴油机 ECU 的硬件框架

输出（执行器）：
接地保护｜1缸喷油器｜2缸喷油器｜3缸喷油器｜4缸喷油器｜5缸喷油器｜6缸喷油器｜1缸电热塞｜2缸电热塞｜3缸电热塞｜4缸电热塞｜5缸电热塞｜6缸电热塞｜VNT控制阀｜EGR控制阀｜节气门控制阀｜废气放气阀｜轨压控制阀PCV｜流量控制阀VCV｜排气制动控制阀｜真空阀｜起动继电器｜燃油输油泵继电器｜冷却水泵控制｜冷却风扇离合器｜风扇控制电机｜机油加热继电器

左侧接口/电源：
K线和L线｜故障诊断接口｜SCI接口｜CAN1接口信号｜CAN2接口信号｜车速输出信号｜油耗输出信号｜相位输出信号｜故障指示灯

120 V输出
2.6 V输出｜3.3 V输出｜5 V输出｜12 V输出
12 V/24 V输出
电源反接保护、电压过压保护

中央芯片模块：

SCI接口 MAX232	继电器和电磁阀驱动 TLE6244X	EGR和VNT等电磁阀驱动 TLE6228	高边电磁阀驱动 BTS724	备用电磁阀驱动 如TLE6228
CAN线接口 82C250	FLASH EPROM AM29BDD160×2	LED指示 BDM接口	喷射控制辅助单片机	节气门控制 如TLE6209
K线接口 MC33290	EEPROM芯片	S12XEP100 MPC5xx MPC5xxx	安全监控单片机 如通用的8位单片机	电磁阀驱动 MOSFETs
		时钟电路和复位电路		
电源芯片 TLE6368	转速信号芯片	氧传感器芯片 如LM9040	振动传感器处理芯片 L9011	通用模拟量处理模块 如LM2902 & AD8541

右侧输出/反馈/传感器：
尿素模块空气控制阀｜尿素喷射阀｜前氧传感器加热器｜后氧传感器加热器｜催化器1加热继电器｜催化器2加热继电器

PCV阀电流反馈｜电磁阀电流反馈2｜电磁阀电流反馈1｜DC/DC电流反馈｜DC/DC电压反馈

燃烧压力传感器｜喷油器升程传感器｜缸体振动传感器

NO_x传感器｜尿素压力传感器｜尿素液面高度传感器｜尿素温度传感器｜催化器后压力传感器｜催化器前压力传感器｜宽带后氧传感器｜宽带前氧传感器｜排气后温度传感器｜排气前温度传感器

底部输入（传感器/开关）：
大气压力传感器｜大气温度传感器｜冷却液温度传感器｜机油温度传感器｜机油压力传感器｜燃油高压传感器｜燃油温度传感器｜增压温度传感器｜增压压力传感器｜空气流量传感器｜EGR位置传感器｜节气门位置传感器｜VNT位置传感器｜凸轮轴位置传感器｜曲轴位置传感器

加速踏板传感器｜油箱油面高度传感器｜离合器开关｜车速信号｜停车/空挡档位开关｜巡航控制开关｜巡航速度设置＋｜巡航速度设置－｜空调开关｜动力转向开关｜点火开关｜大灯开关

2. 电子控制单元

电子控制单元的作用是接收和处理传感器的所有信息,按照控制软件进行运算,并驱动执行器以控制发动机达到所需的性能指标。它是发动机电控系统的核心部件,由微处理器及其外围硬件和一整套的控制软件组成。一个典型的电子控制单元的硬件电路包含电源模块、信号处理、数字核心、通信接口、驱动电路等部分,如图3.5.2所示。柴油机的ECU软、硬件设计和匹配标定,是柴油机电子控制的关键技术之一。

控制软件包括发动机的各种性能曲线、图表和控制算法,可以分为发动机管理系统、喷射控制系统以及通信与监控系统3个部分。3个部分既从功能上相互独立,又通过缓冲区紧密关联以实现信息交互,如图3.5.3所示。

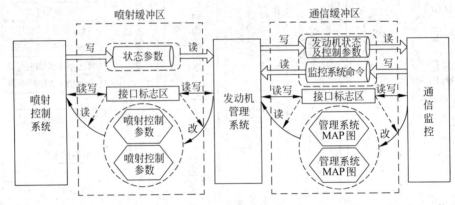

图 3.5.3　控制系统软件各部分间的接口示意图

在这3部分中,发动机管理系统是控制软件的核心内容,也是整个发动机电控系统中最关键的部分,它的核心任务在于实时监测和采集发动机状态,正确分析驾驶员的驾驶意图和整车控制的要求,通过精确控制影响发动机运行的各个可控量,使发动机稳定运行并满足所需的性能要求。同时在运行过程中,随时进行软硬件系统的故障诊断和容错控制,保障系统安全可靠地运行,并在故障发生时提示操作者相应信息以便采取相应操作。

喷射控制系统接收管理系统的控制指令,根据发动机的运行相位精确地完成燃油量和喷油定时等控制。喷射控制系统的最大特点是实时性,是电控系统软件设计中的难点。在大多数情况下,喷射控制系统作为管理系统的一个模块而存在。

通信与监控系统担负着电子控制单元与外界进行信息交互的任务,它提供发动机管理系统与整车控制系统及操纵者的通信接口。一个完整的底层通信模块既是整车控制指令交互应答必不可少的一部分,也为操作者提供必要的发动机状态信息和控制参数信息,是发动机状态监控、管理系统数据标定、故障诊断信息交互、整车控制系统集成等功能的基础。

3. 执行器

执行器是接收电控单元传来的指令,并完成所需调控任务的元器件,如电控直列泵和分配泵中的线性电磁铁,电控单体泵和泵喷嘴中的电磁阀,电控共轨系统中的PCV阀和喷油器电磁阀,以及空气系统控制中的各种阀门控制器等。前述的各种形式电控燃油喷射系统和空气系统中,执行器都是关键核心之一。可以说,执行器的水平决定了最终柴油机能够达到的性能。相应执行器可以参考图3.5.2。

3.5.2　发动机管理系统的基本框架

发动机管理系统是整机控制系统实现控制功能的核心。由于发动机是一个既包含连续运动形式(空气系统动态过程、曲轴动力学过程)又包含离散事件触发式运动形式(点火、喷油过程)的混合机械,使得对发动机的控制既有连续的实时性要求不高的时间域控制,又有离散的事件驱动的强实时性的控制。这对控制系统的分析和设计提出了很大的挑战。

在发动机控制系统的最顶层,控制功能从逻辑上可以划分为3个模块:操纵意图、转矩控制、底层驱动,如图3.5.4所示。每一个模块代表了一些特定功能的集合,3个模块之间有非常紧密的逻辑关系,同时又具备相当的独立性。

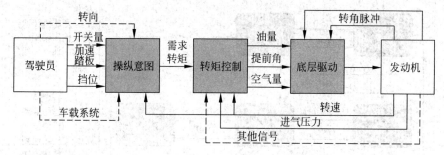

图 3.5.4　发动机管理系统的 3 个主要逻辑模块

1. 操纵意图模块

操纵意图模块是发动机管理系统与驾驶员及整车控制单元的接口。其主要功能在于正确理解驾驶员的操纵意图,将其解释为需求转矩的形式提供给后面的转矩控制模块。在行车过程中,驾驶员会根据路面状况经常对车辆进行调整。此时,需要根据所有可以参考的信息,如加速踏板、挡位、转向位置、附件状态、开关量状态(如巡航开关)、点火开关位置等以及发动机状态参数(如转速),来准确理解驾驶员的要求,并进一步转换为对发动机的转矩需求。

在操纵意图模块的设计中,常常根据发动机及车辆的各种信息进行综合判断,将转矩需求分成几种有代表性的状态,不同的状态中转矩需求的趋势也不一样。如图3.5.5所示,可以将发动机状态划分为停机、起动、怠速、过渡、调速、超速等状态。

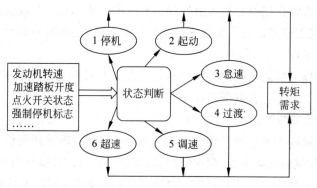

图 3.5.5　发动机运行状态划分

需要指出的是,发动机状态的划分往往不是唯一的,图 3.5.5 所示的是一个最基本的划分形式。随着对整机和整车性能要求的提高,发动机运行状态的划分往往还需要考虑动力传动系统的各个状态量(如离合器、制动、挡位等),以达到综合性能的最优。此时状态分析更为细致全面,如图 3.5.6 所示。

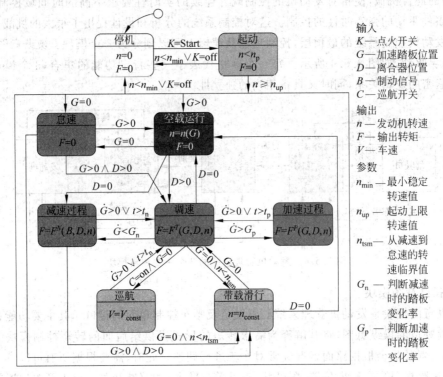

图 3.5.6　更详细的发动机运行状态划分

2. 转矩控制模块

转矩控制模块的作用是根据操纵意图模块提出的转矩需求,确定发动机达到该转矩所必需的喷油量、喷油提前角、点火提前角(对汽油机)、空气量等。转矩控制模块是集中体现系统控制策略的地方。为了能比较精确地控制发动机的输出转矩,需要对发动机的喷油系统和空气系统的动态特性以及它们当前的状态有全面了解,为此,获取发动机的状态参数如转速、进气压力等就很重要。为了实现更复杂的控制策略,还需要采集发动机水温、油温、进气温等参数作为参考输入。

面向不同类型燃油喷射系统的转矩控制策略在软件复杂程度上会有很大差异,但一个完整的转矩控制模块至少包含以下基本功能。

(1)目标喷油量和喷油定时控制

这是电控系统最基本的功能。转矩控制模块中可以灵活设计任何模式(全程、两极或其他)的调速曲线以及包括起动加浓、烟度限制、转矩修正在内的外特性曲线,还可以在巡航状态下根据转速反馈实现恒转速控制模式。对喷油定时的控制,则根据排放、油耗、功率和其他性能如噪声及冷起动的要求,实现全工况的优化匹配。

（2）喷油量和喷油定时的平衡和补偿控制

根据环境状态及发动机运行参数的变化，如大气压力、大气温度、冷却水温、机油温度等的变化，对目标油量和定时进行补偿控制，使发动机能适应各种运行条件下的性能需求。

在发动机使用寿命中，由于零部件磨损及老化，以及喷油器积炭等因素的影响，会使各缸喷油逐渐产生差异。管理系统会时刻监测和评估发动机各缸工作的不均匀性，对各缸油量重新进行平衡和修正，以保证发动机工作的平稳，并在各缸差异过大时提醒操作者检修。

（3）冷起动、暖机及怠速稳定性控制

冷起动性能是发动机的关键性能之一。管理系统会根据冷却水温对冷起动的油量和正时进行调整，以保证低温下能顺利起动。在水温较低时会自动提高怠速转速，以加快暖机过程。

怠速控制属于恒转速控制过程。怠速转速的反常波动主要是各缸供油和燃烧不均匀引起的。因此对怠速的控制还包括了对各缸不均匀性的估计和修正。此外，发动机从怠速起步以及回到怠速的过程也是怠速控制的重要内容，在怠速起步以及回到怠速时均需要合理控制加减油速率，以防止发动机失速。

（4）过渡性能与烟度控制

通过过渡过程中对油量和喷油定时的综合补偿来满足最佳过渡性能和降低烟度的要求。如增压柴油机开始加速时加大供油提前角，可获得加大加速转矩和减少冒烟的双重效果。

（5）喷油规律与喷油压力的控制

对于共轨系统，可以通过对喷油器电磁阀的控制实现灵活的喷油规律，如矩形喷射、楔型喷射、预喷射、后喷射等。通过油泵上的压力控制阀来实现对轨道压力的控制。

（6）空气系统（如 VNT，EGR）的控制

对装备有 VNT 和 EGR 的柴油机，在管理系统中还包含对 VNT 叶片和 EGR 阀门的控制。VNT 主要用于改善发动机的低速性能，在发动机低速起步时通过减小涡轮叶片开度来增大压气机转速和增大增压压力，以提供尽可能多的空气使发动机能迅速加速；在高速大负荷时则增大叶片开度，以减小压力机转速，防止增压器超速。EGR 主要用于降低 NO_x 排放，在中、低负荷时适当增大 EGR 阀门开度引入废气，稀释进气中的氧气浓度并降低燃烧反应的温度，可以有效抑制 NO_x 的形成；在大负荷时则要减小 EGR 阀门的开度，以防止烟度增加。

3. 底层驱动模块

底层驱动模块从转矩控制模块获取控制信号，将其转换为实际的驱动信号，并和喷射控制系统接口以驱动实际的执行器。在该模块中需要考虑以下几个方面：

① 控制信号与驱动信号间的对应关系；

② 控制信号与发动机转角信号（凸轮轴、曲轴信号）的同步；

③ 实际执行器的特性。

从转矩控制模块传递过来的控制参数经过驱动参数调整后转换为合适的数据结构，经转角信号同步后，将实际的控制信号传递给喷射控制系统驱动实际的执行器。

3.6 柴油发动机混合动力

随着石油的短缺和二氧化碳减排的加严,近年来各大汽车公司普遍开展了基于汽油机和柴油机的混合动力系统的研制。典型的混合动力系统有基于电控柴油机的 ISG 轻度混合动力系统[27, 28]、基于电控柴油机 APU 的串联式混合动力系统和基于电控柴油机的并联式混合动力系统,下面分别介绍其特点。

3.6.1 柴油 ISG 发动机

在电控柴油机上加装一体化起动电机-发动机装置(integrated startor generator,ISG),构成图 3.6.1 所示的柴油机轻度混合动力系统。在高压共轨柴油机的基础上,集成永磁电机 ISG,加上蓄电池或者超级电容组成的混合动力系统,可以改善整车的经济性和动力性。加装 ISG 前、后的发动机输出转矩对比如图 3.6.2 所示。通过加装此 ISG 电机,对于原有柴油发动机降低有害污染物排放、提高综合燃油经济性和提高驾驶性均能起到明显的改进作用,目前国际上已经研制并批量生产了多款电控柴油机 ISG 混合动力轿车。

图 3.6.1 ISG 柴油机

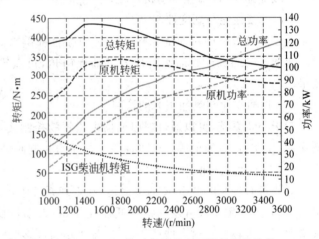

图 3.6.2 ISG 柴油机性能和原机性能的比较

3.6.2 双模式柴油机混合动力

图 3.6.3 使用了双模式构型的混合动力大客车(GM-Allison)

通用-阿里逊(GM-Allison)传动系统公司为大客车开发了双模式的混合动力系统。其中,EP40/50 系统[29](见图 3.6.3)应用于城市公交客车服务。车长 40 ft,系统驱动转矩 209 kW,转矩 1235 N·m,其系统布置如图 3.6.4 所示。与传统柴油动力大客车相比,系统燃油经济性改善 60%,降低微粒物排放 90%,NO_x 排放降低达 50%,同时提升加速能力达 50%。该车型已经在美国的华盛顿等城市应用,累计生产超过上千辆。如图 3.6.4 所示,它利用自动变速器中的两个行星齿轮组与电机的不同耦合连接,同时实现了输入分配(input split)和混合分配(compound split)两种工作模式。其中,输入分配模式用于车辆起步、低速行驶等低速、低负荷工况;混合分配模式用于车辆高速路巡航和拖动货物等高速、大负荷工况。图 3.6.5 所示为 GM-Allison 混合动力大客车系统布置图。

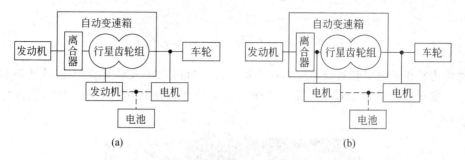

图 3.6.4　双模式混合动力工作模式示意图(GM-Allison)

(a) 输入分配模式;(b) 混合分配模式

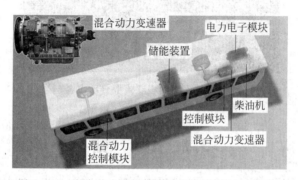

图 3.6.5　混合动力大客车系统布置图(GM-Allison)

3.6.3　串联式柴油机混合动力

美国 Orion 客车工业和英国宇航公司(BAE)系统团队研制了基于电控柴油机的串联式混合动力系统[30],如图 3.6.6 所示。目前 Orion Ⅶ型混合动力客车已经成为世界领域的领导品牌,仅在纽约市中就有 500 辆运行,在多伦多、旧金山和纽约市等地的订单也超过了 700 辆。截至 2005 年底,其在纽约市中的运行里程已超过 100 万 mile。串联式混合动力系统结构如图 3.6.7 所示。柴油机和发电机直接相连,以相同的转速工作。发电机输出的电能一方面可以直接给驱动电机提供电能;另一方面可以给电池充电。或者发电机和电池共同提供功率和驱动电机。电池可以接收驱动电机制动能量回馈,提高经济性。

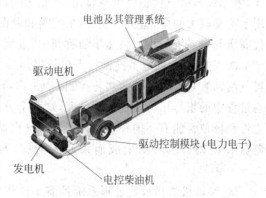

图 3.6.6　串联式混合动力系统(BAE)

在国内,由湖南南车时代电动车有限公司研制的串联式混合动力控制系统构型如图 3.6.8 所示。[31]系统中使用了由二极管组成的

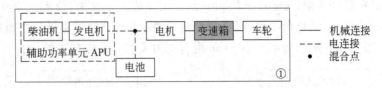

图 3.6.7 串联式混合动力系统的结构和工作原理

整流桥作为三相发电机和直流总线间的变流装置,与可控 AC/DC 装置相比,大大降低了系统成本。实际运行结果表明,串联式混合动力系统与传统的内燃机车相比,经济性降低 25%～40%。

图 3.6.8 国内的串联式混合动力客车

3.7 小 结

柴油机电子控制技术使柴油机的性能得到了很大提高,在动力性、经济性和排放性能方面取得了巨大进步。

① 电控燃油喷射系统是柴油机电子控制系统的核心关键。根据发展阶段和技术特征,电控燃油喷射系统可分为第一代位置控制式、第二代时间控制式和第三代高压共轨系统,每一代系统中又存在多种具体的结构和形式。从应用上看,第一代位置控制系统逐步退出市场,第二代和第三代正处于规模化、产业化阶段。其中,第二代控制系统中的单体泵系统适用于功率较大的中、重型柴油机,泵喷嘴和分配泵在小型和轻型柴油机中应用较多;而第三代高压共轨系统从小型高速柴油机到中、重型柴油机都适用。

② 空气系统的电子控制技术包括增压压力控制、废气再循环控制,有的发动机还包括排气制动装置。可变截面涡轮控制系统(VNT)使柴油机在低速段的转矩大幅度提高,在瞬态过程中的增压压力变化更加迅速,这两个方面都使柴油机在稳态工况和瞬态工况下的动力性和排放性能有不同程度的改善。排气再循环控制系统是针对柴油机富氧条件下为了抑制氮氧化物(NO_x)的生成而采取的措施,与汽油机相比,柴油机的 EGR 率较高,可达 30%～40%。

③ 柴油机的排放后处理系统目前还处于发展之中,其重点和难点是对 NO_x 和微粒的处理上,包括加上 HC 和 CO 的氧化装置,有的还包括氮氧化物还原装置和微粒捕捉装置。这些排放后处理装置的加入也使柴油机管理系统变得更加复杂,已经出现了由多个控制器组成的分布式柴油机整机管理系统,采用 CAN 网络来实现多个控制器之间的通信。

④ 柴油机的匹配标定技术也是柴油机电子控制系统的核心关键技术。匹配标定划分为多个阶段,每个阶段的任务、目标和使用的设备都有所不同,需要的时间、人力和物力都较大,是柴油机最终性能达标的必经之路。在匹配标定过程中,不仅电子控制系统本身需要不断修改参数和 MAP 图数据,而且发动机本身的燃烧室、进气系统也需要一定的改动。不能简单地认为柴油机的匹配标定仅仅是控制系统部分的事情。

⑤ 随着全球二氧化碳减排的进一步加严,以柴油机为原机的混合动力系统已是未来客车动力发展的重要趋势。ISG 柴油机、并联柴油机混合动力、串联柴油机混合动力等各种形式的混合动力系统将逐步得到推广应用。与传统的柴油机动力系统相比,这些混合动力系统具有较好的动力性、经济性,较低的有害排放物,但是存在成本仍然较高、系统复杂等缺点,目前仍在发展中。

参 考 文 献

[1] Tat M E, van Gerpen J H. Measurement of Biodiesel Speed of Sound and Its Impact on Injection Timing Final Report. Department of Mechanical Engineering. Iowa State University. Ames, Iowa

[2] Information System for the UI and UP Injection Systems. Robert BOSCH GmbH

[3] Hames R J, Straub R D, Amann R W. DDEC-Detroit Diesel Electronic Control. SAE Paper 850542

[4] Hames R J, Hart D L, Gillham G V, et al. DDEC Ⅱ-Advanced Electronic Diesel Control. SAE Paper 861049

[5] Walker L W, Brown R R. Reliability Engineering Program for the Detroit Diesel Electronic Control (DDEC). SAE Paper 880490

[6] Greeves G, Tullis S. Contribution of EUI-200 and Quiescent Combustion System Towards US94 Emissions. SAE Paper 930274

[7] Tullis S, Greeves G. Improving NO_x Versus BSFC with EUI 200 Using EGR and Pilot Injection for Heavy-Duty Diesel Engines. SAE Paper 960843

[8] Lauvin P, Loffler A, Schmitt A, et al. Electronically Controlled High Pressure Unit Injector System for Diesel Engine. SAE Paper 911819

[9] 杜传进等. 电控泵-管-阀-嘴燃油喷射系统的研究与开发. 清华大学学报, 1997 (11)

[10] Glassey S F, Stockner A R, Flinn M A. HEUI-A New Direction for Diesel Engine Fuel Systems. SAE Paper 930270

[11] Stochner A R, Flinn M A, Camplin F A. Development of the HEUI Fuel System-Integration of Design, Simulation, Test, and Manufacturing. SAE Paper 930271

[12] Stumpp G, Ricco M. Common Rail-An Attractive Fuel Injection System for Passenger Car DI Diesel Engines. SAE Paper 960870

[13] Boehner W, Hummel K. Common Rail Injection System for Commercial Diesel Vehicles. SAE Paper 970345

[14] Flaig U, Ploach W, Ziegler G. Common Rail System (CR-System) for Passenger Car DI Diesel Engines. Experiences with Applications for Series Production Projects. SAE Paper 1999-01-0191

[15] Guerrassi N, Dupraz P. A Common Rail Injection System for High Speed Direct Injection Diesel Engines. SAE Paper 980803

[16] Brezonick M. Lucasvarity's New Common Rail System. Diesel Progress (North American Edition),

1998(10):30~34

[17] Bauer H. Diesel Engine Management. Robert BOSCH GmbH,1999

[18] CBT: Radial-Plunger Distributor Pump VP44, Robert BOSCH GmbH

[19] Miyaki M, Fujisawa H, Masuda A, et al. Development of New Electronically Controlled Fuel
      Injection System ECD-U2 for Diesel Engines. SAE Paper 910252

[20] Osuka I, Nishimura M, Tanaka Y, et al. Benefits of New Fuel Injection System Technology on Cold
      Startability of Diesel Engines-Improvement of Cold Startability and White Smoke Reduction by
      Means of Multi Injection with Common Rail Fuel System (ECD-U2). SAE Paper 940586

[21] Funai K, Yamaguchi T, Itoh S. Injection Rate Shaping Technology with Common Rail Fuel System
      (ECD-U2). SAE Paper 960107

[22] 徐家龙, 藤泽英也. 日本电装的电控高压共轨喷油系统——ECD-U2. 国外内燃机, 2000(2):
      22~36

[23] Bai Lu, Yang Minggao. Coordinated Control of Egr and Vnt in Turbocharged Diesel Engine Based
      on Lntake Air Mass Observer. SAE Paper 2002-01-1292

[24] 白露. 基于模糊神经网络的增压柴油机瞬态空燃比控制. [硕士学位论文]. 清华大学汽车工程
      系, 1999

[25] The Future of the Diesel Engine in Passenger Cars. Klaus-Peter Schindler. Volkswagen AG,
      Wolfsburg, Germany

[26] Müller W, Nabil S. Hakim Heinz Ölschlegel Ansgar Schäfer Klaus B. Binder. Selective Catalytic
      Reduction-EuropeS Nox Reduction Technology. SAE Paper 2003-01-2304

[27] Anon. Stop-start saver. Commercial Motor, 2002,201(5010):54

[28] Kumar J A. Integrated starter generator for 42-V powernet using induction machine and direct
      torque control technique. IEEE Transactions on Power Electronics, 2006,21(3):701~710

[29] Chiang P. Two-Mode Urban Transit Hybrid Bus In-Use Fuel Economy Results From 20 Million
      Fleet Miles. SAE Paper 2007-01-0272.

[30] Clark N, Webb T C, Lynch S, et al. Operating Envelopes of Hybrid Bus Engines. SAE Paper 2001-
      01-3537

[31] Cao Guijun, He Bin, Xu Liangfei, et al. Systematic Fuel Reduction Strategies of Series Hybrid
      Transit Bus, Intelligent Control. In: Proceedings of the 2007 IEEE International Symposium on,
      Singapore,2007. 1376~1381

4 自动变速器的电子控制

4.1 概　　述

为了减轻驾驶员换挡时操作齿轮变速器、离合器和加速踏板的疲劳,几乎从汽车诞生以来就产生了采用自动和半自动换挡系统的想法。第一个具有两个前进挡的液力自动变速器(automatic transmission,AT)1939 年在美国 GM 公司奥斯莫比尔轿车上采用。20 世纪 50 年代初,开始出现根据车速和节气门开度进行自动换挡的液力自动变速器。丰田公司在 1982 年的车型上推出第一个电控的液力自动变速器。1983 年 BOSCH 宣布其发动机和液力自动变速器控制合在一个单元的 Motronic 系统,在各种使用工况下实现了发动机与传动系统的最佳匹配。现代的液力自动变速器通过变矩器和行星齿轮系统(当今主要是 4 速或 5 速,逐步向 6～8 速发展)的综合,提高了内燃机低转速时的转矩,使发动机特性适应整个使用工况的要求。由于换挡过程没有动力中断和变矩器的缓冲作用,所以很舒适。变矩器锁止离合器弥补了 AT 效率低的缺点,使其油耗与手动机械变速器接近。

在液力自动变速器发展的同时,也在利用电子技术改造传统的手动机械变速器(manual transmission,MT),出现了机械式自动变速器(automatic manual transmission,AMT)。AMT 由 MT 附加控制部件演变而来,在效率方面具有优势,生产成本相对低,重量比 MT 增加约 10%。将来电路用 42 V 电压,离合器和换挡作动器可以用电机,它反应足够快,只在换挡时间工作,能节省能量。由于 AMT 装的是传统干式单片离合器和手动机械变速器,换挡时动力中断,因此会使车速降低,影响动力性,且不够舒适。

双离合器自动变速器(dual clutch transmission,DCT)的奇、偶数挡位的输入轴与相应的两个离合器连接,在换挡时这两个离合器进行分离、接合过程中有重叠,实现动力换挡,克服了 AMT 换挡时动力中断的缺点。保时捷公司在 1983 年推出的双离合器变速器(Prosche doppel kupplungen,PDK),用于 956 赛车上获得了巨大成功。大众汽车的双离合器变速器(direct shift gearbox,DSG)在 2002 年应用在高尔夫 R32 和奥迪 TT V6 上,并相继推广到其他车型。DCT 能满足驾驶运动感和节油的双重要求,为当今许多汽车厂家所关注。

电控机械式无级变速器(continuously variable transmission,CVT)一般由 V 形金属钢带与可调半径的带轮得到无级变速,它与发动机之间还要有自动离合器。CVT 可以更精确地适应发动机的特性,目前多在 2 L 以下的轿车上采用。1999 年全世界有 43.8 万套 CVT 装车,主要用于 1～1.6 L 汽油机。AID 汽车工业数据公司预测,欧洲自动变速器装车率将从 2000 年的 15% 增加到 2010 年的 30%,其中一半可能采用 CVT。

至 2008 年,以上各种形式的自动变速器在汽车变速器市场上的占有率为:美国接近 90%,日本在 80% 以上,欧洲乘用车在 50% 以上,我国约为 20%。

4.2 自动变速器的主要控制目标

各种类型自动变速器的电控主要是换挡点（传动比）控制，用来根据行驶工况和驾驶员的意图，实现发动机与传动系统的有效匹配，以达到在发动机动力性或经济性最佳的工况下工作。作为实例，图 4.2.1 为一汽油机的万有特性曲线，图中给出了节气门全开时的发动机转矩曲线（$JIDC$）、50％和100％发动机恒功率曲线以及等燃油消耗率曲线。曲线说明发动机动力性或经济性较好的工作范围如下：

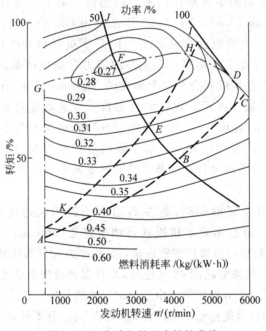

图 4.2.1　发动机的万有特性曲线

① 节气门全开。发动机转速在最大功率转速 4500～5500 r/min 范围内，相应图中曲线 IDC 部分，接近 100％发动机功率。汽车在各变速挡位下应尽量工作在这一转速范围内，这样可以得到最大的加速度、爬坡能力和最高的车速，动力性最佳。

② 图中 $GFHD$ 为最经济燃油消耗曲线。发动机转速在 2500 r/min 附近，负荷率在 70％～80％范围内，F 点附近燃油消耗率最低，为 0.27 kg/(kW·h)，在这个工况工作经济性最佳。

③ 大约 80％以上负荷率时，由于混合气加浓，燃油消耗率增大。在 20％负荷率以下，机械摩擦损失功率几乎等于发动机有效输出功率，在这些负荷率范围内工作经济性均较差。

④ 低转速（1200 r/min 以下）大负荷是恶劣工况，发动机工作不稳定，会熄火。

⑤ 节气门关闭时发动机吸收功率，在较高转速时可有效进行发动机制动。

例如，以经济性最佳作为换挡控制目标，当汽车在某一低挡工作时，其行驶阻力（转矩）曲线为 ABC，驾驶员用加速踏板选择了 50％发动机恒功率，在 B 点发动机驱动转矩与行驶阻力(转矩)平衡,达到稳定行驶。此时进行升挡减小速比,行驶阻力(转矩)曲线变为 $KEHI$,在 E 点转矩达到平衡,油耗相对减少。若速比能进一步减小,使转矩平衡移到 F 点,则发动机转速会进一步降低,负荷率进一步提高,燃油经济性达到最佳。自动变速器的"经济"模式就是在不同车速、不同阻力工况下尽量调整速比,使发动机沿着 $GFHD$ 这条最经济的油耗曲线工作。

4.3　电控机械式自动变速器

电控机械式自动变速器(AMT)根据自动化程度分为电控半自动变速器(SAMT)和全自动变速器。半自动变速器通过电控离合器、发动机转速控制和遥控选挡实现不同程度的换挡操纵自动化;全自动变速器则通过电控离合器、发动机转速控制和电控选挡、换挡实现换挡过程的自动操纵。

4.3.1　电控半自动变速器

电控半自动变速器包括电控离合器、发动机转速控制和遥控选挡 3 部分控制系统。

1. 电控离合器

电控离合器控制的核心是保证离合器结合过程迅速、平稳、可靠。由传感器检测发动机和变速器的转速和节气门的位置以及挡位等输入信号,电控单元发出输出信号,通过液压或电动作动器接合或分离传统单片式离合器。当汽车停止时,驾驶员可以方便地挂挡和用加速踏板起步。起步后,仅通过移动变速杆实现换挡。离合器的工作完全是自动的,但换挡过程还必须由驾驶员用加速踏板控制发动机转速,在车辆减速直到车完全停下来前才分离离合器,这使发动机的制动效果达到最大,又避免熄火。第一批应用电控离合器的车辆有 Ferrari Modia(1993 年推出 Valeo TEE 2000 系统)、雷诺 Twingo Easy(1994 年推出进入欧洲的 AP Borg 和 Beck 系统)和大众柴油 Ecomatic(1994 年推出)。

2. 发动机转速控制

这是上述系统的改进。节气门拉线由装在加速踏板上的位置传感器代替,用伺服电机带动节气门。通常,节气门直接由驾驶员的指令控制,但在换挡时控制单元介入,发出指令使发动机转速与将换入挡的变速器输入轴转速一致。这个策略保证离合器平顺、舒适地重新接合,并可减少离合器的磨损。

3. 遥控选挡

这个系统是在上述的基础上附加遥控选挡。传统的换挡机构由换挡开关(一般是一个小杠杆或按键)和装在变速器上的电液作动器连接的导线代替,换挡时只需前后拨动小手柄就可以得到升挡和降挡。由于换挡手柄仅是一个电开关,所以它可以装在非常适合驾驶员操作的位置,且操纵的力很小。

4.3.2　采用电控离合器和发动机转速控制的半自动变速器

图 4.3.1 是 AP Borg 和 Beck 开发的自动离合器和节气门系统(automatic clutch and throttle system,ACTS)半自动变速器。ACTS 实现了换挡过程中离合器和发动机转速的自动控制,它用传统手动变速器附加电控单元,采用如下传感器和作动器:

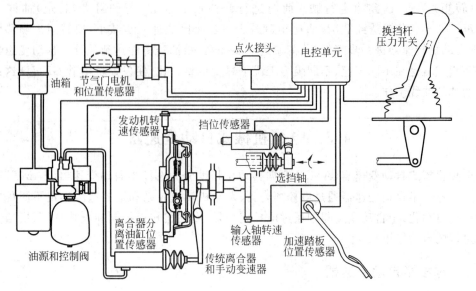

图 4.3.1　ACTS 半自动变速器功能简图(AP Borg 和 Beck)

① 加速踏板位置传感器;

② 节气门位置传感器和作动器;

③ 换挡杆压力开关(用来检测驾驶员作用在手柄上的压力);

④ 挡位传感器;

⑤ 磁电式发动机转速传感器;

⑥ 磁电式变速器输入轴转速传感器;

⑦ 由储油池、电动泵、储能器和电液控制阀组成的可控油源;

⑧ 带有位置传感器的离合器分离油缸。

液压系统用来操纵离合器分离油缸,通过传统分离杠杆的接合,分离离合器。装在液压单元的电磁阀控制分离油缸的油压,这个阀由传感器的信号通过控制单元控制。分离杠杆行程传感器和发动机、变速器转速传感器构成的伺服回路,提供离合器摩擦片转速变化的精确控制,以保证接合非常平顺。

节气门电机和反馈电位计装在一起将节气门开度传给控制单元。当正常驾驶时,电机的位置由驾驶员通过另一装在加速踏板上的电位计来控制;换挡时微机介入,以临时修改发动机转速。驾驶员的换挡意图通过安装在换挡手柄上的压力开关进行检测,然后发信号给控制器,使离合器分离。一旦完成换挡,挡位传感器就给控制器发出数字代码,报告所选的挡位,然后发出指令接合离合器。

下面介绍 ACTS 的工作。

为了保证安全,安装 ACTS 的汽车起动时,变速器必须首先换入空挡,才允许起动发动机工作。当发动机起动后,离合器分离油缸位置传感器找到当前分离杠杆的位置(从而补偿离合器的磨损),控制单元确定发动机怠速参考转速。

汽车停止时,驾驶员操纵换挡手柄换入 1 挡,控制单元发出指令使离合器分离,直到驾驶员踩加速踏板后,在微机控制下离合器重新接合。在离合器接合过程,控制单元连续调整节气门和分离杠杆位置,以保证起步平稳并尽快使发动机转速保持在驾驶员要求的水平。这种方式可以在较高的发动机转速(对于坡上起步和急加速)或较低的发动机转速(缓慢加速)时完成起步。

如果驾驶员最初选择的挡位不适当,那么控制单元会发现并通过蜂鸣器给驾驶员发出警告,阻止离合器接合,直到换入正确的挡位。汽车行驶后,驾驶员可以通过换挡手柄换入要求的挡位。换挡时控制单元立刻获得离合器位置和发动机转速的指令,发动机转速根据挡位传感器检测是升挡还是降档而进行修改。

当检测是升挡时,控制单元确定发动机转速高于变速器输入轴转速,离合器可以立即接合,而发动机转速控制留给驾驶员。当检测是降挡时,发动机转速通常低于变速器输入轴转速,控制单元延迟离合器重新接合,并命令节气门电机立即提高发动机转速使之与变速器输入轴转速匹配,一旦离合器重新接合,发动机转速控制仍由驾驶员完成。如果车速降得很低,则发动机的转速跟着下降,控制单元分离离合器,防止发动机熄火。离合器分离直到选择合适的挡并踩下加速踏板后重新接合。为了减少传动系统窜动,ACTS 允许离合器一定量的滑转。控制单元发现实际的发动机转速和驾驶员要求的发动机转速之间差距很大时,将由此引起的滑转限定在一定范围内。

4.3.3 电控双离合器自动变速器

本节以博格华纳和大众汽车联合开发的双离合器自动变速器 DSG(direct shift gearbox,直接换挡变速器)为例(见图 4.3.2),说明其基本结构和控制系统。

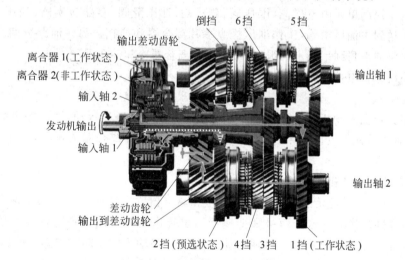

图 4.3.2 双离合器自动变速器 DSG

1. 基本结构与传动路线

它采用两套多片湿式离合器 1 和 2,离合器 1 驱动输入轴 1,此轴上安装了 1,3,5 挡和倒挡主动齿轮(1/R 挡齿轮共用);离合器 2 驱动输入轴 2,此空心轴上安装了 2,4,6 挡主动齿轮(4/6 挡齿轮共用)。根据电控单元指令换挡时一个离合器分离,另一个离合器接合,两个输入轴交替传递动力,切换时间 0.3~0.6 s,迅速且冲击小。

输出轴 1 上有 1,2,3,4 挡从动齿轮和主减速输入齿轮,1,3 挡用一个同步器,2,4 挡用一个同步器。输出轴 2 上有 5,6,R 挡从动齿轮和主减速输入齿轮,5 挡用一个同步器,6,R 挡用一个同步器。4 个同步器通过拨叉由 8 个挡位调节油缸控制。倒挡齿轮轴上一个齿轮与输入轴 1 上的 1/R 挡齿轮啮合,另一个齿轮与输出轴 2 上有倒挡的滑动齿轮啮合,它改变了输出轴 2 的旋转方向。图 4.3.2 上,离合器 1 和 1 挡处于(工作状态)以实线表示传递发动机动力的路线,离合器 2 和 2 挡处于(非工作状态)以虚线表示当换入 2 挡后将传递发动机动力的路线。

2. 选挡杆的挡位

P 挡:驻车挡。主传动输入齿轮锁止,点火开关打开,踏下制动踏板并按下锁止按钮,才能移出 P 挡。

R 挡:倒车挡。按下锁止按钮才能移进或移出此挡。

N 挡:空挡。车辆静止,点火开关打开时,只有踏下制动踏板并按下锁止按钮才能移出此挡。

D 挡:前进挡。电液控制系统根据车速和节气门开度等参数按设定的动态换挡程序(DSP),自动在 6 个前进挡中换挡。

S 挡:运动挡。与 D 挡的差别是控制单元按设定的“运动”换挡曲线来进行自动换挡,通过延迟升挡提高发动机转速,充分利用后备功率。

此变速器为“手自一体”的,可以采用选挡杆或转向盘上的按钮换挡,“+”表示升挡,“−”表示降挡。

3. 控制系统

电动液压控制单元由电磁阀、限压阀、调压阀、油压滑阀、多路转换器、油压回路组成。油泵将油压送到主油压滑阀,工作油压操纵多片离合器和换挡。另一油路分两个方向:一个经冷却器将油液喷到齿轮上润滑;另一个通到离合器冷却油压滑阀。

电控系统包括电控单元、传感器和执行元件。

(1)电控单元

电控单元根据发动机、ABS 和内部各传感器传来的信息和运动参数,按照电控单元内设程序,向各执行元件发出指令,操纵各电磁阀工作,对多片离合器和同步器进行控制。

(2)传感器

① 离合器输入转速传感器。

② 输入轴 1、2 转速传感器。这两个信号和离合器输入转速信号用来识别多片离合器 1,2 的分离和接合状况。这个信号和变速器输出转速信号可以识别是否挂入了正确的挡位。若这个信号中的一个中断,就切断相应挡位。如果输入轴 1 转速传感器损坏,就只能以 2 挡行驶;如果输入轴 2 转速传感器损坏,就只能以 1 挡和 3 挡行驶。

③ 变速器输出转速传感器。控制单元根据这个信号可以识别车速和前、后行驶方向。

④ 液压压力传感器。由两个压力传感器监测多片离合器 1 和 2 的压力,控制单元用来精确调节多片离合器的压力。如果某个压力传感器信号中断或没有油压,则相应的变速器挡位切断,只能用 1 挡或 2 挡工作。

⑤ 多片离合器的油温传感器。这个传感器的工作温度范围为 −55～180℃,其监测的信号用来调节离合器冷却的油量,并对变速器进行保护。

⑥ 变速器油温传感器和控制单元温度传感器。这两个传感器直接测量机电控制部件的温度,提前控制油温避免过热。如果两个传感器测出的温度较低,控制单元就会起动预热程序,保证电控单元在最佳温度环境下工作。当变速器油温超过138℃时,机电控制装置将降低发动机转矩;当油温超过145℃时,多片离合器上将不再作用油压,处于完全分离状态。

⑦ 挡位调节位移传感器。由霍尔传感器与换挡拨叉上磁铁一起产生一个信号,控制单元识别出挡位调节器的位置。每个位移传感器监控一个挡位调节器/挡位拨叉,用于在两个挡位之间切换。控制单元根据确定的位置将油压作用到挡位调节器上,进行换挡。若某个位移传感器信号中断,相应挡位就不能挂上。

⑧ 换挡杆传感器控制单元。作为控制单元,它操纵换挡杆锁止电磁铁,同时还集成有用于手动换挡(Tiptronic)的霍尔传感器。换挡杆位置信号和 Tiptronic 信号通过 CAN 总线传输到电控单元和组合仪表控制单元。

(3) 执行元件

① 主压力调节阀。电控单元通过脉冲调制对该阀进行调节,以适应系统对主油压的需要。若该阀损坏,系统就以最大主油压来工作,这会导致燃油消耗升高,且换挡时有噪声。

② 离合器压力调节阀。电控单元通过脉冲调制对两个离合器压力调节阀进行调节,使多片离合器1,2 的压力和相应的摩擦系数匹配。若某个阀损坏,相应的挡位将中断。

③ 冷却器压力调节阀。电控单元根据多片离合器油温传感器的信号,通过脉冲调制对压力调节阀进行调节,控制离合器冷却的油量。若该阀损坏,冷却的油就以最大流量流过多片离合器,在外部温度很低时,会引起换挡故障以及燃油消耗升高。

④ 换挡电磁阀(开/关)。4个换挡电磁阀通过8个挡位调节油缸控制4个同步器,进行换挡。若某个电磁阀损坏,相应挡位将切断,只能用1挡和3挡或2挡来行驶。

⑤ 多路转换电磁阀(开/关)。此电磁阀通电时可以挂2挡、4挡和6挡;断电时可以挂1挡、3挡、5挡和R挡。

⑥ 离合器安全阀。当变速器部分1出现故障时,离合器安全阀切断相应离合器的油压,只能以1挡和3挡行驶;当变速器部分2出现故障时,只能以2挡行驶。

4. 双离合器变速器的主要控制方法

(1) 预先接合下一挡位同步器的方法

由于车辆行驶过程中车速变化范围比较大,如果根据换挡结束后车辆的运动趋势立即接合下一挡位同步器,必然会导致同步器的频繁接合,将引起瞬时冲击和影响同步器的寿命。为了避免同步器的频繁接合,在达到各挡位换挡车速前一定数值处(提前的车速数值必须保证换挡前同步器可以充分接合,如取3 km/h)接合下一挡位的同步器。

(2) 换挡过程中双离合器的控制过程

图4.3.3为1挡升2挡的过程中,两个离合器的油压、发动机节气门及点火提前角的控制过程。换挡开始后,首先进入"转矩相"阶段,具体特点是两个离合器间只有转矩的分配与

变动,无急剧的转速变化,与原挡位相连的离合器 1 上的油压被调低至可以使主、从动片打滑的临界值,但此时离合器的主、从动片仍处于接合(转速基本一致)状态;然后对离合器 2 的油缸进行快速充油,使其油压急速上升(如第 3 个图的虚线圆圈处所示),接着使离合器 1 上的油压直线下降至零,同时离合器 2 上的油压直线上升至(打滑的)临界值处,整个过程中确保了离合器 1 的主动部分转速大于从动部分转速,避免了负转矩现象的发生。在"惯性相"阶段,存在着转速的急剧变化,但由于采用了降低发动机节气门和点火提前角的控制方法,使离合器和发动机的转速按照参考的优化曲线运行,离合器 2 主、从部分的转速尽快达到一致,保证了离合器 2 的平顺接合。

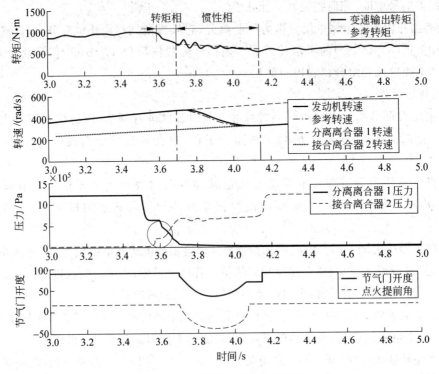

图 4.3.3　1 挡升 2 挡的控制过程

　　在上述离合器 2 接合阶段末期,离合器 2 从动部分的转速与发动机转速基本一致,此时离合器 1 从动部分的转速将高于发动机的转速。如果离合器 1 仍然没有完全分离,由它传递的是负转矩,这必将导致换挡时间延长、冲击度加大,并增加离合器的磨损。因此,在换挡过程中应对离合器接合和分离时刻、速度进行精确控制,避免负转矩现象的发生,实现动力换挡,并保证换挡品质及离合器工作寿命。

　　图 4.3.4 为 2 挡降 1 挡的过程中,两个离合器的油压及发动机节气门的控制过程。与升挡过程不同,换挡开始后首先进入惯性相,通过降低分离离合器 2 的油压和加大节气门开度,如图所示发动机转速按照参考优化曲线提高,使离合器 2 打滑,将发动机转速调节至与接合离合器 1 从动部分转速接近;在转矩相中,离合器 2 的油缸泄油、离合器 1 充油,但油压的变化曲线与升挡过程基本类似。要避免在离合器 1 接合过程中其主动部分转速低于从动部分转速的情况,以免出现负转矩。

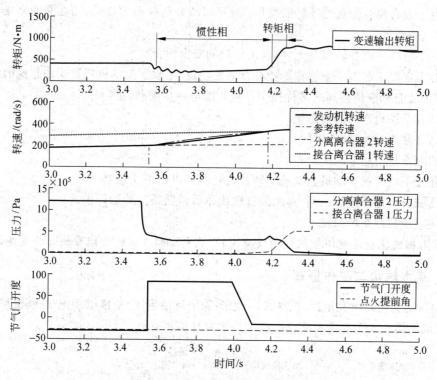

图 4.3.4　2 挡降 1 挡的控制过程

4.4　电控液力自动变速器

电控液力自动变速器能对不同负荷和车速选择最佳速比,使发动机工作在相应最佳转速。所有换挡由变速器自行完成,驾驶员仅用加速踏板表达对车速变化的意图和通过选挡杆选择要求的运行状态。SAE 推荐的选挡杆挡位是 PRND321(对 4 速变速器),这些字母的含义如下:

P(驻车)——此模式变速器在空挡且变速器输出轴由"驻车棘爪"锁住。

R(倒挡)——选择并保持单速倒挡,发动机制动有效。

N(空挡)——与驻车挡相同,但输出轴不锁。

D(行驶)——这是向前行驶的正常挡位选择。根据估算的车速和发动机负荷,通过自动升挡、降挡,汽车可以从停止一直到最高车速。当要超车迅速加速时,驾驶员将加速踏板踩到底,迅速降到较低的挡。

3(3 挡)——不同厂家运行状态不同,一般和 D 挡相同但防止升入 4 挡。

2(2 挡)——不同厂家运行状态不同,一般变速器只工作在 1 挡或 2 挡,在下坡和牵引时提供发动机制动。

1(1 挡)——变速器锁在 1 挡,以提供有力的发动机制动,在下陡坡和牵引时采用。

液力自动变速器的油耗通常比手动变速器稍高,但可为开车提供很多方便,尤其在城市道路条件下,例如:

① 由于没有离合器和变速杆的操作，故可以减轻驾驶员的疲劳，当在交通密集的情况下开车时这很重要；

② 双手可以一直在转向盘上，提高了驾驶的安全性；

③ 对于主要工况由于变速器能挂在合适的挡位，消除了发动机超负荷和超速的可能。

电控液力自动变速器通过最优控制将其性能进一步提高，例如：

① 具有平稳利索的换挡品质；

② 具有最佳的换挡点(时间)；

③ 消除反复不稳定的换挡；

④ 通过不断监视发动机和变速器转速、温度等，以保护变速器；

⑤ 驾驶员可选择附加的动力性、经济性或冰雪道路条件的运行模式；

⑥ 使液压控制系统简化。

电控附加的优点是利用微机存储故障代码，从而有助于快速维修有故障的变速器部件。

4.4.1　基本结构与工作原理

液力自动变速器由变矩器、机械式(一般多采用行星齿轮)变速器和电子-液压控制系统3部分组成。图4.4.1为前置前驱动汽车的液力自动变速器。

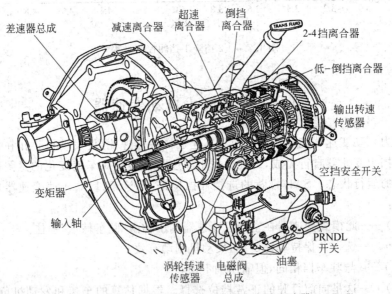

图 4.4.1　前置前驱动汽车的液力自动变速器

1. 变矩器

发动机的动力通过变矩器传给自动变速器，变矩器允许发动机从停止到最高车速平顺地驱动变速器，吸收换挡冲击和减振。变矩器的环形外壳由金属冲压件焊接而成，内部包括4个元件，即泵轮、涡轮、导轮(有时称为反作用轮)和锁止离合器，其剖面如图4.4.2所示。锁止离合器用来在一定工况下将泵轮和涡轮锁住，以改善系统的传动效率。

泵轮(主动部分)与变矩器外壳一体由发动机直接带动，发动机转动时变矩器充满一定油压的变速器油液。当泵轮转动时，离心力将发动机动力变成油液动能，使油液从中心向外甩撞击在涡轮(输出部分)叶片上,引起涡轮旋转带动齿轮箱输入轴,油液离开涡轮叶片后流入导轮(反作用元件)(图4.4.3)。当汽车行驶阻力大时,涡轮转速低于泵轮转速,从涡轮流入导轮的油液方向与泵轮(发动机)旋转方向相反,此时导轮通过单向离合器与变速器壳体固定,对油流起反作用。其特殊的曲线叶片改变油液流入泵轮的角度,帮助发动机驱动泵轮,达到增扭的作用,克服增大的阻力,改善动力性。当涡轮转速接近零时,增扭作用达到最大(2倍左右),此时效率接近零。

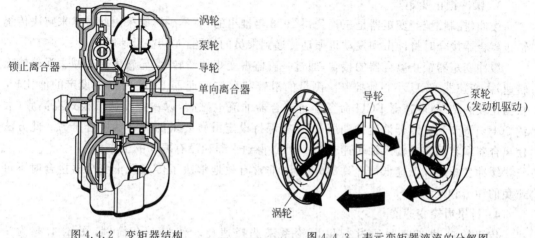

图4.4.2 变矩器结构 　　　　图4.4.3 表示变矩器液流的分解图

当汽车行驶阻力小时,涡轮转速提高到与泵轮转速接近,两个元件的油液的离心力几乎相同,这就是所谓的变矩器"耦合点",变矩比为1:1,耦合效率高于90%。此时从涡轮流入导轮的油液方向与泵轮旋转方向趋于一致,导轮可以相对单向离合器内圈自由旋转,以减少阻力。当正常驾驶时,根据发动机的负荷,变矩比将在大约2:1和1:1之间连续变换。

2. 锁止离合器的工作

当汽车行驶阻力小时,发动机转速较高,变矩器工作在耦合状态,此时导轮自由旋转不增扭。泵轮和涡轮之间存在的转速差(滑转)约为10%,能量以变速器油的热量形式损失掉,这导致高速巡航时经济性下降。为了限制滑转,1970年开始采用锁止离合器。图4.4.4是锁止离合器的工作剖面图。锁止离合器由20～30 mm宽的摩擦衬面组成,粘在薄的金属

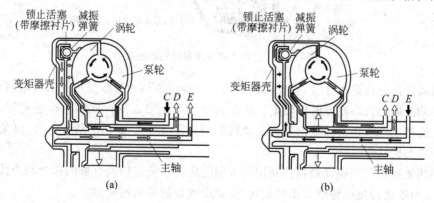

图4.4.4 变矩器锁止离合器
(a)接合;(b)分离

盘上(有时称为活塞),它通过扭转减振弹簧与涡轮相连,由变速器ECU通过电磁阀控制油液流入变矩器腔。当变速器ECU确定变矩器可以锁止时,油从C流入,从D和E流出。锁止离合器和变矩器壳接合,将变矩器的泵轮和涡轮锁住,变矩器变成直接传动,以提高传动效率,可以节油5%左右。反之,当汽车行驶阻力大时,涡轮转速低于泵轮转速,变速器ECU决定锁止离合器应分开,电磁阀工作,使油从E流入,从C和D流出,推动离合器活塞离开泵轮,变矩器恢复液力驱动,能够进行增扭。

3. 缓冲锁止变矩器

缓冲(控制滑转)变矩器是三菱公司1982年推出的,有不少厂家采用此技术来解决传统锁止离合器接合时将冲击和发动机振动传递到乘员的问题,尤其在低速时。

缓冲变矩器锁止离合器的接合,通过一直监视变矩器滑转(泵轮输入转速减去涡轮输出转速)由变速器ECU小心地控制。测量的滑转和存在变速器ECU内存中设定的值比较。根据比较的结果,变速器ECU命令锁止离合器油流电磁阀,以占空比调节模式在高频(大约30Hz)调节到变矩器油流的油压,以获得保持设定滑转要求的离合器接合压力。此方法使离合器滑转保持在输入轴转速1%~10%,得到平顺和没有振动的工作。

缓冲变矩器在低速低挡允许部分锁止,非常有效地解决了传统锁止变矩器接合时不可避免的冲击和振动。

4. 行星齿轮变速器

传统的自动变速器通过行星齿轮系来选择速比。作为一个简例,图4.4.5为一Simpson机构,它可以提供3个前进挡(低挡、中挡和高挡)以及倒挡。按一定规范将油供给离合器和制动带,从而可以选择适当的速比。根据变速器ECU的信号,通过电液控制阀完成摩擦元件接合的控制并控制管压。

图4.4.5　行星齿轮变速器速比的选择

低挡通过接合前进离合器,将发动机的动力直接传给第一排行星齿轮的齿圈,行星齿轮顺时针带动共用的太阳轮反时针转动。单向离合器锁止第二排行星齿轮行星架旋转,于是行星齿轮通过复合减速带动输出轴。发动机的制动是通过低-倒挡制动带接合,以免除单向离合器的自由轮状态。

中间挡通过中间挡制动带锁住共用的太阳轮旋转。前进挡离合器的接合动力传到第一排齿圈,从而带动行星齿轮绕太阳轮旋转,使输出轴以简单减速驱动。

高挡是将前进挡和倒-高挡离合器都接合上,将太阳轮和第一排齿圈锁住,使整个轮系以输入轴同一转速旋转得到直接驱动。

倒挡通过接合倒-高挡离合器和低-倒挡制动带接合得到。动力通过太阳轮到第二排轮系的行星齿轮，以相反方向带动齿圈旋转。低-倒挡制动带锁住第二排轮系的行星齿轮架转动，使输出轴旋转。

4.4.2　电控系统的输入、输出信号和发动机一起控制

典型的变速器控制系统可以用 Jatco(日本自动变速器公司)制造的电控自动变速器 GF4A-EL 来说明。这一型号的变速器装在一些汽车公司的车上，包括 Mazda, Nissan 和 Rover。

GF4A-EL 是典型的现代液力自动变速器设计，它有 4 个前进挡，用以微机为基础的变速器控制单元(变速器 ECU)来控制，它与发动机控制单元(发动机 ECU)通信，提供整个动力传动系统的管理。变速器 ECU 根据装在发动机和变速器上的各种传感器接受的电信号作出决定(图 4.4.6)。其微机存储有关各种车速和负荷条件下最佳挡位的数据，以及由发动机和变速器的温度修正系数、制动踏板行程等数据一起决定的理想挡位。应用修正的数据，变速器 ECU 控制电磁阀通电，使最主要的工况处于最佳挡位。变速器 ECU 还具有自诊断功能，当发现故障时使系统进入安全工作模式。GF4A-EL 的一些性能特点包括：

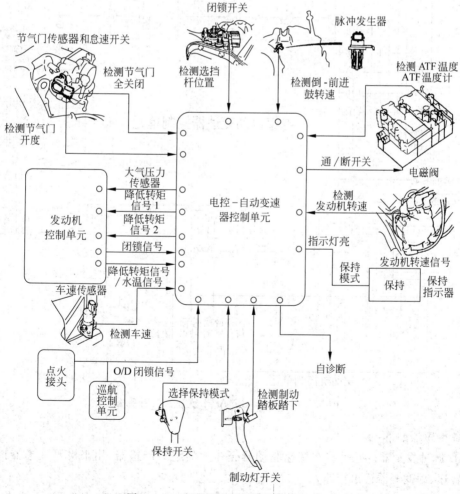

图 4.4.6　变速器控制系统结构(Mazda)

① 采用电磁阀在换挡时改变管压,优化离合器和制动器的接合力,减小结合过程的冲击。

② 发动机和变速器一起控制,在换挡时减小发动机转矩,使换挡过程平稳。

③ 锁止离合器采用电控调压电磁阀,在低速时能实现控制-滑转锁止,并在巡航完全锁止时减少冲击。

④ 由驾驶员选择优化控制程序,得到"动力"或"保持"换挡模式。"动力"模式每次升挡时发动机转速滞后几百转每分,提供更大的功率,得到运动驾驶风格。"保持"模式使变速器ECU保持在已选挡的位置,在山区和比较差的路面行驶时很有用。

1. 输入系统

Mazda GF4A-EL 变速器控制系统如图 4.4.7 所示,其核心是变速器 ECU,它接收各传感器的信号并与发动机 ECU 的通信。

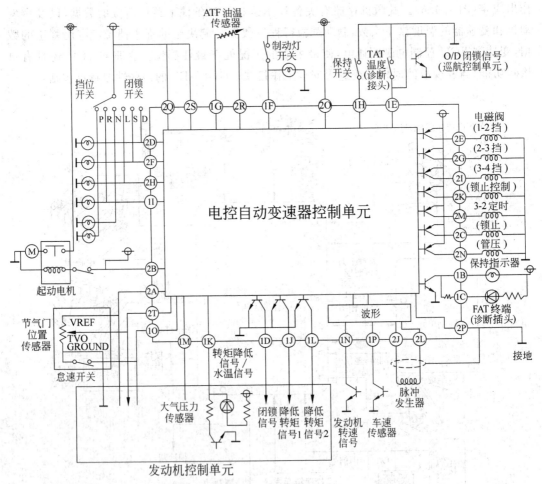

图 4.4.7 Mazda GF4A-EL 变速器控制系统

各传感器如下:

① 脉冲发生器。它是装在变速驱动器壳体上的电磁传感器,用来检测变速器倒-前进挡鼓转速(即变矩器输出转速)。

② 车速传感器。它是电磁传感器,用来检测变速器输出轴转速(即车速)。

③ 节气门位置传感器和怠速开关。它是一个由电位计和一对当发动机怠速时闭合的触点组成的组合式传感器。它检测节气门开度，从而得到发动机负荷。当检测出是怠速而且汽车静止时，变速器 ECU 接合 2 挡。它可减小作用在变速驱动器上的转矩载荷，并避免因交通堵塞停车时汽车"爬行"。当 ECU 检测到踩下加速踏板时立即换为 1 挡。

④ 挡位开关。向变速器 ECU 报告选挡杆的位置，它可以防止没挂在停车挡和空挡时起动电机。

⑤ "保持"开关，是装在选挡杆上的压力-按钮开关，驾驶员用它命令 ECU 保持在特定的速比，例如下长坡减速时。当采用"保持"时，"保持"指示灯点亮。

⑥ 制动灯开关。检测已进行制动。当变矩器锁止时进行制动，变速器 ECU 取消锁止以提供平顺减速。

⑦ O/D 闭锁信号。和巡航控制一起应用。当巡航控制工作且车速比设定的巡航车速低 8 km/h 以上时，防止换为超速挡（4 挡）。

⑧ ATF 温度传感器，是检测变速器油温的传感器。ECU 用这一信息监视调节极端温度下的管路油压，以便考虑在低温时的高黏度和高温过热的危险。

⑨ 发动机转速信号。取自发动机点火初级线圈。

⑩ 大气压力传感器。当测量大气压力显示汽车在海拔 1500 m 或更高时，给变速器 ECU 发送信号。在高海拔位置发动机动力减小，必须修订换挡点数据。

2. 输出系统

换挡时，变速器 ECU 同时给装在变速器阀体上的 7 个电磁阀发出通电信号。电磁阀有通/断型或调节油压的占空比型。3 个换挡电磁阀（1-2,2-3,3-4 挡）是 ON/OFF 型，它把管压通到换挡阀，变速器 ECU 根据换挡杆位置和测量的车速以及节气门开度选择程序的换挡规律。根据这些信号值计算的结果，ECU 给相应的电磁阀通电，调整速比（图 4.4.8）。

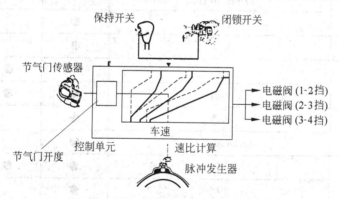

图 4.4.8　电磁阀工作状态和挡位选择

其他几个电磁阀如下：

① 3-2 定时电磁阀。通过管压通到 3-2 定时阀，控制离合器和制动器接合的精确定时。

② 锁止控制电磁阀。当变速器 ECU 判断要锁止时，它将管压导入变矩器锁止系统。它也是通/断型。

③ 锁止减压电磁阀。控制锁止离合器接合滑转。此电磁阀工作时基于占空比调节（频率大约 30 Hz）调整离合器活塞上的接合压力，占空比连续调整，保持设定的滑转值。

④ 管压电磁阀。控制作用在制动带和多片离合器的接合力。它是占空比控制阀，根据

ECU 的信号调节管压。管压与节气门开度成正比增大,增加离合器和制动器接合时摩擦元件上的夹紧力,以适应发动机转矩的增大。在换挡时管压瞬时降低,以减小换挡冲击。

表 4.4.1 列出了电磁阀的工作状态和挡位。

表 4.4.1　电磁阀工作状态和挡位

范围	模式	挡 位		电 磁 阀	
			1-2 挡	2-3 挡	3-4 挡
P	—	—			●
R	—	倒挡　约低于 4 km/h(2.5 mile/h)		●	●
		倒挡　约高于 5 km/h(3 mile/h)			
		—　约高于 30 km/h(19 mile/h)	●		
N	—	—　约低于 4 km/h(2.5 mile/h)			●
		—　约高于 5 km/h(3 mile/h)	●		
D	*动力正常(保持除外)	1挡		●	●
		2挡	●	●	●
		3挡	●		
		O/D(超速)	●		●
D	保持	2挡　约低于15 km/h(9.3 mile/h)　14 km/h(8.7 mile/h)	●		
		2挡　约高于18 km/h(11.2 mile/h)　17 km/h(10.5 mile/h)	●	●	●
		3挡	●		
		O/D#	●		●
S	动力正常(保持除外)	1挡		●	●
		2挡	●	●	●
		3挡	●		
		O/D(超速)#	●		●
S	保持	2挡	●		●
		3挡	●		
		O/D(超速)#	●		●
L	动力正常(保持除外)	1挡		●	
		2挡	●	●	●
L	保持	1挡		●	
		♯ 2挡	●	●	

注:● 表示电磁阀通电;
　　♯ 表示发动机超速保护;
　　* 表示电控-自动变速器控制单元按照加速踏板踏下的那个车速在动力和正常模式之间自动转换。

3. 发动机和变速器一起控制

换挡舒适性是现代自动变速器的关键特性，尤其对于 4 挡或 5 挡变速器，因为它的换挡频率比以前用的 3 挡高些，为降低换挡冲击，变速器和发动机 ECU 之间交换数据，以暂时在换挡时降低发动机输出转矩。此特性称为"全面控制"或"发动机介入"，是现代自动变速器控制的重要内容。

换挡时减小发动机转矩能够降低变速器输出转矩的波动，还具有以下附加优点：

① 用低的管压夹紧摩擦元件可以降低接合冲击；

② 接合时降低摩擦元件滑转，能减少衬片的磨损；

③ 摩擦元件滑转减小使变速器油发热少，从而延长摩擦元件的寿命和提高变速器的效率。

发动机介入通常通过切断喷油或延迟点火时刻（或二者综合）实现。Mazda QF4A-EL 变速驱动器在升挡时断油，在降挡时延迟点火时间（见图 4.4.9）。

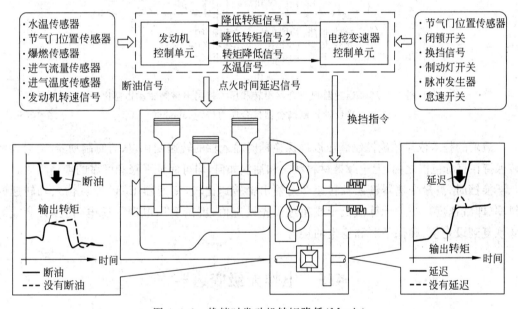

图 4.4.9 换挡时发动机转矩降低（Mazda）

（1）断油控制

当变速器 ECU 确定要升挡时（1-2 挡或 2-3 挡），将"降低转矩信号 1"（逻辑 1）发送到发动机 ECU；当发动机状态允许断油时，发动机 ECU 通过发出"转矩降低信号"反馈给变速器 ECU 确认它的动作，然后变速器 ECU 完成换挡并取消"降低转矩信号 1"，允许恢复喷油。

（2）延迟点火时刻控制

当变速器 ECU 确定要降挡时（3-2 挡或 2-1 挡），将"降低转矩信号 2"（逻辑 1）发送到发动机 ECU，然后发动机 ECU 通过将点火提前角推迟几度来降低发动机转矩，并发出"转矩降低信号"进行确认。一旦变速器 ECU 完成降挡，就取消"降低转矩信号 2"，且点火时间恢复正常。

（3）反馈控制

使换挡过程平稳的主要方法是对摩擦元件接合压力进行反馈控制。控制的目标参数可以用装在变速器内的传感器直接检测各种油压。另一种技术用在 Chrysler 变速器上,也可以用转速传感器监测变速器瞬时滑转,如图 4.4.10 所示。

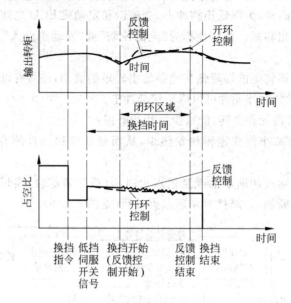

图 4.4.10 通过监视离合器滑转和压力控制电磁阀驱动占空比
来反馈控制离合器接合压力(Mitsubishi)

最新的技术依靠精确控制管压以确保换挡时输入轴的转速变化,从而使制动器/离合器滑转保持在目标范围之内,无论摩擦材料状态和油温如何,均可保证平稳和可靠的换挡品质。

换挡时,测量变速器输入轴转速并与输出轴转速比较,变速器 ECU 计算输入轴转速的斜率(即减速度),一旦计算值低于或超过预先设定值,就给管压电磁阀通电,使其升高或降低恢复到设定值,确保平顺和稳定的接合。

4.5　电控无级变速器

与 AMT,AT 相比,CVT 最主要的优点是它的速比变化是连续的,在各种行驶工况下都能选择最佳的速比,其动力性、经济性和排放性能与 AT 比较,目前报道大约可以改善5%。CVT 不能实现换入空挡,在倒挡和起步时还需有一个自动离合器。有的采用液力变矩器,有的采用模拟液力变矩器起步特性的电控湿式离合器或电磁离合器。目前 CVT 多采用金属带无级变速器。金属带无级传动是摩擦传动,存在效率和磨损问题,它的工程技术还正在发展之中,主要用于 2.5 L 以下的轿车。

轿车实用的 CVT 系统由荷兰 Eindho 的 Van Doorne 兄弟首先开发,称为 Variomatic,由 DAF(Van Doorne's Automobielfabriek)投产装在 Daffodil 微型轿车上。此系统用一对 V 形断面橡胶带在可改变槽宽的主动和被动带轮间通过张力运转,带轮运转直径(即速比)的控制是通过进气歧管真空度调节的。离心式离合器用于从静止起步,虽然它一直生产到1992 年,但 Variomatic 受其转矩容量有限和安装空间大的缺点所限制。

DAF 工程师们同时成立了一个新的公司 VDT(Van Doorne's Transmissie),继续改善

CVT 技术的工作。他们的努力在 1979 年得到回报。VDT 推出了一种新的用钢片推力带的 CVT 系统,该系统比 Variomatic 系统转矩容量加大,重量更轻而且紧凑,它立即被 Rover,Ford,Fiat,Subaru 和 Nissan 用于小型轿车。

电控无级变速器的技术特点:

Subaru ECVT 是日本富士重工(Subaru 的母公司)和 VDT 在荷兰合作开发的,是世界上第一个实用的电控 CVT。此系统用电磁动力离合器和 Subaru 开发的电控单元与 VDT 的钢片推动带轮一起组成,如图 4.5.1 所示。

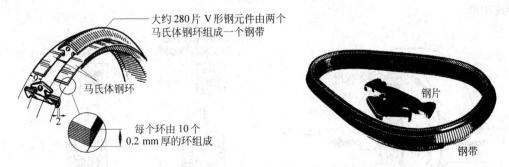

图 4.5.1   Van Doorne 钢片推力带(Subaru)

电控无级变速器 ECVT(electronically controlled continuously variable transmission) 1987 年 2 月在日本推出用在 Subaru Justy 车上,此后用在其他的小轿车上,而且用得相当成功(最有名的是 Nissan Micra)。这种基于微机的变速器控制保证发动机一直工作在最有效的工作转速范围,降低了污染并改善了经济性。

1. VDT 传动的基本结构与工作原理

图 4.5.2 为发动机前置前驱动汽车金属带无级传动变速器结构原理图。发动机转矩通过电磁动力离合器传给主动带轮,它通过钢片推力带驱动被动带轮,每个带轮都有两个斜面,称为 V 形带轮,带轮一侧固定在变速器相应的轴上,另一侧由油缸液压控制其移动。当传动器的主、被动带轮的可动部分轴向移动时,两个带轮槽宽成反比变化。改变传动带与带轮结合的半径,可以改变传动比。金属带无级传动变速器的速比变化范围 $i=0.445\sim 2.6$,$i=1$ 时传动效率最高(约 92%)。

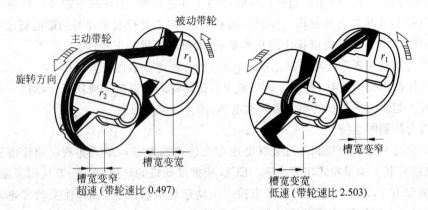

图 4.5.2   无线传动变速器结构原理图

传动带由大约 280 块套在柔性钢带上具有 V 形侧面的冲压钢片组成,每个精加工件由高摩擦钢制造,两个带轮间的动力传递是靠作为推力块的金属片的推力实现的,它们通过两个薄的带环在两个带轮之间导向。

2. 电磁动力离合器的工作

图 4.5.3 为电磁动力离合器的结构示意图。电控无级变速器(ECVT)微机发出励磁电流到励磁线圈,磁化金属粉末逐步吸附在一起,将输入元件与输出元件锁在一起,从而平稳地将发动机转矩传到主动带轮。励磁线圈通电截止后,金属粉末恢复到未被磁化状态,动力传递中断。

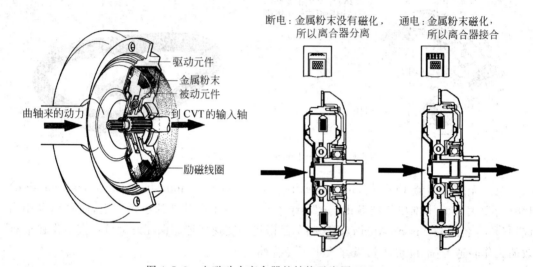

图 4.5.3　电磁动力离合器的结构示意图(Subaru)

3. ECVT 控制系统

ECVT 电液控制系统如图 4.5.4 所示。电控单元用各种传感器识别车辆工作状态作为输入,控制电磁离合器和液压系统。当变速器在"P"或"N"位置时,选挡杆位置开关防止离合器接合。另外,一个制动踏板开关发信号给控制器得知车辆已减速,当控制器收到这一信号后就分离离合器,防止发动机熄火。

加速踏板位置开关通知控制单元驾驶员踏下加速踏板,实现汽车起步。励磁电流给电磁离合器供电,逐步接合并起步。控制器判断车速,在正常行驶车速时励磁电流达到最大。

根据停车、起步平稳改变速比的基本要求,微机还提供如下特性:

① 当发动机在冬季起动以高怠速运转时,不会使离合器接合太猛;

② 在控制系统失效时,有自诊断系统和后备保险装置以防止损坏变速器;

③ 坡上起步时提供小的离合器励磁电流,防止发动机反转。

4. 压力控制阀系统

CVT 速比和夹紧力控制通过装在变速器壳体上的电液阀单元实现。速比由发动机节气门位置信号和主动带轮转速所决定。ECU 根据发动机的转速、车速、节气门开度、换挡控制器(一般仅有 P,R,N,D 选择)信号来控制主动带轮伺服油缸供油,使主动带轮调到要求的工作直径。由于钢带的长度是固定的,在旋转过程中,工作油压迫使被动带轮的工作直径与主动带轮成反比改变,因此工作油压与初级油压成反比变化,并控制作用在钢带上的夹紧

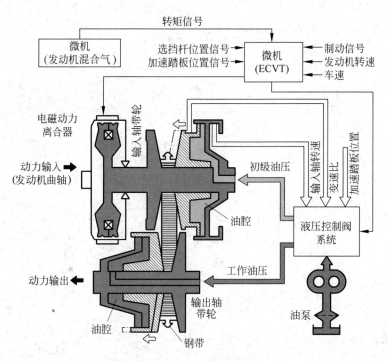

图 4.5.4 ECVT 控制系统(Subaru)

力。油压必须进行调整,以限制滑转损坏和避免载荷过大。夹紧力控制是提高 CVT 传动效率和金属传动带与带轮摩擦副寿命的保证。如果夹紧力过小,金属带与带轮间就会产生滑转,从而降低传动效率并加快金属带与带轮的磨损,缩短使用寿命。金属带与带轮间除带的节圆层外,带与带轮间存在滑动,如果夹紧力过大,也会增加摩擦损失,降低传动效率,还会缩短带的使用寿命。所以要根据传递转矩和速比的大小来确定夹紧力的最佳值。为了保持金属带在带轮稳定的节圆上啮合,主、被动带轮的夹紧力要保持一定比值。根据发动机转速和加速踏板开度得到输入的转矩,再根据主、被动带轮的转速得到速比,ECU 发出指令,由脉宽控制的压力控制阀传递给被动带轮以适当的夹紧力,按传动比,控制阀给主动带轮适当的夹紧力。使其在一定传递转矩和速比下稳定工作。

为了提高可靠性,ECVT 装一个电磁阀在两个限值间控制工作油压。当发动机转矩信号使 ECVT 微机发现输出转矩小于最大值的 60% 时,电磁阀进行调整,给出 LOW 工作油压,降低带轮作用在钢带上的夹紧力,缓冲传动,从而使变速器工作更平稳,消除不断停车-起步时的冲击和碰撞。

当发动机转矩超过最大值的 60% 时,工作油压控制阀进行调整,给出 HIGH 工作油压(比 LOW 高出约 50%),使带轮牢固夹住钢带,从而消除滑转并确保传递最大动力。

参 考 文 献

[1] Chowanietz E. Automobile Electronics. Published on Behalf of SAE,Inc,1995

[2] Goetz M, Levesley M C, Crolla D A. Dynamics and Control of Gearshifts on Twin-Clutch Transmission. Drive System Technique,2006,(9)

第 2 篇　底盘电子控制系统

5 底盘电子控制系统

5.1 汽车防滑控制系统

汽车防滑控制系统由两部分组成：防抱死制动系统(antilock braking system，ABS)和驱动防滑系统(acceleration slip regulation，ASR)。

凡驾驶过汽车的人都有一些体验：在被雨淋湿而带有泥土的柏油路上或在积雪道路上紧急制动时，汽车会发生侧滑，甚至调头旋转；左、右两侧车轮如果行驶在不同的路面上，例如一侧车轮在路面积雪地上，另一侧车轮在柏油路面上，紧急制动时，汽车就会失去方向控制；高速行驶在弯道上进行紧急制动，有可能从路边滑出或闯入对面的车道；在直道上紧急制动可能无法躲避障碍物等危险情况……

防抱死制动系统就是为了防止或减少这些危险状况的发生而研制的。它是在制动过程中防止车轮被制动抱死，提高汽车的方向稳定性和转向操纵能力，缩短制动距离的安全装置。

而在附着系数比较低的路面上起步、加速和拐弯时，驱动车轮会发生滑转甚至不能前进或出现侧滑等危险情况，驱动防滑控制系统就是防止驱动车轮发生滑转，提高汽车在驱动过程中的方向稳定性、转向操纵能力和加速性能的安全装置。它一般要通过牵引力控制来实现驱动车轮的滑转控制，所以又称为牵引力控制系统(traction control system，TCS)。现代高级轿车，一般把 ABS 和 TCS 合并起来，组成汽车统一的防滑控制系统。

5.1.1 ABS 与 TCS 的发展历史

尽管 ABS 早就开始应用于火车与飞机，但首次应用于汽车是在 1954 年，Ford 公司把法国生产的民航机用 ABS 应用到林肯牌轿车上。[1]20 世纪 60 年代后期和 70 年代初期，一些电子控制的防抱死制动系统开始进入产品化阶段。如凯尔塞·海伊斯(Kalse-Hayes)的两轮防抱死制动系统(Sure-Track)，克莱斯勒公司和本迪克斯(Bendix)合作研制的 Sure-Brake。进入 70 年代后期，数字式电子技术和大规模集成电路的迅速发展极大地推动了 ABS 技术的发展。1978 年 BOSCH 公司为 Mercedes Benz 公司配套生产了 ABS 2 型，开始批量生产 ABS 装置，揭开了现代 ABS 生产的序幕。此后 Teves 公司 1984 年推出整体 ABS，1990 年德科(Delco)推出 ABS Ⅵ，使 ABS 的生产不断走向成熟。而 1995 年 BOSCH 公司生产的 ABS 5.3 型，质量小(为 2.5 kg)，体积小(为 100 mm×80 mm×160 mm)，采用微型混合电路，可靠性好，标志着 ABS 已进入成熟期。从而使 ABS 作为汽车的标准设备已是不容争辩的事实。ABS 之所以迅速发展，是因为它在减少交通事故中的作用。1986 年德国保险公司对涉及装备了 ABS 系统的汽车的交通事故进行了调查与分析，人员伤亡减少 17.4%，事故数量减少 7.1%，车辆损伤减少 13.9%。目前全世界汽车保有量已接近 10 亿辆，我国汽车的保有量已突破 7000 万辆，汽车引起的交通事故已成为世界性问题，因此 ABS 作为一种安全装置，理所当然地会日益受到人们的重视。

汽车 ASR 是伴随着 ABS 的产品化而发展起来的，它实质上是 ABS 基本思想在驱动领域的发展和推广。别克(Buick)公司在 1971 年研制了电子控制装置自动中断发动机点火,以减少发动机的输出转矩,防止驱动轮发生滑转的驱动防滑系统。世界上最早比较成功的汽车电子驱动防滑装置是在 1985 年由瑞典 Volvo 汽车公司试制生产的,并安装在 Volvo760 Turbo 汽车上,该系统称为电子牵引力控制(electric traction control,ETC),是通过调节燃油供给量来调节发动机的输出转矩,从而控制驱动轮滑转率,产生最佳驱动力。[2]1986 年在底特律汽车巡回展中,美国 GM 汽车公司 Cheverolet 分部在其生产的克尔维特·英迪牌轿车上安装了 ASR 系统,为 ASR 的发展作了良好的宣传。同年 12 月,BOSCH 公司的 ABS/ASR 2U 第一次将制动防抱死技术与驱动防滑技术结合起来应用到 Mercedes S 级轿车上,并开始了小批量生产;[3]与此同时,Benz 公司与 Wabco 公司也开发出了 ASR,并应用在货车上[4]。1987 年,BOSCH 公司在原 ABS 与 ASR 的基础上开始大批量生产两种不同形式的 ASR,一种是可保证方向稳定性的完全通过发动机输出转矩控制的 ABS 与 ASR 系统,另一种是既可保证方向稳定性,又可改善牵引性的驱动轮制动力调节与发动机输出转矩调节综合控制的 ABS 与 ASR 系统。同年 9 月,日本 Toyota 汽车公司也在其生产的 Crown 牌轿车上安装了 TCS。1989 年,德国 Audi 公司首次将驱动防滑调节装置安装在前置前驱的 Audi 轿车上。截至 1990 年底,世界上已有 23 个厂牌的 50 余种车型安装了驱动防滑装置,并且许多厂家开始削减四轮驱动车型号,而改为发展 ASR 系统。1993 年,BOSCH 公司又开发出了第五代 ASR,使其结构更紧凑,成本大大降低,可靠性增强。

ABS 与 ASR 大多都组合为一体,并且正朝着与主动悬架、半主动悬架、电控液压转向、电子控制自动变速器等组合装置的方向发展,成为改善汽车性能不可缺少的一环。同时随着技术的发展,也必将进一步降低成本。

5.1.2 汽车防滑控制系统的基本原理[1,12]

汽车的运动状态主要是由轮胎与地面之间纵向力和侧向力决定的,而这些力又都和道路的附着情况、车轮的转动情况密切相关。车轮的转动情况可以分为 3 种:自由滚动、加驱动力矩的滚动、加制动力矩的滚动。

自由滚动时,$v=\omega r$(图 5.1.1(a))。制动时,由于制动力矩 T_μ 的作用会拉长轮胎向前滚动一边的弧长,使得 $\omega r < v$(图 5.1.1(c)),极端的工况是车轮抱死,$\omega=0$,车轮在地面上拖滑,而一般情况是又滚又滑。引入滑动率 S_b 来表示车轮在地面滑动的程度,定义 $S_b = \dfrac{v-\omega r}{v}$。显然,当 $\omega=0$ 时,$S_b=1$;而当 $v=\omega r$ 时,$S_b=0$。当车轮是驱动轮时,由于驱动力矩的作用,会压缩车轮向前滚动一侧的弧长,使得 $\omega r > v$(图 5.1.1(b)),极端的工况是车轮完

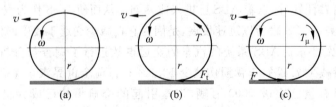

图 5.1.1　车轮三态

(a) 自由滚动;(b) 加驱动力矩的滚动;(c) 加制动力矩的滚动

全滑转，$v=0$。引入滑转率 S_t 来表示车轮滑转的程度，定义 $S_t = \dfrac{\omega r - v}{\omega r}$。当 $v=0$ 时，$S_t=1$；当 $\omega r = v$ 时，$S_t=0$。轮胎与地面之间的纵向附着系数用制动力系数（或驱动系数）表示，即

$$\varphi_b = \frac{F_x}{F_z} \quad \text{或} \quad \varphi_t = \frac{F_t}{F_z}$$

式中，F_z 为轮胎与地面之间的垂直载荷；φ_b 为制动力系数；φ_t 为驱动力系数；F_x 为轮胎与地面之间的制动力；F_t 为轮胎与地面之间的驱动力。

轮胎与地面之间的侧向力系数 φ_L 定义为

$$\varphi_L = \frac{F_L}{F_z}$$

式中，F_L 为轮胎与地面之间的侧向力。

实验证明，弹性轮胎与地面之间的附着系数与 S_b，S_t 的大小有关，见图 5.1.2。

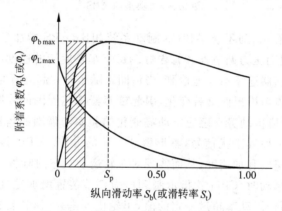

图 5.1.2　附着系数与车轮滑转率的关系

通常当 S_b（或 S_t）在 $15\%\sim30\%$ 之间时，φ_b（或 φ_t）具有最大值，即 φ_p，对应的峰值滑动率（滑转率）为 S_p；而在干路面上当 S_b（或 S_t）$=1$ 时，φ_b（或 φ_t）要比 φ_p 小 $10\%\sim20\%$，湿路面上还要小得多；当 S_b（或 S_t）为零时，侧向力系数 φ_L 最大。

从图 5.1.2 还可以看出，在自由滚动时，侧向力系数最大，而在 S_b（或 S_t）$=1$ 时，侧向力系数很小，几乎为 0。也就是说，制动时车轮完全抱死（$S_b=1$），驱动时车轮完全滑转（$S_t=1$），都会使汽车失去承受侧向力的能力，也就是说不能抵抗外界的横向力，例如坡道的侧滑力、横向风力等，汽车就会在道路上发生横向滑动。一般在峰值附着系数滑动（转）率 S_p 附近，其侧向力系数可达最大侧向力系数的 $50\%\sim75\%$。因此如果将车轮的转动状态控制在 S_p 附近，车轮的纵向附着系数最大，同时也有比较大的侧向力系数，从而保证汽车不仅具有最大的制动（驱动）力，而且具有较大转向力和防止侧滑的侧向力，因此提高了转向操纵能力和方向稳定性。ABS 要将车轮的 S_b 控制在 0.2 左右；而 ASR 要将 S_t 控制在 $0.05\sim0.15$ 之间，如图 5.1.2 中的阴影部分所示。

5.1.3　ABS 的构成[2,3,6,16]

图 5.1.3 显示了一个典型的 ABS，它的两个前轮的制动压力可以独立进行控制，称为独立控制，而两个后轮只有一个轮速传感器是一同进行调节的。在 ABS 中，能够独立进行

制动压力调节的制动管路称为控制通道。该系统具有 3 个独立进行压力调节的管路,所以称为三通道系统。一般轿车的 ABS 按通道数可分为四通道、三通道、二通道和单通道。目前大多数汽车都采用三通道或四通道的系统,而 6×2 的货车可以有六通道的系统。

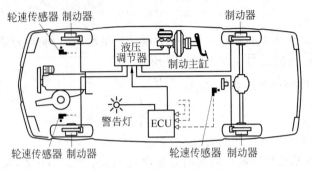

图 5.1.3　典型的 ABS

由图 5.1.3 可以看出,与不装 ABS 的制动系统相比,ABS 增加了车轮轮速传感器,电子控制单元(ECU)、制动压力调节器和警告灯。每个车轮旋转的速度即轮速是由安装在车轮上的电磁式轮速传感器连续不停地检测,当齿圈跟随车轮一起旋转时,传感器中的铁芯与齿圈之间的间隙随齿顶与齿根而交替变化,引起传感器铁芯周围的线圈中的磁通量交替变化,从而产生交替的感应电动势。感应电动势变化的频率与齿圈的齿数相对应。传感器产生的电压信号经滤波去掉其干扰信号,整形得到 5 V 的方波。CPU 接收方波脉冲后,就可以计算出车轮旋转的速度和加速度,从而实现对车轮运动状态的监测与分析。

当车轮高速旋转制动时,CPU 就指示制动压力调节装置增加轮缸的制动压力(简称加压),以增大制动力矩;当滑动率超过一定的值,车轮快要抱死时,就要减少轮缸的制动压力(简称减压),以减少制动力矩;而当车轮的滑动率达到最佳区域时,就希望保持轮缸的制动压力(简称保压),将其维持在最佳状态。不断地检测轮速,不断地进行制动压力调节,使车轮的滑动率控制在 10%～30% 之间。

当 ABS 系统出现故障时,就点亮装在仪表板上的警告灯,提示驾驶员 ABS 系统出现了故障,同时将系统退出 ABS 的控制恢复到常规制动状态。

1. 制动压力调节器[3,5]

制动压力调节器的主要作用是接受 ECU 的指令、调节制动轮缸中的制动压力。主要有液压式和气压式两类。

1)液压式制动压力调节器

下面以 BOSCH 公司的 5.3 型为例予以说明。其液压原理见图 5.1.4。

它的制动压力调节采用的是二位二通阀,关闭出油阀打开进油阀,油压增加;关闭进油阀,打开出油阀,油压减少;进油阀和出油阀同时关闭,保持压力不变。蓄能器用来吸收减压时从出油阀出来的

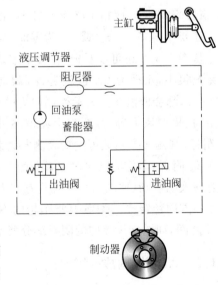

图 5.1.4　BOSCH ABS 5.3 型的液压原理图

浪波,阻尼器用来减少噪声和振动,特别是减少制动踏板的反弹。

2) 气压式制动压力调节器

气压式制动压力调节器的代表是 WABCO D 型 ABS。

气压 ABS 电磁阀是一种三位三通阀,其结构简图如图 5.1.5 所示,口 1 通向制动踏板或者继动阀,口 2 通向制动气室。Ⅰ 为加压电磁阀,Ⅱ 为减压电磁阀。

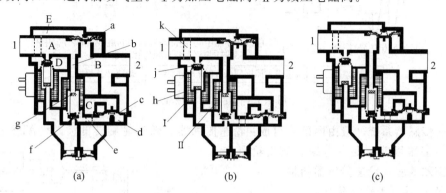

图 5.1.5 气压 ABS 电磁阀工作过程
(a) 加压;(b) 减压;(c) 保压

电磁阀工作过程分为加压、减压、保压 3 个过程。

（1）加压

图 5.1.5(a)为加压状态。加压阀和减压阀均不通电。两阀的衔铁靠回位弹簧预紧力将阀口 j 和阀口 f 封闭。腔 A 中的气压迅速顶起进气膜片 a,打开进气口,气流进入 B 腔,进而进入制动气室。同时,信号气顺着通道 b 进入 d 腔,顶起排气膜片 c,关闭排气口。这样,空气直接由 A 腔进入 B 腔,继而进入制动气室。

（2）减压

图 5.1.5(b)为减压状态。当 ECU 检测到车轮抱死后,发出减压指令,加压阀和减压阀同时通电。加压阀通电吸合,关闭阀口 h,打开阀口 j,信号气经通道 k 进入 E 腔,压下膜片 a,关闭进气口,阻断空气由 A 腔进入 B 腔。同时,减压阀通电吸合,关闭阀口 g,打开阀口 f,B 腔中的空气将膜片 c 压下,排气口打开,空气经 C 腔,再通过通道 e 进入大气。这样,B 腔中的空气由排气口排出,制动气室中气压降低。

（3）保压

图 5.1.5(c)为保压状态。加压阀通电,减压阀不通电。由于减压阀不通电,信号气经通道 b 进入 d 腔,封住排气口。同时,加压阀通电吸合,同减压状态一样,阻断空气进入 B 腔。这样,保持制动气室压力不变。

2. 轮速传感器系统及其输入电路[3,4,10]

ABS 的控制需要一系列的计算参数,其中最主要的是轮速、轮加速度、参考车速和滑移率等。轮速输入信号是这些参数计算的基础。微控制器识别轮速输入信号,通过各自的算法程序依次计算出轮速、轮加速度、参考车速和滑移率,并将轮加速度和滑移率参数用于控制。平滑准确的轮加速度和滑移率参数是进行控制的关键,简单的算法有时根本无法用于控制。

轮速参数的取得是硬件电路部分和软件算法部分相配合的结果。图 5.1.6 是轮速处理过程,对于不同的处理方式有以下两个共性:

① 轮速信号要转换成方波输入;

② 需要高速输入捕捉口,记录跳变时间。

这分别决定了轮速处理硬件和软件的基本特征。

图 5.1.6 轮速处理过程

轮速传感器系统一般由两部分组成:轮速传感器和随车轮旋转的齿圈。ABS 和 ASR 的轮速传感器目前主要有电磁感应式轮速传感器和霍尔效应式轮速传感器两种。

1) 电磁感应式轮速传感器

电磁感应式轮速传感器的基本结构见图 5.1.7。

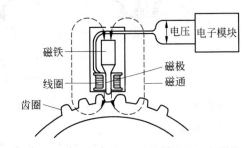

图 5.1.7 电磁感应式轮速传感器的基本结构

齿圈是由铁磁性材料如 35 钢制作的运动件,安装在随车轮一起转动的半轴、轮毂、制动盘上,一般都采用静配合的方式,要求在制动发热时不得松动。可以采用加热装配的方法,如加热到 180℃以上,保温 5～10 min,将齿圈与轮毂装配。装配时不能用金属物体敲击齿圈,以防敲坏齿形。齿圈表面采用镀锌或镀铬方法进行保护。齿形的分度误差要保证足够的精度。轮速传感器是静止不动的,一般安装在制动底板、转向节等部件上。根据轮胎在标准使用条件下的动半径确定一个基准的车轮半径来计算车速,表 5.1.1 是齿圈设计的例子。

表 5.1.1 轮速传感器齿圈的结构参数表

参数符号	符 号 含 义	标准值	允许偏差	设 计 值
z	基准齿数	52	5％×z	53
t	齿节距/mm	≥4.1		前 6.16;后 9.01
A/t	齿槽宽/齿节距	0.5～0.6	±10％	前 0.65;后 0.56
d_k	齿顶圆直径/mm	≥60	±0.05	前 116;后 172
h	齿深/mm	≥2.5 .	±0.1	3
b	齿长/mm	≥10		前 12;后 16
A	齿槽宽/mm	由 A/t 决定	±10％	前 4;后 5
α	压力角/(°)	0～20	±1	0
a	端面跳动/mm		无要求	0.05
R_A	齿顶圆角半径/mm		±0.1	0.05
R_C	齿根圆角半径/mm	≤0.6	±0.2	0.05
	齿形	梯形＋矩形		矩形齿

注:基准车轮半径 r=303 mm。

安装中最重要的是保证传感器和齿圈间的间隙,一般小于 1 mm。传感器的固定方式有两种:一种是用螺栓固定死,间隙由制造公差保证;一种采用弹簧卡箍,其间隙在安装中是可以调整的,如图 5.1.8 所示。

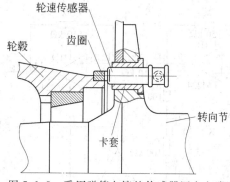

图 5.1.8　采用弹簧卡箍的传感器固定方式

当把传感器和弹簧卡箍推进夹持体中后,在传感器和夹持体之间就产生一个摩擦力(100~200 N),这个力使传感器在夹持体的弹簧卡箍中依靠摩擦锁紧。由于车轮轴承的间隙和其他公差的存在,当出现任何位移,尤其是在车辆转弯时,传感器可以自动地调整。当齿圈与传感器产生摩擦时,传感器同样可以移动,从而保证传感器不被磨坏。轮速传感器相对齿圈的安装形式有不同的布置,一般分径向安装和轴向安装两种,如图 5.1.9 所示。

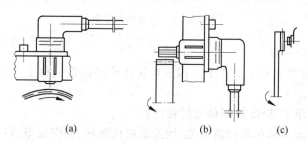

图 5.1.9　轮速传感器的安装形式
(a) 齿形(径向安装,径向信号);(b) 菱形(轴向安装,径向信号);(c) 柱形(轴向安装,轴向信号)

轮速传感器测量轮速的基本原理见 1.2.2.2 节。

设车轮滚动半径为 R,齿轮齿数为 n,轮速传感器得到的正弦波的周期为 T,则轮速

$$v = \frac{2\pi R}{nT}。$$

对轮速处理电路的要求如下。

(1) 轮速处理电路应在要求的工作范围内产生与轮速正弦信号一一对应的方波信号

这里要求的工作范围包括传感器与齿圈间隙的范围和车速的范围。传感器与齿圈的间隙一般为 0.1~1 mm。ABS 控制所对应的车速范围为 5~260 km/h(或更高),所以传感器的工作频率大约为 50~3000 Hz(随车型有所不同)。

(2) 抗干扰能力强

图 5.1.10 是一种抗干扰的电路。这是有一定迟滞的过零触发器,迟滞量为 0.1~0.5 V。

(3) 对传感器断路、短路的检测能力强

轮速传感器故障最多的就是断路与短路,因此轮速电路必须和软件配合起来才能够检测到这些故障。

图 5.1.11 是某研究单位设计的一种轮速处理电路[24],电路的带宽为 0.01~2 kHz,信

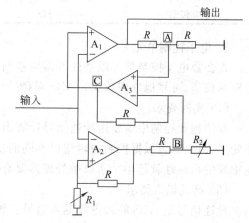

图 5.1.10　过零锁止触发器

噪比为 150 dB,输入信号幅度变化范围大(0.05~50 V),完全满足了 ABS 的需要。

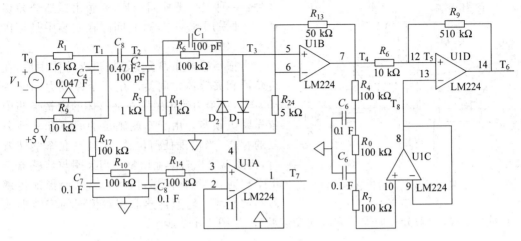

图 5.1.11 轮速处理电路

2）霍尔式轮速传感器

霍尔效应的具体原理见 1.2.1 节。霍尔式轮速传感器是一种主动式轮速传感器,其主要特点如下:

① 信号可直接用于 ABS 控制单元的接口;

② 输出信号的大小和车轮转速无关,因此低速性能好、响应频率高;

③ 工作间隙要比磁电式的大;

④ 抗干扰能力强;

⑤ 结构简单,质量轻,尺寸小,因此可以将传感器安装在车轮的轴承内。

表 5.1.2 是某二线制霍尔式轮速传感器的技术参数。

表 5.1.2　霍尔式轮速传感器技术参数

项　目	参　数	项　目	参　数
间隙	(1.0 ± 0.5)mm	输出"ON"	14 mA
使用温度	$-40\sim150\,^{\circ}\!\mathrm{C}$	输出"OFF"	7 mA
输入电压	$4.5\sim20$ V	上升时间和下降时间	$1.5\,\mu s$(最大值)
响应频率	$1\sim2500$ Hz	最小直径	9.4 mm

3. 电子控制单元[3]

大多数电子控制单元以微处理器为基础,采用专用集成电路,一般至少有一个微处理器来确保快速、可靠地处理数据。ABS 对微处理器的基本要求如下。

（1）实时要求

在防抱死控制中需要由轮速信号计算出车轮的加/减速度和滑移率,由这两个值判断出车轮是否抱死,再根据控制逻辑施以不同的反应动作。显然,抱死的状态检测得越及时,车轮抱死的可能性就越小。所以微处理器要有较高的处理速度。

（2）高速输入要求

轮速信号是 ABS 的最重要输入信号。轮速信号的频率大小跟轮速传感器的齿圈齿数、轮胎滚动半径和车速有关,如前所述,范围在 50~3000 Hz 之间。一般系统中有 4 个轮速传感器,如果采用中断处理的方式,每个轮速信号都要产生一个中断。因此微处理器的中断处理工作量是很大的。有可能发生这样的情况:在整个控制循环中,微处理器的时间都花在了轮速信号的接收上。因此高速输入捕捉口的数量及性能很重要。

（3）定时器要求

无论是输入的轮速信号,还是由此计算的轮加速度和滑移率都跟时间有关,因此 ABS 微处理器至少要有两个硬件定时器。

（4）寄存器和运算能力要求

由于 ABS 涉及较多的数学运算,所以微处理器需具有较多的寄存器和较强的数学运算能力(至少支持 16 位×16 位的乘法和 32 位/16 位的除法)。ABS 性能的高低与主芯片的运行速度和计算能力有很大关系。

（5）I/O需求

ABS 的输入有轮速信号、踏板信号、诊断信号等,需要驱动的有电动泵、电磁阀、故障灯,还要进行自检自诊断等,因此微处理器应有足够数量的 I/O 口。

（6）电磁兼容性要求

ABS 安装在车辆上,所受的电磁干扰是比较大的,因此微处理器应有很好的电磁兼容性能。

（7）ABS 对主芯片的定时资源、通信功能、存储器容量等的要求

简单、便宜的两通道 ABS 控制器是 8 位机,例如 Motorola 的 MC68HC11A8,而对于 4 通道 ABS 需要更快、更精确的高性能的 16 位微处理器,例如 Motorola 的 MC68HZ16Z,它有一个独立处理轮速的处理单元,还有 Infineon 公司的 XC164 等。

图 5.1.12 显示了 MR20 的 ECU 框图。这是一个 ABS 和 ASR 集成的系统,并且带电

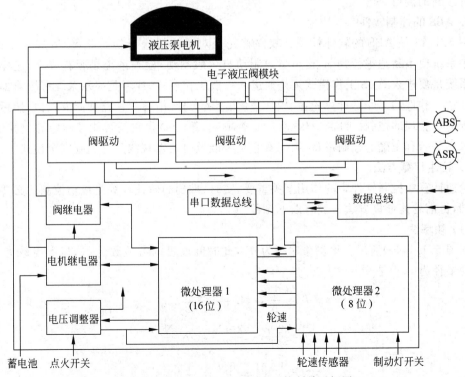

图 5.1.12 双 CPU 的 ABS 电子控制单元框图

子制动力分配功能。该 ECU 具有两个微处理器,一个是 8 位机,另一个是 16 位机。8 位机用于车轮轮速信号的输入与计算,典型的 ABS 必须每 5～10 ms 对轮速进行一次计算;此外,8 位机还要检测制动的操作和电源电压。16 位机根据 8 位机提供的车轮轮速来计算轮加速度(或减速度),参考车速、车轮滑动率完成 ABS 控制逻辑的判断,对电磁阀下达控制命令。参考车速是对真实车速的一个估计值,是一个在制动过程中随时间减少的量,由它来预置目标滑移率,并以此来控制制动压力的降低。

该电子控制单位还包括输入电路、电源电路、输出电路、故障诊断电路等。

ABS 的执行部件主要是电磁阀和电动泵,这两个部件都需要较大电流驱动。驱动电路参见 1.3 节。

两个 CPU 通过串口相互通信,同时通过 CAN 总线与汽车的其他系统进行数据交流。

电子控制单元的电源主要有两路:一路是给 CPU 芯片和集成电路供电用的 5 V 电源;另一路是给继电器提供驱动的电源,有 12 V 和 24 V 两种。电源要求在供电电压波动时能提供稳定的电源,并且在输出功率最大时能提供足够的功率。

4. 故障诊断

故障诊断电路是 ECU 很重要的部分,是系统安全的保证。当 ABS 发生故障时,一定要退出 ABS 的控制,使系统恢复到常规的制动。故障诊断的内容一般包括轮速传感器的故障、电磁阀的故障和电源故障。轮速传感器的故障类型有:轮速传感器断路、短路;轮速传感器与齿圈间隙过大;齿圈损坏使传感器波形发生畸变等。电源故障表现为电源电压过低或者断路。电磁阀、电机的故障主要有断路、短路等。任何故障的发生 CPU 都记录在案,并且点亮警告灯,提醒驾驶员,所以要有警告灯的驱动与返回电路。电子控制单元上一定要有诊断的接口。

5. ABS 的控制软件[6,17～19]

图 5.1.13 是 ABS 的软件框图。软件首先是对单片机进行初始化,然后进入主循环。循环中系统要不断地进行判断,区分紧急制动与一般制动,检查系统是否有故障,这样才能确定系统是要进入 ABS 工作模式还是要进入一般工作模式,或者是显示系统有故障提醒驾驶员注意。软件的工作是计算轮速、轮加速度、参考车速、滑移率和路面附着系数,然后对制动系统进行合理的控制。判断 ABS 软件是否成功,第一要看它是否能准确地算出控制量,第二看它是否有正确的控制逻辑,第三看它是否能及时地发现故障并退到安全模式。

6. 轮速计算方法

轮速计算在控制软件中的作用至关重要,实时、准确的轮速计算是成功控制的必要条件和基础,目前轮速计算方法一般有以下几种。

(1)频率法

如图 5.1.14(a)所示。设测量时间为 T_0,此时间段里的方波数为 N,齿圈齿数为 z,车轮滚动半径为 r,于是

$$T = \frac{T_0}{N}, \quad K = \frac{2\pi r}{z}$$

$$v = \frac{2\pi r}{zT} = \frac{2\pi rN}{zT_0} = K\frac{N}{T_0}$$

$$\delta = \left|\frac{\Delta v}{v}\right| = \frac{\mathrm{d}N}{N} = \frac{1}{N}$$

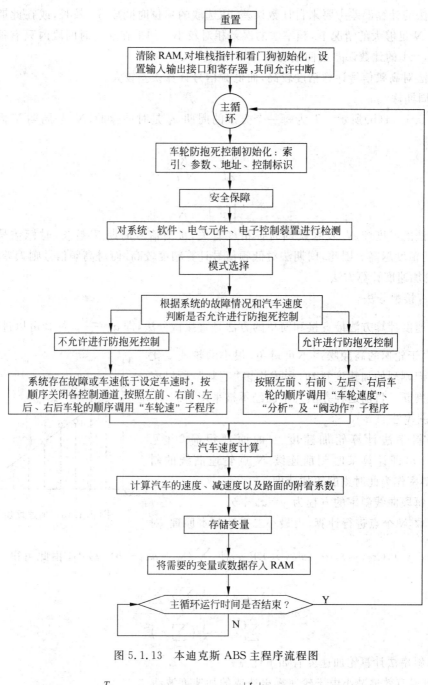

图 5.1.13　本迪克斯 ABS 主程序流程图

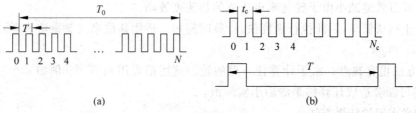

图 5.1.14　轮速计算方法

(a) 频率法；(b) 周期法

频率法的计算误差主要来自计数误差,在选取的单位时间段 T_0 较长,或在此期间轮速脉冲个数 N 足够大的情况下,频率法的误差相对较小。如果在这一时间段内只有很少几个轮速脉冲,± 1 的计数误差会使精度大大降低。

频率法对高频信号计算精度较高,而低频信号计算误差较大。

（2）周期法

如图 5.1.14(b)所示。T 为每一个方波的周期,t_c 是时钟脉冲,N_c 是周期 T 内的时钟脉冲数,则

$$v = \frac{2\pi r}{zT} = \frac{K}{N_c t_c}$$

$$\delta = \left| \frac{\Delta v}{v} \right| = \frac{1}{N_c}$$

周期法的精度和 N_c 及系统的时钟精度有关,被测信号周期 T 越长,时标信号频率越高,测量的精度越高。因此,周期法对低频信号计算精度较高,而对高频信号则误差较大。

7. 轮加速度计算方法

（1）直接微分法

轮加速度计算方法最直接和简单的方法是直接微分法,即 $a = \frac{\Delta v}{\Delta t}$。尽管可以进行插值、平滑,但由于轮速的高频噪声不可避免,很小的轮速变化就可能引起剧烈的加速度抖动,形成许多"毛刺",所以容易造成误判断。目前这种方法几乎已经不被采用了。

（2）斜率法

采用斜率法计算轮加速度[11]的原理很简单（见图 5.1.15）,即计算某时刻前连续 N 点轮速曲线的斜率,将此斜率作为此时刻的轮加速度。

假设每段曲线斜率的方程为 $y = ax + b$。

每次取 N 个点进行计算,由最小二乘法基本原理,对

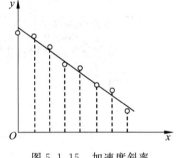

图 5.1.15　加速度斜率

拟合点 $(x_1, y_1), (x_2, y_2), \cdots, (x_N, y_N)$ 求 a,使 $\sum\limits_{i=1}^{N}(y_i - ax_i - b)^2$ 最小,由此可得

$$a = \frac{\sum\limits_{i=1}^{N} x_i y_i - \frac{1}{N}\sum\limits_{i=1}^{N} x_i \sum\limits_{i=1}^{N} y_i}{\sum\limits_{i=1}^{N} x_i^2 - \frac{1}{N}\left(\sum\limits_{i=1}^{N} x_i\right)^2}$$

采用斜率法计算轮加速度有如下优点:

① 可以有效地减小由于轮速噪声造成的加速度波动。

② 由于算法简单,因此执行速度快,计算时间短。运用移位来代替乘法和除法,整个计算过程仅需 $90\ \mu s$。

这种方法也有缺点。由于计算任一点的轮加速度都要用到 N 个（例如 8 个）以前的轮速值,这样可能会造成计算结果滞后于实际值。

8. 参考车速的计算方法

参考车速的计算在控制软件中是非常重要的一部分,只有计算出可靠的参考车速才能

得到正确的滑移率,实现正确的控制逻辑。目前参考车速的计算一般分为软件方法和硬件方法两类。

硬件方法包括使用雷达测速仪和使用加速度传感器进行硬件积分。通过多普勒雷达测速仪可以直接得到瞬时车速。但这种方法需要增添系统硬件,成本较高,所以很少被采用。

目前大多数 ABS 厂家都是通过软件方法利用车轮速度计算参考车速,下面介绍几种常用的方法。

(1) 固定斜率法

BOSCH 公司控制逻辑介绍了用固定斜率法计算参考车速。[1]制动初始时,当轮减速度低于阈值$-a$时,将此刻的车速定为车体参考车速 v_{ref0},此后参考车速按照设定的减速度 j 计算:$v_{ref} = v_{ref0} + jt$。这种方法虽然简单,但是由于不同的路面提供给车辆的减速度不同,因而适应不同路面的能力较差:当路面附着系数大于设定值时,制动时实际的车体减速度要比设定值 j 大(绝对值),这样计算所得的参考车速要比实际车速高,计算滑移率比实际车轮滑移率大,造成进入控制太早,制动不足,制动距离加长;当路面附着系数小于设定值时,制动时车体减速度比设定值小,计算参考车速比实际车速低,计算滑移率比实际滑移率小,造成进入控制太晚,车轮容易抱死,制动稳定性变差。

(2) 耦合加速度传感器的软件算法

利用附加的加速度传感器测量制动过程中车辆的减速度,计算参考车速时,用实测的减速度作为参考车速下降的斜率。这种方法可以避免由于斜率设定不当所造成的计算误差;不足的是需要增添硬件设备,并且由于车体的振动和俯仰等影响,减速度测量和计算会受到高频噪声的影响,实际的试验数据也表明,加速度传感器的数据毛刺很多,需要进行滤波和平滑,这样又为硬件系统增添了负担。针对定斜率下降的局限性,许多文献对其作了改进。

(3) 最大轮速斜率法

另一种计算参考车速的方法是最大轮速斜率法。[11]在防抱死控制过程中,4 个车轮同时出现抱死的几率较小,总存在一个最大轮速 v_{max},采集各时刻的最大轮速并计算其变化斜率,用最大轮速的斜率 $A_{v_{max}}$ 代替瞬时的车体减速度 j 来计算参考车速。

9. 控制逻辑

ABS 的控制逻辑目前主要使用的是阈值控制方法。下面以 BOSCH 公司在直线高附着路面的控制逻辑为例予以说明。

BOSCH 公司的控制逻辑以轮加速度为主门限,滑移率为辅门限,其中轮加速度门限有:$-a$,$+a$,$+A$;滑移率门限有 S_1,S_2。

如图 5.1.16 所示,在制动的开始阶段,随着制动压力 p 的增大,车轮的减速度也在增大,直到车轮的减速度到达设定的控制阈值$-a$(第 1 阶段)。此时,需要对车轮的参考滑移率与设定的滑移率控制门限 S_1 比较。如果车轮的参考滑移率小于 S_1,说明车轮的滑移率偏小,进入制动压力的保持阶段(第 2 阶段),使车轮充分制动,直到车轮的参考滑移率大于阈值 S_1 时,说明车轮进入不稳定区域,便进入制动压力减小阶段(第 3 阶段)。随着车轮制动压力的减小,车轮减速度开始减小。当车轮的减速度再回到减速度控制门限$-a$时,就进入制动压力保持阶段(第 4 阶段)。系统执行一个给定时间长度的保压,在设定的压力保持时限内,由于制动系统惯性的作用,车轮仍在加速,如果车轮的加速度不能超过加速度控制门限+A,则判定路面情况为低附着系数,此后的控制过程按在低附着系数路面的控制过程进行;如果车轮的加速度超过了加速度门限+A,此时(第5阶段)增加制动压力,直到轮加速度回落到小于+A。保持制动压力(第6阶段),由于系统的惯性,轮加速度继续回落。当轮加速度小于+a之后,说明车轮已回复到稳定区域,并且制动力略微不足,为使车轮在较长的时间内处于稳定区域,对制动压力进行慢升压(第7阶段),使制动轮缸的制动压力以较低的斜率上升,直到车轮的减速度再次低于控制阈值-a,进入到一个新的控制循环。

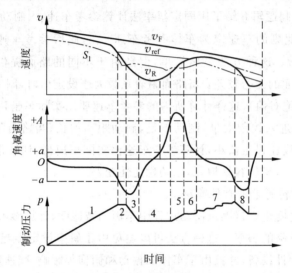

图 5.1.16　高附着路面的控制过程

v_F—汽车实际速度;v_{ref}—汽车参考速度;v_R—车轮速度

图 5.1.17 是某 ABS 控制器在高附着路面直线制动 4 轮独立控制的控制效果,制动初速度为 50 km/h。图中显示的是左前轮的控制曲线,控制一般能使车轮的滑移率保持在 0.05~0.2 之间。

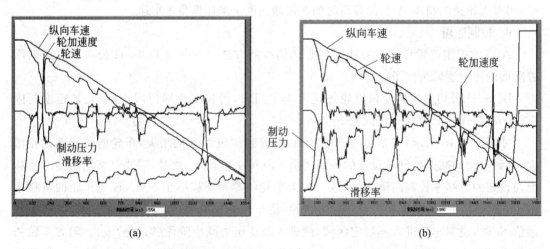

(a)　　　　　　　　　　(b)

图 5.1.17　高附着路面直线制动控制

(a) 干沥青路面;(b) 厚水膜路面

5.1.4 驱动防滑系统[14,21]

驱动防滑系统（ASR）是为了保证汽车在低附着路面上起步、加速、拐弯行驶的稳定性，提高汽车加速性能的主动安全装置。为了防止驱动轮打滑就需要对汽车的驱动车轮进行控制，基本方法有如下几种。

(1) 调节发动机的输出转矩

经常使用的办法有调节节气门的开度；调整发动机的点火参数或燃油供给参数。一般来说，调节节气门开度的反应时间要慢一些，但加速圆滑，燃烧完全，有利于排放。调整点火时间反应要快，但容易燃烧不充分，造成排气污染，增加排气净化装置的负担。燃油供给调节，实用 ASR 系统通常采用双循环燃油中断喷射法。在两个工作循环内，四缸机有 8 个汽缸参加工作。各缸都不喷射燃油，为发动机制动。分别对 1 缸、2 缸、3 缸……喷射燃油，就可以使发动机得到 8 级转矩输出，但是对一缸或多缸断油，容易造成发动机工作不正常，从而引起不平衡，产生振动。供油中断法与点火延迟控制组合起来，可以得到更好的效果。

(2) 对驱动车轮进行制动控制

对于低附着路面两个驱动车轮都打滑的情况，直接实施制动一般可以使驱动轮转速降到最佳滑转率内，防止驱动轮打滑。但是当车速较高或长时间使用时，制动很容易发热。所以一般用于汽车速度较低的工况，同时多数与节气门开度调节配合使用。

在分离路面上行驶的汽车，对低附着路面一侧的打滑驱动车轮施加制动力矩，可以使在高附着路面一侧的驱动轮提高驱动力。

因为普通差速器的原理是向两侧输出相同转矩，当一侧车轮打滑时，左右车轮的驱动力矩相等。设打滑时的总驱动力矩为 T_E，则每个车轮上的驱动力矩为 $\frac{1}{2}T_E$。地面对每个车轮的驱动力为 F_L，则每个车轮的驱动力矩 $\frac{1}{2}T_E = F_L R$，其中 R 为车轮半径。当只对打滑车轮施加制动力矩 T_B 时（图中 LEXUS 车），则打滑车轮的驱动力矩为 $\frac{1}{2}T_E - T_B$，产生的驱动力仍为 F_L，但不打滑车轮的驱动力为 $F_L + \frac{T_B}{R}$。这时总驱动力矩 T_E 要比原来的转矩 T 增加 $2T_B$，地面的总驱动力为 $2F_L + \frac{T_B}{R}$。图 5.1.18 中 Crown 车是对两个车轮同时施加制动控制，总驱动力为 $2F_L$。

(3) 对可变锁止差速器进行控制

有的汽车在差速器上安装可控差速锁，称为电子控制可变锁止差速器，又称为防滑差速器。这种结构（见图 5.1.19）是差速器在车轮输出端安装多片离合器，利用液压的变化控制离合的程度，使左、右两侧车轮的滑转率控制在一定的偏差之内。

(4) 调整离合器的分离程度和传动系的速比

离合器结合的程度通过液压装置可以减弱结合程度，从而减少输出转矩，但容易造成离合器片打滑烧坏。改变传动系的传动比也可以改变传递到驱动轮的驱动力。

以上方法可以单独采用，但大多是综合采用，各组合的特点见表 5.1.3。

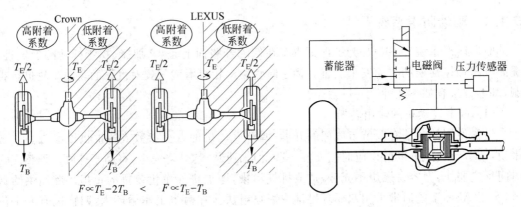

图 5.1.18 驱动力的比较

T_E—发动机转矩；T_B—制动动力矩；F—牵引力

$$F \propto T_E - 2T_B \quad < \quad F \propto T_E - T_B$$

图 5.1.19 差速器锁止控制

表 5.1.3 各种防滑方法性能比较

防 滑 方 法	牵引性	操纵性	稳定性	舒适性	经济性
节气门开度调节	——	—		++	+
点火参数及燃油供油调节	0	+	+	—	++
驱动轮制动力矩调节（快）	++	—	—	—	—
驱动轮制动力矩调节（慢）	+	0	0	0	0
差速器锁止控制	++	+	+	——	——
离合器或变速器控制	+	0	+	—	—
节气门开度＋制动力矩控制（快）	++	++	++	+	—
节气门开度＋制动力矩控制（慢）	+	0	0	+	—
点火参数＋制动力矩控制	+	++	+	+	+
节气门开度＋差速器锁止控制	++	+	+	+	——
点火参数＋差速器锁止控制	++	+	+	+	—

注："——"表示很差；"—"表示较差；"++"表示很好；"+"表示较好；"0"表示基本无影响。

1. ASR 的组成

一般 ASR 是在 ABS 的基础上发展起来的。为了简单和降低成本，ASR 多数与 ABS 集成在一起。图 5.1.20 是 LS400 的 ASR，丰田公司称其为 TRAC 系统（traction control system）。该系统采用发动机控制＋制动控制。

发动机控制中的节气门控制采用的是主辅节气门，见图 5.1.21。主节气门由驾驶员的节气门踏板来控制；辅节气门由步进电机控制，步进电机每步是 0.3°，辅助节气门从全开到全闭的响应时间小于 200 ms。在不进行控制的情况下，由于回位弹簧力的作用，辅助节气门是全开的位置，如图 5.1.21(c)所示，发动机的空气进入量完全由驾驶员脚踩节气门的位置来决定。需要进行控制时，部分关闭辅助节气门，如图 5.1.21(d)所示，减少进入发动机的空气量，同时主、辅节气门的位置都由角度传感器将信号送到发动机管理系统，发动机管理系统会依据得到的各种信息而减小燃油喷入量，使发动机的输出功率和转速降低。于是驱动轮的驱动力矩下降而避免打滑。制动控制的实现是在 ABS 中增加了两个二位二通的隔离阀。ABS 对每一个车轮的制动压力控制是由一个三位三通阀（也可以采用两个二位二通阀）来实现的，如图 5.1.22 所示。

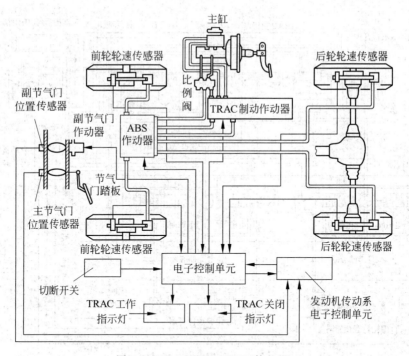

图 5.1.20　LEXUS LS400 的 ASR

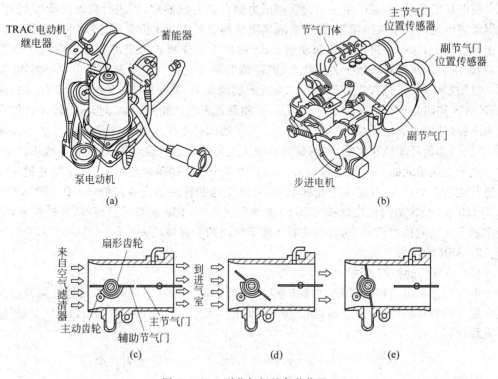

图 5.1.21　副节气门的各种位置

（a）TRAC 制动供能总成；（b）副节气门装置；（c）全开位置；（d）半开位置；（e）全闭位置

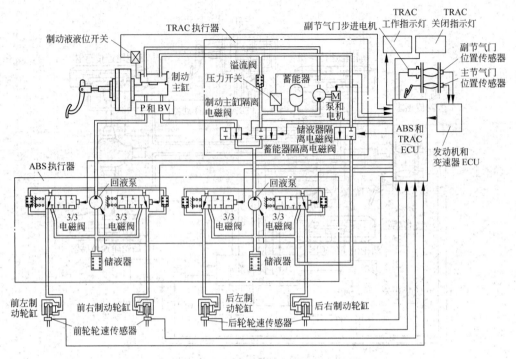

图 5.1.22　ABS/TRAC 防滑控制系统

在电机的带动下,泵产生一定的制动压力储存在蓄能器中,不进行驱动防滑控制时,蓄能器隔离电磁阀处于关闭位置,储液器隔离电磁阀也处于关闭位置,而制动主缸隔离电磁阀处于开通位置,这时可进行常规制动和 ABS 的增压工作模式。当需要进行驱动防滑控制时,制动主缸隔离电磁阀处于关闭状态,而蓄能器隔离电磁阀处于开通状态。ABS 和 ASR 的 ECU 控制三位三通阀来控制后轮中轮缸的制动压力,其保压、加压和减压 3 种模式的实现和 ABS 控制是一样的。加压时,压力由蓄能器进入驱动轮的轮缸。当压力经压力传感器检测不够时,电机驱动油泵进一步加压。三位三通阀处于保压时,车轮处于保压状态。减压时,三位三通阀处于减压位置,同时储液器隔离电磁阀处于开启位置,车轮就是减压状态。

电子控制单元的方框图见图 5.1.23。它由 3 个 8 位的单片机组成。3 个单片机采用串口进行通信。V-CPU 接受 4 个轮速信号、计算轮速和轮加速度并传给 T-CPU 和 A-CPU。A-CPU 负责 ABS 的制动控制和 TCS 的制动控制。T-CPU 主要是进行 TCS 的控制,它接受主辅节气门的位置信号,同时负责驱动辅节气门的步进电机。

2. ASR 的控制方法

(1) 节气门的控制方法[8,14]

节气门控制是 ASR 控制的主要方法,节气门的驱动方式不同,有不同的控制方法。下面介绍一种具体的控制,它应用在 LS400 汽车上。该车采用的目标节气门角度 $\theta_S(t)$ 根据如下方程计算:

$$\theta_S(t) = A\int(v_{rt} - v_r)\mathrm{d}t + B(v_{rt} - v_r) + C - D\int p_B\mathrm{d}t$$

式中,A,B,D 分别为控制的增益;C 为常数;v_{rt} 为控制目标轮速,根据汽车车速和目标滑转率 S_0 确定,$v_{rt} = \dfrac{v_b}{1 - S_0}$,$v_b$ 是汽车车速,可以由汽车的前轮(非驱动轮)来决定;v_r 是车轮实

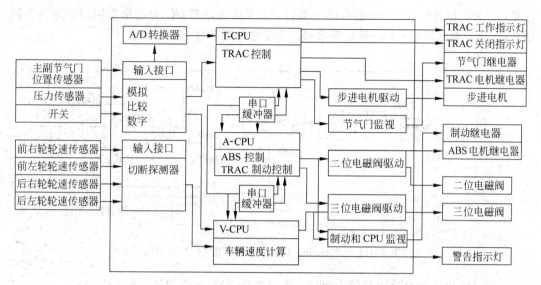

图 5.1.23　ASR 电子控制单元方框图

际轮速,一般取左右两轮的平均值;p_B 为两驱动车轮轮缸中较小的制动压力,可以通过电磁阀的加减压时间计算出来。

　　节气门调节和制动控制同时采用时要防止两者互相冲突。图 5.1.24 反应了参数 D 的影响,说明持续保持制动压力会使控制变坏。

　　节气门是一个机械系统,用的是非线性弹簧,再加上轴的干摩擦等非线性阻尼和进气扰流阻矩的不稳定性,节气门的参数是时变的,使得系统难以得到高精度的控制;电子节气门系统非常敏感,在极端位置容易卡死,在节气门积炭超过极限后,由于信号不准确使系统控制失误,发动机控制性能变差。Jae-Bok Song 采用一个节气门阀代替主、副节气门的结构,这个节气门在平时由驾驶员用加速踏板驱动,在 ASR 控制时,由 ECU 控制 DC 电机驱动,

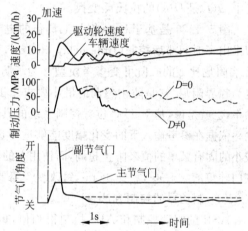

图 5.1.24　TRAC 在冰路面上带制动
与不带制动控制的对比

两者用四连杆机构相连。在他发表的文章中提出了如下模型来探讨直流电机驱动节气门的控制问题。

　　设电机的转角为 θ_m,可以认为节气门转角与其成比例,即 $\theta = K_1\theta_m$,其中 K_1 是比例常数。设节气门复位弹簧的扭转刚度是 K_{s1},节气门位置为 0°时,节气门的弹性恢复力矩为 K_{s2},则节气门的阻力矩 $T_L(s) = K_{s1}\theta(s) + K_{s2}$,根据图 5.1.25,电机的位置 θ_m 可由下式获得:

$$\theta_m = \frac{1}{s(Js+b)}(T_m - T_L)$$

式中,J 为转动惯量;b 为阻尼系数。电机转矩 T_m 可以表达为

$$T_m = \frac{K_t(V_a - E_b)}{L_a s + R_a} = \frac{K_t}{R_a}(K_a U - K_b s\theta_m)$$

这里,V_a 为电枢电压;L_a 为电枢自感系数;E_b 为反向电动势;R_a 为电枢电阻;K_a 为放大器增益;U 为控制电压信号;K_t 转矩系数;K_b 为反电动势系数。

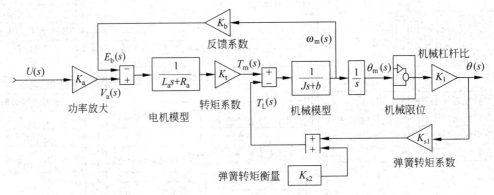

图 5.1.25 Simulink 工具包中电子节气门控制框图

一般 DC 电机的自感应系数 L_a 很小,可以忽略,经拉氏逆变换可得

$$\ddot{\theta}(t) = -\frac{1}{J}\left(b + \frac{K_1 K_b}{R_a}\right)\dot{\theta}(t) - \frac{K_1 K_{s1}}{J}\theta(t) - \frac{K_1 K_2}{J} + \frac{K_a K_1 K_t}{J R_a}u(t)$$

式中,$u(t)$ 是 $U(s)$ 的拉氏反变换。

图 5.1.25 是基于 Simulink 工具包的电子节气门的控制框图,Jae-Bok Song 针对此模型采用了时间滞后控制(time delay control,TDC)方法。该控制方法采用取决于固有频率 ω_n 和阻尼比 ζ 的二阶可变参考模型。为了防止超调并且在数学上计算方便,阻尼比通常选定为临界阻尼,它是防止超调的最小要求。因此参考模型现在只取决于唯一参数——固有频率,也就是说,基于 TDC 位置控制系统的具有快速和慢速参考模型的响应特性。如果固有频率依据在参考输入下的变化幅度能够适当选定,瞬态响应特性能够显著改善。通过使用比较小的固有频率的值来防止超调,而使用大的固有频率值来使响应速度变快,仿真结果为:节气门转角从 $0° \sim 90°$,需要 35 ms,每改变 5°需要 $5 \sim 6$ ms,角度位置分辨率大约为 $0.3° \sim 0.4°$。

(2) 制动器的控制方法

ASR 的制动控制和 ABS 控制很相似,但它也有其复杂性和副作用。因为在加速或高速时制动会在传动系产生很大的动载荷及噪声,极限工况可能会超出车辆的允许范围。和 ABS 一样,现在的制动控制方法对两个驱动轮主要采用独立控制方法,而 1987 年的皇冠轿车采用的还是同一控制,它的性能就不如后来独立控制的凌志 400。ASR 系统对制动控制采用的控制方法仍然是门限制值控制方法。图 5.1.26 就是王德平在“汽车驱动防滑控制的控制逻辑与算法”一文中提出的控制逻辑。[19] S_T^* 是纵向目标滑转率,S_{XL},S_{XR} 分别是左、右轮滑转率,Lx_2 是速度阈值,Lw_1,Lw_2,Lw_3,Lw_4 和 Lw_5 是驱动轮角加减速度阈值。当左右驱动轮的滑转率都大于目标滑转率时,采用节气门控制。速度大于速度阈值 Lx_2 采用附着系数低的方式,速度小于速度阈值 Lx_2 采用附着系数高的方式。当两驱动轮中一个大于目标滑转率打滑严重,一个小于目标滑转率时,就采用制动控制和节气门控制相结合的办法。制动压力的控制逻辑见表 5.1.4,当两个车轮中有一个发生滑转时,对其进行制动控制。控制的方式根据驱动轮的加速度阈值来定。一共有 4 种:快速加压、慢加压、保压和减压。有的系统速度的门限设有多种,压力的控制设有 5 种。

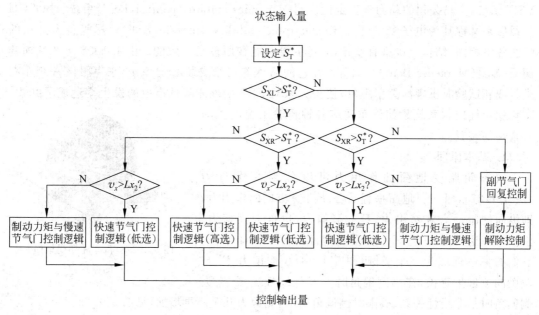

图 5.1.26　ASR 控制逻辑框图

表 5.1.4　驱动轮制动力矩控制的控制逻辑

状 态 与 条 件				控制指令
$S_{XL}>S_T^*$	$S_{XR}{\leqslant}S_T^*$	$\dot\omega_L{\geqslant}Lw_3$	$v_x{\leqslant}Lx_2$	快速增压
$S_{XL}{\leqslant}S_T^*$	$S_{XR}>S_T^*$	$\dot\omega_R{\geqslant}Lw_3$	$v_x{\leqslant}Lx_2$	
$S_{XL}>S_T^*$	$S_{XR}{\leqslant}S_T^*$	$Lw_3>\dot\omega_L{\geqslant}Lw_4$	$v_x{\leqslant}Lx_2$	慢速增压
$S_{XL}{\leqslant}S_T^*$	$S_{XR}>S_T^*$	$Lw_3>\dot\omega_R{\geqslant}Lw_4$	$v_x{\leqslant}Lx_2$	
$S_{XL}>S_T^*$	$S_{XR}{\leqslant}S_T^*$	$Lw_4>\dot\omega_L{\geqslant}Lw_5$	$v_x{\leqslant}Lx_2$	保持压力
$S_{XL}>S_T^*$	$S_{XR}{\leqslant}S_T^*$	$Lw_4>\dot\omega_R{\geqslant}Lw_5$	$v_x{\leqslant}Lx_2$	
$S_{XL}>S_T^*$	$S_{XR}{\leqslant}S_T^*$	$\dot\omega_L<Lw_5$	$v_x{\leqslant}Lx_2$	降低压力
$S_{XL}{\leqslant}S_T^*$	$S_{XR}>S_T^*$	$\dot\omega_R<Lw_5$	$v_x{\leqslant}Lx_2$	
$S_{XL}{\leqslant}S_T^*$	$S_{XR}>S_T^*$			

5.1.5　汽车稳定性控制系统

　　汽车的操纵稳定性是涉及汽车安全的重要性能。为了提高汽车的操纵稳定性,过去工程技术人员一直致力于改进悬架、转向系统、轮胎和传动系统的结构与布置,是一种被动的方式。ABS 可以防止制动时车轮抱死,ASR 可以防止驱动轮驱动时发生滑转,这两种系统都能改善汽车的行驶稳定性。ABS 和 ASR 是从控制的角度,主动地改进汽车的稳定性,因此,也可以说它们是稳定性控制系统。从 20 世纪 80 年代中叶以来,利用电子控制来改善操纵稳定性越来越受到各大汽车公司的重视,开发了很多系统。比较著名的有 BOSCH 公司的车辆动力学控制(VDC)系统,日本丰田的车辆稳定性控制(vehicle stability control,

VSC)系统,宝马公司的动力学稳定性控制(dynamics stability control,DSC)系统。BOSCH 公司后来又称其为电子稳定性程序(electronic stability program,ESP)。尽管各大公司的叫法各不相同,结构上也略有差异,但是主要功能和原理是一致的。由于1998年2月梅赛德斯-奔驰(Mercedes-Benz)公司首次在它的A级车批量安装ESP系统,来克服该A级车在进行麋鹿试验时出现的翻车现象,使得大家对ESP系统能降低事故的发生率达成了共识。车辆稳定性控制系统是使汽车适应各种行驶工况的主动安全性的装置。

1. 基本原理

汽车轮胎受地面的作用力可以分为3个分力(图 5.1.27),即 F_z:地面垂直反力;F_x,x 方向的作用力,即纵向的制动力和牵引力;F_y:侧偏力,也称为拐弯力。由汽车理论可知,F_x 和 F_y 都受到地面附着系数的限制,它们的关系近似为一个椭圆(图 5.1.28)。侧偏力 F_y 与轮胎的侧偏角有关,在小侧偏角时二者是线性关系,在大侧偏角时是非线性关系,极限时侧偏角增加,侧偏力几乎不再增加,见图 5.1.29。

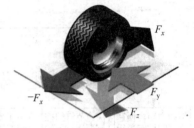

图 5.1.27 汽车轮胎受地面的作用力

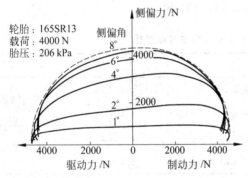

图 5.1.28 地面切向反作用力对侧偏特性的影响

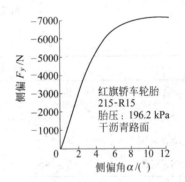

图 5.1.29 侧偏力和侧偏角的关系

按汽车理论二自由操纵稳定性模型,转向盘转过一定角度 Q_{wh},前轮转角为 δ,对应的转弯半径为 R,其离心力为 $\dfrac{mv^2}{R}$,m 为汽车质量,v 为线速度,前轮侧偏力 $F_{y_1} = \dfrac{mv^2}{R} \cdot \dfrac{b}{L}$,后轮侧偏力 $F_y = \dfrac{mv^2}{R} \cdot \dfrac{a}{L}$,前轮侧偏角为 α_1,后轮侧偏角为 α_2。当侧向加速度比较小时,转弯半径 R 与转向盘转角近似为线性关系,司机很容易控制汽车的弯道行驶,这时的不足转向量 $\alpha_1 - \alpha_2$ 比较小。如果进一步加大转向盘转角,轮胎就进入非线性工作区,这时转弯半径不再增加,见图 5.1.30。由图 5.1.31 可以看出,在大转向角时司机不能按原来的经验驶过弯道,不能准确地控制车辆。极限时,可能前轮先侧滑,然后车辆向外驶离弯道(图 5.1.32(a));也可能后轮先侧滑,然后出现车辆急转(spin)的情况。无论哪种情况在实际弯道行驶时出现都会发生危险。根据美国2000年FARS的报道,有9882人死于翻车事故,其中单辆车自身发生事故死亡8146人。FARS还指出轻型汽车单车事故中53%是翻车。根据NASS-CDS估计,美国在1996—2000年间每年有27.4万辆轻型汽车发生翻车事故。因此,如何避免大侧向加速时的危险工况是十分重要的。

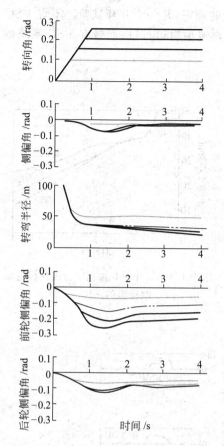

图 5.1.30　汽车初始车速为 70 km/h 时不同转向角度斜阶跃输入下的响应

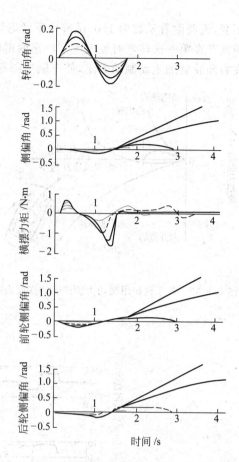

图 5.1.31　汽车初始车速为 120 km/h 时频率为 0.6 Hz 的转向角正弦输入下的响应

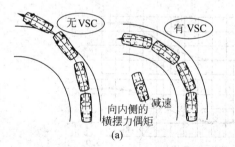

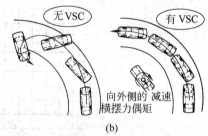

图 5.1.32　车辆稳定性的作用

　　车辆稳定性控制系统通过对 4 个车轮上的纵向力 F_x 的调节增加车辆的偏转力矩,避免急转和驶离弯道的情况出现。F_x 的调节包括驱动力和制动力的调节,减少驱动力不仅是降低车速还会形成力矩。要注意的是,对 4 个车轮施加制动力产生的横摆力矩的效果是不一样的,见图 5.1.33。制动前内轮、后内轮和后外轮均能产生向内侧的横摆力矩,但随着制动力的加大,这 3 项横摆力矩中有的迅猛增加,有的很快变为负值,有的是先负又变大。所以要综合利用 4 个车轮来优化横摆力矩,达到最好的路径跟踪能力。

　　图 5.1.34 表示 4 个车轮控制与一个后内轮控制的对比。图 5.1.35 是 VDC 系统在车辆换道行驶中的仿真实验效果,转向盘转角是 ±90°,初始车速为 40 m/s,试验中加速踏板位

置不变,道路附着系数为 1.0,试验中不考虑驾驶员的修正,是一个开环试验。不带 VSC 系统的汽车在第一次转弯时就发生了汽车的滑转,不再遵循轨道行进;而带有 VSC 系统的汽车在右前轮施加主动制动力矩,使车辆变得稳定。

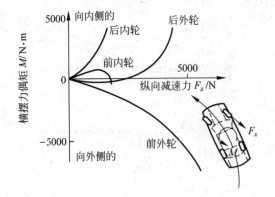

图 5.1.33　各车轮作用制动力所产生的横摆力矩

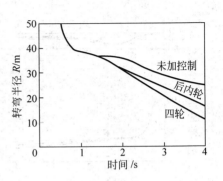

图 5.1.34　4 个车轮加制动力与仅后轮加制动力的比较

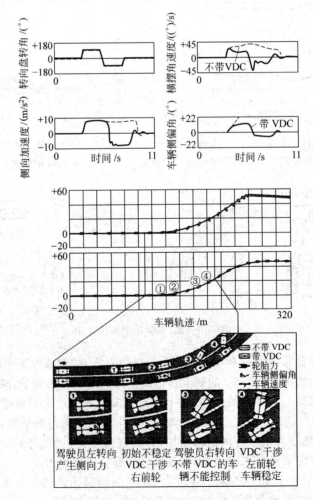

图 5.1.35　40 m/s 的换道行驶

2. 车辆稳定性控制系统的构成

车辆稳定性控制系统是 ABS 和 ASR 系统的发展,同时也是 ABS 和 ASR 系统的集成,有很多部件是共同的。系统一般包括转向盘转角传感器、横摆角速度传感器、侧向加速器传感器、制动压力传感器、液压调节单元、轮速传感器系统和电子控制单元、制动灯和制动踏板开关、ABS、ASR 和车辆稳定性控制的指示灯,如图 5.1.36 所示。

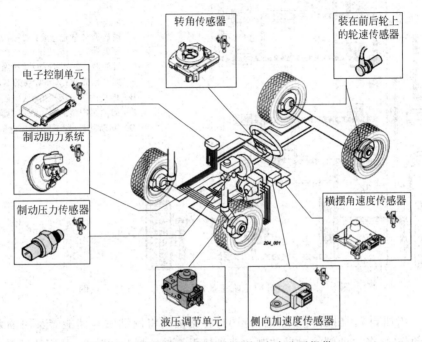

图 5.1.36　车辆稳定性控制系统(大众公司提供)

和 ABS,ASR 相比,主要增加了转向盘转角传感器、侧向加速度计、横摆角速度传感器和制动管路压力传感器。下面具体来说明液压调节单元的工作原理。

ABS,ASR 和 VSC 共同使用一个液压调节单元,根据电子控制单元的指令,在不同的时间和条件下,进行不同的控制。下面以某车型的液压调节单元为例进行具体的说明。

图 5.1.37 显示的是 ABS 减压阶段的液压调节单元部件示意图。所列举的制动系统是前/后分离双回路结构,ABS 是四通道结构。每个车轮制动回路的液压都是隔离的,可以独立进行控制,这样当某个制动回路出现泄漏时仍能继续制动。液压调节器总成包括以下部件:

① 两个回油泵 2。在 ABS-TCS/ESP 减压阶段,两个泵从储能器 3 和制动钳 4 抽取过量的制动液使其返回到制动主缸 5。另外,回油泵还在 TCS/ESP 的制动干预阶段向制动钳施加制动液压力。

② 一个驱动电机(M)。用来驱动回油泵。

③ 两个储能器 3。在 ABS-TCS/ESP 减压阶段储存过量的制动液,从而使液压调节器能够及时减小制动液压力的脉动。

④ 4 个进油阀 6。进油阀的常态是开通的,可以使制动液压力施加到制动钳上。当阀动作时,各进油阀关闭,将制动钳与制动主缸隔离开来。

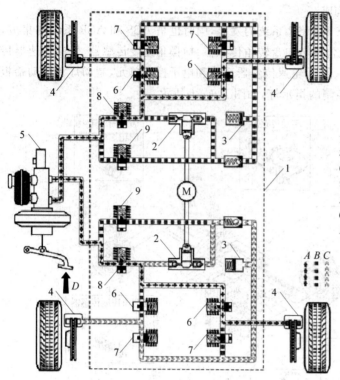

图 5.1.37　ABS 减压阶段的液压调节单元部件示意图

1—液压调节单元总成；2—回油泵；
3—储能器；4—制动钳；5—制动主缸；
6—进油阀；7—出油阀；8—隔离电磁阀；
9—起动电磁阀；A—常规的制动液压力；
B—停止的制动液压力流（电磁阀闭合）；
C—回油泵产生的制动液压力流；
D—制动踏板（踩下）；M—电机

⑤ 4 个出油阀 7。出油阀常态是关闭的，各出油阀将制动钳与储能器及回油泵隔离开来。当阀动作时，各出油阀将过量的制动液直接引至储能器和回油泵，从而使制动轮缸的压力减小。

⑥ 两个隔离电磁阀 8。隔离电磁阀将前后制动回路与制动主缸隔离开来，从而防止制动液在牵引力控制系统工作期间回流至制动主缸。

⑦ 两个起动电磁阀 9。用于在 ASR/ESP 工作期间使制动液从制动主缸流至液压泵中。ABS，ASR 和 ESP 都是对车轮进行有控制的制动，其基本模式无非就是增加压力、保持压力和减少压力 3 种。下面对 ABS 模式、ASR 模式和 ESP 模式分别加以说明。

（1）ABS 模式

① ABS 模式的保压阶段（图 5.1.38）。电子控制单元检测并比较每个车轮速度传感器的信号以确定车轮是否滑移。如果在制动过程中检测到某车轮（以左后轮为例）滑移，电子控制单元将切换到保压阶段，并向液压调节单元总成 1 发送一个控制信号：关闭左后轮进油阀 6。当左后进油阀 6 和出油阀 7 都关闭时，无论制动踏板 D 所施加的制动液压力 A 为多少，左后轮制动回路都将被隔离，从而使左后轮制动液压力保持恒定的 B。图中其余 3 个车轮处于加压状态。

② ABS 模式的减压阶段（图 5.1.37）。如果当防抱死制动系统处于保压阶段时仍然检测到左后车轮处于滑移状态，则电子控制单元将切换到 ABS 减压阶段，就向液压调节单元总成 1 发送如下控制信号：关闭左后进油阀 6；打开左后出油阀 7；运行回油泵 2（在 ABS 阶段，回油泵将一直保持工作状态）。在减压阶段，当左后出油阀打开时，左后轮制动液先被导入

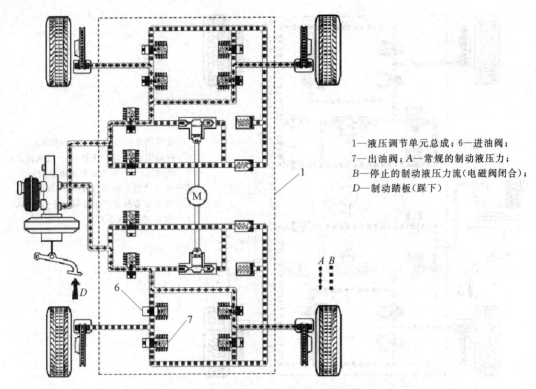

1—液压调节单元总成；6—进油阀；
7—出油阀；A—常规的制动液压力；
B—停止的制动液压力流(电磁阀闭合)；
D—制动踏板(踩下)

图 5.1.38　ABS 保压阶段液压回路

储能器 3,以保证制动液压力立即下降。在这个阶段中,由于制动踏板仍处于踩下状态,所以回油泵从制动钳 4 抽出来的制动液的压力要大于制动主缸 5 的压力 A,也就是要克服驾驶员对制动踏板的压力,因而驾驶员的脚会感觉到压力的抖动。

③ ABS 模式的加压阶段(图 5.1.39)。在常规制动时,主缸的压力经过打开的进油阀 6,到达制动钳 4。而出油阀 7 被关闭。如果电子控制单元检测到由于 ABS 减压阶段所施加的制动力减小而导致要切换到加压阶段时,电子控制单元向液压调节单元总成 1 发送控制信号如下:关闭(常态位置)左后出油阀 7;打开(常态位置)左后进油阀 6;在 ABS 阶段继续运行回油泵 2。这时制动主缸 5 的制动液 A 像常规制动那样被再次进入到左后轮的制动钳 4。先前减小的制动液压力现在又增加了。

(2) ASR 模式——制动干预(图 5.1.40)

在 ASR 模式中,电子控制单元利用 CAN 总线首先向发动机控制模块(ECM)发送一个信号,请求减小发动机转矩。如果在发动机控制模块已执行发动机转矩减小功能后仍能检测到左后轮空转滑移,则电子控制单元将实行 ASR 制动干预。在这个阶段,电子控制单元将向液压调节单元总成 1 发送如下信号:关闭后隔离电磁阀 8,以使后轮制动回路与主缸隔离开来;打开后起动电磁阀 9,使制动液能够从制动主缸 5 进入液压泵中;关闭右后轮的进油阀 6,防止液压油进入右后轮;运行回油泵 2,产生压力经过进油阀 6a 加到左后轮上。

(3) ESP 模式

电子稳定程序(ESP)用于在高速转弯或在湿滑路面上行驶时提供最佳的车辆稳定性和方向控制。分两种情况:一种是转向不足;另一种是转向过多。

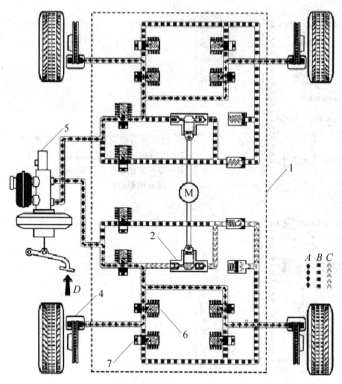

1—液压调节单元总成；2—回油泵；
4—制动钳；5—制动主缸；6—进油阀；
7—出油阀；A—常规的制动液压力；
B—停止的制动液压力流（电磁阀闭合）；
C—液压调节器泵产生的制动液压力流；
D—制动踏板（踩下）

A B C

图 5.1.39　ABS 增压阶段液压回路

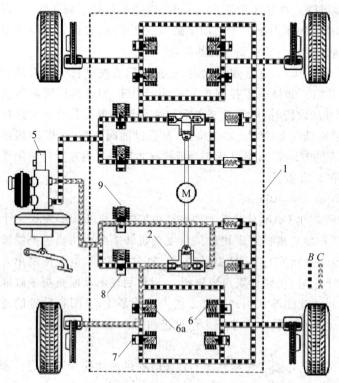

1—液压调节单元总成；2—回油泵；
5—制动主缸；6—右后进油阀；
6a—左后进油阀；7—左后出油阀；
8—隔离电磁阀；9—起动电磁阀；
B—停止的制动液压力流（电磁阀闭合）；
C—液压调节器泵产生的制动液压力流；
M—泵电机

B C

图 5.1.40　ASR 模式——制动干预液压回路

① ESP 制动干预——转向不足。当电子控制单元通过车轮速度传感器、横摆角速度传感器、侧向加速度传感器和转向盘转角传感器来确定车轮是否发生侧向滑移时，如图 5.1.41 所示，驾驶员希望车辆沿方向 A 行驶，但是检测发现车辆开始绕 B 方向旋转，并向 C 方向侧滑，即确定车辆开始转向不足时，电子稳定程序将实行主动制动干预。向车辆的一个或两个内侧车轮 1 施加计算得到的制动力，以稳定车辆并朝驾驶员想要的方向转向。这时电子控制单元下达的指令如下（见图 5.1.42）：关闭前、后隔离电磁阀 8，使制动回路的液压油与主缸隔离，不能直接返回主缸；打开前、后起动电磁阀 9；关闭右前和右后进油阀 6，隔离右轮的液压回路，使液压调节器只能向左轮加压；运行液压调节器回油泵 2，使合适的制动液压力从主缸经过起动电磁阀 9 加向左前轮和左后轮。

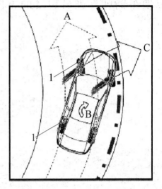

图 5.1.41　车辆转向不足示意图

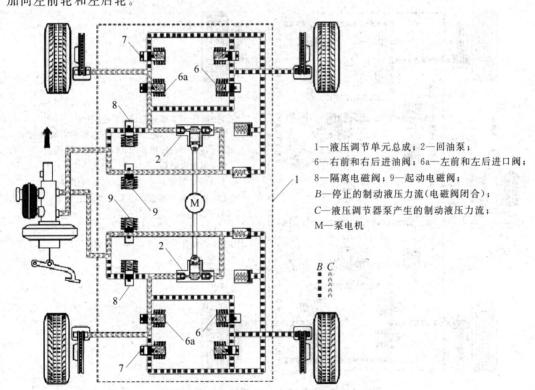

1—液压调节单元总成；2—回油泵；
6—右前和右后进油阀；6a—左前和左后进口阀；
8—隔离电磁阀；9—起动电磁阀；
B—停止的制动液压力流（电磁阀闭合）；
C—液压调节器泵产生的制动液压力流；
M—泵电机

图 5.1.42　ESP 转向不足制动干预液压回路

② ESP 制动干预——转向过多。如果横摆角速度传感器检测到车辆开始打转，如图 5.1.43 所示 B，同时车辆后端开始向方向 C 滑移，则车辆开始转向过多。电子稳定程序向车辆的一个或两个外侧车轮 1 施加计算得到的制动力，以稳定车辆并向驾驶员想要的方向转向。电子控制单元向液压调节单元总成 1 发送以下指令（见图 5.1.44）：关闭前、后隔离电磁阀 8；打开前、后起动电磁阀 9；关闭左前和左后进油阀 6，使液压调节器只向右轮提

供制动液压力;运行回油泵 2,将合适的制动液压力 C 施加到右前轮或右后轮的制动钳上,以使车辆朝驾驶员想要的方向转向。

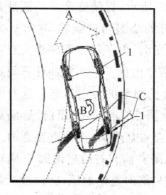

图 5.1.43 车辆转向过多示意图

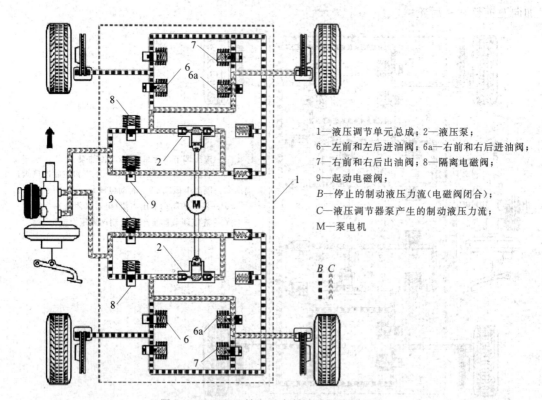

1—液压调节单元总成;2—液压泵;

6—左前和左后进油阀;6a—右前和右后进油阀;

7—右前和右后出油阀;8—隔离电磁阀;

9—起动电磁阀;

B—停止的制动液压力流(电磁阀闭合);

C—液压调节器泵产生的制动液压力流;

M—泵电机

图 5.1.44 ESP 转向过多制动干预液压回路

该系统的电子控制单元采用冗余设计,用 2 片 83C196KL 带 48Kbrom 用 4 层板结构,板上安装着所有阀和信号灯的驱动,功率的提供采用半导体继电器。在 VSC,ASR 工作模式都需发动机管理系统工作,ECU 与发动机、变速器控制单元之间采用 CAN 通信。

5.2 汽车转向电子控制系统

汽车的转向系统是保证汽车行驶安全的关键部件,是驾驶员操纵汽车的执行机构。对转向系统的基本要求如下。

(1) 良好的操纵性

转向必须灵活、平顺,具有很好的随动性,能够安全行驶在狭窄、连续拐弯的弯道上。

(2) 合适的转向力与位置感

低速或停车时,转动转向盘不能太费力,高速行驶时又不能感觉到转向盘上的力太小而有发"飘"的感觉。因此要求转动转向盘的力最好能随车速变化。同时要求驾驶员能清楚地感觉到转向盘的位置,感觉到操纵转向盘的角度与汽车行驶轨迹的对应关系。具有很好的直线行驶稳定性和高速行驶的路感。

(3) 具有回正功能

在转向后,转向盘应当能自动回到直线行驶的位置,回转的速度要平稳、适当。使残留的角速度尽可能小。

(4) 适当的路面反馈量

从道路表面传上来的冲击应能传达到转向盘上,增加驾驶员的路感,但不能太大,要使驾驶员的感觉是舒适的。

(5) 工作可靠

转向系统是安全件,如果不能转向或失去控制就会发生车毁人亡的事故。因此转向系统应有故障预警功能。当计算机控制系统或助力系统发生故障时,转向系统仍然应保留人力转向功能。

(6) 节省能源

在保证转向性能的前提下,尽可能降低转向系统的动力消耗。

(7) 安静、噪声小

由于人们对舒适性要求的提高,对噪声的控制也越来越严,有的转向系统就是因为噪声超标而被用户拒绝的。

从 1955 年 Buick 汽车采用液压助力转向以来,助力转向遍布全世界,解决了转向轻便性问题。从 20 世纪 80 年代以来,随着电机控制技术的飞快发展,人们在寻求可变助力转向来满足对转向系统力特性的苛刻要求。目前有很多种可变助力转向系统,常用的大致可分为以下几种:

① 电子可变量孔助力转向;

② 旁通式助力转向;

③ 电动液压助力转向;

④ 电动助力转向。

下面介绍各类转向系统。

5.2.1 电子可变量孔助力转向系统

图 5.2.1 是 Ford 汽车公司的一种电子可变量孔助力转向(electronic variable orifice steering,EVO)系统图[26],它在低速与停车时能提供高的助力,从而获得转向的轻便性,在

高速时为了得到合适的路感而提供较小的助力。系统的输入传感器包括一个安装在方向管柱下端的转向盘转角传感器和一个安装在变速器上的车速传感器。转向盘转角传感器的结构如图 5.2.2(a)所示,它主要由一个圆盘和一个检测器组成,圆盘固定在方向管柱上随方向管柱的转向轴旋转,圆盘的外沿有很多窄的小槽。检测器上安装有 3 对光敏器件,当发光二极管每经过一个圆盘的窄槽时,光敏二极管就会产生一个脉冲。3 对光敏器件中的一个光敏器件用来检测转向盘的中间位置,另外两个光敏器件用来检测转向盘旋转的角度、角速度和旋转的方向。有的汽车采用磁阻式角度传感器(图 5.2.2(b)),磁阻传感器的电阻随外部磁场方向而变化,管柱转向轴带动的两个相差 1 个齿,通过测量这两个齿轮的角度就可以得到转向轴的转角信息。

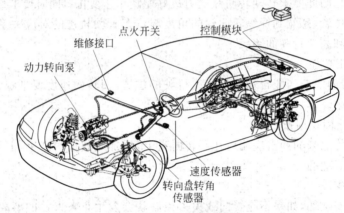

图 5.2.1　EVO 系统图

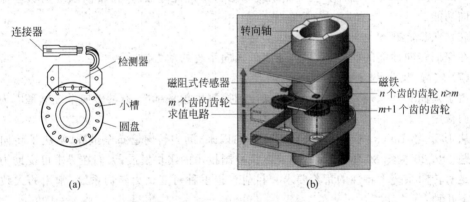

图 5.2.2　转向盘转角传感器
(a) 转角传感器结构图;(b) 磁阻式转角传感器

　　电子可变量孔的作动器如图 5.2.3 所示。助力转向油泵的来油经过由针阀控制的量孔流向高压管路,由电磁线圈控制衔铁带动针阀的移动来改变量孔的截面积,从而改变进入高压管路的流量。当车速低于 16 km/h,转向盘的旋转速度大于 90(°)/s 时,系统提供满负荷的助力,大约要提供给电磁线圈 30 mA 的电流,这一般是低速转弯和停车转方向所要求的。当车速大于 40 km/h,转向盘转速低于 90(°)/s 时,系统将减少动力的助力,提供给电磁丝圈的电流大约为 300 mA。而车速超过 132 km/h 时,提供的电流大约是 590 mA。有的 EVO系统对电磁线圈采用脉宽调制的办法进行控制。

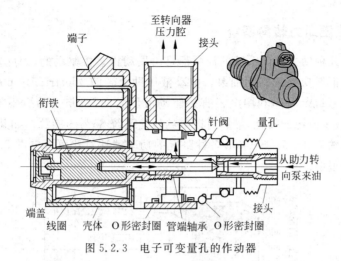

图 5.2.3　电子可变量孔的作动器

5.2.2　旁通式助力转向系统[28]

为了能改变助力的大小,在转向系统的高压油路和低压回油路之间加上一个控制阀门,一般是一个电磁阀。例如,LEXUS轿车是在动力缸活塞两侧油室的油道之间安装一个电磁阀,当电磁阀的针阀安全开启时,两油道就被电磁阀开通。电磁阀的控制采用脉宽调制方式,如图5.2.4所示。助力转向的控制器根据车速信号来控制电磁阀针阀的开启程度,从而控制高压管路中的压力,改变转向盘上的力。

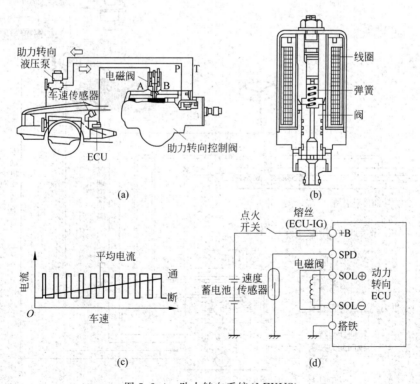

图 5.2.4　助力转向系统(LEXUS)

(a) 原理图;(b) 电磁阀结构;(c) 电磁阀驱动信号;(d) 系统电路图

5.2.3 电动液压助力转向系统

前面介绍的几种助力转向系统的油泵都是由发动机直接驱动的,因此发动机在转向时和不转向时都要消耗功率来驱动油泵。电动液压助力转向(electrically powered hydraulic steering,EPHS)系统[29,32]是利用电机直接驱动液压转向泵,与发动机不发生机械上的关系,这样就可以减少能源的损耗,最后可以节约转向系统85%的能源。如某小型轿车,实际行驶中节约燃油约为 0.2 L/100 km,各种路况的功率消耗对比可以见图 5.2.5。下面以某型汽车为例予以说明。

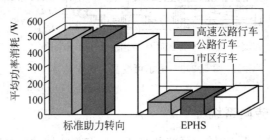

图 5.2.5　标准助力转向与 EPHS 系统平均功率消耗对比

电动液压助力转向系统见图 5.2.6。系统中的转向盘转角传感器是在方向管柱上安装了 60 块磁铁组成的一个圆环,传感器是霍尔集成电路,产生的霍尔电压的大小取决于磁场

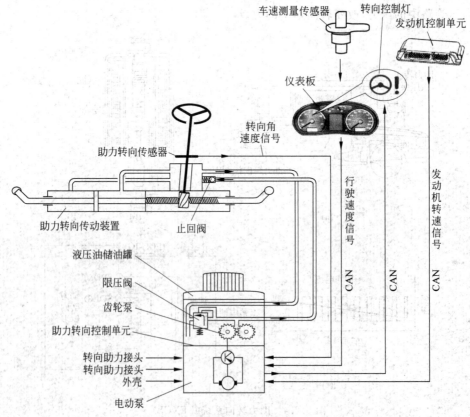

图 5.2.6　电动液压助力转向系统图

强度的大小和方向,管柱中的转向轴旋转时,使磁场强度的强弱周期性变化,从而产生方波。

电动泵总成安装在发动机室左侧的车架纵梁上,采用橡胶减振悬挂支承,并且采取了消音罩进行密封以达到隔音的效果。它包括齿轮泵、限压阀和电机转向助力的控制单元以及液压油的储油罐,它们都集成在一起。

助力转向的控制采用的是转阀。油泵的高压油从 d(见图 5.2.7)经过止回阀到转阀,从c 流回储液罐,转阀的 a 出口通到工作缸右腔,转阀 b 出口通到工作缸左腔。

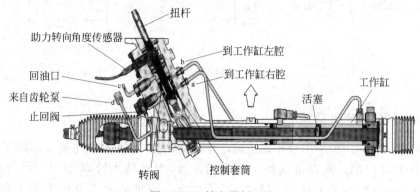

图 5.2.7 转向器剖面图

直线行驶时,扭力杆处于中间位置(图 5.2.8(a)),助力转向角度传感器测得转向角速度为 0,转阀的阀芯与阀套无相对转角,其控制槽位于中央位置,液压油可以进入工作缸的左、右腔,这样液压油毫无压力地流回储液罐。左、右无压力差,不产生转向助力作用。

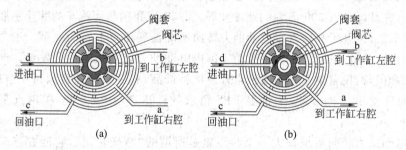

图 5.2.8 EPHS 工作原理图

(a) 直线行驶时;(b) 左转弯时

当汽车左转弯时(图 5.2.8(b)),驾驶员旋转转向盘使扭力杆扭转变形,阀芯相对阀套旋转一个角度,如图中箭头所指方向,使得从 d 进油口的来油,只能流向 a 出口,进入工作缸右腔,同时关闭转阀的 b 进油口,工作缸左腔的油从 b 返回到 c 回油口,再回到储液罐。

在仪表板上有一个指示灯,车辆点火开关通电时,该灯亮,表示系统进行自检,自检通过后,该灯熄灭。如果该灯一直亮着,表示系统有故障。

这种转向系统的助力控制一般是通过控制电机的转速对转向油泵的供油量进行调节,从而实现不同的转向助力,其控制框图见图 5.2.9。控制器的输入信号是转向盘角速度、汽车行驶速度和发动机转速,其输出是由驱动电路驱动转向油泵的直流电机,控制的基本策略是:当车速提高时降低驱动电压;当转向盘角速度增加时提高驱动电压。

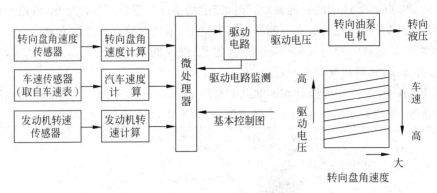

图 5.2.9　控制系统流程图

5.2.4　电动助力转向系统

传统的助力转向一般采用液压式转向,这种系统结构复杂,功率消耗大,容易产生泄漏,转向力不易有效控制。随着电机控制技术的发展,电动助力转向[2,3,7,10~12,19] (electronic powered steering,EPS)有取代传统转向系统的趋势。20 世纪 80 年代以来国外在汽车上大力发展电动转向,1988 年日本铃木公司开发了一种全新的电子控制式电动助力转向系统,1993 年本田公司将电动助力转向系统大批量装车,现在电动助力转向如雨后春笋般地迅速发展,日本的大发、三菱,美国的 Delphi 和 TRW,德国的 ZF 都相继研制出各自的 EPS。经过 20 多年的发展,EPS 技术日趋完善,已经取得相当大的成果,在轻微型轿车、厢式车上得到广泛应用,并且每年以 300 万台的速度发展。2000 年我国昌河汽车的北斗星厢式车开始安装电动转向器,掀开了我国汽车电动助力转向系统发展历史上新的一页。正是由于北斗星汽车在国内首装电动助力转向,也带动了国内电动助力转向系统的开发热。现在已有不少大专院校和国营、民营企业立项或独自开发该种产品,有专家预计我国每年会以 10 万~20 万台的速度发展。2008 年,全世界 EPS 需求量已达 2000 多万套,国内汽车装配大约110 万套。

第一,电动助力转向系统很大一个特点就是所谓的"精确转向",它能在汽车转向过程中,根据不同车速、转向盘转动的快慢,准确提供各种行驶路况下的最佳转向助力,减小由路面不平引起的对转向系统的扰动。不但可减轻低速行驶时的转向操纵力,而且可大大提高高速行驶时的操纵稳定性,并能精确实现人们预先设置的在不同车速、不同转弯角度所需要的转向助力。通过控制助力电机,可降低高速行驶时的转向助力,增大转向手力,解决高速发飘问题,而且成本相对较低。

其次,因降低发动机功率损耗而节省了燃油(不仅提高了经济性,而且减少了污染),也是电动助力转向系统的重要特点。图 5.2.10 表示的是 1.6 L 前置前驱动小轿车安装 EPS 与安

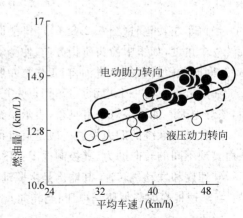

图 5.2.10　实际运行燃油消耗量的比较

装液压助力转向系统对比数据,这是同一辆汽车同一个驾驶员半年运行的结果,在平均车速40 km/h时,EPS的节油率为5.5%。

第三,电动助力转向系统取消了油泵、皮带和皮带轮、液压软管、液压油等,结构更紧凑,安装调整更方便。

第四,由于是电驱动,所以在发动机熄火时也能提供助力,并且具有较好的低温工作性能,因此更安全。

目前电动转向系统由于受到车载电源和电机尺寸的限制,多用于轻型、微型轿车和厢式车。随着新的电动转向结构的研究开发,不仅用在微型车上,也在向大型轿车和商用客车方向发展。本田在Acara Nsx赛车上装备了EPS。随着42 V电源的电子系统进入市场,未来将逐步推广到中高级轿车和载重车上。

1. 基本结构与工作原理

图5.2.11所示是齿轮齿条式电动助力转向系统的示意图,它的基本组成包括转矩传感器、车速传感器、电控单元、电机、减速机构和警报指示灯。直流电机通过蜗轮蜗杆减速机构带动方向管柱的转向轴转动,方向管柱中的转向轴通过扭力杆与转矩传感器相连,转矩传感器有两个探测环1和2(见图5.2.12),安装在转向轴上,另外一个探测环1安装在输出轴上,同时有一个探测线圈和一个补偿线圈。力矩由探测线圈测量,在力矩作用下,1,2探测环产生相对转角,磁通发生改变。探测线圈的温度和外部电磁辐射噪声的影响,由补偿线圈来修正。探测线圈和补偿线圈组成的电路见图5.2.13。线圈由高频正弦波激励。经一个电流驱动电路和一个反相电流驱动电路来驱动线圈,这样高频激励的相位差为180°。探测线圈的阻抗只由输入转矩来改变,经过差动放大器,将转矩信号电压放大。输出电路分主副两路,是冗余设计,主副两路的电源和放大电路结构都是一样的,并且是彼此分开的。相当于将两块相同的芯片集成在一片上,提高了可靠性。该芯片的使用温度范围为$-40\sim120℃$。车速传感器输入车速信号,力矩传感器输入力矩信号,控制器以此计算出电机的驱动电流,发出合适的方波,采用脉宽调制的方法来驱动电机,电机大多采用无刷永磁式直流电机,电机要求低速大转矩、惯量小、重量轻、尺寸小;还要求可靠性高,容易控制。为此针对EPS的特点,对电机结构作一些特殊处理,如沿转子的表面开出斜槽,定子磁铁设计成不等厚,靠特殊形状的定子产生不均匀磁场等来改善电机的性能。

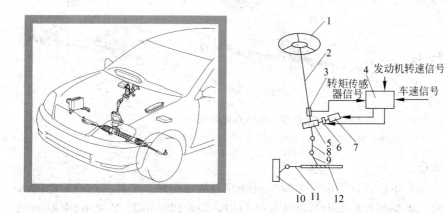

1—转向盘
2—转向轴
3—扭力杆
4—控制模块
5—减速机构
6—离合器
7—直流电机
8—中间传动轴
9—小齿轮输入轴
10—车轮
11—横拉杆
12—转向齿条

图5.2.11 齿轮齿条式电动助力转向系统

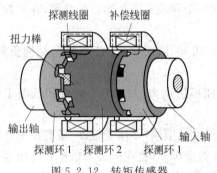

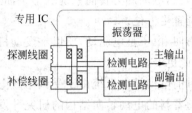

图 5.2.12　转矩传感器　　　　　　　　图 5.2.13　电路框图

例如,三菱 Minica 的 EPS 的电机额定转矩为 10 kgf·cm,额定电流为 30 A,额定电压为 12 V。

2. EPS 的分类

根据电机不同的安装位置,电动助力转向可分为转向轴助力式、小齿轮助力式和齿条助力式 3 种。

转向轴助力式(图 5.2.14(a))是将电机安装在方向管柱上,通过减速机械与转向轴相连。其特点是结构紧凑,所测取的转矩信号与转向盘转矩在同一直线,因此控制直流电机助力的响应性较好,但对电机的噪声和振动要求较高。这种类型一般在微型轿车上使用。小齿轮助力式转向系统(图 5.2.14(b))的转矩传感器、电机、离合器和转向助力机构仍为一体,只是整体安装在转向小齿轮处,直接给小齿轮助力,可获得较大的转向力。该形式可使各部件布置更方便,但当转向盘与转向器之间装有万向传动装置时,转矩信号的取得与助力车轮部分不在同一直线上,其助力控制特性难以保证准确。齿条助力式转向系统(图 5.2.14(c))的转矩传感器单独安装在小齿轮处,电机与转向助力机构一起安装在小齿轮另一端的齿条处,用以给齿条助力。

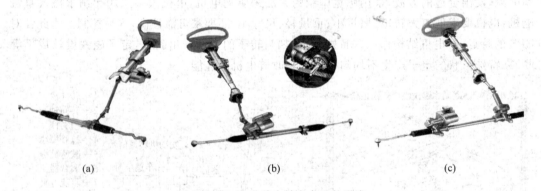

(a)　　　　　　　　　　(b)　　　　　　　　　　(c)

图 5.2.14　电动助力转向布置的形式
(a) 转向轴助力式;(b) 小齿轮助力式;(c) 齿条助力式

3. 电子控制单元

图 5.2.15 是某研究单位设计的电子控制单元(ECU)的结构图。单片机的 5 V 电源由稳压电路提供,电机的电源经继电器由蓄电池直接提供。单片机经检测、监视电路,对电源电压、起动机开关、发电机端电压、电机的状态等信号进行检测,判断系统工作是否正常,如

果有故障就退出助力,变为机械的手动转向系统。控制电路中,电机的驱动电路是很重要的。直流电机的驱动电路一般有 3 类:线性直流功率放大器、开关型直流功率放大器、晶闸管驱动器。由于电动转向的助力是正反两个方向,而且小轿车电动转向系统的电流一般在100 A 以内,所以目前电动转向电机的驱动电路主要采用脉宽调制(PWM)驱动的桥型双极性开关放大器,PWM 的频率为 20 kHz 以上。PWM 放大器的功率管选择要注意提高截止频率,降低开关损耗;合理布线,降低分布电感;提高耐压,避免击穿。由于功率管耐受过电流的时间只有几十微秒,所以不可能用熔断器等慢速器件进行保护,必须设计相应的保护电路。PWM 放大器另外要注意的问题是开通延迟。在 PWM 放大器中,同一桥臂上的两个晶体管是工作在反相状态,当一个导通时,另一个就关断。由于晶体管的开通与关断有延迟,一般是关断延迟大于开通延迟,这就可能产生问题。如果当晶体管开关控制信号跳变时,原来关断的晶体管将快速开通,而原来导通的晶体管却不能立即关断,结果两个晶体管有一瞬间同时导通,形成短路,有可能损坏晶体管,因此电路中要有开通延迟。当然也可以采用软件的办法来实现。CPU 的输入信号是车速、转矩、转向盘旋转方向和电机的电流,根据这些信号 CPU 计算出助力比和电机的电流,然后去控制电机的驱动电路。

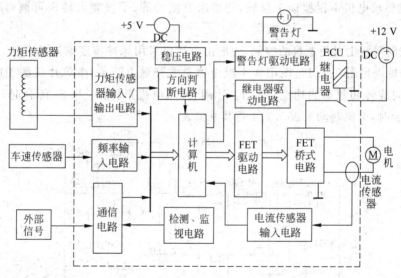

图 5.2.15　EPS 结构示意图

4. EPS 的控制问题

EPS 控制的基本原理如图 5.2.16 所示。直流电机的电压平衡方程为

$$V_M = L\left(\frac{dI}{dt}\right) + RI + KN$$

或

$$V_M = K_T T_M + KN$$

式中,V_M 为电枢电压;L 为电枢电感系数;R 为电枢电阻;I 为电枢电流;K 为电机的反电动势系数;N 为电机转速;T_M 为电机电磁转矩;K_T 为直流电机电磁转矩系数。

轮速传感器将车速信号传给 CPU,经计算得到车速 v_s。转矩传感器将转向盘转矩信号传给 CPU,得到转向盘转矩 T_s 和方向。由 v_s 和 T_s 根据助力曲线的数据库就可以确定 T_M。转向盘转角信号传给 CPU,得到转向盘转角和方向的信息,同时计算出电机的转速 N。由 T_M 和 N 就可决定电机的控制参数,再根据旋转方向就可以实施控制了。

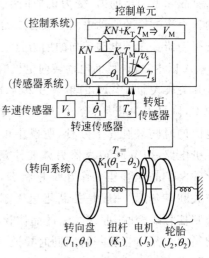

图 5.2.16 控制原理图

EPS 的电子控制单元在控制策略上至少要解决 3 个控制问题:助力控制、回正控制和阻尼控制。助力控制就是要在不同车速、不同转向力矩下提供合适的辅助力矩。回正控制是要提高转向的回正能力,选择最适当的回正速度和维持直线行进的稳定性,保证电机在完成转向动作后迅速回正到中位。阻尼控制是为了使电机在转向盘中位进行阻尼控制,以保证中间位置路感。转向盘在包括中间位置在内的任意位置停止转动时,电机能迅速停止转动。由于电机有惯性,因此电机在起动、换向或停止转动时应进行惯性控制或惯性补偿。这就要求电机不仅要能正反转,还要求有制动等;不仅要求转速可调,还要求转矩可调。

这些控制问题主要是电机的控制,一般由单片机采用脉冲宽度调制的办法。各种工况控制的基本原理见图 5.2.17,图中 4 个继电器是常开触点开关,由单片机的 P1 口发出指令,实现双向旋转和制动的功能。S_1 和 S_4 闭合时,电机正转;S_2 和 S_3 闭合时,电机反转;S_2 和 S_4 闭合时,电机制动。表 5.2.1 是其真值表。

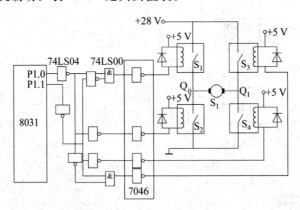

图 5.2.17 电机控制接口电路

表 5.2.1 电机控制真值表

P1.1	P1.0	状态	S_1	S_2	S_3	S_4
1	0	正转	1	0	0	1
0	1	反转	0	1	1	0
1	1	制动	0	1	0	1
0	0	滑行	0	0	0	0

利用上述办法可以实现回正和阻尼控制。图 5.2.18 是回正控制的不同结果,图 5.2.19 是阻尼控制的结果。

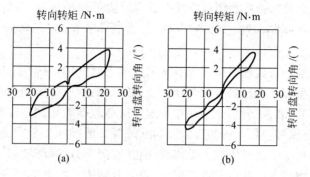

图 5.2.18　转向回正特性的比较
(a) 强回正；(b) 轻回正

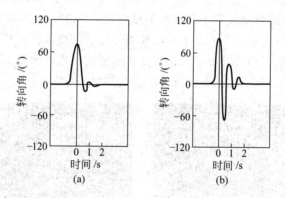

图 5.2.19　阻尼控制的影响
(a) 电动助力转向系统；(b) 液压助力转向系统

5.3　主动避撞控制系统

5.3.1　概述

交通安全直接关系到生命财产安全,是交通领域需要迫切解决的重要问题。根据 2003 年《世界预防道路交通伤害报告》,全球每年大约有 120 万人死于道路交通事故,每天有 3232 人死亡,而受到交通事故伤害的人数每年高达 5000 万。该报告认为,一方面道路交通伤亡的水平是令人无法接受的,另一方面道路交通伤亡在很大程度上又是可以预防的。我国的统计数据表明,2003—2007 年每年交通事故死亡人数都超过了 10 万人。据报道,在全国公路交通事故的总数中,追尾碰撞事故约占 18%；而在全国高速公路交通事故的总数中,追尾碰撞事故比例却高达 36% 以上,位居高速公路交通事故之首。[39]

道路交通事故统计分析结果还表明,在驾驶员、车辆和道路这 3 个环节中,驾驶员是可靠性最差的因素。驾驶员疏忽、酒后驾车、超速行驶、疲劳驾驶和判断失误等人为因素均是直接导致交通事故发生的诱因。如果驾驶员能在事故发生前 1~2 s 意识到危险的存在,则绝大部分交通事故是可以避免的。因此采取一些必要的辅助驾驶和防撞系统在事故发生前就发现危险的存在,进行报警,使驾驶员有充分的反应时间,可以在一定程度上避免事故的发生。由控制系统代替驾驶员动作可以减少反应时间带来的延迟,而且更进一步可以实现车辆间距的自动控制调整,是减少交通事故、提高行车安全、减轻驾驶员负担最为有效的方式。

主动避撞系统就是在这种严重的交通安全形势下诞生的,目前在 Audi A8、BMW 7 系列等豪华车以及重型卡车上已经开始使用的自适应巡航控制系统(adaptive cruise control, ACC)就是这方面的代表。当然,主动避撞系统还应该包括防止倒车碰撞的倒车雷达、驻车入位导航系统、车道偏离警告系统和盲区检测系统等。图 5.3.1 是重型卡车的盲区检测系统工作的情况。重型卡车虽然安装了后视镜,但是视野不好,盲区比较大,利用侧向雷达或者摄像系统就可以把盲区中的汽车看清楚,避免发生碰撞。图 5.3.2 是车道偏离警告系统和车道保持系统,当汽车行驶在具有分道线的公路上时,系统通过摄像头不停地检测和识别车道线,并将信息传给 CAN 总线。在没有收到驾驶员主动操控和明确指示的情况下,由于驾驶员操作错误、精力不集中或不小心使汽车开始偏离车道线时,系统就发出声音进行警告和提醒。同时在仪表板上还有一个车道形状的指示灯进行指示。具有车道保持系统的汽车还会利用主动转向系统帮助驾驶员使汽车保持在车道内。当驾驶员主动使用转向盘和转向灯时,系统就不会工作。下面重点介绍自适应巡航控制系统。

图 5.3.1　盲区检测系统　　　　　　　图 5.3.2　车道偏离警告系统和车道保持系统

5.3.2　自适应巡航控制系统

传统的巡航控制系统(cruise control,CC)只是根据汽车行驶的道路条件,将车辆的前进速度设定为一个合适的定值,也就是用控制系统来代替人操作加速踏板。它的好处是如果能引起汽车行驶阻力发生变化的因素如风力和道路坡度等发生变化,只要在发动机功率允许的范围内,汽车的行驶速度都可以保持不变,减少了人的劳动强度,特别是使驾驶员踩加速踏板的脚得以休息,提高驾车的舒适性。同时,由于定速行驶,不仅加速踏板及制动踏板的踩放次数减少,同时有可能使发动机工作在最佳燃油消耗率的经济区,有效地降低了燃油的消耗,减少了有害气体的排放。有资料介绍,使用巡航控制可以节油 1.1%～10.7%。图 5.3.3 是传统的巡航控制系统丰田 Crown 3.0 轿车的系统电路图。它的基本功能包括:恒速行驶功能(汽车自动巡航即汽车在行驶时,驾驶员即使不踩加速踏板,汽车仍可以按驾驶员所希望的车速自动保持行驶的功能);加速、减速功能(车辆处于巡航行驶状态时,若按下加速开关,则设定速度增加,此为加速功能;同样,若按下减速开关,则设定速度减小,为减速功能);消除功能(按下取消开关,巡航设定功能立即消失,但设置的速度继续存储);恢复功能(按下恢复开关,即恢复原来存储的车速)。这些控制的开关一般都集中在方向管柱的操纵杆上或者是转向盘上(图 5.3.4)。

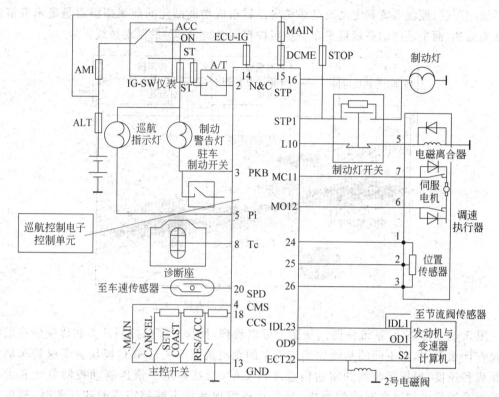

图 5.3.3　Crown 3.0 轿车巡航系统电路

图 5.3.4　操纵杆上的巡航控制开关和转向盘上的控制按钮

在图 5.3.3 上主控开关 MAIN 接通,就是给巡航控制的 ECU 通电,仪表板上的指示灯点亮,提醒驾驶员巡航开关已打开。当速度达到驾驶员的要求后,按一下主控开关上的 SET 开关汽车就进入巡航状态。系统节气门的控制是通过伺服电机的控制来实现的。退出巡航控制的开关有制动踏板、离合器踏板和主控开关(CANCEL)。

自适应巡航系统(ACC)是在传统的巡航系统上增加了前视探测器(雷达),来检测本车和前面目标车辆之间的距离、相对速度和加速度,不需要驾驶员的干预就可以根据驾驶员的驾驶模式进行合适的匹配,设定合适的速度和距离,保证车辆不发生碰撞而安全行驶。

图 5.3.5 是 ACC 系统的构成图[42]，其组成包括感知行车信息的传感器（前视探测器），建立安全距离速度模型的控制模型，以及按照控制模型实施控制命令的执行器如发动机管理系统/节气门控制系统和主动制动系统等。目前成功商品化的前视探测器是毫米波雷达和激光雷达，而主动制动系统就是车辆稳定性控制系统（ESC）的制动系统。

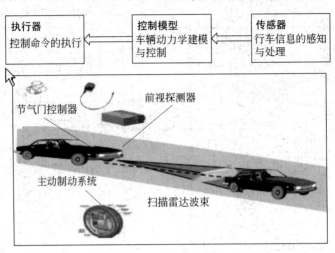

图 5.3.5　ACC 系统的组成

图 5.3.6 是 ACC 系统框图。从图上可以看到，操作上巡航控制开关和传统的巡航控制没有什么不同，所不同的是增加了与前车的距离调整开关。ACC 模块为了保持车辆间的距离和速度，根据接收到的雷达信息通过 CAN 总线向电子液压制动控制单元和发动机管理系统发出加速和减速的请求，当发动机管理系统不能够完成减速任务时，就由电子液压制动系统的自动制动功能来完成，并不需要驾驶员踩制动踏板。在 ACC 的自动制

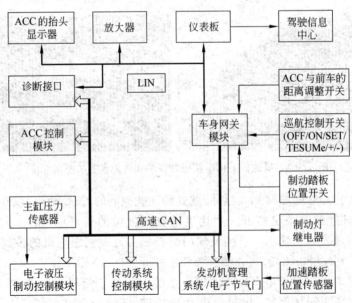

图 5.3.6　ACC 系统框图

动模式中,驾驶员如果踩下制动踏板,ACC 模块就会根据制动踏板的位置信息和主缸压力信息退出正在进行的自动制动模式。发动机管理系统如果传递出驾驶员踩下加速踏板的信息,ACC 模块也会退出自动制动模式。如果发动机管理系统发布的是驾驶员没有踩加速踏板,而 ACC 系统继续要求减速,系统就会再次进行自动制动。自动制动的目的是平稳地跟随目标车辆,并且在需要时能安全平稳地停止下来。所以制动的平稳性是系统必须考虑的。

自动制动系统的液压原理和前面介绍的 ESP 的液压调节单元是一样的。但是这里要强调的是,ESP 是在紧急工况下进行制动的;而 ACC 制动是舒适的制动,系统非常强调平稳性。

5.3.3 雷达的基本测量原理和构成

从上面介绍的 ACC 的组成可以看出,ACC 系统的关键部件是前视探测器,就是雷达。目前国际上使用在汽车 ACC 系统上的毫米波雷达的参数见表 5.3.1。

表 5.3.1 汽车 ACC 系统上的毫米波雷达参数

性能参数	德国 BOSCH(LRR3)	美国 Delphi	日本 Toyota
发射频率/GHz	77	76	76.5
方式	FMCW	FMCW	FMCW
作用距离/m	0.5~250	173	2~150
距离精度/m	1		
相对速度范围	(−50~+50)m/s	(−100~+25)m/s	(−200~+100)km/h
速度精度/(m/s)	1		
方位角/(°)	30	±10	±10
识别目标最大数	32	63	—
尺寸大小/(mm×mm×mm)		173.7×90.2×39.2	107×77×53

其中,Delphi 的雷达具有两种模式:一个是远程模式,就是 173 m;还有一个中程模式,是 60 m,角度可以达到 90°。毫米波雷达虽然也研究过不同频率的产品,但是现在主要是 76~77 GHz。1997 年,欧洲通信标准机构(european telecommunications standards institute,ETSI)将汽车雷达的工作频率区间规定为 76~77 GHz。

除了毫米波雷达外,还有激光雷达,如日本 DENSO 生产的雷达,距离可达 100 m。激光雷达的优点是比较便宜,但是抗不良天气的干扰能力比较差。今后发展的趋势还是毫米波雷达。

雷达测量的结构原理如图 5.3.7 所示[40]。两车相随时,如果能够测量出毫米波从本车

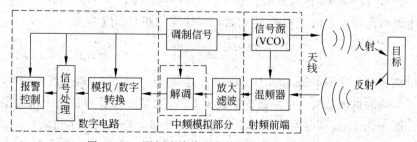

图 5.3.7 调频连续波汽车前视雷达结构原理图

发射到目标车返回的时间,就可以计算出两车相隔的距离和相对速度。现在一般的方法不是去直接测量滞后时间,而是采用频率测量的方法。

目前汽车上 ACC 系统的毫米波雷达主要是采用连续调频波(frequency modulated continuous wave,FMCW),也就是说发射的毫米波是一个频率线性变化的调制波,将接收的毫米波和发出的波进行比较,根据频率差就可以计算出滞后时间。因此系统将信号源的本振信号和接收的回波信号在混频器中得到其差频信号,这是一个中频信号 IF。该中频信号经过放大解调等一系列的处理电路,就可以得到滞后时间,检测出距离和速度的信息。假定雷达系统通过天线向外发射的一列连续调频毫米波的调制信号为三角波信号,并接收目标的反射信号。这样发射信号与接收信号的频率变化如图 5.3.8 所示。

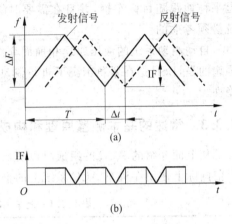

图 5.3.8　FMCW 雷达测速原理(一)

反射波与发射波的形状相同,只是在时间上有一个延迟 Δt ,Δt 与目标距离 R 的关系可以表示为

$$\Delta t = \frac{2R}{c} \tag{5.3.1}$$

式中,R 为本车至目标车的距离;c 为光速,$c = 300\,000$ km/s。

图 5.3.8 中,T 为调频的周期,ΔF 是调频的带宽,发射信号与反射信号的频率差为 IF。从图 5.3.8 上可以看出如下关系:

$$\frac{\Delta t}{\text{IF}} = \frac{T/2}{\Delta F} \tag{5.3.2}$$

将式(5.3.1)代入式(5.3.2)可以得到

$$R = \frac{c \cdot \text{IF} \cdot T}{4\Delta F} \tag{5.3.3}$$

当目标车以相对速度 V 运动时,由于多普勒频移的原理,雷达接收的反射波会产生频移 $f_d = \frac{2f_0 V}{c}$,f_0 为发射波的中心频率。三角波的上升沿和下降沿都会移动 f_d,如图 5.3.9 所示。用公式表示如下:

$$f_{b+} = \text{IF} - f_d, \quad f_{b-} = \text{IF} + f_d, \quad f_d = (f_{b-} - f_{b+})/2 \tag{5.3.4}$$

如果考虑到车速大大低于光速,因此目标车移动的相对速度为

$$V = \frac{c(f_{b-} - f_{b+})}{4f_0} \tag{5.3.5}$$

雷达的机械结构简图如图 5.3.10 所示[41],这是 BOSCH 公司第一代产品的基本结构,图上给出了具体的机械结构和电路板的安装关系,特别是可以看到系统采用的是 3 束毫米波的布置。图 5.3.11 是其电路板的元件布置结构,表现了电路的基本组成。

BOSCH 公司的发射天线为耐温、耐石子打击的专用介质塑料,采用电加热可以融去覆

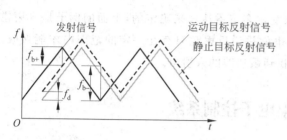

图 5.3.9 FMCW 雷达测速原理(二)

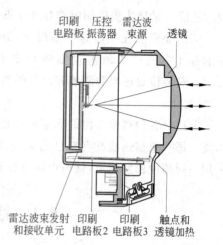

图 5.3.10 BOSCH 第一代雷达的剖面图

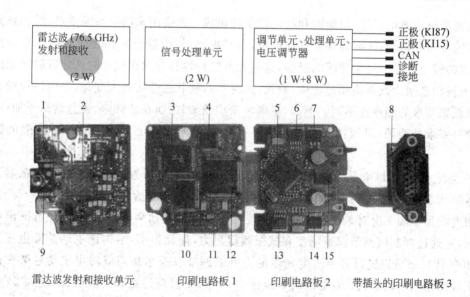

雷达波发射和接收单元　　　印刷电路板 1　　　印刷电路板 2　　　带插头的印刷电路板 3

图 5.3.11 雷达的电路实物结构图

1—介质调谐振荡器(DRO)；2—杆状发射板；3—静态随机存储器；4—可擦除闪存(Flash)；

5—16 位处理器；6—5 V 数字接口；7—开关 3 A；8—插头；9—耿氏振荡器；10—专用电路 CC610；

11—开关调节器；12—数字处理器；13—8 V 调节器；14—5 V 模拟接口；15—K 线接口

盖在凸镜上的冰雪,保证雷达波的正常发射。雷达的发射和接收单元中,采用耿氏振荡器产生 76～77 GHz 的高频波,它是利用砷-镓半导体在强电场中产生振荡的原理,其频率可以通过电压进行调整,所以又称为压控振荡器。利用 12.65 GHz 的介质谐振振荡器作为基准振荡器,用此信号进入高频波混频器对波束频率进行快速控制。发射和接收单元将反射雷达波和本振信号混频后发给印刷电路板 1。印刷电路板 1 主要是进行信号处理,其上的 CC610 专用芯片先将 3 束雷达信号经过放大、滤波后再进行 A/D 转换,变为数字信号,由 DSP 的信号处理芯片再进行 FFT 变换,计算雷达目标的距离和相对速度。控制芯片在印刷电路板 2 上,这是一个由 16 位单片机为核心构成的调节处理单元,主要是监控电压和系统的故障。带插头的印刷电路板 3 主要是 CAN 收发电路和抗干扰电路。

雷达要安装在车体的中轴线上，并且安装时应该进行两个方向的调整，即使雷达波束的锥体中间位置的垂直轴线与水平轴线和车体的中轴线平行，一般要求误差小于 0.3°。安装位置还要防溅水和水气的喷射，并能够抗振动。雷达要求的工作温度为 -30~ +80℃。

雷达对各种目标方位的确定一般是靠发射多束雷达波来确定的，上面的例子是 3 束雷达波。每一束雷达波都有自己的天线图，也就是说反射角只有在一定的范围内才能接收。利用不同角度的雷达波，就可以通过比较找到雷达波的入射角。

5.4 悬架电子控制系统

5.4.1 概述

悬架系统主要由弹簧、减振器和横向稳定杆组成。弹簧用来产生弹性变形，缓和路面不平引起的冲击和振动；减振器耗散振动能量，衰减振动；横向稳定杆在转向时防止车身侧倾过大，改善转向特性。对于传统的悬架，这些元件的特性和参数在设计时选定以后就无法更改，称为被动悬架。汽车使用过程中，载荷、路况和行驶状态会有较大变化，平顺性和操纵稳定性对悬架要求的侧重点不同。例如，平顺性希望悬架软；而在急转弯、紧急制动和加速、高速驾驶时要求悬架硬，以保持车身的姿态。被动悬架无法满足不同工况下对悬架的特定要求。

20 世纪 60 年代以来开始研究采用液压伺服机构作为主动力发生器。它用传感器测量汽车运动状态信号，输入到电控单元，电控单元经过分析、判断给力发生器发出指令，产生主动控制力满足不同工况对悬架系统特性参数变化要求的主动悬架。70 年代开始推出半主动悬架，它通过控制阀调节弹簧刚度和减振器阻尼力，能耗很小，结构比主动悬架也相对简单。90 年代以来可以进行悬架刚度和阻尼力有级调节以及车高调节的半主动悬架在高档轿车上应用范围不断扩大，阻尼力调节能在 10~12 ms 反应道路和行驶状态，进入 21 世纪这个反应时间已能进一步缩短，逐步做到实时动态调节。

5.4.2 弹簧刚度和减振器阻尼力综合控制的空气悬架

空气悬架系统用充满一定体积压缩空气的气室代替传统的螺旋弹簧，有时将气室与减振器制成一体，和螺旋弹簧并联安装。空气弹簧通过主气室与副气室间的空气开关阀改变气室的有效容积，达到弹簧刚度的调节，在不同载荷状态下得到比较稳定的悬架频率，这可以改善平顺性。空气悬架系统还可以通过对气室充放气进行行驶高度控制，当它再与减振器阻尼力一起综合控制时，能显著提高汽车的乘坐舒适性和操纵稳定性。下面以丰田 LEXUS LS400 上采用的电控空气悬架（electronic modulated air suspension，EMAS）为例对综合控制的空气悬架进行介绍。

1989 年丰田首次在 LEXUS LS400 上采用 EMAS，其部件配置如图 5.4.1 所示。EMAS 控制单元及输入、输出组件表示在图 5.4.2 上。

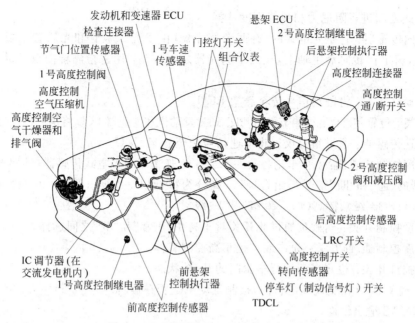

图 5.4.1　LEXUS LS400 电控空气悬架

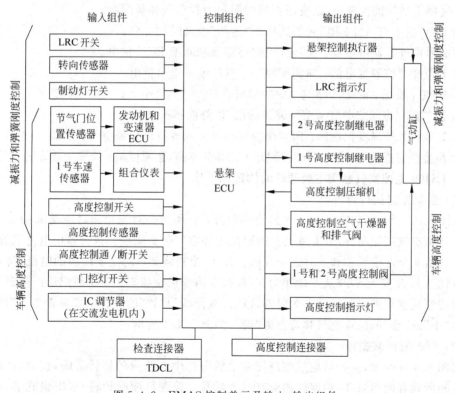

图 5.4.2　EMAS 控制单元及输入、输出组件

1. EMAS 输入、输出组件

（1）EMAS 输入组件

① LRC（LEXUS ride control，LEXUS 行驶控制）开关：驾驶员通过它在"正常"和"运

动"两种模式之间进行阻尼力和弹簧刚度选择。

②转向传感器：它是光电式的，有两个遮光器（由发光二极管和光敏管组成），开缝盘有 20 条缝，固定在转向盘主轴上，在两个遮光器之间转动，用来检测转向盘转动方向和最大转向角。

③制动灯开关：将制动信号传至悬架 ECU。

④节气门位置传感器：检测节气门开度，通过发动机和变速器 ECU 将信号传至悬架 ECU。

⑤车速传感器：通过组合仪表将车速信号传至悬架 ECU。

⑥高度控制传感器：4 个车轮各装一个有 4 对遮光器的光电式传感器，悬架 ECU 根据 4 对遮光器的"通"和"断"信号的组合，将车高分为特低（1～2 级）、低（3～6 级）、标准（7～10 级）、高（11～14 级）、特高（15～16 级）共 16 级。

⑦高度控制开关：驾驶员通过此开关对车高在"正常"和"高"之间选择。

⑧高度控制通/断开关：允许或禁止车高控制工作。

⑨门控灯开关：检测车门和行李舱门的开/关状态。

⑩ IC 调节器：（在交流发电机内）检测发动机是否在运转。

（2）EMAS 输出组件

①悬架控制执行器：装在每个空气弹簧的顶部，它通过一对齿轮同时驱动减振器的转阀和空气弹簧空气阀控制杆，改变减振器的阻尼力和空气弹簧刚度。

② LRC 指示灯：当 LRC 开关选择在"运动"模式时此灯亮。

③ 2 号高度控制继电器：向高度控制传感器和悬架 ECU 供电。

④ 1 号高度控制继电器：向高度控制空气压缩机电机供电。

⑤空气干燥器：除去压缩空气中的湿气。

⑥排气阀：将压缩空气从空气弹簧排出，以降低车高。

⑦ 1 号和 2 号高度控制阀：向 4 个空气弹簧充入或排出压缩空气。

⑧高度控制指示灯：指示高度控制开关选择的车高，悬架控制系统发生故障时进行报警。

2. LS400 电控空气悬架主要部件的构造和工作

（1）悬架控制执行器

如图 5.4.3 所示，装在每个空气弹簧的顶部，它通过一对齿轮同时驱动减振器的转阀和空气弹簧空气阀控制杆，改变减振器的阻尼力和空气弹簧刚度。执行器由电磁装置驱动，电磁铁包括 4 个定子铁芯和 2 对定子线圈。ECU 控制流至每对定子线圈的电流，将定子铁芯的极性从 N 改变为 S，或从 S 改变为 N，或改变为非极性状态。定子线圈所产生磁力的吸引作用使连接空气阀控制杆的永久磁铁转动。减振器为"软"的位置空气弹簧也为"软"，减振器为"中"或"硬"的位置空气弹簧也为"硬"，如图 5.4.4 所示。

（2）可调阻尼减振器

如图 5.4.5 所示，执行器通过控制杆带动活塞杆中心孔内的旋转滑阀，在 A,B 两个断面上旋转滑阀有两组量孔，活塞杆相应有两个量孔。控制杆顺时针转 $60°$ 时量孔 A,B 都打开，阻尼力为"软"；控制杆在中间位置时量孔 B 打开，量孔 A 关闭，阻尼力为"中"；控制杆逆时针转 $60°$ 时量孔 A,B 都关闭，阻尼力为"硬"。减振器阻尼力有软、中、硬 3 级调节，见图 5.4.6，可以选择在阻尼力速度特性 3 条曲线中的一条曲线上工作，见图 5.4.7。控制杆转 $60°$ 的反应时间约为 30 ms。这种可调阻尼减振器是准静态有级调节。

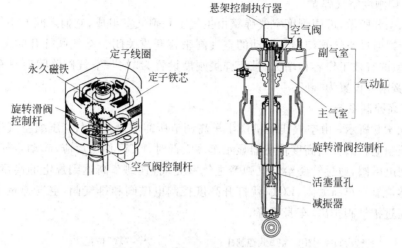

图 5.4.3 空气悬架和控制执行器

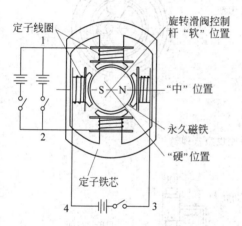

图 5.4.4 空气阀控制杆的电磁驱动装置

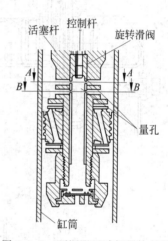

图 5.4.5 可调阻尼减振器执行器

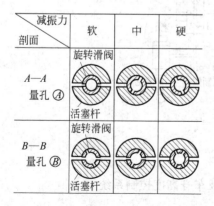

图 5.4.6 可调阻尼减振器旋转滑阀位置与
减振力 3 级变化

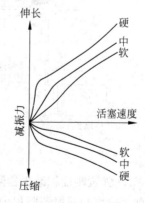

图 5.4.7 可调阻尼减振器减振力
速度特性曲线

（3）可调刚度空气弹簧

如图5.4.8所示，可调刚度空气弹簧由主气室和副气室组成，它们之间的空气通道由悬架控制执行器通过空气阀控制杆转动的空气阀来打开或关闭。空气阀打开时主、副气室同时工作，气室的有效工作容积增大，悬架弹簧刚度设置为"软"；空气阀关闭时只有主气室工作，悬架弹簧刚度设置为"硬"。

（4）车高控制系统

如图5.4.9所示，由空气压缩机产生车高调节所需的压缩空气，压缩空气通过干燥器进入高度控制电磁阀。当高度传感器显示车高太低时，ECU作出反应，起动空气压缩机，打开高度控制电磁阀，通过管路给空气弹簧主气室充气，直到车高达到规定的高度。反之，如果高度传感器显示车高太高，ECU就打开高度控制电磁阀和排气阀，空气弹簧主气室中的压缩空气通过排气阀排出，车身下降。

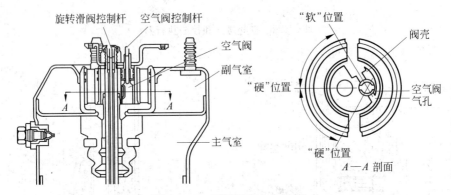

图5.4.8　可调刚度空气弹簧

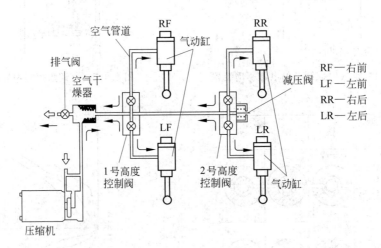

图5.4.9　车高控制系统

3. EMAS弹簧刚度和减振器阻尼力控制以及车身高度控制系统

（1）弹簧刚度和减振器阻尼力控制

驾驶员根据行驶工况用LRC(LEXUS ride control，LEXUS行驶控制)开关在"正常"和"运动"两种模式之间进行选择。"正常"模式时(阻尼力为"软"，弹簧刚度为"软")侧重于正常行驶的乘坐舒适性;"运动"模式时(阻尼力为"中",弹簧刚度为"硬")主要是提高急转弯等紧急情况下汽车的姿态和操纵稳定性。在任一种模式下,弹簧刚度和减振器阻尼力都可以由电控单元根据行驶状态进行控制,其功能如表5.4.1所示。

表 5.4.1 弹簧刚度和减振器阻尼力控制的功能

行驶状态	弹簧刚度	减振器阻尼力	功 能
起步或突然加速时,车速<20 km/h,节气门开度较大或突然打开,产生后蹲	硬	硬	抑制后蹲。车速达到或超过8 km/h约2 s后,以及达到或超过30 km/h时,这一控制取消,恢复原模式
(1)车速不低于60 km/h时制动; (2)减速中制动时ECU检测前端,车高降低,产生点头	硬	硬	抑制点头。情况(1)保持制动约1 s后,情况(2)制动踏板松开约1 s后,都取消这一控制,恢复原模式
转弯或沿S形弯路行驶时,存在由车速和最大转向角决定的侧向加速度,产生侧倾	硬	硬	抑制侧倾。根据车速和最大转向角决定的侧向加速度控制。恢复直行2 s后取消这一控制,恢复原模式
选择"正常"模式,车速在140 km/h或以上高速行驶	硬	中	提高行驶稳定性。当车速降至120 km/h或以下时,恢复"正常"模式
在坎坷不平道路上行驶时汽车产生俯仰和垂直跳动	硬("正常"模式)硬("运动"模式)	中/硬 硬	改善乘坐舒适性。高度传感器检测路面轻微不平整时,阻尼力调到"中",很不平整时,阻尼力调到"硬"

(2)车身高度控制

驾驶员通过高度控制开关对车高在"正常"和"高"之间选择,"正常"位置在普通道路上行驶时选用,"高"位置在不平整道路上行驶时选用。还可以由电控单元控制,在高速行驶中可以稳定汽车姿态,乘客和行李重量改变时可以保持恒定车高,每个控制的功能如表5.4.2所示。

表 5.4.2 车身高度控制的功能

控 制	功 能
自动高度控制	无论乘客和行李重量如何,保持车高在选择开关选定"正常"或"高"位置下预定的高度,保证悬架有足够的动行程空间,能有效地吸收和耗散振动能量,改善乘坐舒适性,同时保持前照灯光束方向不变,并防止汽车在不平路上"托底"
高速控制	当车高选择开关选定"高"位置,车速超过140 km/h时,车高降至"正常"高度;当开关在"正常"位置时,车高降至"低"高度,这样可以降低空气阻力,提高高速时空气的动力特性和稳定性。当车速降至120 km/h以下时,这个控制取消,恢复原来车高
点火开关关断控制	在点火开关关断后,当车高由于乘客或行李重量减少变得高于预定高度时,这一控制使车高降至预定高度,改善停车时车辆的姿态。这个控制在点火开关关断约3 min后才起作用。如果ECU判断车门打开,可能有人正在下车,这个控制将中断。在所有车门都关闭后,这个控制重新开始。在点火开关关闭约30 min后这个控制无条件取消

5.4.3 自适应阻尼力连续可调悬架

如前所述,可调阻尼控制系统一般提供3～4种阻尼选择,该系统进一步扩展为自适应连续变化阻尼,通过机电作动器来得到从"超硬"到"超软"连续可调。其优点是阻尼力可以精确满足主要工况的要求,不需要折中。适用的作动器包括直流伺服电机、步进电机和占空比控制电磁阀。

GM 连续可调路面感应悬架(continuously variable road sensing suspension,CVRSS)系统根据道路和行驶工况在 $10\sim12$ ms 内实时调节减振器的阻尼。CVRSS 控制单元接收垂直加速度、车轮到车身相对位置、车轮运动速度、车速和后蹲/点头(根据加速踏板开度和车速以及减速时车速的变化率信息得到)输入信号,通过判断对减振器上的电磁阀作出控制,用 2.0 kHz 进行脉宽调制,精确调节电流,使减振器得到宽范围的阻尼力。CVRSS 控制单元还对电控车身调平(electronic level control,ELC)进行控制。如果一个重物放入行李舱,后轮位置传感器则将低于设置高度的信号发送到 CVRSS 模块,令 ELC 继电器通电,空气压缩机电机起动,给后悬架减振器调节高度的橡胶气囊充气,达到布置高度后关闭压缩机。当重物取下时,CVRSS 模块令装在压缩机上的放气电磁阀通电,当达到布置高度时关闭放气电磁阀,保持后悬架布置高度不受后悬架载荷的影响。

近来 GM 推出的另一种系统是磁流变减振器。在 2002 年推出的车型中,Cadillac Seville 旅行轿车(STS)采用的 CVRSS 悬架系统将更新采用 MagneRide 悬架系统。这个系统采用 Delphi 开发的磁流变减振器,它不再使用电磁阀而是充满磁流变(magneto rheological,MR)液体。磁流变(MR)液体是包含大约 40% 悬浮铁微粒的合成油。减振器活塞里的线圈由 MagneRide 模块控制通电。当线圈不通电时,铁微粒在 MR 液体中随机散开,并具有矿物油状的浓度,此时液体容易流过减振器活塞上的节流孔提供"软模式"平顺性。若减振器的线圈由 MagneRide 模块控制通电(每个减振器可以达到 5 A),线圈周围的磁场则将 MR 液体中的铁微粒排列成纤维结构,在这个状态下 MR 液体变浓,具有胶体状,适合"硬模式"平顺性的浓度(图5.4.10)。根据 MagneRide 系统车轮位置传感器和转向盘位置传感器输入,此模块以 1000 次/s 的速率调整给减振器线圈的供电电流,MR 液体浓度随电流大小而变,即改变 MR 液体阻尼特性的反应时间是 1 ms,比原来 Cadillac 减振器用的电磁阀快 10 倍。MagneRide 模块提供几乎连续变化范围更宽的阻尼,能更精确地控制车身俯仰和侧倾运动,改善了接地能力、转向特性和安全性。

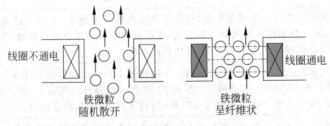

图 5.4.10　磁流变可调阻尼减振器

5.4.4　刚度、阻尼和车高综合控制的油气悬架

雪铁龙 1955 年首先在 DS 车型上推出优越的车身自调平油气悬架系统,其工作原理是用一个氮气弹簧(结构非常类似于储能器)借助液压作动器与悬架控制臂相连,通过改变供给它的液压油,作动器可以伸缩(改变行驶高度),液压油由发动机驱动的油泵通过液压油管

网供给每个弹簧,由机械控制高度阀感受前后端车身到车轴的位移来调节液压油供油以改变行驶高度。

为了进一步提高油气悬架系统的性能,雪铁龙决定采用电控。20 世纪 90 年代这个系统首次在 XM 车型上见到,称为 Hydractive 悬架,它能提供优越的行驶平顺性和操纵稳定性。

1. Hydractive 悬架系统

图 5.4.11 示出了 Hydractive 系统的主要元件。它是一个半主动悬架系统,提供两种弹簧刚度和两种阻尼力(悬架“软”和“硬”两种设置)。和原来的油气悬架类似,Hydractive 用液压储能器作为氮气弹簧,其最大的不同是每个轴都包括第三个氮气弹簧。在正常行驶时,根据微机的 ECU 命令电磁阀将“第三弹簧”与每个轴的油路接通,这样,压缩空气体积提高了 50%,降低了悬架的刚度。每个电磁阀同时还打开一个节流孔,允许油液在每个轴上的 3 个弹簧之间流动,阻尼力也下降,此时为悬架的“软”设置。反之,当 ECU 确定行驶条件要求悬架“硬”设置时,它命令电磁阀将第三弹簧与系统隔开,并停止两个主悬架油气弹簧滑柱间油液的流动,其结果是提高悬架刚度,阻尼变硬,提高抗侧倾特性。

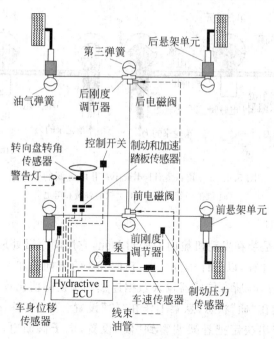

图 5.4.11 雪铁龙 Hydractive Ⅱ 液气悬架系统

2. 传感器

ECU 接收 8 个输入信号:控制模式开关的位置(“运动”或“正常”)、转向盘转角和转速、车速、加速踏板位移、制动力、车身位移和车门以及行李舱灯开关。转向盘和车身位移传感器是两个光电中断型,与前述三菱 ECS 系统工作方法类似。

车速传感器与组合仪表共用,是一个简单的霍尔效应探测器,装在主传动壳体上。变速器输出轴带动一个装有磁性环的轴(由几个交替的南北极组成的磁环),霍尔效应探测器对着磁性环,每当一个南北极通过它时,就产生小的霍尔电压脉冲(大约 1 mV)。传动是这样安排的,每个脉冲相当于车辆行驶 20 cm,给出很高的车速测量精度。

加速踏板位置由节气门位置传感器得到,用的是传统旋转的电位计。制动力由压力开关间接测量,当制动管路液体压力超过 3.5 MPa 时,压力开关打开电路,且 ECU 输出升至 5 V,显示强的制动;如果制动压力低于 3.5 MPa,开关将 ECU 输出接地,显示低的制动力。

模式开关装在仪表板上,它允许驾驶员选择悬架控制模式。如"运动"模式,它特别适用于快速或"运动"驾驶。

3. 作动器

Hydractive 作动器元件是电磁阀,称为电子阀,装在每个第三弹簧上(见图 5.4.12)。不供电时,这个电子阀由强的回位弹簧保持在"断"的位置,这将隔绝第三弹簧,于是悬架转入"硬"的设置(每个轴只有两个弹簧工作)和"硬"的阻尼。ECU 给电子阀通电时,调到"软"设置(每个轴有 3 个弹簧工作),阻尼适中。这是由给线圈以最高电压(大约 13.5 V)供电 0.5 s 来"拉入"柱塞,然后在 1 kHz 的"限幅"电流下获得平均大约 0.5 A 的"保持"电流来完成的。为了防护电磁阀线圈断路或短路,ECU 采用"智能"晶体管连续检测线圈电阻值(大约 5 Ω)。当检测到电阻不正确时,切断输出电流,系统默认为"硬"设置。

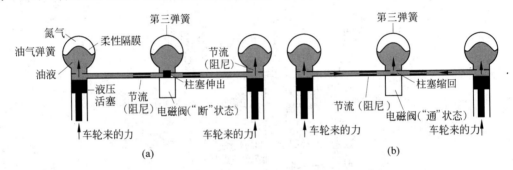

图 5.4.12 雪铁龙 Hydractive II 电磁阀的工作

(a) 硬的弹簧和阻尼;(b) 软的弹簧和阻尼

4. Hydractive ECU

Hydractive ECU 是装在发动机舱内的密封单元,它用两个微处理器来对传感器输入的数据进行评价、比较和计算,以估计车身纵向、横向和垂直方向的加速度,用来针对主要行驶条件确定优化悬架设置,与所有传感器输入数据连续和预设阈值比较(它随车速正比调整)。通常 ECU 保持电子阀在"通"状态,悬架工作在"软"设置。然而,当一个传感器输入数据超过阈值时,微处理器作出决定把悬架调整到"硬"设置,电子阀断电。这个过程很快(小于 2 ms)。一旦传感器输入数据低于阈值,在预置滞后时间(约 1.5 s)以后,悬架返回到"软"设置。

当驾驶员将控制开关移到"运动"模式,ECU 下调阈值约 33%(由表 5.4.3 和表 5.4.4 中的阈值可以看出)。这样悬架系统一直在"软"设置和"硬"设置之间调整,但调整到"硬"设置的概率更高。具体控制规则列举如下。

由转向盘传感器得到两个输入:由转向盘转速和转向盘转角计算汽车的横向加速度(车速、转向盘转角)和横向加速度变化趋势(车速、转向盘转速)。为转向盘传感器输入设置的规则实际上是给出车身侧倾趋势的度量。"硬"设置显著降低车身侧倾,这一规则当有侧倾倾向时就必须设置,以使车身侧倾降至最小。但是在汽车没有因为转向引起车身侧倾时,

表 5.4.3　车身侧倾控制的阈值

车速/(km/h)	转向盘转角/(°)		车速/(km/h)	转向盘转速/((°)/s)	
	正常	运动		正常	运动
34～39	174	119	24～29	535	357
>179	10	7	>158	20	13

表 5.4.4　点头和后蹲控制的阈值

车速/(km/h)	点头/mm	后蹲/mm	转向盘转角/(°)	车速/(km/h)	踏加速踏板速度/(级/25 ms)	
					正常	运动
34～39	84	60	87	0～14	2	1.3
>179	36	36	5	>199	7	4.6

车速/(km/h)	收加速踏板速度/(级/25 ms)	
	正常	运动
0～19	10	6.6
>168	7	4.6

悬架保持在"软"设置,以吸收颠簸。车身侧倾以及点头和后蹲控制的规则为:在给定车速下,当转向盘和加速踏板位置传感器输入数据超过阈值时,悬架进入"硬"设置。表5.4.3和表5.4.4列举了两个车速范围的阈值。

车身位移和速度由车身位移传感器得到,它们可进行两种形式的调整:

① "爆胎突然倾斜"调整。若车身运动速度超过 300 mm/s,悬架就将进入"硬"设置,所有"硬"设置的阈值限制到 60 mm。调整的"暂停"时间是 0.4 s。

② 过大的车身位移调整。若车身位移在 3 s 内有多于 3 次超过 60 mm,悬架进入"硬"设置,所有"硬"设置的阈值限制到 60 mm。此调整的"暂停"时间也是 0.4 s。

各种车速下加速踏板速度可预测汽车的加速度或发动机制动,反映汽车后蹲(当加速时)或点头(当发动机制动时)。当悬架在"硬"设置时,后蹲和点头都可以明显减小。在 25 ms 内,A/D 变换的"级"数用来度量加速踏板位置的变化速率(加速踏板速度)。

当车速超过 24 km/h 且压力传感器指示制动管路油压大于等于 3 MPa 时,悬架将进入"硬"设置。在满足上述规则时悬架一直保持"硬"设置,以防止紧急制动时严重点头。

参 考 文 献

[1] 余志生.汽车理论(第三版).北京:机械工业出版社,2002

[2] Chowanietz E. Automobile Electronics. Society of Automotive Engineers,Inc. ,1995

[3] Lane Eichhorn Classroom Manual for Automotive Brake Systems. 2nd ed. 2001

[4] 宋小毅.四通道气压 ABS 控制器的研制:[硕士学位论文].清华大学汽车工程系,2003

[5] 付直全.气压 ABS 混合仿真系统的研制与应用:[硕士学位论文].清华大学汽车工程系,2003

[6] 司利增.汽车防滑控制系统——ABS 与 ASR.北京:人民交通出版社,1996

[7] Dipl. -lng. R. Beeker, Brake System for Passenger Cars. Robert BOSCH GmbH,1994

[8] Song J B, Byun K S. Throttle actuator control system for vehicle traction control. Mechatronics, 1999,9:477~495

[9] 高钟毓.机电控制工程.北京:清华大学出版社,2002

[10] 付百学.汽车电子控制技术.北京:机械工业出版社,2002

[11] 冯渊.汽车电子控制技术.北京:机械工业出版社,1999

[12] 周云山,于秀敏.汽车电控系统理论与设计.北京:北京理工大学出版社,1999

[13] 程军.汽车防抱死制动系统的理论与实践.北京:北京理工大学出版社,1999

[14] Lse K, Fujita K, Lnoue Y, et al. The "LEXUS" Traction Control (TRAC) System. SAE paper 900212

[15] ABS/TCS and Brake Technology. SAE. paper SP-953

[16] Maisch W, Jonner W D, Mergenthaler R, et al. ABS and ASR5:The New ABS/ASR Family to Optimize Directionl Stability and Traction. SAE paper 930505

[17] 顾柏良,等译.BOSCH 汽车工程手册.北京:北京理工大学出版社,1999

[18] 林波.ABS 混合仿真试验台的建设和门限控制方法的研究:[硕士学位论文].清华大学汽车工程系,2001

[19] 王德平,郭孔辉,宗昌富.汽车驱动防滑控制的控制逻辑与算法.汽车工程,1999,5

[20] 程军,袁金光,王西山.汽车防滑控制的研究.汽车工程,1997,2

[21] 王德平,郭孔辉.汽车驱动防滑控制系统.汽车技术,1997,4

[22] 玛瑞克 J.,等著.汽车传感器.左治江,等译.北京:化学工业出版社,2004

[23] 王宝龄.电磁电器设计基础.北京:国防工业出版社,1989

[24] 刘国福,张圮,王跃科,等.基于 PSPICE 的 ABS 轮速信号处理电路的设计.汽车电器,2003,3

[25] 刘惟信等.汽车设计.北京:清华大学出版社,2001

[26] Knowles D. Automotive Suspension & Steering Systems,1999

[27] 赵良红,张渭泷.汽车底盘电控技术.北京:机械工业出版社,2002

[28] 自学手册.上海大众汽车

[29] Steering System Service. General Motors Corporation,1995

[30] Shimizu Y, Kawal T. Development of Electric Power Steering. SAE paper 910014

[31] Inaguma Y, Suzuki K, Haga K. An Energy Saving Technique in an Electro-Hydraulic Power Steering(EHPS) System. SAE paper 960934

[32] 王豪,许镇琳,尚喆,张海华.电动转向系统特性分析.汽车科技,2003,3

[33] 林逸,施国标.汽车电动助力转向技术的发展现状与趋势.公路交通科技,2001,6

[34] 肖生发,冯樱,刘洋.电动助力转向系统阻力特性的研究.湖北汽车工业学院学报,2001,9

[35] 郁明,王启瑞,黄森仁.计算机控制的汽车电动助力转向系统.电子技术,2003,9

[36] 曹承志.电机拖动与控制.北京:机械工业出版社,2004

[37] 王霄锋.Rack & Pinion Gear Product Engineering. Delphi Saglnow Steering Systems Engineering Training,1995

[38] 米切尔维修信息公司编.奥迪 A4、A6 轿车维修手册.中国机动车安全鉴定检测中心编译.北京:机械工业出版社,2002

[39] 赵杨东.高速公路追尾事故成因分析及预防对策研究:[硕士学位论文].哈尔滨工业大学,2007

[40] 李志刚.交通领域中毫米波探测系统若干关键问题的研究:[博士学位论文].天津大学,2003

[41] BOSCH 公司.汽车安全性与舒适性系统.魏春源,等译.北京:北京理工大学出版社,2007

[42] Littlejohn D. Performance, Robustness, and Durability of an Automatic Brake System for Vehicle Adaptive Cruise Control. SAE paper, 2003-01-0255

[43] 侯德藻. 汽车纵向主动避撞系统的研究：[博士学位论文]. 清华大学汽车工程系, 2003

[44] 刘中海. 自适应巡航控制系统设计与仿真：[硕士学位论文]. 清华大学计算机系, 2005

[45] 肖炎根. 基于超声波的倒车雷达系统设计. 电子元器件应用, 2008

[46] 吴妍. 汽车倒车雷达预警系统研究：[硕士学位论文]. 武汉理工大学, 2007

6 汽车控制网络

6.1 概　　述

汽车在最初采用电子控制单元的时候,通常采用常规的点对点通信方式,通过导线将各电子控制单元及电子装置连接起来。随着电子设备的不断增加,这样势必造成导线数量的不断增多,从而使得在有限的汽车空间内布线越来越困难,线束越来越复杂。

汽车上的电控单元不仅要与负载设备简单地连接,还要与其他电控单元进行信息交流,并经过复杂的控制决策运算,发出控制指令,这些是不能通过简单导线连接完成的。

另外,在不同子系统中的电控单元常常会同时需要一些相同的传感器信号,这就要求同一传感器信号必须同时被送至不同的控制器,因此各模块与此传感器之间要通过导线连接起来,从而导致车内导线数量及电器接点大幅度增加,电器系统可靠性下降。

现代汽车基于安全性和可靠性的要求,正越来越多地考虑使用电控系统代替原有的机械和液压系统。随着汽车电子控制单元的不断增多,需要共享的信息越来越多,采用串行总线实现多路传输,组成汽车电子网络,这是一种既可靠又经济的做法。通过汽车内部的总线网络,可以实现各电子控制系统之间的信息共享、减少布线、降低成本以及提高总体可靠性的目的。

汽车控制网络是在网络通信协议管理下,由若干终端、传输设备和通信控制处理器等组成的系统集合。汽车电子控制网络则指按照特定的车用网络协议,以共享资源为主要目的,将所有位置上分散且独立工作的车载控制模块相互连接在一起的集合。汽车电子网络化控制是指网络的控制功能在汽车这一特定对象上的应用,它体现在车内各控制模块间的自由通信与相互协调。

汽车网络化技术是通信技术及计算机技术与汽车控制理论相结合的产物,它将成为现代汽车控制技术最重要的技术基础。

6.1.1　汽车控制网络的分类

国际上众多知名汽车公司早在 20 世纪 80 年代就积极致力于汽车网络技术的研究及应用,迄今为止,已有多种网络标准。

在现代汽车中,各种控制模块通过不同的总线连接到一起,构成非常复杂的总线系统。在很多情况下,汽车高速控制系统如动力系统控制,都使用高速 CAN(controller area network)总线连接在一起。外围设备则借助 LIN(local interconnect network)总线进行控制。远程信息处理和多媒体连接需要高速互连,视频传输又需要同步数据流格式,这些常用 D2B(domestic digital bus)或 MOST(media oriented systems transport)协议来实现。无线通信则通过蓝牙(Bluetooth)技术加以实现。而在未来的 5～10 年里,TTP(time trigger protocol)和 FlexRay 将使汽车发展成百分之百的完全不需要后备机械系统支持的电控系统。

图 6.1.1 所示为汽车网络中各种典型的总线形式对比。其中,J1850 除了 Ford、Chrysler 和 GM 公司还在使用以外,未能被广泛接受。而 LIN 总线不仅能够完成 J1850 的大多数功能,更兼具低成本的优势,它将会取代 J1850 成为低端通信的标准。而其他类型的总线在各自的系统应用范围内仍代表了当前市场的主流和未来发展的趋势。

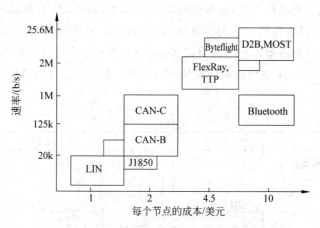

图 6.1.1　典型汽车总线的速率和成本

目前存在多种汽车网络标准,其侧重的功能有所不同。为方便研究和设计应用,SAE(美国汽车工程师学会)车辆网络委员会将汽车数据传输网划分为 A,B,C 3 类。

A 类是面向传感器/执行器控制的低速网络,数据传输位速率通常小于 10 kb/s,主要用于后视镜调整,电动窗、灯光照明等控制。

B 类是面向独立模块间数据共享的中速网络,数据传输位速率一般在 10～125 kb/s 之间,主要应用于车身电子舒适性模块、仪表显示等系统。

C 类是面向高速、实时闭环控制的多路传输网,数据传输位速率在 125 kb/s～1 Mb/s 之间,主要用于牵引控制、先进发动机控制、ABS 等系统。

6.1.2　不同控制网络的特点

不同的汽车控制网络,对应于不同的控制对象和控制要求。各种网络有各自的特点,下面针对汽车网络的特点进行讨论。

1. A 类总线标准

A 类的网络通信大部分采用 UART(universal asynchronous receiver/ transmitter)标准。UART 比较简单,成本低,但随着技术的发展,将会逐渐从汽车通信系统淘汰。

其中,GM 公司使用的 E&C(entertainment and comfort)、Chrysler 公司使用的 CCD(Chrysler collision detection)和 Ford 公司使用的 ACP(audio control protocol),现在已逐步停止使用。

I^2C 总线在汽车中很少使用,仅见于 Renault 公司在 HVAC(heating,ventilation and air conditioning)中有使用。

日本 Toyota 公司制定的一种通信协议——BEAN(body electronics area network),目前仍在其多种车型 (Celsior,Aristo,Prius 和 Celica)中使用。

A 类总线目前首选的标准是 LIN。

LIN 是用于汽车分布式电控系统的一种新型低成本串行通信系统。它是一种基于 UART 的数据格式、主从结构的单线 12 V 的总线通信系统，主要用于智能传感器（smart sensors）和执行器的串行通信，而这正是 CAN 总线的带宽和功能所不要求的部分。

LIN 采用低成本的单线连接，传输速度最高可达 20 kb/s，对于低端的大多数应用对象来说，这个速度是可以接受的。它的媒体访问采用单主/多从的机制，不需要进行仲裁。在从节点中不需要晶体振荡器而能进行自同步，这极大地减少了硬件平台的成本。

图 6.1.2 所示为 LIN 总线在车门模块中的应用。LIN 总线和 CAN 总线可以通过网关来完成信息交换。

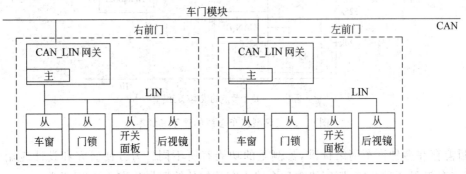

图 6.1.2　LIN 总线在车门模块中的应用

LIN 的标准简化了现有的基于多路解决方案的低端 SCI，同时将降低汽车电子装置的开发、生产和服务费用。

LIN 的规范包含了传输协议、传输介质、开发工具接口以及应用软件。因此，从硬件、软件以及电磁兼容性方面来看，LIN 保证了网络节点的互换性。

2. B 类总线标准

B 类标准在轿车上应用的是 ISO 11898，传输速率在 100 kb/s 左右，在卡车和大客车上应用的是 SAE 的标准 J1939，传输速率是 250 kb/s。

GM，Ford 等公司目前在许多车型上都已经开始使用基于 ISO 11898 的标准 J2284，它的传输速率是 500 kb/s。

欧洲的各大汽车公司一直都采用 ISO 11898，所使用的传输速率范围从 47.6 kb/s 到 500 kb/s 不等。近年来，基于 ISO 11519 的容错 CAN 总线标准开始得到广泛的使用，ISO 11519-2 的"容错"低速二线 CAN 总线接口标准在轿车中得到普遍的应用，它的物理层比 ISO 11898 要慢一些，同时成本也高一些，但是它的故障检测能力却非常突出。

B 类中的国际标准是 CAN 总线。

CAN 总线是德国 BOSCH 公司从 20 世纪 80 年代初为解决现代汽车中众多的控制与测试仪器之间的数据交换而开发的一种串行数据通信协议。它是一种多主总线，通信介质可以是双绞线、同轴电缆或光导纤维。通信速率可达 1 Mb/s。

CAN 总线通信接口中集成了 CAN 协议的物理层和数据链路层功能，可完成对通信数据的成帧处理，包括位填充、数据块编码、循环冗余检验、优先级判别等项工作。

CAN 协议的一个最大特点是废除了传统的站地址编码,而代之以对通信数据块进行编码,最多可标识 2048(2.0A)个或 5 亿(2.0B)多个数据块。采用这种方法的优点可使网络内的节点个数在理论上不受限制。

数据段长度最多为 8 B,不会占用总线时间过长,从而保证了通信的实时性。

CAN 协议采用 CRC 检验并可提供相应的错误处理功能,保证了数据通信的可靠性。

图 6.1.3 所示为符合 B 类标准的低速 CAN 总线以及符合 C 类标准的高速 CAN 总线在汽车上的应用框图,高速 CAN 和低速 CAN 通过网关连接起来。

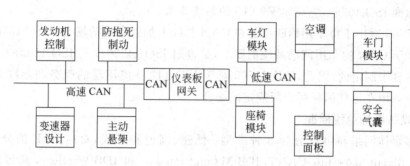

图 6.1.3　高速 CAN 和低速 CAN 在汽车上的应用

3. C 类总线标准

由于 C 类标准主要用于与汽车安全相关及实时性要求比较高的地方,如动力系统,所以其传输速率比较高,通常在 125 kb/s～1 Mb/s 之间,必须支持实时的周期性的参数传输。

在 C 类标准中,欧洲的汽车制造商基本上采用的都是高速通信的 CAN 总线标准 ISO 11898。而 J1939 则广泛适用于卡车、大客车、建筑设备、农业机械等工业领域的高速通信。在美国,GM 公司已开始在所有的车型上使用其专属的所谓 GMLAN 总线标准,它是一种基于 CAN 的传输速率在 500 kb/s 的通信标准。

ISO 11898 针对汽车(轿车)电子控制单元(ECU)之间,通信传输速率大于 125 kb/s、最高 1 Mb/s 时,使用控制器局域网络构建数字信息交换的相关特性进行了详细的规定。

J1939 供卡车及其拖车、大客车、建筑设备以及农业设备使用,是用来支持分布在车辆各个不同位置的电控单元之间实现实时闭环控制功能的高速通信标准,其数据传输速率为 250 kb/s。

J1939 使用了控制器局域网协议,任何 ECU 在总线空闲时都可以发送消息,它利用协议中定义的扩展帧 29 位标识符实现一个完整的网络定义。29 位标识符中的前 3 位被用来在仲裁过程中决定消息的优先级,对每类消息而言,优先级是可编程的,这样原始设备制造商在需要时可以对网络进行调整。J1939 通过将所有 11 位标识符消息定义为专用,允许使用 11 位标识符的 CAN 标准帧的设备在同一个网络中使用。这样,11 位标识符的定义并不是直接属于 J1939 的一个组成部分,但是也被包含进来。这是为了保证其使用者可以在同一网络中并存而不出现冲突。

4. 诊断系统总线标准

使用排放诊断的目的主要是为了满足 OBD-Ⅱ(on board diagnose),OBD-Ⅲ 或 E-OBD (European-on board diagnose)标准。

目前,许多汽车生产厂商都采用 ISO 14230(keyword protocol 2000)作为诊断系统的通信标准,它满足 OBD-Ⅱ。

美国的 GM,Ford,DC 公司广泛使用 J1850 作为满足 OBD-Ⅱ 的诊断系统的通信标准,但欧洲汽车厂商拒绝采用这种标准。2004 年,美国三大汽车公司开始对乘用车采用基于 CAN 的 J2480 诊断系统通信标准,它满足 OBD-Ⅲ 的通信要求。

在欧洲,以往诊断系统中使用的是 ISO 9141,它是一种基于 UART 的通信标准,满足 OBD-Ⅱ 的要求。从 2000 年开始,欧洲汽车厂商已经开始使用一种基于 CAN 总线的诊断系统通信标准 ISO 15765,它满足 E-OBD 的系统要求。

ISO 15765 适用于将车用诊断系统在 CAN 总线上加以实现的场合。ISO 15765 的网络服务符合基于 CAN 的车用网络系统的要求,是遵照 ISO 14230-3 及 ISO 15031-5 中有关诊断服务的内容来制定的,因此,ISO 15765 对于 ISO 14230 应用层的服务和参数完全兼容,但并不限于只用在这些国际标准所规定的场合。

5. 多媒体系统总线标准

汽车多媒体网络和协议分为 3 种类型:低速、高速和无线,对应 SAE 的分类相应为 IDB-C(intelligent data bus-CAN),IDB-M(multimedia)和 IDB-Wireless,其传输速率在 250 kb/s~100 Mb/s 之间。图 6.1.4 为汽车多媒体系统示意图,它包括了语音系统、车载电话、音响、电视、车载计算机和 GPS 等系统。

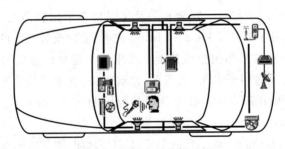

图 6.1.4　汽车多媒体系统

低速用于远程通信、诊断及通用信息传送,IDB-C 按 CAN 总线的格式以 250 kb/s 的位速率进行信息传送。由于其低成本的特性,IDB-C 有望成为汽车类产品的标准之一。GM 公司等美国制造商计划使用 POF(plastic optical fiber),在车中安装以 IEEE 1394 为基础的 IDB-1394,预计 Toyota 汽车等日本汽车制造商也将跟进采用 POF。由于消费者手中已经有许多 1394 标准下的设备,并与 IDB-1394 相兼容,因此,IDB-1394 将随着 IDB 产品进入车辆的同时而成为普遍的标准。

高速主要用于实时的音频和视频通信,如 MP3,DVD 和 CD 等的播放,所使用的传输介质是光纤,这一类里主要有 IDB-M,D2B,MOST 和 IEEE 1394。

D2B 是用于汽车多媒体和通信的分布式网络,通常使用光纤作为传输介质,可连接 CD 播放器、语音控制单元、电话和因特网。D2B 技术已使用于 Daimler 公司 1999 年款的 S 级车型。

欧洲汽车制造商 Daimler-Chrysler 等公司计划与 BMW 公司一样使用 MOST。MOST 是车辆内 LAN 的接口规格,用于连接车载导航器和无线设备等。数据传输速度为 24 Mb/s。其规格主要由德国 Oasis Silicon System 公司制定。

IEEE 1394 最初是由 Apple 公司提出的,称为火线(firewire),随后于 1995 年作为一种串行总线标准在市场上出现。其具有 400 Mb/s 的带宽,数据传输采用同步模式,由 IEEE 1394 规范定义。在诸如视频点播、DVD 播放机和多通道音频数据等应用中,数据流中有些位错误或损坏并无多大影响,而数据的实时传输才是最重要的。此外,IEEE 1394 的异步操作模式还可收发功能控制命令,如 VCR 倒带或播放 DVD 光盘等。这类控制和状态命令需要由异步数据传输来确保可靠的传输。

USB 外设利用通用的连接器可简单、方便地连入计算机中,安装过程高度自动化,既不必打开机箱插入插卡,也不必考虑资源分配,更不用关掉计算机电源,即可实现热插拔。USB 2.0 的主要技术特点是接口的传输速度高达 480 Mb/s,与串口 11.52 kb/s 的速度相比,相当于串口速度的 4000 多倍,完全能满足需要大量数据交换的外设的要求。

在无线通信方面,蓝牙技术有很大优势,它可以在汽车系统、生产工具间以及服务工具之间建立无线通信。

新一代的汽车将包含更多的通过两个或者更多的网络连接起来的微控制器。其优点是汽车参数可以通过软件个别定制,另外汽车具有更大程度上的自诊断功能。为充分利用这些特点,有必要在汽车系统和生产工具以及服务工具(用以下载新软件、新参数或上载汽车状态、诊断信息等)之间建立双向通信。

汽车生产中,在生产线上作为最后一道工序的是下载软件,蓝牙技术应用于这一场合非常合适。一个蓝牙基站和现场总线相连,当在线汽车和蓝牙基站获得连接时,上载它的串行信号,然后,生产计算机通过现场总线向基站下载该汽车的软件,最后传送到汽车,如图 6.1.5 所示。同时,蓝牙还可以用于汽车服务的场合,当汽车进入服务站时,服务人员在其 PC 机上获得必要的工作指示,用以控制和调节一些功能,如灯、车窗、发动机参数等。另外,也可为任何电子控制单元下载最新版本的软件。

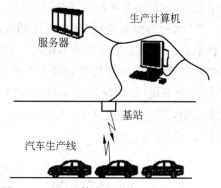

图 6.1.5 蓝牙技术在汽车生产线上的应用

目前,已有一些公司研制出了基于蓝牙技术的处理器。例如,美国得州仪器公司(TI)不久前宣布推出一款新型基于 ROM 的蓝牙基站处理器,可用于汽车远程通信及娱乐或 PC 外设等。

6. 安全总线和标准

安全总线主要用于安全气囊系统,以连接加速度传感器、安全传感器等装置,为被动安全提供保障。目前已有一些公司研制出了相关的总线和协议,包括 Delphi 公司的 SafetyBus 和 BMW 公司的 Byteflight。

Byteflight 主要以 BMW 公司为中心制定。数据传输速度为 10 Mb/s,光纤可长达 43 m。Byteflight 不仅可用于安全气囊系统的网络通信,还可用于 X-by-Wire 系统的通信和控制。BMW 公司在 2001 年 9 月推出的新款 BMW 7 系列车型中,采用了一套名为 ISIS(intelligent safety integrated system)的安全气囊控制系统,它是由 14 个传感器构成的网络,利用 Byteflight 来连接和收集前座保护气囊、后座保护气囊以及膝部保护气囊等安全装置的信号。在紧急情况下,中央计算机能够更快、更准确地决定不同位置的安全气囊的施放范围与时机,发挥最佳的保护效果。

7. X-by-Wire 总线标准

X-by-Wire 最初是用在飞机控制系统中,称为电传控制,现在已经在飞机控制中得到广泛应用。由于目前对汽车容错能力和通信系统高可靠性的需求日益增长,X-by-Wire 开始应用于汽车电子控制领域。在未来的 5～10 年里,X-by-Wire 技术将使传统的汽车机械系统(如刹车和驾驶系统)变成通过高速容错通信总线与高性能 CPU 相连的电气系统。在一辆装备了综合驾驶辅助系统的汽车上,诸如 Steer-by-Wire,Brake-by-Wire 和电子阀门控制等特性将为驾驶员带来全新驾驶体验。

为了提供这些系统之间的安全通信,需要一个高速、容错和时间触发的通信协议。目前,这一类总线标准主要有 TTCAN(time-triggered controller area network),TTP(time-triggered protocol),Byteflight 和 FlexRay。

TTCAN 是基于 ISO 11898-1 所描述的 CAN 数据链路层来制定的,它可以使用在 ISO 11898-2(高速收发器)或 ISO 11898-3(容错低速收发器)中所描述的标准的 CAN 的物理层来进行通信。国际标准 ISO 11898-4(草案)对"基于 CAN 的时间触发通信"进行了详细论述,它是对 CAN 总线标准的扩展。该规范介绍了时间触发通信和在系统范围内高精度的全局网络时间的相关内容。如同事件触发一样,TTCAN 提供了一套时间触发消息机制,它允许使用基于 CAN 的网络形成控制环路,同时,它能够提高基于 CAN 的汽车网络的实时通信性能。

TTP(时间触发协议)是由维也纳理工大学的 H. Kopetz 教授开发的。时间触发系统和事件触发系统的工作原理大不相同。对时间触发系统来说,控制信号起源于时间进程;而在事件触发系统中,控制信号起源于事件的发生(如一次中断)。TTP 创立了大量汽车 X-by-Wire 控制系统,如驾驶控制和制动控制。图 6.1.6 所示为 Steer-by-Wire 系统原理图。在该系统中,无论是电控单元,还是传感器和执行器都有冗余备份,这样极大地增加了系统的安全性和可靠性。

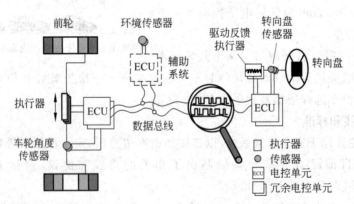

图 6.1.6　Steer-by-Wire 系统原理图

BMW 公司的 Byteflight 可用于 X-by-Wire 系统的网络通信。但其他汽车制造商目前计划采用另一种规格——FlexRay。BMW、Daimler、Motorola 及 Philips 半导体联合开发和建立了这个 FlexRay 标准,GM 汽车公司也加入了 FlexRay 联盟,成为其核心成员,以开发用于汽车分布式控制系统中的高速总线系统的标准。

6.2　CAN 总线

CAN 总线是德国 BOSCH 公司从 20 世纪 80 年代初开始,为解决当代汽车中日益增多的控制与测试仪器之间的数据交换而开发的一种能有效支持分布式及实时控制的串行通信网络。因为它具有独特的性能、优越的可靠性和新颖的设计理念,并且很好地顺应了现代控制理论对工业控制系统对象分散化、操作实时化、策略多样化的发展趋势,所以一经问世就受到了工业界,尤其是汽车业内人士广泛的关注。近 20 年来,通过在工业测控及汽车领域的实际应用,CAN 网络技术不断完善优化,取得了长足发展。

1993 年 11 月,国际标准化组织正式颁布了道路交通运载工具——数字信息交换高速通信 CAN 国际标准(ISO 11898),使 CAN 成为了当今世界上唯一被批准为国际标准的现场总线(field bus)。这进一步促成了它在全球各行各业中的推广应用,因而是公认的最有前途的现场总线之一。

6.2.1　CAN 总线结构与特点

CAN 属于现场总线的范畴,是现场总线的衍生物之一。

按照国际电子技术委员会(IEC)的表述,现场总线被定义为"在制造或过程现场和安装在生产控制室先进自动化装置中所配置的主要自动化设备之间的一种串行数据通信链路"。简言之,现场总线是一种网络,它把作为其节点的现场自动化量测仪表(如传感器)和控制机构(如执行器)给"串联"了起来。

在 20 世纪 60 年代,电子计算机产生不过十几年,整个工业控制方法和实践技术还停留在模拟量的基础之上;现代控制理论也只是刚起步,在过程控制领域中表现为控制模型的参数不多,实时性要求不高。所以,当时测控单元之间只允许,也只需要采用一种低速率和点对点的数据传输标准,这里面就有沿用至今的 4～20 mA 模拟信号标准。

到了 20 世纪 70 年代,随着数字计算机技术的成长进步和推广普及,控制系统开始引进计算机进行参数处理。但由于受各方面条件的限制,比如计算机体积庞大、结构复杂、对工作环境的适应性差等,这时控制系统的信息处理设备无法直接安置在测控仪器现场,必须在远程开辟出一个汇合各种处理设备的"控制中心"来集中计算从各个量测仪表发送过来的数据,然后再把结果指派到各个控制器件中去。现代控制理论和实践的成熟又使制定合适的控制策略对运算参数和执行设备的需求大为增加,于是现场测控仪器的数量也就同步上升。测控仪器一多,控制中心就越发显得"集大权于一身",这就是集中式控制系统的特征。

进入 20 世纪 80 年代,大规模甚至超大规模集成电路技术的突飞猛进使微控制器成为工业电子设备家族里的后起之秀。不断更新换代的微控制器产品"尺寸越来越小,功能越来越好",在不同使用环境下工作的可靠性也越来越高,以至于可以很方便地在测控仪器中嵌入物美价廉的微控制器,使用户能因地制宜地为那些嵌有微控制器的测控仪器配备一些特定功能。这样,相对于过去的集中式控制系统而言,原本集中于控制中心的一部分信息处理任务现在可以由现场测控仪器来分担了,形成所谓的分布式控制。

微控制器的进一步发展普及,使各种数字化集成电路芯片迅速取代了常规的分立元件模拟电路,产生了一系列以微控制器为核心,能够实施信息采集、显示、处理、传输和优化等功能的智能测控仪器。例如,某些具有专家辅助推断分析与决策能力的智能化数字仪表,本身就具有量程自选、误差修正、模数转换等功能,还能执行缓存结果、诊断故障、通报状态等工作。这种"在片"处理信息的能力使控制系统各部分之间的数字化通信成为可能。另外,现代控制方法对系统运作的实时性要求越来越高,现场测控仪器随时都有可能被访问或管理,现场设备相互之间以及与上级控制模块之间进行大量快速信息交换的需求也越来越迫切。在这种情况下,落后的低速率和点对点的数据传输标准已经完全无法达到这一目标,现场总线标准应运而生。

现场总线之所以能取代传统接线法,是因为和后者比起来,它具备如下一些卓越优点:

① 信号全数字化。控制系统中用现场总线互连的各个设备,从最底层的测控仪器一直到最高层的处理设备,均可以全面实现数字式通信。

② 结构全分散式。现场测控仪器丰富、强大的数字信息处理功能可以将集中式控制系统控制中心的任务化整为零,形成彻底的分散控制。

③ 设备可互操作。不同厂商的现场设备可以任意互联或替换,便于用户灵活组网,省下了过去花在系统组件兼容性方面的软、硬件开销。

④ 可扩展式网络。用户可以极为容易地在各个层面上将基于现场总线的不同规模的网络互联,进行网域扩展或构建庞大的共享数据库。

⑤ 协议完全开放。从标准定制、产品检验到信息发布各环节一律公开,所有制造商必须遵循;无专利许可要求,任何人都能研究使用。

正是这些优势使得现场总线在诞生后不久就备受世人重视,许多大公司都参与了其标准的编修,并以此为依据推出了极富个性的现场总线技术。在分布式控制系统之后,新一代的控制系统——基于现场总线的分布式控制系统(fieldbus control system,FCS)成为主流。

6.2.2 CAN 总线协议

1991 年 9 月,BOSCH 公司在综合总结各种实际应用经验的基础上,制定了《CAN 技术规范》第 2.0 版。该规范针对 CAN 在不同工作场合下通信方式的标准化问题作出了比较全面的界定,可以算作 ISO 11898 的先声。作为 CAN 技术比较权威的指导性文献,它一直沿用至今。

1. CAN 总线的网络层次

国际上比较通用的网络层次划分标准是 ISO 7498,该标准中提出的开放系统互联(open system internetwork,OSI)参考模型将数据从一个站点到达另一个站点的工作分割成 7 种不同的任务,从而定义了如表 6.2.1 所示的 7 层网络结构。

表 6.2.1 常用网络结构

第 7 层	应用层
第 6 层	表示层
第 5 层	会话层
第 4 层	传输层
第 3 层	网络层
第 2 层数据链层	逻辑链路控制 数据传输 远程数据请求 信息筛选 恢复管理和超载通知
	媒体访问控制 帧编码和仲裁 查错和错误标记 错误界定 位定时
第 1 层	物理层

CAN 遵从该参考模型,不过其技术规范只对网络的物理层及数据链层作出了规定。也就是说,CAN 的网络结构仅涉及表 6.2.1 中灰色区域所涵盖的那些层次。

2. CAN 总线技术规范 2.0A 和 2.0B

在整体结构上,《CAN 技术规范》第 2.0 版包括 A 和 B 两大部分。其中,2.0A 同以前的 CAN 版本一样,给出的是标准的报文格式;2.0B 则增补了一种扩展的报文格式。两部分规范的主要区别如表 6.2.2 所示。

表 6.2.2　CAN 2.0A 与 CAN 2.0B 对比

CAN 2.0A	CAN 2.0B
报文有 11 位标识符	报文有 29 位标识符
目前绝大部分应用 CAN 的场合所采用的规范	起初专为美国客车"量身订制",但其专门小组声称现在它已无此必要
更大的信息吞吐量和较短的延迟时间	允许消息帧中含更多有用信息,但对总线带宽的要求高
相关器件成本低	相关器件成本高,总线利用率低

3. 消息帧

帧是利用 CAN 进行数据通信时发送接收信息的基本单元,它具有特定的格式。图 6.2.1 为 CAN 2.0A 的消息帧格式,也就是 CAN 消息帧的标准格式,它有 11 位标识符。基于 CAN 2.0A 的网络只能接收这种格式的消息。

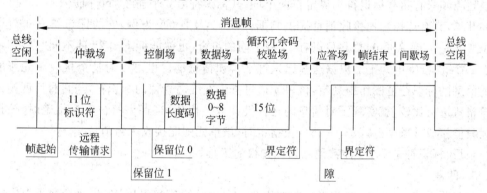

图 6.2.1　CAN 2.0A 消息帧标准格式

图 6.2.2 为 CAN 2.0B 的消息帧格式,又叫扩展格式。它有 29 位标识符,前 11 位与 CAN 2.0A 消息帧的标识符完全一样,后 18 位专用于标记 CAN 2.0B 的消息帧,这在图中有明确的区分。基于 CAN 2.0B 的网络既能接收标准格式的消息帧,也能处理扩展格式的消息帧。

4. 标识符

标识符指每个消息帧从帧起始往后的 11 位(标准格式,如图 6.2.1 所示)或 11＋18 位(扩展格式,如图 6.2.2 所示)数据所组成的一段信息,这段信息有 3 个作用。

其一,表征了该消息帧的类型,指出了帧内大致包含着哪些内容。CAN 通信所用的消息帧主要有 4 大类:

① 数据帧。封装有从发送单元传给接收单元的可用数据,其标识符的特征是最前面的

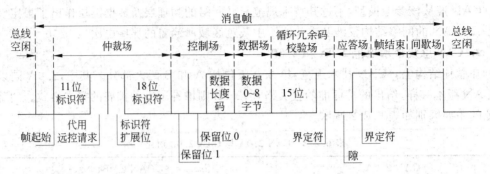

图 6.2.2　CAN 2.0B 消息帧的扩展格式

7 位不全为 1(隐性位)。

　　② 远程帧。为接收单元向发送单元提交的传输数据请求,发送器传来的数据帧应该具有与远程帧相同的标识符。远程帧的特征为仲裁场的第 12 位(远程请求位)是 1,它没有数据场。

　　③ 出错帧。是任一总线单元在检测到总线错误时送出的一种消息格式。它只有错误标识符和界定符两个场,其标识符由 6 个连续的 1 或 0(显性位)组成。

　　④ 超载帧。一个数据帧或远程帧在总线上传输完毕后,超载帧的出现会推迟下一个数据帧或远程帧的发送时刻,这样会使相关的总线单元能有充分的时间来处理刚接收到的信息。超载帧只有超载标识符和界定符两个场,其标识符由 6 个连续的 0 构成。

　　其二,为有选择性地接收消息提供判据。以 CAN 2.0A 为例,它的标识符有 11 位,每一位要么是 1,要么是 0,总共可以有 2^{11} 种不同的组合,也就能标志出 2^{11} 种不同"身份"的信息。CAN 的接收单元正是根据这些标识符来辨识信息的。也可以对某个接收单元所能处理的消息的标识符范围作出规定,该单元通过查询在线消息帧的标识符,与自身所匹配的标识符格式进行比较,就实现了对信息的选择性读取。比如,当标识符被整个指定时,该接收单元只能接收一条消息;只有一部分被指定时,该单元则能接收一组消息。

　　最后,标识符是 CAN 仲裁消息帧优先权的工具。

5. 仲裁

　　仲裁是总线应用中一个相当重要的概念。利用总线确实可以实现"海量数据"的通信,但在任意时刻,在线的信息数量是相当少的。以 CAN 为例,它仅有两根通信线,每次只允许在总线上传输一条消息。这样,当各个节点都在自主地建立通信的时候,难免会发生多个消息争夺总线使用权的情况,术语叫作总线访问冲突。仲裁就是解决这种冲突的方法及过程。凭借仲裁,总线首先要作出判断,到底哪条消息此时能享有对自己的占用权;判定完毕后,总线接着要保证对失去占用权的消息的排斥性,避免传输中的消息受到其他消息的干扰。CAN 进行仲裁用的是载波侦听多路访问/冲突检测(CSMA/CD)技术,它是一种高效、基于位、非破坏性的总线冲突解决机制。

　　CAN 两根通信线每根线上都可以有 0 或 1 两种逻辑状态。总线单元读取的通信数据就是对这两根线进行逻辑操作的结果,操作方式既可以是"与",也可以是"或"。以最常用的"与"为例,0 和 1 相"与"的结果是 0,逻辑状态 0 在操作前后始终显现,称为显性位;相比之下,1 自然就称作隐性位了。

假设从某一时刻开始,有 3 个节点在向 CAN 发送消息,它们标识符的头几位如图 6.2.3 所示。3 个节点的第一位均为显性位,此时的总线状态就是 0。3 个节点检测到的总线数据与各自所发送的相一致,所以都认为自己已经享有了对总线的使用权,于是发送标识符的第二位。由于节点 1 和节点 2 发送的是显性位,总线状态还是 0,因此它们接着还会往后发送数据。但对节点 0 而言,它发送的数据与检测到的总线状态不一致,它就知道自己已经丧失了对总线的使用权,会自动停止

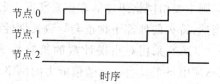

图 6.2.3　CAN 仲裁逻辑图

发送数据并进入接收消息状态;同时保存有关信息,以备总线状态允许时还能重新发送。剩下的节点 1 和节点 2 继续发送动作,直到标识符的第 6 位时,由于前者为隐性、后者为显性,所以节点 1 失去对总线的使用权,最终只留下节点 2 独占总线并将数据发送到底。

可见,标识符所表示的二进制数越小,消息帧的优先权越高,这是线"与"方式下判断消息优先权的简明原则。另外,在建立本次总线通信的整个阶段,承载优先权相对最高的消息的数据流始终是连贯顺畅的,并没有因为仲裁的存在而发生中断或受到干扰,这就是"非破坏性"的实质。

6. 错误对策

用 CAN 进行通信的一大优点是能保证数据在高速传输的同时具有令人满意的可靠性,这主要应归功于它卓越的出错处理机制。

CAN 用到了 5 种错误检测方法。其中有 3 种是针对消息帧本身的,2 种是针对消息中的各个位的。

① 循环冗余码校验(cyclical redundancy check,CRC)。这是数据通信中常见的查错方法。

② 帧形式校验。前面介绍过 CAN 消息帧的 4 种类型,每种都有其特定的位场形式。CAN 能监测消息帧中固定格式的位场里出现的非法位,格式不合法的消息立即会被取消掉,以免浪费总线资源。

③ 应答错误校验。接收器在读取完总线传过来的一个消息以前,会在应答场的传输期间往总线上设置一个显性位,相当于向发送器通知了一声"收到"。应答错误检测就是发送器监听应答场内总线上有无显性状态,若没有,则表明消息没被接收或接收出错,需要再次发送。

④ 位监测。发送器在向总线写入数据的时候也在记录总线状态,这样就可以监测到自身的发送动作是否正常。前面介绍的优先权仲裁过程就用到了这种方法。

⑤ 位填充。每个帧的帧起始、仲裁场、控制场、数据场和 CRC 序列帧段均以位填充方式进行编码,就是说发送器在发送位流中每检测到 5 个连续的相同状态位时,它会在实际发送位流中自动插入一个补码位。所以,当总线上出现 6 个连续的相同状态时,这将违背位填充规则,表明数据传输有错误。

如果至少有一个节点检测到错误,该节点将立即放弃当前的数据传输进程并发送一个出错帧。出错帧的标识符含有 6 个连续的显性位,这显然违背了位填充规则,结果所有的节点均检测到了位填充错误,相当于错误状态被通知到了 CAN 全局。

接下来,CAN 需要判断总线上到底出现了什么样的错误,这就是错误界定。CAN 大体

上将错误分为临时性错误和长期性错误两大类。前者主要由外部因素引起,如总线上驱动电压波形不规整、有尖峰或毛刺时,其数据传输性能会受到一定程度的短期干扰。长期性错误则主要由网络组件的非正常状况引起,比如接触不良、线路故障、发送器或接收器失效等。当然,持久的外部干扰也会导致长期性错误的产生。

CAN 采用对错误计数的策略作为区分临时和长期这两种错误的依据。具体来说,CAN 中每个具有数据通信能力的网络单元内部都集成有一个发送错误计数器和接收错误计数器,当该单元在数据发送阶段出现一次错误时,其发送错误计数器自加 8;在数据接收阶段出现一次错误时,其接收错误计数器自加 1。在相应计数器内容非 0 的情况下,网络单元每成功发送一帧,发送错误计数器自减 1;每成功接收一帧,接收错误计数器内容原本小于 127 时它自减 1,大于 127 时它被置为 119～127 之间的任意值。这样,如果某个网络单元的错误计数在不断增长,就说明该单元的数据通信在频繁发生故障。当计数器内容超过一定阈值时,可以认为该故障就是由于长期性错误引起的。表 6.2.3 列出了 CAN 在一种实际应用中根据错误计数器内容界定错误级别的情况。

表 6.2.3　CAN 对错误级别的判定

计数器内容	错误级别	节点状态
1～127	可容忍的临时性错误	错误-激活模式
96	临时性错误	报警
128～254	严重的临时性错误	错误-认可模式
>255	长期性错误	总线脱离模式

查出了错误、评价了等级之后,CAN 应该决定采取何种"善后"措施。表 6.2.3 中的"节点状态"一栏就是对应于不同程度的错误,节点动作的各种模式。

如果某节点的接收或发送错误计数器内容大于 0 小于 128,该节点即进入错误-激活模式,它的数据通信功能不会受到任何影响,但节点处于警界状态:当错误计数器内容等于 96 时,节点会向 CAN 的上层控制模块发出一次警报。处于错误-激活模式的节点每成功接收或发送一次消息,错误计数器都会自减 1。这样,如果没有进一步产生错误,两种错误计数器内容会逐渐减少,两者均为 0 时,节点从错误-激活模式回归正常状态。

如果某节点的接收或发送错误计数器内容大于 127 小于 255,该节点即进入错误-认可模式,其数据通信功能也不会受到影响,但在检测到错误时节点发出的错误标志由 6 个连续的隐形位组成,而不是像正常的那样由 6 个连续的显性位构成。该模式下,节点每成功地接收或发送一次消息,错误计数器会自动被设置成 119～127 之间的任意值,从而转为错误-激活模式。

如果某节点的接收或发送错误计数器内容大于 254,该节点即进入总线脱离模式。由于 CAN 认定其发生了长期性错误,节点将完全无法参与任何数据通信活动。总线脱离状态的节点有两种方法可以进入错误-激活模式:一是被动响应用户发出的强制恢复请求;二是主动检测到总线上出现了 128 次 11 个连续的隐形位。

6.2.3　CAN 总线的应用

CAN 源于欧洲,一开始是专为汽车电子系统设计的,并逐渐成为欧洲汽车业的主体行业标准。随着应用的深入，CAN总线以其独到的理念、显著的优势和可靠的性能日益受到全球工业界的青睐，逐渐被用到了火车、轮船、机器人、楼宇自控、医疗器械、数控机床、智能传感器、自动化仪表等领域。

用于传统车辆上的传统线束展开后长约 1600 m，有近 300 个接头，重达 35 kg，成本超过 1000 美元，一直是制约汽车成本和可靠性的关键因素之一。如果传统线束能被 CAN 总线完全取代，上面那些数字至少会减少 25%，而数据传输能力会显著提高，控制系统也容易实现传统线束难以胜任的实时性、可靠性要求。

巨大的经济效益，强烈地吸引着一些全球知名的大型电子设备供应商。Intel，Motorola，Honeywell，NEC，Siemens 和 Philips 等公司在 CAN 总线技术问世后不久，就积极致力于研发支持 CAN 总线的相关产品，为 CAN 总线的应用提供了丰富的软、硬件资源，为 CAN 总线的普及奠定了基础。

概括起来，这些与 CAN 总线有关的产品有硬件设备、周边软件、系统方案 3 大类。

1. 硬件设备

硬件设备主要指那些能参与构建基于 CAN 的控制系统，并能实现部分或全部 CAN 协议所规定的通信功能的电器产品，如表 6.2.4 所示。

表 6.2.4　与 CAN 相关的电器产品

种类	CAN 通信线缆	CAN 驱动/接收器	CAN 控制器	CAN 微控制器
简介	实现节点的互联，是传输数据的通道	将信息封装为帧后发送，接收到帧后将其还原为信息、标定并报告节点状态	专按协议要求设计制造，经简单总线连接即可实现 CAN 的全部功能	嵌有部分或全部 CAN 控制模块及相关接口的通用型微控制器
实物	普通双绞线、同轴电缆、光纤	MC33388(Motorola)，82C 150(Philips)	SJA 1000(Philips)，82527(Intel)	P8XC 592(Philips)，68CH08AZ(Motorola)

图 6.2.4 是构建一个功能比较齐备的 CAN 节点用到的硬件设备的组织原理图。CANH 和 CANL 是 CAN 的两根通信线，CAN 的驱动/接收器和管理模块合起来相当于一个简单的 CAN 控制器，再加上微控制器、存储器、输入输出通道等就构成了一个完整的具有 3 路独立的 I/O 通道、带在片 EEPROM 和 Flash 的 CAN 微控制器。所以，该图也可以看成是一种 CAN 微控制器的片内结构框图。

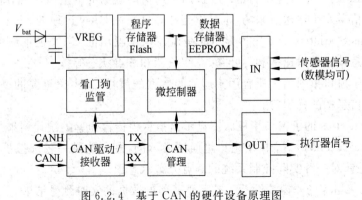

图 6.2.4　基于 CAN 的硬件设备原理图

2. 周边软件

开发软件是指那些专门针对 CAN 设计的开发环境和编程语言。有了它们，用户在实验室环境中也能对基于 CAN 的控制系统进行模拟、监控和调试。

德国 Vector 公司推出了针对 CAN 产品应用的开发工具 CANalyzer 和编程语言 CAPL（communication application programming language）。

图 6.2.5 是从 Vector 公司网站（http://www.vector-informatik.de）页面上截取的一张图片，显示的是 CANalyzer 的使用界面之一。从网页的文字资料中可以了解到它有两大功能：一是实现对基于 CAN 的控制系统的模型建立和软件模拟；二是完成对基于 CAN 的控制系统实物的实时监控。

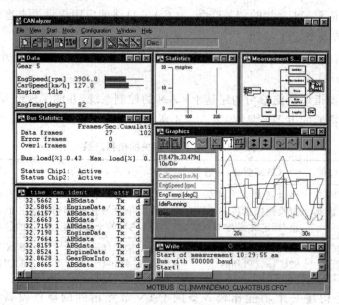

图 6.2.5　CANalyzer 的使用界面

从图 6.2.5 中可以看到，软件界面的主窗口内有许多子窗口，左边全部是文字信息，右边则主要是图形信息。

标题为 Data 的子窗口显示的是一些被用于通信的数据的测量值，它们既可以是直接从相应传感器或信号发生器送过来的，也可以是计算机通过 CAN 读取的。

标题为 Bus Statistics 的子窗口显示的是监控系统测出的 CAN 通信线的使用情况，包括其上各种消息帧的传输速率和吞吐量、总线负荷和节点状态等。

左下角的子窗口里列出了所有用于通信的数据的属性，其中很重要的一项属性就是封装有该数据的信息帧的标识符。

标题为 Statistics 的子窗口用柱状图显示出消息帧传输速率的统计结果。

标题为 Measurement S...的子窗口里面所显示的，既可能是一种虚拟控制系统的结构框图，也可能是针对一种实际控制系统的测点分布示意图。

标题为 Graphics 的子窗口图示了被用于通信的数据的实时测量结果。

标题为 Write 的子窗口用于输入用户请求，比如修改数据属性或下达测控指令。

CAPL 是一种基于 C 的应用于通信的计算机语言。它和 CANalyzer 配合使用，便于用户使用高级语言编写对 CAN 的监控程序。图 6.2.6 显示的是 CAPL 的编程环境与周边设备的接口配置。

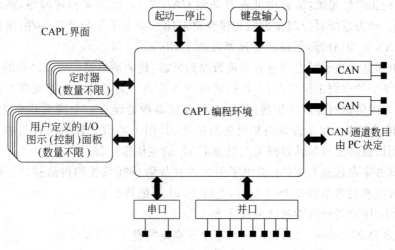

图 6.2.6　CAPL 接口配置图

CAPL 除了可以配合 CANalyzer 完成对基于 CAN 的控制系统的监控外,还可以实现系统 CAN 控制程序的高级语言开发。

3. 系统方案

在汽车电子系统中,基于 CAN 的控制系统方案非常多,比较典型的有以下两种。

1) ST 公司的汽车网络解决方案

图 6.2.7 是 SGS-Thomson 电子集团公司给出的汽车内联网解决方案。

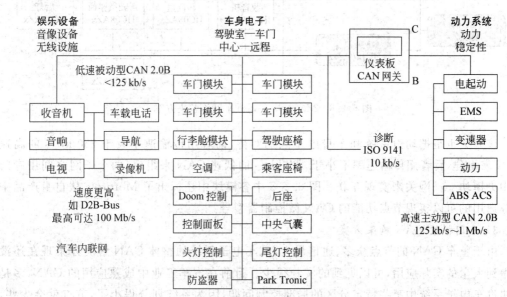

图 6.2.7　ST 公司汽车网络解决方案

该方案的特点是将整车电子系统按照通信数据的类型和对传输速率的需求分成了 3 大区域:娱乐设备、车身电子和动力系统。由于娱乐设备之间主要传递一些音频、视频之类的多媒体信息,它对总线带宽和通信速率的要求是最高的,所以采用了最高速率可达100 Mb/s的D2B-Bus。车身电子部分网络节点最多,布置较为分散,而且控制系统对通信参数有一定的实时性要求,适合用低速被动型CAN 2.0B标准来构建网络,最高传输速率为125 kb/s。动力系统对控制参数的实时性要求比车身电子部分要高一些,所以用的是高速主动型CAN 2.0B标准,最高传输速率可达1 Mb/s。

当然,上面这3块子网之间也有交换数据的需求,比如动力系统对发动机的控制有时会用到车身电子中的空调工作状况、车辆行驶速度等信息。为了解决数据流在3种不同技术规范的网络之间传输时良好的衔接问题,专门在仪表板处设有一个网关将高速CAN和低速CAN连接了起来。娱乐设备则相对要封闭些,其用于通信的数据内容基本上仅供内部单元使用,所以没必要再单独设网关与低速CAN的主构架互联。

另外,该方案在低速CAN上引出了用来外挂故障诊断系统的网络接口。故障诊断有专门的、比较成熟的通信协议ISO 9141,支持10 kb/s的传输速率。

2) Motorola公司的汽车网络解决方案

图6.2.8是Motorola公司提出的汽车电子系统的整车CAN方案。

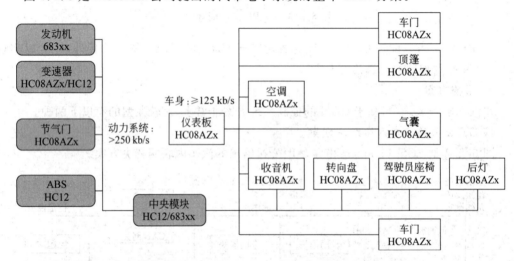

图6.2.8 Motorola公司汽车网络解决方案

该方案也是把动力系统和车身电子区别对待,前者用传输速率大于250 kb/s的高速CAN来组建,后者用传输速率不小于125 kb/s的低速CAN来组建,两个子网之间用专门的中央模块——网关来实现互联。图6.2.8中各模块中还标出了Motorola从自身产品中推荐选用的可以实现节点功能的CAN微控制器型号。

3) 车门模块CAN构架方案

由于整车CAN的节点众多、通信量大,汽车电子系统的整体CAN解决方案现在还没有得到大量的实际应用,可以见到的实物很少。目前在汽车工业中成熟应用的CAN,多是解决汽车电子系统中某些特定分区的局部控制问题,因为系统划分得小了,节点就会少些,这在成本和技术上实现起来要容易得多。图6.2.9就是SGS-Thomson公司给出的图6.2.7中车门模块的CAN构架方案。图中列举了3种构架形式。

第1种是将驱动设备的电控部分与执行机构分开,和其他汽车电子装置布置到一起,再

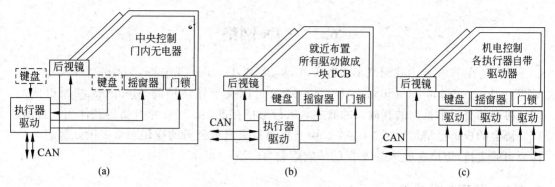

图 6.2.9　车门模块 CAN 构架方案

用 CAN 总线实现互联,称为中央控制式方案(图 6.2.9(a))。该方案中,整个车门只相当于一个网络节点,通信数据要到达车门内部各个不同的设备还需要执行器驱动模块根据消息帧的标识符来拣选配送。

第 2 种与第 1 种类似,只是驱动设备的电控部分与执行机构分开后,被就近布置到了车门中,再用 CAN 总线同其他电子设备互联(图 6.2.9(b))。整个车门还是只相当于一个节点。

第 3 种方案中使用了机电一体的控制设备,它们各自独立地上挂 CAN 总线,这样在一个车门中就出现了 3 个节点(图 6.2.9(c))。

图 6.2.10 是 SGS-Thomson 公司针对图 6.2.9 中的第 1 种和第 2 种方案设计的驱动模块电路原理图。

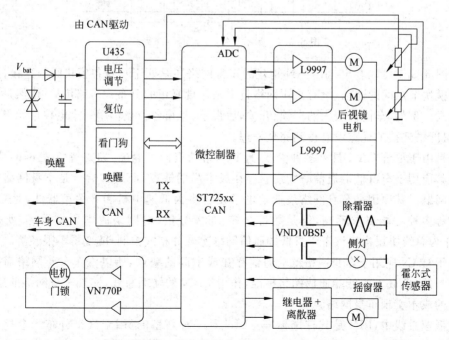

图 6.2.10　车门模块电路原理图

6.3　LIN 网络

LIN 是在 1999 年由欧洲汽车制造商 Audi，BMW，Daimler-Chrysler，Volvo，Volkswagen 和 VCT(volcano communications technologies)公司以及半导体厂商 Motorola 共同组成的 LIN 协会的努力下推出的开放式的低成本串行通信标准，从 2003 年开始得到使用。目前，LIN 协会的成员已增加到了 20 多个。由于得到多家汽车公司的应用和众多国际著名半导体公司的支持，因此在低速总线中 LIN 应用最为广泛。

6.3.1　汽车车身总线

汽车车身电子系统控制单元的执行器多为低速电机和开关型器件，对实时性要求低，使用低速总线连接这些电控单元，将其与汽车的动力系统分开，有利于保证动力系统通信的实时性。此外，车身电子控制单元数量众多、布置分散，采用低速总线可增加传输距离，提高抗干扰能力，降低硬件成本。当大量共享数据需要在车身各模块间进行交换时，低速网将不再胜任，可采用中速网络系统。因此，汽车车身网络是 A 类和 B 类总线的结合。

由 CAN 组成的典型车身网络系统如图 6.3.1 所示。

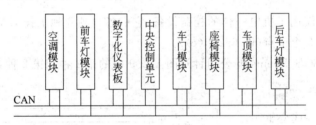

图 6.3.1　基于 CAN 的车身网络系统

由图 6.3.1 可以看出，由 CAN 构建的车身网络还是处于车身各模块间的连接，对于更低端的模块节点间的通信，没有采用网络技术来实现真正的分布式多路传输，依然是集中式控制模式。例如，车门模块内的车锁、开关、后视镜、车窗各节点仍用一个电控单元来集中控制，使得网络连接的优点没有得到完全发挥。

这是由于尽管 CAN 具有多种优点，且其网络功能向下涵盖，即支持 A 类网的功能，但是当将其应用于车身低端通信时发现它存在成本高的缺点，而成本恰恰是车身网络首先要考虑的问题。其原因是车身网络最低端电子设备多为低速电机和开关型器件，对 CAN 的实时性等多种功能要求不高，但是数目众多、布置分散，对网络成本比较敏感，所以若用 CAN 作为总线协议构建汽车车身低端通信网络实现分布式控制，就变得不很经济。

鉴于 CAN 应用于车身网络低端通信存在成本高的缺点，所以汽车车身网络需要建立一个统一的、低成本的低端通信网络标准，作为 CAN 的辅助总线，实现车身网络的层次化，以更低的成本实现车身网络。

在低速总线中，LIN 是其首选标准。LIN 是一种新型的、用于汽车分布式电控系统的低成本串行通信标准，其目标就是定位于车身网络模块节点间的低端通信，主要用于智能传感器和执行器的串行通信，而这正是 CAN 总线的带宽和功能所不要求的部分。

表 6.3.1 是 LIN 和 CAN 协议在车身应用中的主要特性比较。和 CAN 相比，LIN 由于采用了 12 V 的低成本单线传输、基于标准的 UART/SCI 接口的低成本硬件、无石英或陶瓷振荡器的从节点，从而降低了硬件平台的成本。另外，LIN 的最高速率为 20 kb/s，完全可以满足低端的大多数应用对象对传输速率的要求。所以 LIN 以较低的成本实现了开关型器件之间的网络通信，有效地支持了汽车中分布式机械电子节点的应用，弥补了 CAN 在低端通信中成本高的不足。

表 6.3.1　LIN 和 CAN 协议在车身应用中的主要特性比较

项　　目	LIN	CAN
媒体访问控制	单主机	多主机
总线速率/(kb/s)	2.4～19.6	47.6～500
多点传送信息路由	6 位标识符	11/29 位标识符
网络节点数	2～10	4～20
编码方式	NRZ 8N1(UART)	NRZ w/位填充
每帧数据字节/B	2,4,8	0～8
4 B 数据传输时间	3.5 ms/(20 kb/s)	0.8 ms/(125 kb/s)
错误检测	8 位校验和	15 位循环冗余码校验
物理层	单线，12 V	双绞线，5 V
石英/陶瓷振荡器	无(主机除外)	有
总线最大长度/m	40	40
每个节点成本/美元	0.5	1

图 6.3.2 是典型的基于 LIN 总线的车身网络框图。图中每个模块内部各节点间通过 LIN 总线构成一个低端通信网络，完成对外围设备的控制，和传统的系统设计相比，车身线束大大减少，设计更为简单方便，故障诊断方便易行。

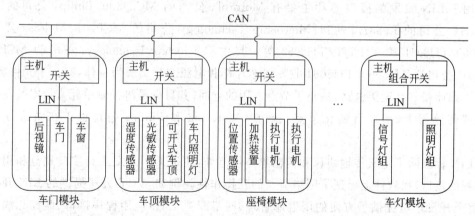

图 6.3.2　典型的基于 LIN 总线的车身网络框图

各个模块又作为 CAN 总线的一个节点，通过作为网关的主机连接到低速 CAN 总线上，构成上层主干网，这样无须在各传感器/执行器部件安装 CAN 控制器件就能使得信号在 CAN 总线上传输，有效地利用了 A 类网低成本的优点，使整个车身电子系统构成一个基于 LIN 总线的层次化网络，实现了真正的分布式多路传输，使网络连接的优点得到充分发挥。

6.3.2　LIN 总线硬件资源

目前,各大厂商都希望能够提供一个统一的低端通信标准,使开发、生产、维修、售后服务等都变得简单可行。LIN 就是由欧洲汽车制造商联盟推出的开放式的低成本串行通信标准,正在发展成为低端行业标准。

LIN 总线的线驱动器/接收器是一个 ISO 9141 的增强设备,遵从 ISO 9141 标准,2.0 版本的 LIN 协议详细地规定了基于 ISO 9141 的故障诊断内容。ISO 9141 是满足 OBD-Ⅱ的诊断通信标准,一直被欧洲汽车厂商所采用。和 ISO 9141 兼容的优势将有利于 LIN 协议的广泛应用。美国的 GM,Ford 和 Chrysler 3 大汽车公司也曾试图使 J1850 成为低端行业标准,但是由于其本身不是单一的标准,包含了两个不兼容的规程 VPM/WPM,因此未能被广泛接受。和 J1850 相比,LIN 不仅能够完成 J1850 的诊断通信等大多数功能,更具有成本低的优势,成本是 J1850 的一半左右。

LIN 基于标准的 UART/SCI 接口,使各原始设备供应商都能提供与其相兼容的电子器件。目前,支持 LIN 协议的有 Motorola,Philips,ST,Microchip,Infineon,Goeple,Sunny Giken 和 Melexis 等 20 多家国际著名半导体公司,它们都在积极提供用于 LIN 网络的低成本微控制器和用于 LIN 数据收发的接口芯片,已经逐步形成产品系列。

Motorola 公司提供的可用作主机的 8 位 MCU 有 MC908AZ 系列、GZ 系列;用作从机的 8 位 MCU 高档的有 EY 系列、GR 系列,最低成本的有 QT/QY/QL 系列,只有 8～16 个管脚,价格仅为 0.6 美元左右。ST 公司提供的用作主机 8 位 MCU 的有 st7R 系列和 st7M 系列;用作从机的 8 位 MCU 最低成本的有 st7G 系列、st7J 系列、st7N 系列等,这些都为选择性价比合理的芯片提供了丰富的资源。

用于 LIN 收发的接口芯片主要有 Motorola 公司的 MC33399、Philips 公司的 TJA 1020、ST 公司的 L9637/L9638、Microchip Technology 公司的 MCP201、Melexis 公司的 TH8060/TH8061 和 TH8080/TH8082 等。其中,Microchip Technology 公司的 MCP201、Melexis 公司的 TH8060/TH8061 收发器芯片都和电源芯片集成为一体,减少了元件数量,简化了设计和节点连接电路,减小了节点占用的空间,其目标是将控制单元直接安装在执行电机或传感器上,形成智能化节点。现在,Motorola 和 Philips 公司也正在做这方面的工作。

LIN 标准除了定义传输协议和传输媒体规范外,还定义了开发工具接口规范和用于软件编程的接口,在软件上保证了网络节点的互操作性。例如,VCT 公司提供的 LIN 开发工具,整个开发环境提供了方便的函数库管理、网络配置工具、应用程序接口、监控总线等功能,可大大缩短开发周期和开发人员的工作量。

在国外,LIN 总线已被应用于大众汽车公司的 Audi A8,建立了车身网络的低端通信。全球最大、最多元化的汽车零部件生产商 Delphi 也正在开发基于 LIN 总线的产品模块。

在多种车身总线中,LIN 是一种新型的、最有发展前景的低成本汽车网络低端通信总线,主要用于车身电子控制中不需要 CAN 总线的带宽和多功能的场合,它将作为 CAN 的辅助总线,和 CAN 共同实现层次化的汽车车身网络,实现网络的低成本。

6.3.3 LIN 总线协议

LIN 协会最早于 1999 年发表了《LIN 规范 1.0 版》，随后又经过多次修订，有 2000 年 3 月的 1.1 版本、2000 年 11 月的 1.2 版本、2002 年的 1.3 版本。在 2003 年 9 月，LIN 协会 又发表了现在的《LIN 规范 2.0 版》。LIN 遵循 ISO/OSI 开放系统互联参考模型，不过只是 对数据链路层和物理层两个最低的层次进行定义，构成了 LIN 协议规范。

下面对 LIN 协议规范（1.2 版本）的主要内容进行介绍。首先对规范中用到的一些基本 概念加以介绍。

① 报文：指在总线上发送的信息。

② 帧：指信息的基本单元。

③ 场：指表示特定含义的一组电平信号。

④ 总线值：指总线上的电平值。LIN 总线有两个互补的逻辑值，即显性（逻辑 0）、隐性 （逻辑 1）。

1. LIN 总线分层结构

根据 LIN 1.2 协议，LIN 总线结构可分为物理层和数据链路层， 如图 6.3.3 所示。

2. 物理层

物理层定义了信号如何在总线媒体上传输，其主要特性见图 6.3.3。

3. 数据链路层

数据链路层包括媒体访问控制（MAC）子层和逻辑链路控制 （LLC）子层。

媒体访问控制子层管理从 LLC 子层接收到的报文和发送到 LLC 子层的报文，并实现故障检测。

逻辑链路层主要负责报文滤波和恢复管理等工作。

1）报文的格式

报文是以报文帧作为发送信息的基本单元。报文帧的格式如

数据链路层
LLC 验收滤波 恢复管理 时基同步 报文确认
MAC 数据封装/解封装 错误检测 错误标定 串行化解串
物理层
位定时 位同步 总线发送/接收器

图 6.3.3 LIN 总线 分层结构

图 6.3.4 所示，它由报文头和报文响应两部分组成。报文头包括同步间隔场、同步场和标识 符场；报文响应包括数据场、校验和场。由于数据场可以是 2 B,4 B 或 8 B 的数据，所以报文 帧的格式是固定的，但长度可以选择。

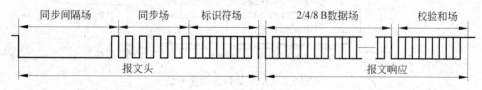

图 6.3.4 LIN 的报文帧

① 同步间隔场：标志着报文帧的开始。它由一个连续 13 个显性电平和一个隐性电平 构成。

② 同步场：包含时钟的同步信息。同步场的格式是 0x55，表现在 8 个位定时中有 5 个 下降沿，即隐性跳变到显性的边沿。

③ 标识符场：定义报文的内容和长度。报文内容由 6 个标识符位表示，即采用 6 位标识符对传送的数据作标记，共定义了 64 个不同的标识符，在整个网络中，该标识符是唯一的。采用该方式可以使不同的节点同时接收到相同的数据。标识符位的第 4 位和第 5 位定义报文的数据场字节数，即数据场数量 N_{DATA}，有 2（第 5 位和第 4 位为 00 或 01）、4（第 5 位和第 4 位为 10）或 8（第 5 位和第 4 位为 11）个字节。标识符场的最高两位即第 8 位和第 7 位是标识符的奇偶校验位。

④ 数据场：由多个 8 位数据的字节场组成。格式都是通常的 SCI 或 UART 串行数据格式（8N1 编码），即每个场的长度是以 10 位定时，起始位是一个显性位，它标志着场的开始；接着是 8 个数据位，传输由最低位开始；停止位是一个隐性位，它标志着场的结束。

⑤ 校验和场：是数据场所有字节的和的反码。和按带进位加方式计算，每个进位都被加到本次结果的最低位，这就保证了数据字节的可靠性。

上述各场之间存在着时间间隔，LIN 对这些时间间隔的长度没有定义，但限制了整个报文帧的最大长度。最大报文帧长度 T_{FRAME_MAX} 是指允许传输一个帧的最长时间，由数据场数量 N_{DATA} 决定。

2）报文的传输

LIN 基于单主机/多从机概念，无仲裁机制。主机控制单元包括主机任务和从机任务，每个从机控制单元都是从机任务。LIN 的通信总是由主机控制单元的主机任务发送一个起始报文头，在接受并且过滤标识符后，一个从机任务被激活并开始本消息的应答传输，发送报文响应。

由于标识符不是指出报文的目的地，而是解释报文数据的含义，使得可以用多种方式来交换数据。图 6.3.5 所示为由主节点到一个或多个从节点、由一个从节点到主节点或其他从节点的数据交换过程。

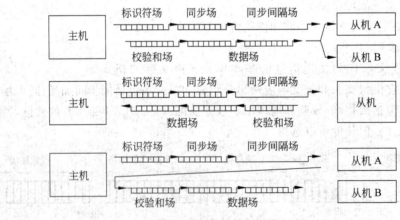

图 6.3.5　LIN 的数据交换方式

3）报文的滤波和确认

报文滤波是指节点对接收的标识符进行过滤，接收具有固定标识符的报文，实现对信息的过滤。因此，报文滤波是基于整个标识符的，必须通过网络配置来确认，即确认每个从机任务对应一个标识符。

报文确认是指如果直到帧的结尾都没有检测到错误，那么这个报文对发送器和接收器都有效。如果报文发生错误,则主机和从机任务都认为报文没有发送。主机和从机任务在发送和接收到一个错误报文时所采取的行动在协议规范中没有定义,用户可以根据应用的要求自己决定。

4）错误的检测

LIN 共定义了 5 个不同的报文错误类型。

① 位错误:LIN 在向总线发送一个位单元的同时也在监控总线。当监控到的位的值和发送的位的值不同时,则在这个位定时检测到一个位错误。

② 校验和错误:如果所有数据字节的和的补码与校验和字节相加的和不是 0xFF,则检测到一个校验和错误。

③ 标识符奇偶错误:如果标识符的奇偶校验位不正确,则检测到一个标识符奇偶错误。通常,LIN 从机应用不能区分一个未知但有效的标识符和一个错误的标识符。然而所有的从机节点都能区分标识符场中 8 位都已知的标识符和一个已知但错误的标识符。

④ 从机不响应错误:如果在最大报文帧长度 $T_{\text{FRAME\_MAX}}$ 中没有完成报文帧的传输,则产生一个从机不响应错误。

⑤ 同步场不一致错误:如果从机检测到同步场的边沿在给出的时钟容差外,则检测到一个同步场不一致错误。

6.3.4 LIN 网络的设计

1. LIN 网络的开发设计流程

LIN 网络的开发设计流程如图 6.3.6 所示。在提供了 LIN 驱动程序后,当用户为任意的控制单元建立应用程序时,可通过 LIN 驱动程序提供的应用程序接口(LIN API)传递信息,而不用清楚所传递信息的详情,这样可减少开发人员的工作量,缩短开发周期。因此,在对 LIN 规范有了一定程度的掌握后,开始进行 LIN 驱动程序的设计,一方面是为了对 LIN 总线的特性有更全面的认识;另一方面是为了给 LIN 总线的应用设计提供一个接口,加快 LIN 网络的建立。

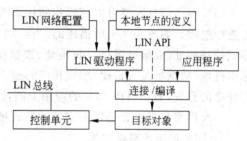

图 6.3.6　LIN 网络的开发设计流程

LIN 驱动程序必须能够正确处理 LIN 规范的 64 个报文,所以要对整个 LIN 网络有完整的定义,即设置 LIN 网络配置。

当用户建立应用程序时,要对本地节点处理的信息、本地节点 LIN 驱动所需变量值进行定义,保证 LIN 驱动程序能够正确处理本节点所需的总线信息。

2. LIN 网络的配置

LIN 网络配置是对整个 LIN 网络的完整定义,它保证用户得到正确的配置,并保证配置的高效率和灵活性,包括 LIN 信息配置和驱动配置。LIN 网络配置的设计思路如下。

1）LIN 网络的信息配置

LIN 网络的信息配置使每个从机任务对应一个标识符,并为该标识符对应的数据场分配相应的存储空间。LIN 网络信息配置的设置过程如图 6.3.7 所示,主要对以下内容进行了定义。

①数据场数量 N_{DATA}：指 64 个标识符所对应的每个数据场的长度,范围为 1~8 B。默认值是 LIN 规范(1.2 版本)定义的标准字节长度,即 2 B,4 B 或 8 B。

②数据场数量 N_{DATA} 表：指将所定义的数据场数量 N_{DATA} 按标识符顺序排列而成的一个数组。

③数据场缓存空间：指每个数据场存储数据的空间。此缓存空间的大小由所定义的数据场数量 N_{DATA} 确定。

④数据场缓存空间表：指将所定义的数据场缓存空间按标识符顺序排列而成的一个指针数组。

⑤标识符场：指 64 个标识符所对应的标识符场,默认值为 0x00。所定义的标识符场被存放在一个数组中。

⑥信息查询表：由给定的标识符查询所对应的标识符场、数据场、数据场数量,以便形成完整的帧。

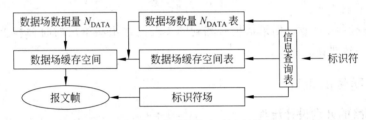

图 6.3.7　LIN 网络信息配置结构图

LIN 网络信息配置可以使给定的标识符信号映射到相应的报文帧,而不必知道其详细的进行过程。如图 6.3.7 所描述的,当给定一个标识符时,由信息查询表可以找到其对应的标识符场地址、数据场缓存空间地址、数据场数量 N_{DATA} 地址,根据这些地址就可以查询到标识符场、数据场及其长度,形成相应的报文帧。这样处理的好处就是可以使用户专心于应用程序的开发,而不用在 LIN 的应用上消耗大量时间,加快开发速度。

LIN 网络信息配置是以头文件的形式被应用程序连接编译。

2) LIN 网络的驱动配置

LIN 网络的驱动配置是一个和 LIN 驱动硬件相关的配置,它对 LIN 规范规定的 1~8 B 数据场的最大报文帧长度所对应的定时器计数寄存器的数值和在此数值下定时器溢出中断的次数进行了定义。下面以 1 B 的数据场为例介绍其具体定义过程。

①最大报文帧长度的定义。最大报文帧的计算公式为

$$N_{max} = (10N_{DATA} + 45) \times 1.4 - 15 \tag{6.3.1}$$

根据此公式,1 B 的最大报文帧长度为 62 b。

②定时器溢出中断次数的确定。设定可能存在的溢出次数,它是最大报文帧长度的整数倍。根据 1 B 数据场可能存在的溢出次数,确定实际使用的溢出中断次数。因为 16 位定时器的最大计数个数为 0xFFFF,所以在计算时首先对式(6.3.1)进行判断,不断选择中断次数变量,直到该式正确,则溢出中断次数的值确定。

③定时器计数寄存器预置数的确定。最后,将 1~8 B 数据场的最大报文帧长度所对应的溢出中断次数和定时器计数寄存器预置数分别按顺序列表,形成溢出中断次数和计数

寄存器预置数两张表可供查询。

从上述定义过程可以看出,通过各种可能的溢出中断次数的设定,使得在 LIN 协议规定的整个波特率范围内,以各种给定的定时器分频因子进行计数时,定时器计数寄存器预置数和溢出中断次数的值都可以在 LIN 网络驱动配置中查到。正是由于不需要为波特率或分频因子的不同而重新计算溢出次数和计数器的数值,从而可以大大减少开发人员的工作量,加快开发速度。

3. 本地节点的定义

1) 本地节点的信息定义

本地信息定义包括信息方向的定义和信息长度的定义。

① 信息方向的定义:指标识符所代表的信息流动方向,即本地节点是发送数据还是接收数据。没有定义的标识符被节点忽略掉。

② 信息长度的定义:指所定义的标识符对应的数据场数量 N_{DATA}。用户可以随意定义 $1\sim8$ B 的数据长度,如果没有定义,则 LIN 网络信息配置默认为 LIN 协议规定的标准长度。

2) 本地节点的驱动变量定义

在应用程序中,需要定义和本地节点 LIN 驱动有关的变量,主要包括以下 3 个变量。

① 总线波特率:LIN 总线的波特率,根据所选用的芯片来选择,范围是 $1\sim20$ kb/s。

② 定时器分频因子:根据所选用的芯片来选择。

③ 位时间:定时器以给定的分频因子在一位时间内计数的个数。

给定了上述 3 个变量值,则定时器溢出中断次数和定时器计数寄存器的预置数就可以通过查询 LIN 网络驱动配置的相应表格得出。

6.3.5 LIN 总线的应用

1. 基于 LIN 的车门模块设计

1) 车门模块网络的基本要求

根据目前汽车车门控制单元的基本功能,对本车门模块网络提出以下基本要求:

① 完成电动车窗的基本功能。驾驶员可以控制 4 个车窗的升降和锁止。除驾驶员侧车窗外,其他 3 个车窗的运动,乘客可以控制。

② 完成中央集控锁的基本功能。驾驶员侧的门锁可以集中控制其他 3 个车门门锁的开和锁。

③ 具有进入睡眠模式的能力。在完成正常通信,实现以上基本功能的同时,如果整个网络没有任何活动,则整个网络能够进入睡眠模式,处于低功耗状态。

④ 具有唤醒功能。当需要通信时,能够唤醒整个网络,使其脱离睡眠模式。

2) 车门模块网络的方案设计

典型的车门模块网络结构如图 6.3.8 所示,每个车门构成一个 LIN 网络,每个 LIN 网络中作为主机节点的控制开关单元是 LIN 和 CAN 的网关,通过 CAN 总线和中央控制单元相联。这种结构的特点是车门内的每个设备都借助 LIN 总线进行控制,实现了分布式控制,具有车门内导线数量少、各节点易于布置、故障诊断与维修方便的优点。同时,中央控制单元通过 CAN 总线和各 LIN 网络主机节点通信,实时性好,抗干扰能力强。但是此网络中作为网关的主机都要选用带有 CAN 控制器的主芯片,成本比较高,所以此方案要在国产的中低档轿车中推广应用还有一定的困难。

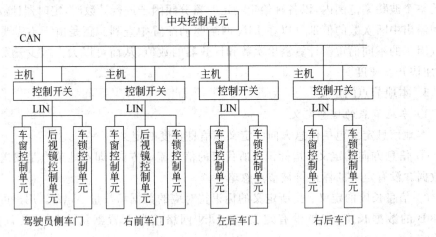

图 6.3.8 典型的车门模块网络框图

图 6.3.9 所示是完全基于 LIN 的车门模块网络结构。4 个车门控制单元组成了一个 LIN 网络,即驾驶员侧车门控制单元作为主机,其他 3 个车门作为从机,构成 1 个主机和 3 个从机的 LIN 网络。和上述方案相比,这个方案存在每个车门内仍是集中控制、车门内导线数量多、布线仍然比较繁琐等缺点。但是,和目前存在的基于 CAN 的车门模块网络结构(如图 6.3.10 所示)相比,本方案以较低的成本、较少的导线构建了车门模块网络。

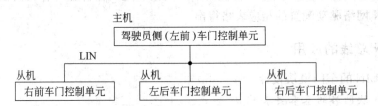

图 6.3.9 基于 LIN 的车门模块网络框图

图 6.3.10 基于 CAN 的车门模块网络框图

根据车门模块网络的要求,本方案的特点是通信在主机和各从机之间进行,即主机发送控制命令从机接收,从机接收数据后完成相应的命令操作,如车窗升或降、车锁开或锁。

3) 车门模块网络的标识符配置

根据车门模块的基本要求,整个车门模块中 4 个车窗 2 种状态共 8 个任务,4 个车锁 2 种状态共 2 个任务,1 个车窗锁止控制开关 2 种状态共 2 个任务,车门模块共有 12 个任务。主机节点选用具有 8 个键盘中断端口的主芯片控制这 12 个任务,根据键盘连接和其控制的任务数目,可以设计如表 6.3.2 所示的几种标识符分配方案。

表 6.3.2　网络标识符的分配方案

方案	键盘连接方式	标识符数目	标识符的分配					
1	2×6	6	左前车窗	左后车窗	右前车窗	右后车窗	车锁	车窗锁止
2	3×4	3	前车窗		后车窗		车锁和车窗锁止	
3	4×4	4	前车窗		后车窗		车锁	车窗锁止

　　方案 1 标识符数目最多,主机标识符查询消耗的时间较长,增加了传输延迟时间,影响了快速响应能力,故排除。方案 2 标识符数目最少,但是车锁和车窗锁止控制任务共用一个标识符,会造成从机判断繁琐,同样也会影响到从机工作的快速响应。方案 3 是前两种方案的折中,最后选择了方案 3。标识符具体分配情况见表 6.3.3。

表 6.3.3　网络标识符的分配

控制任务	标识符	控制任务	标识符
前车窗	0x06	车窗锁止控制	0x08
车锁	0x07	后车窗	0x09

2. 车身网络中的 LIN 网络设计

　　以燃料电池城市客车为例。燃料电池城市客车在一般客车基础上增加了多种控制部件,形成了燃料电池系统、电驱动系统、电池管理系统、车身电器系统、储氢系统等部件组成的信息网络。图 6.3.11 所示为燃料电池城市客车外型图,图 6.3.12 所示为整车网络结构。

图 6.3.11　燃料电池城市客车

　　1) 客车车身电器的控制分析

　　客车车身电器很多,负载类型复杂,主要包括车灯、电机、电磁阀等。

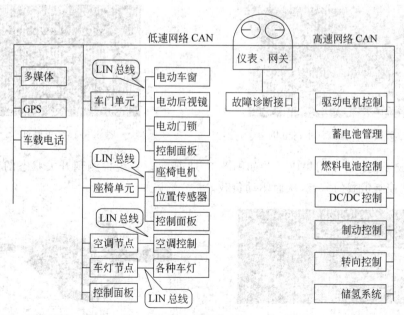

图 6.3.12　燃料电池城市客车整车网络结构

客车上各种车灯的功率差别很大,从仪表板指示灯的 5 W 到前照灯的 75 W,要设计相应的控制电路。

电机负载是指电动后视镜和刮水器电机,采用的都是直流电机,但其控制方法是不同的。

电磁阀是指客车门控电磁阀,门控电磁阀相应气孔的连通实现车门的开和关。

车身网络系统要监测的驾驶员位置的控制开关数量众多,包括车灯开关、电动后视镜开关、刮水器和车门开关等。此处讨论的燃料电池城市客车上,开关总数达 20 个。车身开关量还包括车门位置的行程开关、车身后侧的后背门报警开关。

① 后视镜。客车电动后视镜有左、右两个,它们在内部结构上完全相同。电动后视镜由两个直流电机控制镜片的 4 个旋转方向:俯、仰、开、合。图 6.3.13 所示为电动后视镜外形图,图 6.3.14 所示为电动后视镜控制开关。

图 6.3.13　电动后视镜外部视图

图 6.3.14　电动后视镜的控制开关

② 刮水器。客车中使用的是直流无刷电机,有快、慢两个挡位,如图 6.3.15 所示。

③ 车灯。客车上需要的车灯数量和种类较多,有车内照明灯、示宽灯、车外前照灯及转向灯等。图 6.3.16 所示为车侧灯,图 6.3.17 所示为组合车灯。

图 6.3.15　直流刮水器电机

图 6.3.16　车侧灯

④ 集成开关。客车用集成开关如图 6.3.18 所示。系统检测到开关状态的变化,将其状态发送到控制负载的节点,从而驱动负载。

图 6.3.17　组合车灯

图 6.3.18　客车集成开关

2）客车车身网络的功能要求

① 实时检测开关量的变化；

② 将开关量的状态尽快传送到子节点；

③ 子节点能按照开关量的状态准确控制负载的运行；

④ 子节点能将负载状态实时发送到主节点；

⑤ 网络能将负载运行状况传送到上层 CAN 网络；

⑥ 网络具有睡眠功能，在空闲一定时间后进入睡眠模式，从而降低功耗；

⑦ 具有唤醒功能，即睡眠状态下开关状态的改变能够唤醒整个网络；

⑧ 某一个（或 2 个、3 个）子节点故障不会影响到其他节点的运行。

3）基于 LIN 的车身网络方案

应用于车身网络，和 LIN 相比，CAN 的最大优点是传输速度快和具有多主站结构；和 CAN 相比，LIN 的最大优点是单主/多从结构、成本低。

以 Freescale 公司的芯片为例，LIN 网络的主节点和子节点使用的主控芯片都是 8 位微控制器，几个典型的微控制器如表 6.3.4 所示。

表 6.3.4　LIN 网络所使用的芯片

LIN 主节点微控制器			LIN 从节点微控制器			LIN 收发器
GZ32	AZ32	AS32	EY16	QC16	QB8	MC33661

客车车身较长、车身负载众多、节点多，使用 LIN 总线技术可以大大节省成本。车身电器网络对实时性要求不高，LIN 总线的通信速率完全能够达到要求；客车车身电器的开关量输入绝大部分都在驾驶员位置，其他位置节点只需接收开关状态报文，控制负载运行即可，所以 LIN 总线节点的主从关系完全可以满足要求。

图 6.3.19 所示为基于 LIN 的车身电器网络结构图。

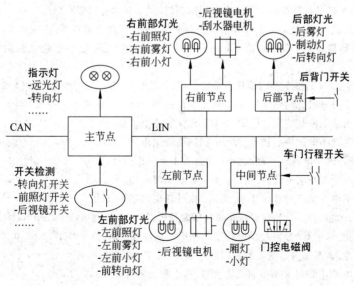

图 6.3.19　城市客车车身电器网络结构图

图 6.3.19 中所有的车身电器构成一个 LIN 子网络，按位置将车身网络分为一个主节

点和若干个子节点,主节点(中央控制模块)位于车的驾驶室内,主要用于检测驾驶室内各控制开关的状态,并根据这些控制开关实现相应的控制策略,然后将控制命令通过 LIN 总线发送给各子节点,同时通过 CAN 总线接受上层 CAN 网络的一些信息。主节点作为网关连接 CAN 网络和 LIN 网络。

考虑到客车车身较长,车身电器较多,将网络按位置分为 5 个节点,包括 1 个主节点,以及左前节点、右前节点、中间节点和后部节点 4 个子节点。

行程开关和后背门报警开关是在子节点位置,而 LIN 网络是单主/多从结构,子节点不能自主发送报文。在正常状态下,主节点可以通过定时查询的方式来得到其状态信息;在网络睡眠状态下,子节点能够监测到其状态改变,并唤醒网络,从而将状态信息发送到主节点。

参 考 文 献

[1] 邬宽明.CAN 总线原理和应用系统设计.北京:北京航空航天大学出版社,1996
[2] 梁伟铭,韩晓东.控制器局域网络在燃料电池城市客车上的应用研究:[硕士学位论文].清华大学汽车工程系,2004
[3] 马安平,张春.基于 CAN 总线通信的分布式控制系统的原理与设计.黑龙江大学自然科学学报,1999,16(1)
[4] 付正军,肖秀玲.应用现场总线若干问题的思考.微计算机信息,2000,16(2)
[5] 夏继强,满庆丰,段丛斌,金巍.计算机与 CAN 通信的一种方法.测控技术,2000,19(7)
[6] 陈杨,刘曙生,龙志强.基于 CAN 总线的数据通信系统研究.测控技术,2000,19(10)
[7] 杨长春,朱正伟,翁瑞琴,凌志浩.现场总线的现状和发展.江苏石油化工学院学报,1999,11(1)
[8] 王锦标.现场总线控制系统.微计算机信息,1996,12(6)
[9] 薛雷,高传善.基于 CAN 总线的非实时数据的传输.微型计算机应用,1999,(2)
[10] 薛雷.CAN 总线的动态优先权分配机制与非实时数据的传输.计算机工程与应用,1999,12
[11] 王麒麟.CAN 技术及其在军用车辆上的应用探讨.兵工自动化,1998,(1)
[12] 胡锦敏,彭楚武,钟庆昌.MCS-51 单片机控制网与 LAN 实现资源共享.测控技术,1997,16(2)
[13] 苏剑.控制器局域网(CAN)在汽车电子系统中的应用:[硕士学位论文].清华大学汽车工程系,2003
[14] 侯树梅.基于 LIN 的整车车门模块网络的研制:[硕士学位论文].清华大学汽车工程系,2004
[15] 焦玉.客车车身电器的网络化研究:[硕士学位论文].清华大学汽车工程系,2007
[16] 王旭东.汽车电子控制装置与应用.北京:机械工业出版社,2007
[17] 罗玉涛.现代汽车电子控制技术.北京:国防工业出版社,2006
[18] 刘海鸥,陶刚.汽车电子学基础.北京:北京理工大学出版社,2007
[19] 李朝晖.汽车电器及电子设备.重庆:重庆大学出版社,2004
[20] 侯树梅.汽车单片机及局域网技术.北京:高等教育出版社,2005
[21] 侯树梅,张云龙,苏剑.一种新型汽车车身低端通信总线 LIN.汽车技术,2003,11
[22] 孙伟,张云龙.基于 CAN 总线的电控发动机标定系统的研制.汽车技术,2004,9
[23] 焦玉,张云龙.客车车身传统电器的网络化设计.汽车电器,2006,12
[24] 康晓敦.智能单片 LIN 子节点解决方案.世界电子元器件,2004,7
[25] 侯树梅,王世震.汽车车身总线应用现状及其发展趋势.汽车电器,2004,11
[26] LIN Consortium. LIN Protocol Specification 2.0,2003.9
[27] LIN Consortium. LIN Protocol Specification 1.2,2000.11

7 汽车电子系统的可靠性

7.1 概　述

当电子系统开始在汽车上应用时,通常被安放在轿车车舱内比较好的环境中。即使电子故障并不经常出现,但人们还是认为早期的电子系统不可靠。车主不愿每天烘干"湿"的火花塞和在寒冷的早晨起动发动机时拖动的时间过长。消费者希望现代车辆在 10 万 mile 有效的行驶里程内几乎没有日常保养和临时的小维修。当出现问题时,必须尽可能快地检测出故障并能很快地完成修理,以减少"车辆停止工作"的时间。

随着微处理器成本的不断下降,消费者要求广泛地采用电子系统,例如发动机管理系统、ABS、TCS 和半自动悬架系统,在以后的几年内,电子控制的节气门、变速器、制动、转向和智能巡航控制将变成普通的装置。如果设计得好,这些新开发的系统将会改善道路交通的安全性。但也有不利的方面,即通常复杂性的增加会导致可靠性降低,应尽量避免这些现象出现。

与安全性和排放性能相关的主要缺陷能自动检测并提醒驾驶员注意是非常重要的,同时也应很容易地被维修技术人员识辨,特别在保养测试(maintenance of test,MoT)期间。

7.2　汽车电子系统的可靠性

1. 汽车工作环境

汽车电子系统可能在 $-40\sim+125$℃温度范围、高湿度、高振动和电压快速变化的状况下运行,所以,通常将汽车电子产品设计成满足军用产品的技术指标,但又是晶体管收音机的价格。

工作的极端温度是影响可靠性的关键问题。元器件在车上的安装位置和车辆运行地区的气候状况决定了它们工作温度的要求。表 7.2.1 给出元器件在正常使用期间必须能承受的典型温度范围,但当发动机起动和空调开启时这些温度会迅速变化。

冲击和振动是必须考虑的另一个因素,它与车辆总成、修理和行驶条件有关。试验表明,电子元器件的加速度可达 $20g$,频率可到 20 Hz。

车辆电子环境也会影响电子系统的正常工作。大范围的电压波动能引起负荷的通断,松动的端头会造成间歇性故障,发动机起动时电压变化非常剧烈,在寒冷的、带有部分放电的蓄电池状况下,正常 12 V 的供电电压在拖动期间可以降低至 6 V,在极端情况下 12 V 的供电系统要求从 24 V 货车的供电系统进行"跨接起动",因此许多汽车控制器规定能在 $0\sim$ 30 V 供电范围内工作。当发电机向蓄电池充电时,由于电缆老化或蓄电池端头松动造成断电时会产生能量大、电压高和时间较长的瞬变电压,对元器件造成危害最大。电子噪声源可能造成电子系统的干扰,例如火花点火发动机上点火线圈的次级电压能升高到 50 kV,可能会对邻近的信号线和电子设备产生噪声。最重要的电子噪声源是无线电频率干扰(radio frequency interfere,RFI),它来自车上的在线(车载)系统(微处理器、移动电话、CB 收音机

表 7.2.1　轿车上各部位元器件需承受的温度范围　　　　　　　　　℃

安 装 部 位	关键的元器件	非关键的元器件
车内地板	$-40\sim+85$	$-25\sim+70$
仪表板顶部表面	$-40\sim+120$	$-25\sim+120$
仪表板凹进处	$-40\sim+85$	$-25\sim+70$
后行李架	$-40\sim+120$	$-25\sim+120$
行李舱	$-40\sim+85$	$-25\sim+70$
发动机隔墙	$-40\sim+125$	$-25\sim+125$
发动机	$-40\sim+150$	$-25\sim+150$
排气系统	$-40\sim+650$	$-25\sim+650$
底盘外部	$-40\sim+120$	$-25\sim+120$
绝缘的底盘表面	$-40\sim+85$	$-25\sim+70$
暴露在高温中的底盘表面	$-40\sim+125$	$-25\sim+125$
暴露在发动机热机油中的零件	$-40\sim+170$	$-25\sim+150$

等)、离线系统的移动发射机(警车、出租车等)和固定的电视台、广播台及雷达发射机。

为了确保车载电子系统在这些恶劣环境下可靠地运行,车辆制造商推出了电子测试和较复杂的电磁兼容性(electro magnetic compatibility,EMC)测试。

2. 可靠性设计

目前汽车电子系统在设计方面还没有通用的、自己的标准。因此每个电子系统制造商在设计方法上希望最终产品能通过所要求的测试并证明是可靠的。

这些方法通常取决于运行环境(温度、振动等),将它作为选择合适元器件的判断标准,然后将符合标准的元器件在大量原型车上安装,在车辆测试中得到确认。

由于半导体装置受温度的强烈影响,所以高温环境通常是评价可靠性的最重要方面。例如,当设计一个安装在发动机舱内的发动机管理系统 ECU 时,为了满足 10 年或 10 万mile 的车辆寿命条件,在不同温度条件下暴露出问题的时间也会不一样,如在 125℃时为40 h;在 65℃时为 350 h;在 25℃为 8400 h。

表 7.2.2 中给出了 ECU 零部件在不同温度条件下每 10^6 h 损坏的个数。

表 7.2.2　ECU 零部件在不同温度条件下每 10^6 h 损坏的个数

ECU 及其零部件	温度/℃		
	25	65	125
总的 ECU	14	32	840
印刷电路板	2	8	170
Intel 8096 微处理器 IC	1	4	110
喷油器驱动电路	1	3	66
爆燃传感器电路	1	2	64

利用这些数据,ECU 设计者可以使用在一定时间内的故障数(failure in time,FIT)方法预测 ECU 的可靠性,1FIT 表示 ECU 每运行 10^6 h 损坏 1 个。

根据元器件制造商提供的 ECU 中所用每个零部件的 FIT 数据,将这些数字综合起来达到整个 ECU 总的 FIT 数。对于安装在发动机舱内的 ECU,典型的可靠性数据约是10 000FIT(意味着每运行百万小时有 10 000 个元器件故障)。

ECU 的寿命和可靠性与工作温度直接相关。由于驱动电路中包括功率器件、采样电阻、大电流电路等元件,驱动电路的温升是最显著的,因此 ECU 中温度最高的区域为驱动电路,温度最高的芯片是功率驱动芯片。

一般来说,电子元器件的寿命和工作温度直接相关。根据阿伦尼斯的电子元器件寿命模型,电子元器件寿命和与工作温度的关系为

$$\ln \theta = a + b/T, \quad \text{或者} \quad \theta = a' e^{b/T}, \quad \text{其中} \quad a = \ln a' \quad (7.2.1)$$

即随着温度水平的下降,电子元器件的寿命按照近似指数规律上升。例如,国外某公司规定其某型号的 ECU 在不同的工作环境温度下所对应的工作寿命如表 7.2.3 所示。

表 7.2.3 保存时间和保存温度的对应关系

保存温度/℃	最大保存时间	保存温度/℃	最大保存时间
$-40\sim40$	10 a	$85\sim105$	500 h
$40\sim70$	2000 h	$105\sim120$	2 h
$70\sim85$	1000 h		

可见,如何保证 ECU 在工作中电子元器件处于较低的工作温度,是确保 ECU 寿命的重要措施之一。

电子元器件的工作温度可以描述如下:

$$T_J = T_A + \Delta T_{AS} + \Delta T_{SP} + \Delta T_{PC} + \Delta T_{CJ} \quad (7.2.2)$$

式中,T_J 代表电子元器件内部结温(junction temperature),即电子元器件的真正工作温度;T_A 为 ECU 所处的工作环境温度;ΔT_{AS} 为 ECU 机壳温升(ambient to shell);ΔT_{SP} 为机壳到 PCB 电路板的温升(shell to PCB);ΔT_{PC} 为电路板到元器件封装的温升(PCB to case);ΔT_{CJ} 是电子元器件从封装外部到内部 PN 结的温度(case to junction)。

从式(7.2.2)可以看出,为了控制最终电子元器件内部的温度,需要控制从元器件内部一直到环境温度中间这 4 个环节的温升。对于 ECU 外部工作的环境温度,处于发动机舱的 ECU 的环境温度接近发动机缸体的工作温度,一般按照 125℃ 为上限;而乘客舱或者车架上的 ECU,可以以 85℃ 作为上限。从下式可以看出,所有 4 个环节的温升都与传递的热量大小直接相关:

$$\Delta T = P_{loss} R_{hear} \quad (7.2.3)$$

其中,P_{loss} 为相应环节的散热功率,对应为电子元器件工作时的功率损失;R_{heat} 为相应环节的热阻。ECU 硬件设计过程中的一个重要环节,就是如何确定电子元器件的热损失 P_{loss},在控制和优化电子元器件的热损失的同时,尽量降低从机壳到电子元器件中各个环节的热阻 R_{heat}。

针对电子元器件的热损失 P_{loss},一般来说,不仅和电子元器件有关,还和电路本身的工作原理以及 ECU 的运行参数(温度、工作频率等)有关。一个电路系统的典型设计过程举例如图 7.2.1 和表 7.2.4 所示。

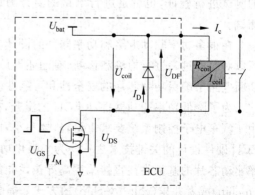

图 7.2.1 继电器控制回路的功耗计算

表 7.2.4 ECU 散热功率计算举例

序号	参数符号	参 数 说 明	最 小 值	典 型 值	最 大 值
1	T_A/℃	环境温度	−40	—	+85
2	U_{BAT}/V	蓄电池电压	9	28.4	36
3	L_{coil}/mH	线圈电感值	10	50	300
4	R_{coil}/Ω	线圈内阻值	18		2000
5	I_{coil}/mA	线圈电流值	4.5	1500	2000
6	P_{coil}/mW	线圈功耗	40.5	42 600	72 000
7	T_r/ms	线圈储能释放时间 $T_r = 3(L_{coil}/R_{coil})$			50
8	U_{DF}/V	泄流二极管正向导通压降	—	—	1
9	U_{DR}/V	泄流二极管反向导通压降	80	—	
10	U_{DS}/V	MOS 管的正向耐压值	55	—	
11	R_{ON}/Ω	MOS 管正向导通内阻	0.05 @−40℃	0.07 @25℃	0.12 @125℃
12	I_M/mA	MOS 管导通电流	4.5	1500	2000
13	P_M/mW	MOS 管功耗	10	15.75	48
14	$R_{M\_th\_JA}$/(℃/W)	MOS 管的总热阻	60(最大散热面积)	80(标准散热面积)	112(最小散热面积)
15	ΔT_M/℃	MOS 管的温升	0.6	12.6	53.7
16	P_{BAT}/mW	驱动电路功耗 $P_{BAT} = P_M + P_{coil}$	40.7	42 600	72 100

该设计针对 ECU 的一个继电器驱动,需要考虑到极限供电电压、极限工作温度和极限输出能力的条件下,继电器的最大驱动功率,以及相应 ECU 中控制继电器的 MOS 管的功耗计算。从表 7.2.4 可以看出,在低温和高温条件下,线圈和 MOS 管消耗的功率差别很大。因此电路设计中极限工况时的可靠性是考虑的重点。上述设计过程的温升和散热计算是可靠性设计中的重要准则,但是设计出来的电路能否满足要求,需要用实际的测试进行验证,也就是进行电路的温升测试,以及进行更多的温度冲击、振动等可靠性测试。

在很多功率驱动电路和功率器件的设计中,还加装了专门检测功率器件的温度传感器,可以对温度过高进行检测和诊断;有的还设计了安全保护逻辑,发生过高温度时,可以主动切断电路来确保功率芯片的安全性和可靠性。

为了降低功率驱动器件和 ECU 的温升,在硬件设计上往往采用优化的散热设计方案。由于汽车电子控制系统要求重量轻、体积小,因此如何优化 PCB 电路板和 ECU 的散热,是 ECU 硬件设计的关键技术之一。为了强化功率驱动芯片的散热能力和提高集成度,目前功率驱动芯片的基板往往直接采用高导热性能的材料,如图 7.2.2 所示,内部采用叠片(chip-on-chip)或者并排(chip-by-chip)的方式来提高集成度。

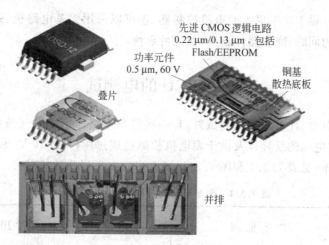

图 7.2.2 功率芯片散热和提高集成度的方式(Infineon)

在设计 ECU 机壳和 PCB 时,要考虑专门散热的区域,如图 7.2.3 所示。功率 MOS 管采用表面贴的焊接工艺,焊接在 PCB 板的上表面,工作时所产生的热量经过 PCB 上的铺铜、过孔传递到 PCB 的下表面,再经过导热胶传递到 ECU 的机壳上。ECU 机壳和空气充分接触,有的直接采用水冷,提高换热强度,确保从器件到机壳的热阻处于设计指标以内。

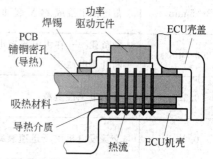

图 7.2.3 从功率芯片到机壳的低热阻设计方案

图 7.2.4 为典型的商用车柴油机 ECU 及其机壳照片。在设计的布局上,将功率器件布置在 PCB 的两侧,确保大电流对中间数字核心的干扰降到最小。同时由于功率器件产生的热量处于 PCB 和机壳的两侧,确保了 PCB 和机壳的温度均匀一致,最大限度地提高接口的散热能力。机壳上设计有冷却水道,可以直接采用水冷的方式提高 ECU 的整体散热能力。这种强化的 ECU 接口设计,既保证了 ECU 的紧凑设计,又保证了柴油机 ECU 驱动大功率燃油喷射电磁阀所产生的热量可以被及时带走,有效地降低了 ECU 内部器件的温升,可以保证将 ECU 直接安装在发动机机体外的高温、高振动条件下,

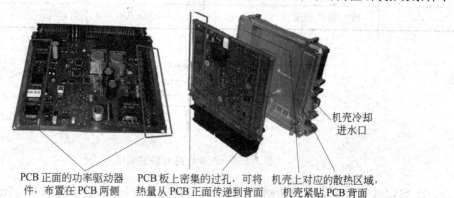

PCB 正面的功率驱动器件,布置在 PCB 两侧　　PCB 板上密集的过孔,可将热量从 PCB 正面传递到背面　　机壳上对应的散热区域,机壳紧贴 PCB 背面

图 7.2.4 ECU 散热设计和功率器件布局照片

长期可靠地工作。对于功率更大的电机控制器,还可以采用铝基电路板、强制散热等工艺,在提高功率密度的同时,降低器件温升,保证可靠性。

7.3 ECU 的电测试

除了标准的温度、冲击和振动测试外,有一些汽车电路需承受电气条件的考验,例如成倍地供电电压、蓄电池的反接以及由于发电机故障造成过压(16~20 V)和许多瞬变电压状况。这些瞬变电压(见表 7.3.1 和图 7.3.1)通常出现在下列几种状况中。

表 7.3.1 汽车电路的各种瞬变电压(SAE)

瞬变电压 持续时间	产 生 原 因	能 量 电压幅度	使用中出现的频度
稳态	电压调节器出现故障	∞ $+18$ V	不常出现
3~5 min	蓄电池串接成 24 V 起动	∞ ±24 V	不常出现
200~400 ms	抛负载——在大电流充电时断开蓄电池	$\geqslant10$ J $\leqslant125$ V	不常出现
$\leqslant0.32$ s	开关电感性负载	<1 J $-300\sim+80$ V	经常出现
$\leqslant0.2$ s	交流发电机磁场迅速衰减	<1 J $-100\sim-40$ V	断开点火开关时
80 ms	断开蓄电池由点火脉冲引起	0.5 J $\leqslant75$ V	$\leqslant500$ Hz 汽车使用期限内出现次数
1 ms	导线在线束中相互耦合	<1 J $\leqslant200$ V	经常出现
15 ms	正常运行时由点火脉冲引起	<0.001 J 3 V	$\leqslant500$ Hz 连续出现
	其他电器的噪声	$\leqslant1.5$ V	50 Hz~10 kHz
	收发报机的反馈	≈20 mV	射频

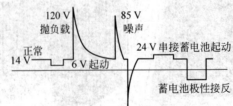

图 7.3.1 汽车电路的瞬变电压

① 当蓄电池的端头变成断路、发电机的负荷突然降低时,会出现瞬变电压。这种现象通常被称为抛负载,估计是小于 125 V 的脉冲信号,它具有 10~50 J 的能量,在 400 ms 内衰

减到正常的 12 V 电压。

② 当点火开关断开时,会出现 $-100\sim-40$ V 的瞬变电压,能量小于 1 J,持续时间 $\leqslant$ 0.2 s。

③ 当感性负载例如继电器、点火线圈和电磁阀等被切断时,会出现瞬态电压。负瞬变时的瞬态电压为 -100 V,能量为 0.5 J,正瞬变时的瞬态电压为 240 V,能量为 0.5 J。这些瞬变约在 1.25 ms 内衰减到 12 V。

④ 起动时由于蓄电池电压不足需串接蓄电池电压,此时在 24 V 电压下工作的时间不允许超过 5 min。

⑤ 因为电压调节器故障造成电压超过规定电压;蓄电池反接造成对元器件的破坏。

⑥ 由于电容和电感在附近导线间的耦合产生瞬变电压。这些可用电源和信号线相互接近的程度和在信号导线中检测到的感应噪声来评价。这类问题通常可用车内线束的重新部署或在信号线周围进行屏蔽来减轻其影响。

由于这些瞬变电压的任何一个都能破坏电路的工作,通常 ECU 的设计者在它们的源头和在 ECU 的输入端两个方面去抑制它们。ECU 的可靠性可通过发电机送瞬变电压进入汽车的线束和发现任何扰动来测试。

近年来,Logic Vision 公司采用的 BIST(built-in-self-test)技术,可覆盖对芯片、存储器、逻辑器件、I/O 及整个系统的测试,以最小的测试成本(包括投入和时间)得到最低的每 10^6 个器件中的缺陷数(defects per million,DPM),能详细地检测出它们的特性,提高了汽车电子系统的质量和可靠性。BIST 的整体解决方案见图 7.3.2。

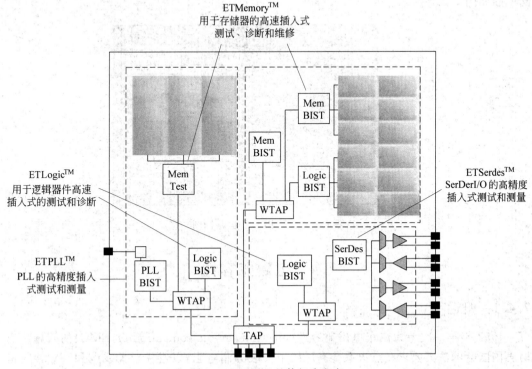

图 7.3.2 BIST 整体解决方案

高速逻辑 BIST 的方法能实现最低的 DPM,并可提供 DPM 和测试所需时间最好的协调,如图 7.3.3 所示。其中,ATPG 指自动产生测试的模式(automotive test pattern generation)。

图 7.3.4 为插入式逻辑测试(ETL)的框图。其中,TAP(test access port)为测试入口。

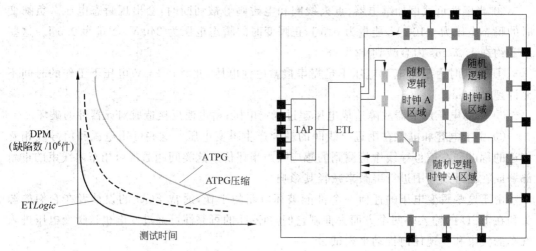

图 7.3.3　DPM 与测试时间的关系　　　图 7.3.4　插入式逻辑测试(ETL)的框图

PLL 中包含相位-频率-检测器(phase-frequency-detector,PFD)。ETPLL(插入式 PLL 的测试)可对单个和多个通信协议(IP)的产品提供其数字特性和模拟相位进行试验,还可对多时钟的专用集成芯片的各种参数进行在片测试,做到完全同步、实时操作。ETPLL 的电路框图如图 7.3.5 所示。

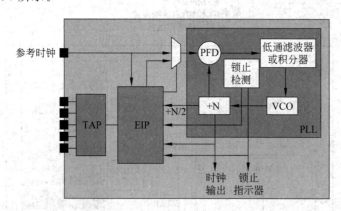

图 7.3.5　ETPLL 的电路框图

7.4　电磁兼容性

7.4.1　概述

1952 年第一次考虑汽车电磁兼容性(electromagnetic compatibility,EMC)的问题。当时美国国会的法案要求在点火系统高压线中安装抑制电阻,以避免对无线电和 TV 接收机的干扰。从那时开始,与安全和排放性能相关的系统电子元器件不断增加,意味着电磁干扰的测试已变成车辆评价过程的主要部分。

1989 年欧洲共同体为了解决电磁兼容性的问题,产生了一个指导性的文件(89/336/EEC),它讲述电子设备既不能引起也不能承受由于电磁扰动的干扰,由此,汽车工业力图有它自己的 EMC 标准,并将它作为车辆型式认证的一部分。

我国制定了汽车整车及零部件的电磁兼容性法规 GB 18655—2002《用于保护汽车接收机的无线电骚扰特性的限值和测量方法》,要求根据此法规对国内汽车的电子设备进行电磁兼容性测试。

汽车是移动的,并暴露在各种各样来源且强度非常不同的电磁环境中。按干扰的来源分类,可将汽车受到的干扰分为以下 3 种:

① 车外电磁干扰。车外电磁干扰是汽车行驶中经历各种外部电磁环境时所受的干扰。有的是固定的时间和场地,如高压输电线、高压变电站和大功率无线电发射站的电磁干扰;也有的是随机的,如雷电、太阳黑子辐射电磁干扰。行使环境中其他临近的电子设备工作时也会产生干扰,例如行驶中相距较近的汽车。

② 车体静电干扰。车体静电干扰与汽车和外部环境都有关。由于汽车行驶时车体与空气高速摩擦,因此车体上会形成不均匀分布的静电。静电放电会在车体上形成干扰电流,同时产生高频辐射,从而对汽车电子设备形成电磁干扰。另外,由化纤材料制成的座椅套和车内地毯也会产生静电。

③ 车内电磁干扰。车内电磁干扰是汽车电子设备工作时内部的相互干扰,包括电子元器件产生的电子噪声、电机运行中换向电刷产生的电磁干扰以及各种开关工作时的放电干扰,最严重的是汽车点火系统产生的高频辐射,其干扰能量最大。

7.4.2 干扰的影响和消除

车外电磁干扰随作用距离增大而减小,只有当其本身能量非常大时,才会对相距较远的汽车电子设备产生影响。例如,固定的无线电发射机虽然具有非常强的功率,但它们离道路有一定的距离,因此车辆并不暴露在特别高的场强中。最大的问题常常出现在移动的发射机上,虽然功率不是非常强,但它们装在车辆上,会在车辆周围形成非常高的场强。

车辆上电场强度 E(单位为 V/m)与发射机的功率 P(单位为 W)及从发射机天线到车辆的距离 r(单位为 m)有关,用公式表示为

$$E = \frac{\sqrt{30P}}{r} \qquad (7.4.1)$$

例如,50 kW 的广播发射机离车辆 1 km 将产生 1.2 V/m 的电场强度,而安装在警车上的只有 25 W 功率的发射机(距离约为 0.9 m),对车辆将产生约 30 V/m 的电场强度。因此在车辆上小心地安装移动发射设备是非常重要的。

车辆制造商通常规定安装收音机和蜂窝电话的位置,如果遵循这些规定,将不会出现问题。但由不合格的人员不正确地安装移动发射设备可能导致对其他车辆和车辆其他系统的干扰。

车体静电干扰和车内电磁干扰,因为干扰作用距离近、干扰时间长,因此干扰强度相对较大。由于汽车电子设备形成了以蓄电池和交流发电机为核心电源,以车体为公共地的电气网络,各部分线束都会通过电源和地线彼此传导干扰,相邻导线间又有感应干扰,而不相邻导线间也因天线效应而辐射干扰,这就使得车内干扰综合了传导、感应和辐射 3 种途径,干扰组成较多,覆盖的干扰频率较广,是汽车电子设备受到的主要电磁干扰。解决这两种电磁干扰问题,能同时提高汽车电子设备对车外电磁干扰的抗干扰能力,从而降低设备工作失

常或是损坏的可能性。

干扰的影响从以下两个途径出现：

① 通过车辆线束能捡拾到电磁干扰。线束起到天线的作用，频率在 $20\sim200$ MHz，并将磁场转换成电流。典型的情况是每 1 V/m 的磁场产生 1 mA 的干扰电流。

② 电磁干扰可以经印刷电路板的电路和零部件导线直接耦合入 ECU。这种影响的频率大多数在 200 MHz 以上。干扰信号的影响取决于 ECU 电路设计，严重的情况能导致发动机管理系统中供油和点火暂时性的错误、仪表板和里程计算机的假指示及巡航控制系统"失效"。

解决 EMC 的问题通常依赖于小心地设计和印刷电路板地线布置，具体的措施如下。

1. 瞬变电压抑制

最好的保护措施是采用金属氧化物压敏电阻(metel oxide varistors, MOV)。它是一种与电压有关的非线性的器件，当瞬变电压出现时，其阻抗由近似断路变成电导率极高的短路状态，把瞬变电压箝位在一个安全值，使破坏性的能量被吸收转化为热能耗散掉，从而保护易损的电气元件，见图 7.4.1。MOV 具有急剧吸收瞬时功率大、过载能力强、漏电电流小、价格便宜的优点，在汽车中广泛应用。

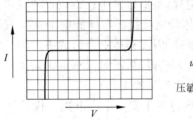

图 7.4.1 压敏电阻的 $V\text{-}I$ 特性

抛负载的瞬变电压抑制过程如图 7.4.2 所示。从图中可以看出，过电压以放电电流的形式被压敏电阻吸收，达到电压箝位、过压保护的作用。

在点火检测电路中还可采用瞬变电压抑制器(transient voltage suppressor, TVS)，可有效削弱瞬变电压的影响，见图 7.4.3 和图 7.4.4。

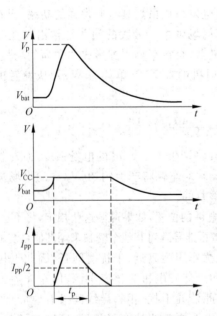

图 7.4.2 抛负载过压抑制过程

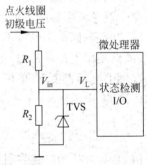

图 7.4.3 点火线圈工作状态检测电路

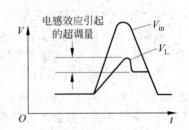

图 7.4.4 TVS 的尖峰电压抑制效果

V_{bat}—蓄电池电压；V_p—抛负载产生的瞬变电压；V_{cc}—MOV 箝位后的电压；

I_{pp}—MOV 中流过吸收电流的峰值；t_p—从 MOV 箝位开始到 $\dfrac{I_{pp}}{2}$ 时所经过的时间

2. 印制电路板的电磁兼容性

印制电路板(printed circuit board,PCB)是电子产品中电路元器件的支撑件,并提供电路元器件之间的电气连接,是各种电子设备基本的组成部分。由于在电子设备中广泛应用大规模和超大规模集成电路,元器件在印制电路板上的安装密度越来越大,信号的传输速度越来越快,由此而引发的EMC问题也变得越来越突出。印制电路板设计不当,将影响电子设备的可靠性,因此保证印制电路板电磁兼容性是整个控制系统设计的关键之一。

在PCB中,电磁兼容性应考虑以下的问题。

1)多层板的设计

现有的发动机和汽车控制器为了满足越来越高的使用要求,已从单层、双层PCB变成四层板或更多层板PCB的设计。PCB是由具有多层结构的有机和无机介质材料组成的,层之间的连接通过过孔来实现,过孔镀上或填充金属材料就可以实现层之间的电信号导通。在多层PCB中常把其中的一层作为电源层,另一层作为地层,采用电源层-地层结构给板上供电。元器件的电源脚和地脚分别通过板上的金属化孔直接与电源层和地层连接。这种结构不但层间电容大、阻抗小,而且地线层还能够为所有信号提供最小的环路面积,因此它能够有效地减少PCB上的差模辐射。

电源层可以作为噪声回路,降低干扰;同时电源层还为系统所有信号提供回路,消除公共阻抗耦合干扰,减小了供电线路的阻抗,从而减小了公共阻抗干扰。

多层板采用了专门地线层,对所有信号线都有专门接地线。信号线的特性是阻抗稳定、易匹配,减少了反射引起的波形畸变;同时,地线层加大了信号线和地线之间的分布电容,减小了串扰。

2)元器件和端口器件的布局

在PCB设计过程中,布局与走线是两个最重要的内容。在PCB布局过程中对系统结构的充分了解,以及在走线过程中对电路原理图设计的充分了解,关系到PCB设计工程师对PCB板设计的成败。

PCB元器件的布局是:输入信号区、数字信号区、功率驱动区分开布置,如输入输出、交流/直流、强/弱信号、高频/低频、高压/低压等;线束布置上使小功率敏感电路紧靠信号源,大功率干扰电路紧靠负载,尽可能分开小功率电路和大功率电路,它们的走向应该是呈线形的(或分离),不得相互交融,以减小线束间的感应干扰和辐射干扰。最好的走向是按直线,但一般不易实现;最不利的走向是环形。对于是直流、小信号、低电压PCB设计的要求可以低一些,应尽可能做到"合理"。

端口器件对PCB的布局有决定性的作用。插头、插座、指示灯、开关、按键、连接器、安装孔等器件的摆放与定位,根据系统结构设计的需求,必须认真考虑。

3)电源电路的设计

在汽车和发动机控制系统的电源电路中,需要考虑正向瞬时过压、反向瞬时过压和持续过压、正向持续过压和蓄电池电压短期跌落等问题。

正向瞬时过压由箝位保护器件P吸收;反向瞬时和持续过压采用二极管D控制,由于二极管具有单向特性,可防止反向瞬时和持续过压,但实现此功能时二极管的反向耐压要求大于300~400 V;正向持续过压可通过正确选择P的反向箝位电压阈值加以限制;蓄电池电压短期跌落问题,可以通过在电路中采用大容量的电容 $C(100\ \mu F)$ 予以解决,当蓄电池电压跌落时,通过大电容放电,可以满足使用要求,但对电容要求一定的耐压值,如图 7.4.5 所示 。

分级供电、多级滤波处理如图 7.4.6 和图 7.4.7 所示。从图中可以看到,ECU 的控制和驱动电路、电压调节器等器件功耗较大,电信号较强,放在第一级滤波后面;ECU 的外围逻辑电路放在第二级滤波后面;对干扰敏感和可靠性要求高的部件——CPU 核心电路,则放在第三级滤波的后面,以确保 CPU 能可靠地工作。

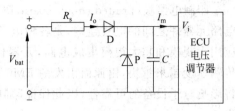

图 7.4.5　电源回路干扰的抑制

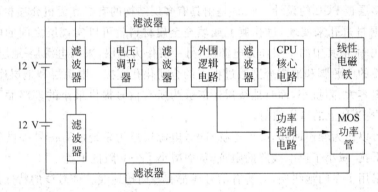

图 7.4.6　车用柴油机电控单元的抗干扰示意图

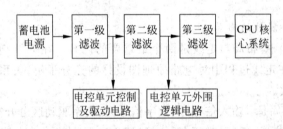

图 7.4.7　电控单元的分级供电系统

4) 地线与接地技术

在没有采用多层的情况下,良好的接地布置和地线搭接可以降低高频阻抗。汽车电子设备接地主要是就近接到车体以及线束屏蔽层接地。基本原则如下:

① 地线应该尽量短和粗。在接地层上地线宽度不得小于 3 mm;在多层的 PCB 板中,电源层最好靠近接地层,将电源层安排在接地层的下面,这样可以使地层对电源层上分布的辐射电流起到屏蔽的作用。两金属平板间的电容作为电源的平滑电容,布线层应尽量安排与整块金属平面相邻,以减少干扰。模拟电路可采用专门的零伏线。

② 模拟地和数字地分开。将 PCB 板分为模拟地区和数字地区;使用统一地,模拟信号在电路板所有层的模拟区内布线,数字信号在数字电路区内布线,避免模拟电路、数字电路和电源公共回线产生公共阻抗耦合。

③ 在数字电路中,如果在各部分的地线之间出现电位差或者存在接地阻抗,便会引起

接地干扰。地线上的干扰不仅会引起电路的误操作,还会造成传导和辐射。为了减小这些干扰,应尽量减小地线的阻抗。对于数字电路,地线阻抗绝不单是地线电阻,减小地线电感也是十分重要的。

④ 整个 PCB 板对外界只有一个地线结点;而在 PCB 板内部,数字地和模拟地实际上是分开的,它们之间互不相连,所以必须在 PCB 内部进行处理数、模共地的问题,通常只是在 PCB 与外界连接的接口处(如插头等)数字地与模拟地有一个连接点。

5)滤波和屏蔽

① 对较长的线束,为减小传导和辐射干扰,应在线束上增加滤波,比较方便的是套接合适的铁氧体磁环。

② 输入输出信号滤波。根据转速、电压等工作范围设计频率滤波器。由于 ECU 采集信号比电磁辐射波频率低,输入的信号可以在进入 ECU 的电路之前,用低通滤波消除高频干扰后进入单片机;输出信号经滤波后进入功率驱动电路。在电路中除了采用压敏电阻进行保护外,在数字电路的接收端还应并联上拉电阻(见冷却液传感器电路),以防止数字信号传输过程中反射波的干扰。

③ 屏蔽干扰源设备和相关线束。汽车中主要电控系统使用的 ECU,应该采用金属屏蔽壳体封装;数字电路部分由于信号较弱,可用屏蔽罩屏蔽外来信号的干扰。

6)采用新的半导体技术

例如微处理器 P8XCE598,在 CPU 设计时已考虑了电磁兼容性的问题。设有一条模拟供电电压的引脚(AV_{DD})和一条模拟地的引脚(AV_{SS})作为一对位于封装的一边,用于提供 ADC 与 CAN 接收器以及模拟量的模拟电源(+5 V)和模拟地;设有一条 CAN 电源电压的引脚(CV_{DD})和 CAN 接地引脚(CV_{SS})作为一对位于封装的一边,用于提供 CAN 发送器的电源电压和地;内部去耦电容改进了电磁辐射性和抗电磁干扰性;外部电容尽可能靠近 V_{DD1} 和 V_{SS1}、V_{DD2} 和 V_{SS2}、V_{DD3} 和 V_{SS3} 以及 V_{DD4} 和 V_{SS4} 之间,如图 7.4.8 所示。

芯片设计师利用混合信号半导体技术将高电压输出的设计,也要考虑电磁兼容性问题。例如,驱动电机或起动继电器与模拟信号条件功能和复杂数字处理相结合,在元器件中解决相互干扰问题。安迈半导体公司(AMIS)所开发的 I2T 和 I3T 系列即采用了新高电压混合信号专用集成电路技术,3T80 基于 0.35 mm 的 CMOS 工艺,可处理的最大电压为 80 V,从而可以在一个集成电路中集成复杂数字电路、嵌入式微处理器、内存、外设、高电压功能和各种接口。

7.4.3 电磁兼容性的测试

要使汽车控制系统满足 EMC 的要求,首先要对每一个零部件进行测试,看其是否符合 EMC 的技术规范;当零部件测试通过后,还需要考虑这些零部件在汽车上安装时的 EMC 问题;然后必须在一个完整的原型车上安装所有的电子系统,放在 EMC 试验室内,按国家标准或企业标准完成整车的测试。因为不仅各种电子控制系统之间存在相互干扰,而且还会受到汽车原有的电器设备的影响,例如点火系统的高压电、起动机、发电机、开关类部件(如闪光继电器)、各种照明、信号灯等的干扰,以及车上的无线电设备(例如无线收音机、激光收录机、车载电话、车载电视)的影响。大客车的 EMC 测试室见图 7.4.9,轿车和小车的 EMC 测试室见图 7.4.10。

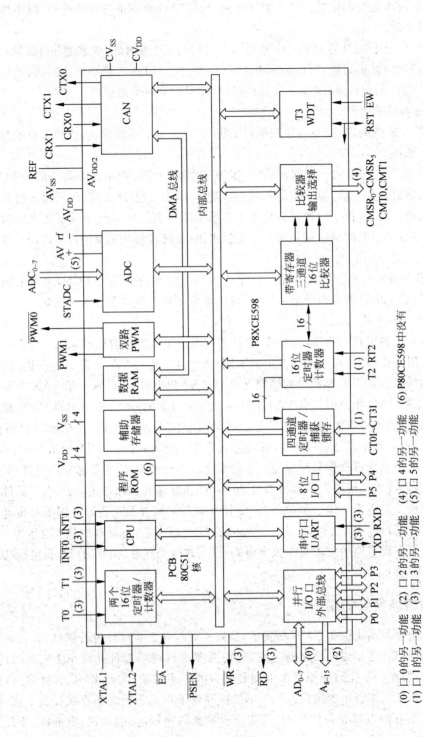

图 7.4.8　微处理器 P8XCE598 框图

(0) 口 0 的另一功能　(2) 口 2 的另一功能　(4) 口 4 的另一功能　(6) P80CE598 中没有
(1) 口 1 的另一功能　(3) 口 3 的另一功能　(5) 口 5 的另一功能

图 7.4.9　德国 ALBATROSS PROJECTS　　　图 7.4.10　德国 FRANKONIA(轿车和小车)
　　　　　(大客车)的 EMC 测试室　　　　　　　　　　的 EMC 测试室

　　EMC 室是一个大的无线电屏蔽室,室的内壁装有吸收无线电波的泡沫材料锥状物,能使试验在同样的条件下完成。转鼓试验台和排气抽取设施能提供发动机、变速器、ABS 和 TCS 电子系统在实车环境下电磁兼容性的测试。

　　为了完成 EMC 测试,原型车被小心地放在室内,发射机和天线用来将车辆暴露在电磁辐射频率为 1～2000 MHz、场强为 50 V/m 的电磁环境中。为了安全,在测试期间技术人员不允许进入室内,采用许多封闭电路的 TV 摄像机和电压、电流的探头来检测干扰。如果发现任何问题必须弄清损坏的准确原因并修理相关的电路或导线。

　　EMC 试验应在产品开发设计阶段进行,这样可以节省费用,降低开发成本。若在新车定型后再来解决 EMC 的问题,将会大大增加成本,有时甚至可能出现无法解决的矛盾。

参 考 文 献

[1]　Chowanietz E. Automobile Electronics. Oxford：Society of Automotive Engineers，1995

[2]　GM Service Technology Group. Fuel Injection. General Motors Corporation，1996

[3]　姜述刚,袁大宏.汽车电磁兼容性综述.汽车技术,1996,8:1～6

[4]　袁大宏.汽车电路中瞬变电压的抑制.清华大学汽车研究所,1996

[5]　EM TEST 电磁兼容讲座,2001,5

[6]　FRANKONIA 电磁兼容试验室.安全与电磁兼容,2004,2

[7]　ALBATROSS PROJECTS 电磁兼容试验室.安全与电磁兼容,2002,6

[8]　邬宽明.CAN 总线原理和应用系统设计.北京:北京航空航天大学出版社,1995

[9]　http://www. logicvision. com

[10]　张永辉,王会义,王玮敏.汽车电子设备电磁兼容性改进.电子产品世界,2006,(7)

[11]　汽车系统 ASIC、ASSP 和电磁兼容性(EMC)设计. bbs. EMCChina. com,2007-12-11

[12]　柯奎.浅谈 PCB 板的设计感想. http://qzone. qq. com/blog/95358013-1217721430,2008

[13]　高照辉.数字电路 PCB 板电磁兼容设计.无线电通信技术,2001,27(3)

[14]　胡艾红.PCB 设计过程要点.UPS 应用,2009,(1)

[15]　leisureok. PCB 设计要点 blog. 21ic. com/user1/1143/.../57006. html 13K,2009-3-27

[16]　张春华.步降应力加速寿命试验的理论和方法:[博士学位论文].国防科学技术大学,2002

[17]　贾占强,梁玉英.灰色理论在步进应力加速寿命试验中的应用.兵工自动化,2007,26(11)

8 汽车电子控制系统的故障诊断

8.1 各种故障诊断技术

故障诊断的含义为对故障症状进行检查并找出问题的根源。虽然这是汽车故障诊断的主要目的，但还必须包括另一个重要的任务，即能很容易地检测出故障存在的位置。

汽车电子系统的良好可靠性、高水平的工艺及元器件性能的提高，已使故障诊断程序大大地简化，由维修技术人员所造成的"日常诊断"失误也在不断减少。但是电子控制系统的复杂化可能会造成故障的增加，成为当前车辆故障诊断的主要问题。因此在现代修理厂完成故障诊断的方法与 10 年或 20 年前所用的"传统"途径非常不同。

8.1.1 传统的故障诊断技术

在汽车电子广泛应用之前，车辆的电子系统只有几个简单的独立的子电路，这些电路由蓄电池直接供电，这种典型电路由开关控制的灯或电机（有的也许要经过继电器）组成。由于只有几个电子零部件，即使技术人员以前没有见过，但也很容易识辨。简单的零部件可用测试灯或万用表检测，而较复杂的零部件，例如闪存单元和继电器，则可用其他替代品检测。

这种故障诊断技术的最大特点是只要求低成本的测试设备，技术人员只要使用他的知识和经验去进行故障诊断并优化其诊断过程即可。

1970 年以后由于电子控制的供油和点火系统的应用，导致传统诊断方法不再使用，主要有 3 个理由。

① 传统的方法是电子系统通过将 ECU 与其他元器件断开的方法进行测试，然后对它们分别进行检查。如果没有发现故障，ECU 被认为由默认值代替故障。对于车主来说，某些时候这会导致修理时间较长和对昂贵的零部件进行不必要的更换；对于维修技术人员来说，它会导致许多维修失败和众多客户的抱怨。

② 许多传感器不与 ECU 连接，技术人员很难掌握所有元器件功能方面的相互影响。车辆制造商通过给出流程图和诊断表等维修文件提供帮助，但即使这样，技术人员也不喜欢完全了解系统是怎样相互作用的。这对于有多个公司授权的修理厂和独立的修理厂来说，会变成特别重要的问题，那里的技术人员需维修各种型号的车辆。

③ 在老式车上导线通常只带有两种形式的信号：蓄电池电压和地。现代电子系统增加的电路导致在各种 ECU 与大量的传感器和执行器间带有复杂的低压信号。因此，传统的测试灯几乎没有任何使用价值，万用表也可能没有帮助，而且如果使用不当还可能引起破坏。

20 世纪 80 年代，发动机电子控制系统的迅速引入，对测试技术、测试硬件和高质量的维修数据提出了新的要求。各系统间极大的差异也导致在修理时需要对具体的车辆快速获得相关的信息。为此已开发出在板（即与 ECU 连在一起的车载设备）和离板的故障诊断设备，它分为 3 种方法。

① 离板故障诊断台。它不直接与 ECU 相连,因此不具备任何在板故障诊断的特征。离板诊断通常限于发动机供油和点火系统,通常作为发动机测试仪或发动机分析仪的参考。

② 在板(车载)故障诊断软件。它能直接提供故障码。当检测到系统的故障时,ECU 的软件可以结合自诊断程序存储故障码,然后 ECU 对每个存储故障码按规定的顺序闪指示灯或发光二极管(light emitting diode,LED)。技术人员阅读这些闪码并从维修手册译出它的含义。

③ 经离板故障诊断工具访问在板故障诊断软件。当车辆维修时,用手持式故障诊断测试仪(通常称为 SCANNER 或 SCAN TOOL)连接到 ECU 固定的故障诊断端插头上,数据和故障码直接从 ECU 的存储器读出并由技术人员译出。这些先进的开发工具能连接到整车线束上,很容易地完成整车故障诊断,具有广泛的修理信息。

8.1.2　离板故障诊断设备

美国首先采用离板故障诊断测试仪,主要由于美国早期的电子控制系统是各种各样的,即使是同一系统,在细节上也有许多差别。现在它们已被广泛传播到欧洲,并在大多数修理厂中得到应用。

图 8.1.1 是一种典型的发动机测试仪,由 FKI-Crypton 制造。Sun,Bear 和 BOSCH 等公司也制造类似的设备。

Crypton 测试仪是以带有驱动盘和键盘的 IBM 兼容主机为基础,连接到发动机分析仪的模块上的仪器。分析仪模块的后部插入测试导线和点火定时的探头,这些导线悬挂在旋转的悬臂上,并很容易连接到关键的地方,例如点火线圈、高压线、蓄电池端头等。计算机处理发动机的数据并在彩色监视器和黑白打印机上显示测试结果。整个测试仪装在一个小推车上,很容易在修理车间内移动。

图 8.1.1　FKI-Crypton 发动机测试仪

随测试仪提供一组计算机软盘,给出不同车型成千个调整数据,并包含技术人员怎样把测试仪连接到车上和使用哪个连接器等各种信息。

只提供车辆型号的信息是不够的,还需发动机的参数、变速器的型号、点火系统和安装的选件等信息,所有这些信息都与诊断过程有关。一旦车辆与测试仪连接上,测试仪能提供车辆主要系统的故障诊断,包括起动、充电、点火、供油和排放控制等系统以及压缩和吸气的工作状态。

标准型的发动机分析仪不提供某特定发动机的 ECU 和与它相连的传感器的故障诊断程序,客户需要另外购买相关软件。

发动机测试程序的关键部分是排气的测量。这通常是用四气分析仪去测量一氧化碳(CO)、二氧化碳(CO_2)、未燃的碳氢(HC)和氧(O_2)的浓度。这些气体中受法规控制最严格的是 CO,但是 MOT 的检查也包括 HC 的限值。

利用四气分析仪的数据和测试仪的软件可计算出发动机混合气的空燃比,即使当排气系统中装有催化转化器时也能算出发动机混合气的空燃比。该信息能用来判断燃油系统闭环控制是否正确地起作用。

使用发动机测试仪能否得到正确的故障诊断取决于下列因素：

① 车辆的识别；

② 测试程序的正确执行；

③ 测量值与车辆限值的比较；

④ PASS(通过)/FAIL(失败)结果的评价。

在测试开始前，为了确保正确的结果必须满足一些条件，例如，发动机温度和转速必须在规定的范围内，某些辅助项必须断开和不起作用。典型的测试程序应包括在怠速时的基本数据，随后改变发动机的转速去检测各种特殊故障。例如：

① 转速测试。测量怠速转速、每缸的怠速稳定性、排放、火花点火电压、火花持续时间、蓄电池电压和充电电流、点火线圈正极和负极电压、各种电子系统信号波形采集和显示。

② 急加速测试。监测火花点火电压、点火线电压、火花持续时间、每缸加速状况，检测失火、排放，检测点火正时的变化和蓄电池的电压。

③ 释放节气门。测量每缸减速状况、排放和各种电压。

在测试期间，设备显示所测的数值，并自动地与存在系统中的每个发动机变量的LOW、GOOD 和 HIGH("低"、"好"和"高")值进行比较。一旦已完成所有的测试，技术人员必须对数据进行评价并作出诊断。许多发动机的测试仪将测量值与存储器内存储表格的数值进行综合比较，得出一系列的建议来帮助完成诊断过程。当检测到特征性的综合信息时会通知操作者所存在的问题。某些测试仪能根据在这方面的经验提出建议，例如，在该模块中油泵继电器已坏——首先检查。

例如，氧传感器的中值输出电压为 450 mV，在 ±150 mV 之内认为是正常的，若超过600 mV，ECU 则判为混合气过浓；若低于 300 mV，则判为混合气过稀；若氧传感器在一定时间内不发生跳变，则认为氧传感器损坏，停止闭环控制模式，进入开环控制模式，见图 8.1.2。在传感器的故障诊断中，除了传感器本身的故障外，还需考虑导线的中断、破损、插接件的松动和电源的短路和断路等问题，这些都被判定为传感器的故障。

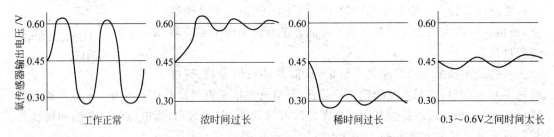

图 8.1.2　氧传感器的输出电压参考信号

在实际的汽车电子控制系统中，往往还需要对负载的电流和执行器的状态进行故障诊断。为了测量负载电流，可能的检测电流位置如图 8.1.3 所示，对应的电流波形如图 8.1.4所示。

图 8.1.3 中，电流传感器在 a 和 d 点只能够测量到当 MOS 管导通时的负载电流，而传感器在 b 和 c 点则能够完全测得执行器的电流。从图 8.1.4 的电流波形可知，尽管电流传感器在 a 和 d 点测量的电流只是部分区间，但是测量得到的电流最大值和最小值以及负载电流的最大值和最小值仍然是对应的，因此实际应用中，仍然可以将传感器安装在 a 或 d 点，

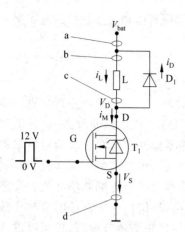

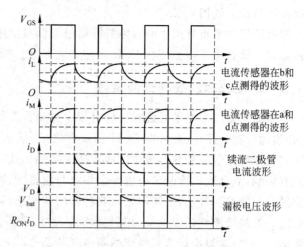

图 8.1.3　电流传感器的安装位置　　图 8.1.4　低边驱动 MOS 管在 PWM 驱动下的电流和电压波形

尤其是在 d 点测量,这是经常采用的方法。

　　对负载执行器进行电流故障保护,可以采用阈值比较的方法。当电流传感器检测到的电流超过最大值之后,单片机可以主动关闭 MOS 管来降低负载电流;当执行器电流小于最大允许值之后,才允许 MOS 管重新打开。这样可以保护执行器和 MOS 管的最大电流,防止由于执行器对电源短路故障引起的烧坏执行器或者驱动电路。

　　在有的执行器故障诊断中,单片机可以连续测量在 MOS 管保持导通过程中,执行器电流上升的速度。由于执行器正常工作时,其电感和内阻是预先可以标定和测量的,因此在给定的工作电压下,其电流上升按照相应的指数曲线的规律增加。如果传感器测量电流增加速度过快或者过慢,则意味着执行器内部线圈电感值或者内阻发生了明显变化,单片机可以通过比较导通时间和电流大小计算出实际电感值和执行器的正常电感值,从而完成对执行器的故障诊断。

　　在有的执行器故障诊断过程中,还可以采用电压测量的方法。图 8.1.4 中给出了 MOS 管漏极电压(V_D)变化的理想波形。当 MOS 管处于关断状态时,V_D 将大于或等于电源电压;如果执行器存在对地短路故障(例如接插件插错、执行器因为导线裸露搭铁等原因),则 V_D 的电压将接近地电势,单片机可以检测出执行器对地短路故障,或者检测出执行器和 V_{bat} 连接的导线断路故障。当 MOS 管处于打开状态时,由于 MOS 管的导通内阻很小,因此 V_D 将接近零电平。如果检测到 V_D 的电平很高,说明执行器可能发生了对电源短路故障。

　　如果将执行器的电压故障诊断方法和电流故障诊断方法相结合,就可以建立完整的故障诊断策略,监控执行器和 MOS 管是否工作正常。

　　作出诊断后,应先排除故障,然后重复试验,若故障仍存在,必须考虑进行另一种诊断。虽然离板诊断系统能帮助维修好许多常见的供油和点火系统问题,但在复杂电子系统中检测故障时很少使用。在许多情况下,故障的症状可能出现在其他相关的系统中。例如下面一个实际的问题:客户抱怨,他的车装有催化转化器和自动变速器,在以 50 km/h 的速度稳定行驶时,偶然会从 4 挡换至 3 挡,然后又返回。这是变速器电子控制器的故障,还是内部液力部分的故障呢?都不是。在进行某些研究后,发现是排气氧传感器间歇故障,偶然给发动机 ECU 一个不正确的信号,导致空燃比有突然激烈的变化,发动机功率的突然降低造成变速器暂时换至低挡。

间歇性但并不重复产生的故障只能通过车辆在使用时对所有的相关参数持久地观察才能检测到。这意味着需使用在 ECU 内建立的车载诊断设施。

8.1.3　在板(车载)故障诊断系统

早期的许多汽车电子系统在设计时很少想到需要故障诊断。因此当这些系统出现故障时，必须通过在电路中(通常在 ECU 和线束之间)插入适配器，以连接诊断设备，这种策略的缺点是需要大量各种各样较贵的线束适配器和插头，这些零部件本身常常又会对原来的故障有影响，而且连接诊断设备也许会导致暂时性的故障消失。现在大多数汽车控制器带有大量的故障检测算法，按顺序去检测各种功能和连续地检查每一个传感器信号是否合理和稳定。如果检测到错误功能，控制器将进入"跛行-回家"模式，即用一个合适的值替代故障数据。例如，如果冷却液温度传感器出现断路故障，为了保持车辆的行驶，软件可以进入"跛行-回家"模式，用 80℃ 的温度值代替冷却液温度传感器的输出。仪表板的警报灯将告诉驾驶员有故障并在微处理器内储存多位数的故障码，指出故障的实质，并将故障码存入非挥发的存储器内。这种形式的故障码变成慢码和快码两种形式。

1. 慢码

当 ECU 的自诊断软件检测到故障时，在存储器内储存相应的故障码并点亮装在仪表板上的检查发动机灯或故障指示灯(malfunction indicator light，MIL)，向驾驶员提示注意车辆有故障。根据电子控制系统包含的内容，维修技术人员能以下列 3 种方法之一看到慢码：

① 通过 ECU 封装盒上闪烁的 LED；

② 通过短接诊断插头上的两个端头，ECU 使仪表板上的 MIL 闪烁；

③ 通过将 LED 或模拟电压表探针连接到诊断插头上，可观察 LED 闪烁或仪表指针从一侧到另一侧的摆动。

由于慢码被设计成由维修技术人员靠视觉将其译出，它们的频率是非常低的(约 1 Hz)，因此转换的信息量非常有限。其结果常常以两位数闪码的形式出现，并不断重复，这意味着对每一个 ECU 必须查找专用的维修文件，才能知道故障实质。

典型的长闪码(约 1.5 s)计作"十"位数，短闪码(约 0.5 s)计作"个"位数，插在"十"位数和"个"位数之间有几秒的停顿。例如，如果 LED 显示 2 个长闪码，一个 2 s 的停顿，然后 4 个短闪码，则该故障码是"24"。查找制造商提供的维修数据可以发现"码 24 为车速传感器故障。在该传感器电路中出现断路或短路"。

然后技术人员利用他的技巧去判断故障是在传感器本身、在插头中还是在连接的线束中。一旦故障已矫正，ECU 故障存储器必须通过短暂地断开蓄电池或去除 ECU 电源保险以清除故障码。

慢码有简单、可靠和成本低的优点。当车辆在客户很少的地区使用时，故障码读出不需要使用专用的设备。闪码的主要缺点是它们提供非常有限的信息并要求技术人员去完成诊断过程。

2. 快码

与慢码相反，快码经两条高速串行数据线给 ECU 提供数据流，以国际标准 ISO 9141 为基础。这种数据连接方式开始时用在汽车工厂生产线终端的测试中，但现在宽泛地应用于维修诊断。

串行连接提供了一个与车辆系统没有任何线束干扰的通信方式,最重要的是 ECU 与诊断测试仪提供高水平的信息交换。

串行诊断测试仪由车辆制造商专门提供给特约维修点,每一个测试仪带有与发动机、变速器、ABS、空调和其他与 ECU 相配的一组导线和适配器,对于一个汽车制造商有特定的车型使用范围。

有些诊断设备制造商,例如 Crypton 或 BOSCH 会提供市场通用的串行测试仪给独立的修理点使用。这些测试仪包含一个标准的手持扫描工具,它能与不同制造商的各种 ECU 配置工作。

8.1.4　ISO 9141 标准

自 1980 年以来,串行连接数字信息的相互交换已成为标准 ISO 9141。ISO 9141 规定离板故障测试仪能与 ECU 进行通信,访问数据、故障码和发送指令。由于软件是专用的,不具备兼用性,因此故障码、诊断程序等在制造商之间仍有差异。

ISO 9141 规定诊断测试仪经一根导线(K 线)或两根导线(K 线与 L 线)的数据插头与 ECU 通信。K 线是双向的(可两个方向传送数据);而 L 线是单向的,只是在建立第一次连接时使用,在其他时间处于逻辑"1"。在连接插头上也提供车辆蓄电池电压和地两个端头。当诊断测试仪连接到 ECU 的串行连接插头时,它必须先"唤醒"ECU。这是由测试仪通过将特定的 8 位地址编码传送到车辆的 ECU 来实现的。该地址编码同时在 L 线和 K 线上以 5 b/s 的速率传送,如图 8.1.5 所示。

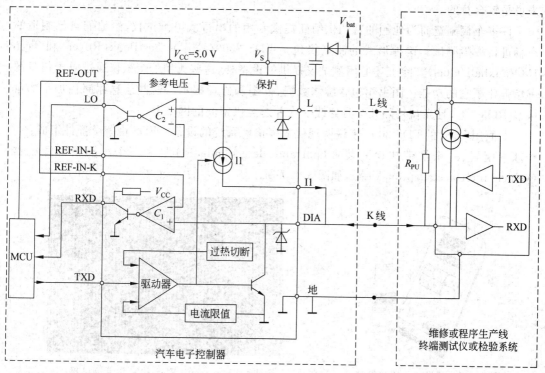

图 8.1.5　故障测试仪的框图

如果在测试情况下对 ECU 来说地址编码是正确的,它就将用 8 位速率同步模式的信息发送回诊断测试仪作为响应。这种"0"和"1"不同模式的编码告诉测试仪传送所有的后续数据所用的数据速率。在速率同步模式传送后,ECU 发送两个"关键字",告诉故障测试仪随后进行的串行通信的形式以及 K 线和 L 线的硬件配置。当测试仪接收到最后的关键字时,它将关键字的相反逻辑信息返回给 ECU,以证实初始化过程已成功。

初始化后的 ECU 测试程序取决于诊断测试仪所提供的软件。大多数测试仪具有从 ECU 读出储存的故障码和把它们解码成在 LCD 屏幕上用文字显示的基本功能。

大多数软件能自动提供一个详细的传感器和执行器的诊断顺序。测试仪能通过指令码向 ECU 发布指令,完成各种各样的功能和操作各种执行器,然后测试仪提供故障诊断相关数据的全部显示和诊断结果。

8.1.5 通用串行诊断测试仪

通用串行诊断测试仪用于独立的修理厂,它们的修理范围很广。这些通用串行诊断测试仪符合 ISO 9141 标准,并能对许多不同制造商的车辆进行故障诊断。

Crypton "Check Mate"通用测试仪(图 8.1.6)包含 64 字 LCD 屏幕显示、基于扫描工具的微处理器和 6 个键盘按钮。它通常提供一组连接导线和一个小打印机。对于具体的车型,必须在 Check Mate 测试仪的后部插槽中推入一个程序卡。每卡含有一个专用 ECU 测试和诊断故障所有必需的软件,提供指令和通过逻辑测试程序给技术人员提示。宽范围的程序卡能覆盖所有常见的发动机管理系统,另加一些 ABS 和其他系统。程序卡的使用具有许多优点,特别是降低了成本和扩大了测试仪的能力,当需要时可购买外加的程序卡,相对来说是较合算的。

许多车辆制造商为他们的特约供销商提供专用的串行故障测试仪,给他们自己制造的车辆进行故障测试。这种形式的测试仪包括 FDS 2000(Ford)、TestBook(Rover)和 Tech 15(Vauxhall/Opel)。除上述通用测试仪提供的设备外,这些典型的测试仪通过电子信息图书馆强化了它的功能。图书馆包含维修数据、框图和修理提示。这些信息存储在加密的盘(CD-ROM)上,且光盘每隔几个月修改一次并送至供销商的网络上。

下面用 Ford 的 FDS 2000 来说明现代故障诊断系统的设备。FDS 由 3 个部件组成:一个基本配置、一个携带式诊断装置(portable detect unit,PDU)和一个车辆接口适配器(vehicle interface adaptor,VIA),如图 8.1.7 所示。

图 8.1.6　便携式故障诊断仪

图 8.1.7　Ford FDS 2000 诊断测试仪

① 基本配置安装在桌面或墙上，为 PDU 和 VIA 提供存放的地方和为 PDU 中蓄电池提供小电流的充电机。最重要的是基本配置从 560MB CD-ROM 中给 PDU 提供诊断数据。

② PDU 是系统的心脏。它是一个硬质的手持装置，是专门为修理厂环境进行设计的。数据和图呈现在硬触摸感应的 LCD 屏幕上。提供可编程串行接口，以支持 ISO 9141 和其他各种各样的闪码。

③ VIA 指当车辆没有串行连接或当要求非常详细的分析时，将 PDU 连接到车辆的线路上。

当 FDS 2000 通电时，第一个任务是将存在基本配置的 CD-ROM 上与车辆电子系统有关的测试手册(vehicle system test manual，VSTM)中的内容下载到 PDU。其工作过程是操作者经触摸屏将工作的车型、适合于被测车辆的指导性诊断顺序通知 PDU，然后将数据下载到 PDU。在供销商网络上信息 CD 约每 3 个月修改一次数据和测试顺序。由于 CD 中存有数据，所以可以将 PDU 从基本配置中去除，而且现在完全是便携式的。

使用 PDU 提供的指导性诊断顺序，操作者开始对车辆进行测试。对话呈现在 LCD 屏幕上，告诉技术人员在哪儿和怎样将 FDS 2000 连接到汽车的电子系统上。通过用 PDU 连接到车辆上驱动汽车，能自动检测间歇性故障。专用的缓冲器不仅能记录出现故障的瞬时数据，而且还能记录故障出现前 30 s 的所有数据。

当发现故障时，PDU 会提出适宜的补救措施，然后检验工作是否正确地进行以及是否存在其他故障。在程序结束时，断开连接菜单会告诉技术人员怎样断开设备。

8.2 车载故障诊断系统

8.2.1 概述

由于控制系统的故障能引起排放物的增加，所以美国的权威人士要求所有的发动机控制器与专门的在板(车载)诊断功能结合在一起。1988 年推出了基本的检测要求(OBD Ⅰ)，包括氧传感器、EGR 的故障和检查传感器输出信号是否超出范围。更严格的要求(OBD Ⅱ)在 1994—1996 年间由加利福尼亚州空气资源局(California air resource bureau，CARB)推出，它包括 9 个会对环境造成破坏的零部件/系统的监测，当出现故障时必须向驾驶员显示，并在可能的条件下对故障部位进行自动修正(见表 8.2.1)。

表 8.2.1 **CARB 在板诊断-Ⅱ(OBD Ⅱ)1994—1996 年间推出的检测要求**

检测的零部件/系统	故障判断标准	导致的结果
发动机失火	A. 催化器损坏 B. 排放超过认证限值的 1.5 倍 C. 检查排放限值	失火增加了 HC、CO 排放物
催化效率	HC 转换效率为 40%～50%	降低催化器的效率，增加所有的排放物
排气氧传感器	排放超过认证限值的 1.5 倍	排气氧传感器的损坏导致失去排放控制功能
燃油喷射系统	排放超过认证限值的 1.5 倍	喷油系统的损坏使排放升高
燃油蒸发净化系统	当净化起作用和在炭罐中有蒸汽时无 HC 流入发动机	净化系统故障会造成燃油供给系统的 HC 增加

检测的零部件/系统	故障判断标准	导致的结果
传感器和执行器	断路或参数超过制造商规定的限值	可以造成排放的增加（在 OBD I 中已规定）
空调气体泄漏（氯氟化合物）	制冷液泄漏	氯氟化合物制冷液会污染大气
排气再循环	排放超过认证限值的 1.5 倍	EGR 系统失效导致 NO_x 排放物增加
二次空气系统	在排气管中检测不到二次空气的流动	二次空气系统失效将导致暖机阶段排放物增加

在加利福尼亚州卖车时，制造商必须提供发动机排放认证所要求的里程数（10 万 mile）。当使用车辆排放值升高并超过认证限值的 50% 时，MIL 灯必须点亮，这就需要有自诊断功能。在欧Ⅲ的排放法规中，EOBD(European on-board diagnostics)系统 MIL 灯亮时排放劣化诊断限值高于加利福尼亚州的排放劣化诊断限值，见图 8.2.1。

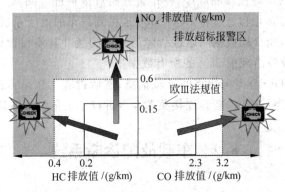

图 8.2.1　EOBD 对排放劣化诊断的限值

我国的国Ⅲ、国Ⅳ的排放限值标准与欧洲的排放标准欧Ⅲ、欧Ⅳ相同。从 2007 年 7 月 1 日起在全国实施国Ⅲ的排放限值标准，2010 年 7 月 1 日起在全国实施国Ⅳ的排放限值标准，本书主要介绍国Ⅲ中要求的车载故障系统。车辆出厂前必须装备车载诊断系统，但是实施时间可以比排放限值实施时间晚一年。该系统的特点是可以实时监测车辆在使用过程中排放是否超标。也就是说，国Ⅲ要求排放控制装置在行驶 5 年或 8 万 km 内（先达到者为准），国Ⅳ要求排放控制装置在行驶 5 年或 10 万 km 内（先达到者为准），仍能达到排放劣化诊断限值的要求。

8.2.2　OBD 的主要功能

1. 车载诊断系统的定义

车载诊断系统应在车辆的设计、制造和安装上，确保系统寿命期内能够识别出造成排放超标的故障原因、损坏的类型以及故障可能存在的位置，并以故障代码的方式将该信息储存在电控单元的存储器内。

并非一定是被检测的零部件或系统已经完全损坏，也可能是由于零部件性能的退化，使检测到的排放数值超过了规定的限值时车载诊断系统报警，告知驾驶员。

2. 汽油发动机车载诊断系统进行监测的主要项目

1) 零部件的监测

与排放相关的零部件，包括发动机的电子控制器、为控制器提供输入信号的部件、接收控制器输出信号的部件、排气系统以及蒸发系统中任何与排放相关的部件。此外，还包括任何能实现监测功能的传感器电路的通断状态。

必须检测的零部件有：

① 输入的传感器，包括 MAP/MAF 传感器、氧传感器、节气门位置传感器、冷却液温度传感器、进气温度传感器、爆燃传感器、曲轴转速传感器、EGR 阀开度传感器、车速传感器、凸轮轴位置传感器等；

② 输出的执行器，包括喷油控制回路、点火控制回路、怠速控制阀驱动电路、炭罐控制阀、EGR 阀（使用了 EGR 阀时）、燃油泵等。

对这些零部件或系统进行监测和检测的方法都有明确的规定。当这些零部件出现故障时，可能导致排放超出车载诊断系统规定的限值，故障指示灯 MIL 点亮。而在输入信号中的路面状况（G）传感器、ABS 中的轮速传感器、空调压力传感器和油面位置传感器等，以及输出信号中的空调离合器继电器、冷却风扇继电器、可变进气道控制电磁阀等，对排放没有影响或经排放测试对排放影响不大的零部件，发生故障时只记录故障码，不点亮 MIL。

2) 必须监测的重要项目

（1）发动机失火的监测

汽油发动机在运转时，由于没有点火、混合气过浓或过稀、压缩压力低以及其他原因，可能导致吸入汽缸内的混合气不能点燃。未燃烧的混合气排入大气，会造成对大气的污染。在排放控制中，发动机失火是一个特别严重的问题。失火不只是增加排放物，如果不加以注意，持续地失火将产生更严重的问题。例如，未燃汽油由于三元催化转化器温度高而点燃，造成三元催化转化器损坏等。通过监测发动机转速的变化，可以确定是否有失火现象发生。因失火造成的发动机转速的变化如图 8.2.2 所示。

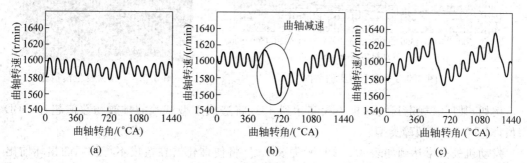

图 8.2.2　利用转速的变化诊断失火

（a）正常（没有失火）；（b）失火一次；（c）有一缸持续失火

失火次数与总点火次数之比，通常以每 100 次燃烧事件中未发生点火的次数的百分比来表示，称为失火率。当失火率超过规定的百分比时（由生产厂家提出），排放污染物超标，将导致催化转化器过热而损坏。这时故障指示灯 MIL 必须进入独特的报警模式，如指示灯闪烁。

失火分两种不同程度的类型：

① 排放损害型失火。在诊断数据管理系统中，排放损害型的失火故障码为 P0 300。该故障类型为 TYPE B，必须在两个连续的工作循环中报告排放损害型失火，此时才会点亮发动机故障灯。

- 当未燃烧的汽油（正常喷油，但没有点火）进入排气系统后，HC 和 CO 不能被充分氧化，导致尾气排放恶化。
- 当失火率达到导致尾气排放超过 OBD 限值的时候，诊断系统将报告一个排放损害型的故障码并记录有关信息。

② 催化器损害型失火。在诊断数据管理系统中，催化器损害型失火发生时故障码为 P0 300，该故障类型为 TYPE A，在第一次监测出失火故障的汽车运转循环中点亮故障灯。

- 大量未燃烧的汽油（正常喷油，但未发生点火）进入排气系统将导致后燃，从而使催化器温度迅速升高。
- 当失火达到可永久损坏催化器的水平时，软件将执行以下逻辑：一是故障灯立即点亮并闪烁，以提示驾驶员车辆正处于催化器损害型的失火工况；二是系统将监测是否属于单缸失火工况，一旦确认为单缸失火，系统将切断相应汽缸的喷油以尽可能地保护催化器；三是尽管系统已经判断为是催化器损害型失火，但当车速及发动机负荷降低到一定限值时，故障灯将停止闪烁但保持点亮状态，以允许驾驶员驾驶车辆"跛行-回家"。

在 OBD 中规定的失火检测的范围如图 8.2.3 所示。

利用失火发生模拟器（见图 8.2.4）可以制造不同的失火率，以检测失火率对排放的影响。

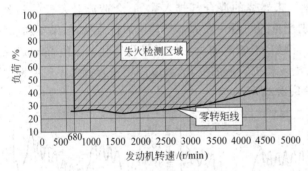

图 8.2.3　失火检测的范围

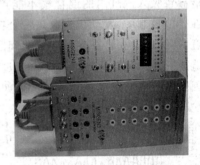

图 8.2.4　失火发生模拟器

例如，某厂家规定其发动机失火率达到 4%，将造成 I 型试验的排放物数值超过 OBD 限值，即 TYPE B 故障类型。

发动机失火率达到如表 8.2.2 所示失火率时，将使催化器在造成不可挽回的损坏前出现过热，即 TYPE A 故障类型。

（2）催化器性能的诊断

催化器经过长时间使用性能会退化，主要是排气温度过高或催化剂材料高温强度差造成涂层烧结和活性材料烧结；燃料和润滑油中的铅、硫和磷的存在，使催化器中毒；由于烧结和燃油、机油沉积物堵塞排气的通道，减少了排气与活性材料接触的表面积。当排气中排出的 HC 超过规定的标准时，说明催化器的性能已经劣化，需要进行更换。

表 8.2.2 催化器损坏失火限值 %

负荷/%	转速/(r/min)									
	500	1000	1500	2000	2500	3000	3500	4000	4500	5000
10										
20	24	24	24	24	24	24	24			
30	24	24	24	24	24	24	23.75	19	13.75	
40	24	24	24	24	24	24	23.50	17	13	
50	24	24	24	24	24	24	23	14.50	12.25	
60	24	24	24	24	24	23.75	22.50	13.25	11	
70	24	24	24	24	24	23.50	21.75	12.25	8.75	
80	24	24	23.70	23.50	23.25	23	20	11.50	7.50	
90	24	24	23	22.25	22	21.25	16.75	10.50	6.75	
100	24	24	21.25	19.50	19	17.50	11.50	9.25	4.75	

催化器性能的诊断原理是在怠速工况下,改变空燃比,利用安装在催化器前面和后面的两个氧传感器输出的电压信号对空燃比的反应时间,来判断催化器氧的存储能力(oxygen storage capacity,OSC)。如果时间过短,则催化转化器已丧失储氧能力,已劣化。

氧传感器的输出电压,如前所述,当混合气浓时,输出高电压;当混合气稀时,输出低电压。如图 8.2.5(a)所示,当后氧传感器的输出电压几乎是一条直线时,说明催化转化器氧的存储能力强,性能良好。在图 8.2.5(b)中,后氧传感器的输出电压和前氧传感器的输出电压波形相似,说明催化转化器没有起作用,催化转化器的性能已经退化。

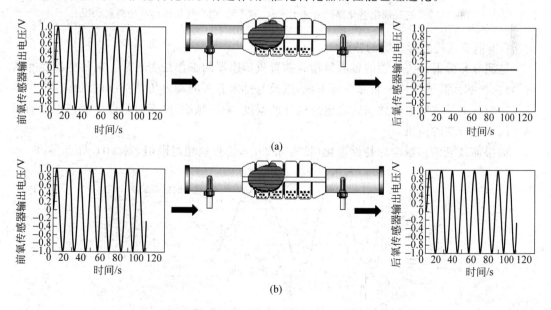

图 8.2.5 催化器性能退化的诊断

(a)氧的储存能力高表示三元催化器性能好;(b)氧的储存能力低表示三元催化器性能劣化

当三元催化转化器的储氧能力 OSC 强时,混合气从稀到浓转换时前、后氧传感器输出反应较慢,需经历的时间长,如图 8.2.6 所示。

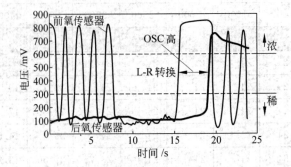

图 8.2.6　三元催化转化器储氧能力 OSC 强时,混合气从稀到浓的转换状况

L—稀混合气；R—浓混合气

当三元催化转化器的储氧能力 OSC 不足时,混合气的空燃比由稀变浓时后氧传感器的反应较快,如图 8.2.7 所示。

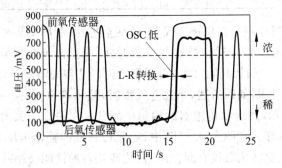

图 8.2.7　三元催化转化器储氧能力 OSC 不足时,混合气从稀到浓的转换状况

(3) 前置氧传感器性能的监测

监测氧传感器开关特性的目的是检查前置氧传感器的工作是否正常。氧传感器性能退化,将会影响到其他排放控制部件或系统,以及与排放有关的动力传动系统的工作。

车载诊断系统对氧传感器输出电压信号的幅度、响应频率、跳变时间以及氧传感器的加热时间等进行实时监测。

如果前置氧传感器响应特性退化(见图 8.2.8),使排放超过限值,则 MIL 灯点亮。

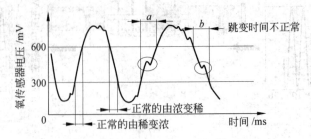

图 8.2.8　前置氧传感器响应特性的诊断

a—由稀变浓时间长；b—由浓变稀时间长

当前氧传感器性能好时,氧传感器的电压输出变化均匀,跳变的时间短;当氧传感器的性能退化时,跳变时间会变长。当混合气从稀变为浓时,会使 HC、CO 排放物增加;当混合气从浓变稀时,会使 NO_x 排放物增加,如图 8.2.9 所示。

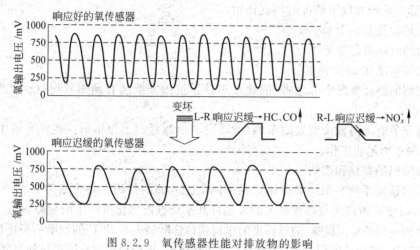

图 8.2.9　氧传感器性能对排放物的影响

前置氧传感器可单独检测,也可与后置氧传感器一起进行检测。

（4）燃油蒸发污染物的监测

燃油蒸发控制系统的功能是将燃油挥发的蒸汽引入发动机的缸内燃烧,防止排放到大气中。此时,需监测控制电路的通断状态。

3）ECU 的监测

ECU 的监测包括对通信的测试、校验和确认以及内部硬件的测试。

3. 车载诊断系统的工作

① 在每次发动机起动时,必须开始一系列的诊断检查,并且至少完成一次。

② 当 OBD 系统检测到零部件或系统出现问题时,电子控制系统应进入"排放默认模式"运转,以保证车辆能继续行驶。

4. 故障报警指示灯的功能

① 车载诊断系统必须有一个故障报警指示灯(MIL),用来迅速提示驾驶员出现了故障。只有起动了应急程序或"跛行-回家"程序(发动机管理系统发生了故障,放弃了部分控制功能,只保留了勉强维持车辆行驶的功能)时,故障指示灯才点亮。

注意:禁止使用红色的故障指示器。

② 点火开关接通,而发动机尚未起动或转动时,MIL 也必须点亮,以检查其工作是否正常。发动机起动后,如果没有检查到故障,MIL 应熄灭。

③ 通过标准的串行口数据连接器,应能随时获得 MIL 点亮时汽车的行驶距离。

④ MIL 的熄灭。如果发动机的失火率没有达到可能造成催化转化器损坏的限值,或者发动机运行工况改变后,失火率不会造成催化转化器的损坏时,则 MIL 应切换到点亮(即曾经监测到失火的第一个运转循环)以前的状态,并可以在连续的运转循环内切换到正常的模式。这时,相应的故障代码和储存的冻结帧状态可被清除。对于其他所有的故障,在 3 个连续的运转循环期间,如果负责 MIL 的监测系统不再检测到故障,且没有检测出其他会单独点亮 MIL 的故障之后,MIL 可以熄灭。如果同一故障在 40 个以上发动机暖机(70℃以上)

循环内不再出现,车载诊断系统可以清除该故障代码,以及该故障出现时的行驶距离和冻结帧保存的状态信息。

5. 车载诊断系统的工作条件

车载诊断系统在以下情况时不起作用:

① 油箱储油量少于 20%;

② 起动时环境温度低于-7℃;

③ 海拔高度在 2500 m 以上;

④ 道路的路面情况十分恶劣,因此在车载系统中需要装有地面状况(G)传感器,检测地面的状况;

⑤ 对于装有动力输出装置的车辆,当动力输出装置的工作影响到监测系统的工作时,才允许监测系统停止工作。

6. 故障码的存储和读取

① 车载诊断系统必须能够存储识别不同类型故障的代码。每个故障必须使用单独的状态代码,以便正确识别与排放有关的零部件和系统性能劣化所产生的故障,并点亮 MIL。

② 使用专用的检测设备,通过标准的串行接口诊断插头与 ECU 的诊断插头连接,将存储的故障码读出。按照故障码的提示,维修人员可以迅速、准确地确定故障损坏的类型和部位。

8.3　车载故障诊断系统的故障码和监测方法

8.3.1　OBD 使用的 SAE 标准

OBD 规定的标准化故障码术语是故障诊断码(diagnostic trouble codes,DTC)。DTC 在扫描工具的 LCD 屏幕上显示,包括两部分:第一部分包含 1 个字母和 1 个数字;第二部分包含 3 个数字,例如 P0 111。其中,第一部分中的字母指出车辆哪个主要部件有故障,例如:

P=动力传动电子系统

C=底盘电子系统

B=车身电子系统

此外,也有 U(未定义)是作为预留的。字母后面的数字"0"表示故障是由 OBD 法规所要求检测的故障码,"1"或"2"是由车辆制造商提供的外加设备的故障码。

第二部分的 3 个数字中,第一个表示故障在哪个子系统出现,最后两个(下面的××)表示故障的精确部位。例如,对于动力传动系统故障,使用下列码:

P0 1××-燃油/空气供给

P0 2××-燃油/空气供给

P0 3××-点火系统

P0 4××-排放控制系统

P0 5××-发动机转速/急速控制

P0 6××-ECU 和 ECU 输出信号

P0 7××-变速器

P0 8××-变速器

P0 9××-SAE 预留

P0 0××-SAE 预留

某些通用的 DTC 和每一个码 MIL 的状态在表 8.3.1 中给出。

表 8.3.1　OBD 系统主要检测零部件故障码、故障码的含义及故障监测的方法

部件/系统	故障码	故障代码信息	监测策略	监测用辅助参数	故障指示器 MIL 激活规则	预处理模式	验证试验模式
催化转化器	P0 420	催化转化器劣化诊断	在怠速工况下,改变空燃比(15.6~13.6),观测下游氧传感器对空燃比的反应时间。如时间过短,则转化器已丧失储氧能力	前氧传感器电压、后氧传感器电压、空燃比、发动机转速,进气空气流量	A	1次Ⅰ型试验(Ⅰ部和Ⅱ部)	1次Ⅰ型试验(Ⅰ部和Ⅱ部)
前氧传感器	P0 131	前氧传感器短路到低电压	监测前氧信号电压。当前氧电压低于限值时,则判定为故障	前氧传感器电压、进气流量、冷却液温度、发动机运行时间	E		车辆运转循环3次
	P0 132	前氧传感器短路到高电压	监测前氧信号电压。当前氧电压高于一定范围时,则判定为故障	前氧传感器电压、进气流量、冷却液温度、发动机运行时间	A		车辆运转循环1次
	P0 133	前氧传感器响应过慢	监测前氧传感器的响应时间。当响应时间超过标定限值时,则判定为故障	前氧传感器电压、进气流量、冷却液温度、发动机运行时间	E	1次Ⅰ型试验(Ⅰ部和Ⅱ部)	1次Ⅰ型试验(Ⅰ部和Ⅱ部)
	P0 134	前氧传感器断路	监测前氧传感器信号电压。当电压信号处于标定限值内时,则判定为故障	前氧传感器电压、进气流量、冷却液温度、发动机运行时间	A		车辆运转循环1次
	P0 135	前氧传感器加热故障	前氧传感器加热输出电路上的电位与ECM期望电位不同时,则判定为故障	发动机运行时间	A		车辆运转循环1次
后氧传感器	P0 137	后氧传感器短路到低电压	监测后氧信号电压。当后氧电压低于限值时,则判定为故障	后氧传感器电压、进气流量、冷却液温度、发动机运行时间	E		车辆运转循环3次
	P0 138	后氧传感器短路到高电压	监测后氧信号电压。当后氧电压高于限值时,则判定为故障	后氧传感器电压、进气流量、冷却液温度、发动机运行时间	E		车辆运转循环3次
	P0 140	后氧传感器断路	监测后氧信号电压。当后氧电压处于标定限值内变化时,则判定为故障	后氧传感器电压、进气流量、冷却液温度、发动机运行时间	E		车辆运转循环3次
	P0 141	后氧传感器加热故障	后氧传感器加热输出电路上的电位与ECM期望电位不同时,则判定为故障	发动机运行时间	A		车辆运转循环1次

部件/系统	故障码	故障代码信息	监测策略	监测用辅助参数	故障指示器MIL激活规则	预处理模式	验证试验模式
失火	P0 300	单缸或多缸失火	当某缸发生失火时，其曲轴旋转速度减慢，若超出标定限值，则判定为失火	发动机转速、进气压力、车速、节气门开度、冷却液温度、大气压力、空调状态	B（排放损害型失火）A（催化器损害型失火）	1次Ⅰ型试验（Ⅰ部和Ⅱ部）	1次Ⅰ型试验（Ⅰ部和Ⅱ部）
燃油系统	P0 171	燃油系统过稀	基于供油闭环控制自学习模块值。计算自学习模块的平均值，如大于正常值过多，则判定燃油系统过稀	自学习平均值	E	2次Ⅰ型试验（Ⅰ部和Ⅱ部）	1次Ⅰ型试验（Ⅰ部和Ⅱ部）
	P0 172	燃油系统过浓	基于供油闭环控制自学习模块值。计算自学习模块的平均值，如小于正常值过多，则系统过浓	自学习平均值	E	2次Ⅰ型试验（Ⅰ部和Ⅱ部）	1次Ⅰ型试验（Ⅰ部和Ⅱ部）
进气压力传感器	P0 106	进气压力/节气门位置合理性故障	比较在一定发动机转速和节气门开度下的海拔补偿进气压力与相同工况下的限值，若超出限值，则判定为故障	海拔补偿进气压力	E		车辆运转循环3次
	P0 107	进气压力传感器线路低电压	比较进气压力原始读值与限值，若低于限值，则判定为故障	进气压力传感器原始读值	A		车辆运转循环1次
	P0 108	进气压力传感器线路高电压	比较进气压力原始读值与限值，若高于限值，则判定为故障	进气压力传感器原始读值	A		车辆运转循环1次
进气温度传感器	P0 112	进气温度传感器线路低电压	比较进气温度原始读值与限值，若低于限值，则判定为故障	进气温度传感器原始读值	A		车辆运转循环1次
	P0 113	进气温度传感器线路高电压或断路	比较进气温度原始读值与限值，若高于限值，则判定为故障	进气温度传感器原始读值	A		车辆运转循环1次
冷却液温度传感器	P0 117	冷却液温度传感器线路低电压	比较冷却液温度传感器原始读值与限值，若低于限值，则判定为故障	冷却液温度传感器原始读值	A		车辆运转循环1次
	P0 118	冷却液温度传感器线路高电压或断路	比较冷却液温度传感器原始读值与限值，若高于限值，则判定为故障	冷却液温度传感器原始读值	A		车辆运转循环1次

部件/系统	故障码	故障代码信息	监测策略	监测用辅助参数	故障指示器 MIL 激活规则	预处理模式	验证试验模式
节气门位置传感器	P0 122	节气门位置传感器低电压	比较节气门位置传感器原始读值与限值,若低于限值,则判定为故障	节气门位置传感器原始读值	A		车辆运转循环1次
	P0 123	节气门位置传感器高电压	比较节气门位置传感器原始读值与限值,若高于限值,则判定为故障	节气门位置传感器原始读值	A		车辆运转循环1次
喷油器	P0 201	1# 喷油器故障	若 1# 喷油器输出电路的状态与 ECM 期望状态不同,则判定为故障		A		车辆运转循环1次
	P0 202	2# 喷油器故障	若 2# 喷油器输出电路的状态与 ECM 期望状态不同,则判定为故障		A		车辆运转循环1次
	P0 203	3# 喷油器故障	若 3# 喷油器输出电路的状态与 ECM 期望状态不同,则判定为故障		A		车辆运转循环1次
	P0 204	4# 喷油器故障	若 4# 喷油器输出电路的状态与 ECM 期望状态不同,则判定为故障		A		车辆运转循环1次
爆燃传感器	P0 325	爆燃控制系统故障	ECM 系统硬件自行检测		C		车辆运转循环1次
	P0 327	爆燃传感器故障	若爆燃传感器的读值变化小于限值,则判定为故障	爆燃信号原始读值	C		车辆运转循环1次
曲轴位置传感器(当采用58齿作为传感器的触发轮时)	P0 336	曲轴位置传感器线路信号干扰	若实际读到的齿数与 58 的差异次数过多,则判定为故障		E		车辆运转循环3次
	P0 337	曲轴位置传感器线路无信号	无发动机转速信号		A		车辆运转循环1次

部件/系统	故障码	故障代码信息	监测策略	监测用辅助参数	故障指示器 MIL 激活规则	预处理模式	验证试验模式
点火线圈输出	P0 351	点火线圈 1# 输出故障	若 1# 点火线圈输出电路上的电位与 ECM 期望电位不同,则判定为故障		A		车辆运转循环 1 次
	P0 352	点火线圈 2# 输出故障	若 2# 点火线圈输出电路上的电位与 ECM 期望电位不同,则判定为故障		A		车辆运转循环 1 次
车速传感器	P0 502	车速传感器无信号	在确定车辆运行的工况下没有检测到车速信号	发动机转速、进气压力、节气门开度	E		车辆运转循环 3 次
怠速控制系统	P0 506	怠速转速过低	怠速时,怠速步进电机位于全开位置,若发动机实际转速低于设定转速过多,则判定为故障	发动机转速、ECM 设定转速	E		车辆运转循环 3 次
	P0 507	怠速转速过高	怠速时,怠速步进电机位于全关位置,若发动机实际转速高于设定转速过多,则判定为故障	发动机转速、ECM 设定转速	E		车辆运转循环 3 次
系统电压	P0 562	系统电压低	比较系统电压与限值,若低于限值,则判定为故障	点火电压	C		车辆运转循环 1 次
	P0 563	系统电压高	比较系统电压与限值,若高于限值,则判定为故障	点火电压	C		车辆运转循环 1 次
空调离合器	P1 546	空调离合器线路输出故障	若空调离合器输出电路的状态与 ECM 期望状态不同,则判定为故障		C		车辆运转循环 1 次
油泵继电器	P0 230	油泵继电器故障	若油泵继电器输出电路的状态与 ECM 期望状态不同,则判定为故障		C		车辆运转循环 1 次
风扇	P0 480	低速风扇故障	若低速风扇控制电路的状态与 ECM 期望状态不同,则判定为故障		C		车辆运转循环 1 次
	P0 481	高速风扇故障	若高速风扇控制电路的状态与 ECM 期望状态不同,则判定为故障		C		车辆运转循环 1 次

部件/系统	故障码	故障代码信息	监测策略	监测用辅助参数	故障指示器 MIL 激活规则	预处理模式	验证试验模式
故障指示灯	P0 650	故障指示灯故障	若故障指示灯控制电路的状态与 ECM 期望状态不同,则判定为故障		C		车辆运转循环1次
炭罐电磁阀	P0 443	炭罐电磁阀故障	若炭罐电磁阀控制电路的状态与 ECM 期望状态不同,则判定为故障	炭罐电磁阀占空比	E		车辆运转循环1次

注:1次Ⅰ型试验(Ⅰ部和Ⅱ部)和车辆运转循环1次的定义详见 GB 18352.3—2005 中的规定。

对于电子诊断设备 OBD 要求使用的 SAE 标准,规定的标准有:

SAE 标准 J1930——定义标准电子系统术语;

SAE 标准 J1978——定义标准扫描工具;

SAE 标准 J1979——定义标准故障码;

SAE 标准 J1962——定义安装在仪表板下面标准的 16 针诊断插头。

我国现采用的 ISO DIS 15031—4 和 ISO DIS 15031—6 是基于 SAE 的标准的。

OBD 所有故障码必须符合 SAE J1979 标准。此外,所有车辆的制造商必须使用同样的元器件术语、同样的扫描工具和同样的扫描工具连接导线。这样使车主面临 MIL 灯亮时能够驾车到最近的修理厂,不必考虑是否需要到特约维修点,确保技术人员能诊断车辆的问题。这个系统也可以使独立修理厂的技术人员工作起来非常容易(这些修理厂要对许多不同的汽车进行维修)。

8.3.2 OBD 系统所有检测零部件的故障码及监测方法

根据零部件对排放系统的影响程度不同,将故障码分为以下几类:

A 类——1 个行程发生一次就会点亮 MIL 指示灯和记录故障码;

B 类——2 个连续行程中各发生一次才会点亮 MIL 指示灯和记录故障码;

E 类——3 个连续行程中各发生一次才会点亮 MIL 指示灯和记录故障码。

注:一个行程是指所有 OBD 测试都能得以完成的驱动循环。对 OBD,可以以国Ⅲ排放的测试程序(Ⅰ部+Ⅱ部)为基准。不影响排放的故障码有:

C 类——故障发生时记录故障码,但不点亮 MIL 指示灯。

OBD 系统检测零部件故障码的含义及故障监测的方法见表 8.3.1。

8.4 基于 CAN 的 OBD 故障诊断

控制器局域网(controller area network,CAN)是当前汽车电子技术发展的重要方向。它利用两条总线将车上的各种控制系统连接构成网络,实现各控制器的信息共享,节省了导线,提高了系统的可靠性,如图8.4.1和图8.4.2所示。由于这种数据传输模式是所有信息沿两条线路传输,与所参与的控制器数量及所涉及的信息量大小无关。因此对控制单元多、信息交换量大的汽车控制系统非常有利。

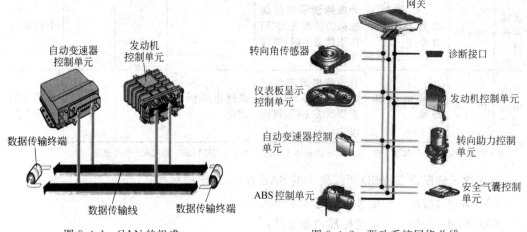

图 8.4.1 CAN 的组成   图 8.4.2 驱动系统网络总线

数据总线的优点:
① 可实现信息共享,减少传感器和信号线的数量;
② 增加新信息时只需进行软件工作;
③ 各控制单元间可进行高速数据传输;
④ 控制单元对传输的信息进行连续监测,可提高系统的可靠性,减少错误率;
⑤ CAN 数据总线符合国际标准,适用于各种型号的控制单元间的数据传送。

OBD 旨在让车载自诊断模块起到监控排放的作用,得到了绝大多数汽车故障诊断系统的支持。它通过故障诊断接口与故障诊断仪相连。由于 OBD 中的诊断项目精简、诊断内容具体,所以基于 CAN 的 OBD 诊断网络结构简单、功能明确。

1. 诊断网络

为了监控排放,OBD 制定了催化效能监测、失火监测、燃油系统监测、氧传感器及其加热器(若有)监测、排气再循环系统监测、燃油蒸发系统监测、二次空气监测和氟利昂(若需要)监测 8 项诊断功能。当 OBD 用到的 ECU 不超过 8 个时,它们在汽车中形成如图 8.4.3 所示的结构。

2. 通信规程

OBD 诊断的位速率取 250 kb/s 或 500 kb/s,诊断功能可以"请求-应答"的方式进行,流程如图 8.4.4 所示。可见,每执行一次测试循环,OBD 中的诊断设备都能将 8 个监测项目全部过一遍。

在如图 8.4.4 所示的通信规程中,每个测试循环所要通信的诊断数据既多又长,而 CAN 的有效信息传输率又偏低,所以 OBD 要求网络层不得使用流量控制机制来延缓数据的传输进程。只要来自某个 ECU 的应答消息中一出现首帧,诊断测试仪就立即向该 ECU (以物理方式)发送一个流量控制帧,其中 FS,BS 和 ST_{min} 参数均为 0。FS=0 是为了让该

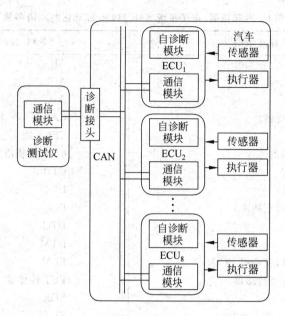

图 8.4.3　基于 CAN 的 OBD 诊断网络

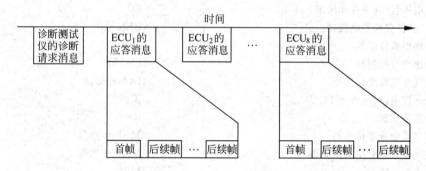

图 8.4.4　OBD 的测试循环

ECU 的发送动作继续;BS=0 表明此后不再出现流量控制帧;$ST_{min}=0$ 则用来促使该 ECU 尽早将全部后续帧发送完毕。

另外,OBD 还将所有 CAN 帧的数据长度码(data long code,DLC)都定为 8,让它们全都具有最大的信息吞吐能力。如果诊断数据不足 8 个字节,则将数据场中的剩余字节闲置。

标识符规范见第 6 章 CAN 总线部分。

8.5　SAE 标准 J1930 的术语

SAE 标准 J1930 提供一组标准的车辆电器/电子系统术语、定义、缩写词和只取首字母的缩写词,其目的是确保所有的车辆制造商对同一零件采用样的名字和缩写词,从而使技术人员对许多不同制造商的汽车进行电子系统故障诊断时比较容易。虽然标准只是对美国车辆市场的要求,但汽车工业的全球化导致欧洲和日本的许多制造商也采用 J1930。SAE J1930 标准化的术语和缩写词在表 8.5.1 中列出。

表 8.5.1　汽车电器/电子系统 SAE J1930 标准化的术语和缩写词

SAE 标准术语	SAE 标准缩写词
加速踏板	AP
空气滤清器	ACL
空调	A/C
充气冷却器(中冷器)	CAC
连续喷油系统	CFI 系统
凸轮轴位置传感器	CMP 传感器
节气门关闭位置	CTP
分电器点火系统	DI
数据连接插头(诊断插座)	DLC
故障诊断码	DTC
故障诊断模式	DTM
发动机控制模块(发动机 ECU)	ECM
发动机冷却液温度传感器	ECT 传感器
排气再循环	EGR
电子点火(无分电器点火)	EI
燃油蒸发排放物	EVAP
风扇控制(电子冷却风扇)	FC
发电机(交流发电机)	GEN
加热型氧传感器	HO_2S
急速空气控制阀	IAC 阀
进气空气温度传感器	IAT 传感器
点火控制模块(点火 ECU)	ICM
爆燃传感器	KS
空气质量流量传感器	MAF 传感器
进气歧管绝对压力传感器	MAP 传感器
多点燃油喷射	MFI
故障指示灯	MIL
在板(车载)诊断系统	OBD 系统
开环	OL
氧传感器-不加热	O_2S
脉冲式二次空气喷射	PAIR
驻车/空挡位置开关/传感器	PNP 开关/传感器
发动机转速传感器	RPM 传感器
维修提示指示器	SRI
扫描工具	ST
节流阀体	TB
涡轮增压器	TC
变速器控制模块(变速器 ECU)	TCM
节气门位置开关/传感器/电位器	TP 开关/传感器/电位器
三元催化转化器	TWC
车速传感器	VSS
节气门全开	WOT

参 考 文 献

[1] Chowanietz E. Automobile Electronics. Oxford：Society of Automotive Engineers，1995

[2] GM Service Technology Group. Fuel Injection. General Motors Corporation，1996

[3] 苏剑. 控制器局部网络(CAN)在汽车电子系统中的应用：［硕士学位论文］. 清华大学汽车工程系，2003

[4] 上海大众汽车公司 POLO 2002 车辆电气系统

[5] 上海大众汽车公司售后服务科. CAN 数据总线设计与功能

[6] 北京德尔福技术开发有限公司 EOBD 项目开发建议方案，2005

[7] 国家环保总局. 轻型汽车污染排放限值及测量方法 GB 183523—2005，2007

[8] ISO copyright office. ISO DIS 15031—6.4—2006.11

[9] ISO copyright office. ISO DIS 15031—4—2005

附 录

附录 A　汽车电子实验

实验 1　基于单片机的模拟量采集

1. 实验目的

（1）学习 68HC908GZ60 单片机的内部结构和指令系统，能够规范地对该型号的单片机进行编程；

（2）学习 Freescale 公司提供的 Codewarrior 集成化开发环境的使用，完成对 68HC908GZ60 单片机的在线调试；

（3）掌握汽车电子系统中重要模拟量的测量过程，了解加速踏板传感器、节气门体等重要模拟量传感器的结构和基本原理；

（4）规范地搭建整个实验电路，培养良好的工程操作素质。

2. 实验设备

（1）RIGOL DS1102CD 型示波器，100 MHz，双通道模拟输入，用来观测模拟量信号；

（2）加速踏板：实验室自制加速踏板设备，传感器类型 RP200（HolleyWell 公司产品）；

（3）节气门体：桑塔纳 2000 轿车的节气门体；

（4）WD990A 稳压电源，用来给传感器-加速踏板或者节气门体供电；

（5）DY2106 数字万用表；

（6）DEMO908GZ60 仿真器；

（7）PC 机一台，与 Codewarrior 软件和 DEMO908GZ60 形成一个单片机开发平台。

3. 实验参考资料

（1）68HC908GZ60 PDF 文档；

（2）DEMO908GZ60 SCH 的说明文档；

（3）Codewarrior 的使用说明文档。

4. 实验内容

（1）学习和熟悉各种设备和系统的工作原理和操作；

（2）观察模拟量传感器的输出信号；

（3）调试 68HC908GZ60 单片机的 AD 采集程序；

（4）测量模拟量传感器的信号，分析测量结果的正确性；

（5）利用单片机输出 PWM 的波形。

5. 实验步骤

（1）用示波器观察踏板位置信号/压力传感器输出信号模拟量变化情况。任意选择加速踏板、节气门体或者压力传感器输出信号中的一个，用导线连接电路，让电源给其供电，改变踏板或节气门的位置，用示波器观测其输出信号，了解传感器输入和输出之间的对应关系。硬件框图如图 A1.1 所示。

注意：传感器的地线、电源的地线、示波器的地线的连接。

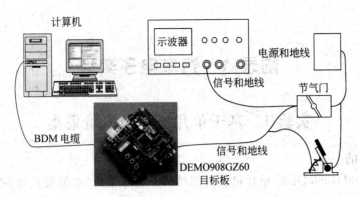

图 A1.1　油门信号采集处理实验的硬件框图

警示：通电之前先由实验指导教师检查电路，同意后方可通电。

（2）完成 AD 采样程序。

关键提示：如果在程序中的合适位置设置一个断点，就可以读取到目前的 AD 转换的结果，同时结合示波器上的读取传感器的电压，来判断 AD 结果是否正确与合理。

（3）建立单片机 PWM 输出系统，改变 PWM 的占空比，用示波器观察 PWM 的输出波形。

6. 实验要求

（1）必须预习《DEMO908GZ60 使用文档》及 Codewarrior 相关的 HELP 文档，事先熟悉使用 DEMO908GZ60 的环境，否则难以按时完成实验。

（2）按照实验步骤完成实验。

（3）按照"实验报告模板"（见附录）现场填写并提交实验报告。

（4）思考问题 1：AD 转换结果有抖动，哪些因素可以导致这种结果发生？

（5）思考问题 2：从转换的结果（电压值）到具体的物理量之间的对应关系是什么？是否需要标定？

（6）思考问题 3：汽车电子系统一共有多少种类型的模拟量？各用在哪些系统中？

实验 2　基于单片机的转速信号测量与处理

1. 实验目的

（1）掌握 68HC908GZ60 单片机的内部结构和指令系统，能够规范地对该型号的单片机进行编程；

（2）进一步熟悉 Freescale 公司提供的 DEMO908GZ60＋Code warrior 集成化开发环境的使用，完成对 68HC908GZ60 单片机的在线调试；

（3）掌握转速测量的基本原理和磁电式转速传感器的信号处理的基本方法；

（4）经过更加复杂的电路的搭建，进一步加强工程操作素质的训练，提高理论和实践的综合程度。

2. 实验设备

（1）RIGOL DS1102 CD 型示波器，100 MHz，双通道模拟输入，用来观测模拟量信号；

（2）转速传感器（磁电式和霍尔式）；

（3）模拟转速的信号发生器；

（4）WD990A 稳压电源，用来给传感器处理电路供电；

（5）搭建转速处理电路所需的面包板、工具以及相关元器件；

（6）DY2106 数字万用表；

（7）DEMO908GZ60 仿真器；

（8）PC 机一台，与 Codewarrior 软件和 DEMO908GZ60 形成一个单片机开发平台。

3. 实验参考资料

（1）68HC908GZ60 PDF 文档；

（2）DEMO908GZ60 SCH 的说明文档；

（3）Codewarrior 的使用说明文档；

（4）LM324 运放的使用说明 PDF 文档（英文）；

（5）74LS14 的实用说明文档（英文）。

4. 实验内容

（1）观察实验教师提供的转速测量装置、电磁阀式转速传感器和霍尔式转速传感器的输出信号；

（2）搭建磁电式转速传感器的信号处理电路，用信号发生器模拟转速信号，并用示波器对处理前后的信号进行对比；

（3）将处理后的转速信号输入到单片机，运行单片机的转速测量程序，完成对转速信号的捕捉和基本处理。

5. 实验步骤

（1）参观实验教师提供的一套完整的转速测量装置。着重对比磁电式转速传感器和霍尔式转速传感器的输出信号的特点。

（2）搭建磁电式传感器的信号处理电路。整个测速的硬件框图如图 A2.1 所示，测速齿轮和传感器作用后的信号给转速处理电路（见图 A2.2），将磁电式传感器的输出由正弦交流信号转换为直流方波信号，转速处理电路分为分压、滤波、限幅、跟随、比较和整形等几个部分，在面包板上搭建该电路，其中运放 LM324 和斯密特反相器的引脚定义如图 A2.3 所示。

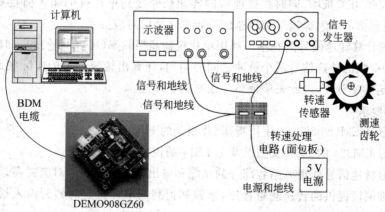

图 A2.1　转速处理实验的硬件框图

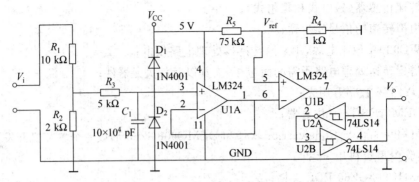

图 A2.2　转速信号的处理电路

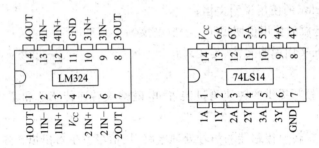

图 A2.3　LM324 和 74LS14 的引脚定义

注意：① 图 A2.3 中,测速齿轮和传感器需要电机带动,由于实验室设备有限,可直接采用信号发生器输出正弦信号代替齿轮和传感器输出。

② 传感器的地线、电源的地线、示波器的地线的连接。

警示：通电之前先由实验指导教师检查电路,同意后方可通电。

(3) 调试和测量转速信号处理电路。用信号发生器产生的正弦交流信号模拟转速传感器的输出,接到步骤(2)搭建好的处理电路,用示波器观测处理电路的输入(正弦波)和输出(方波)之间的对应关系。

(4) 用单片机捕捉处理后的转速信号。用 Codewarrior 将转速测量的程序下载到DEMO908GZ60 开发板中,同时将处理后的转速信号接到单片机的输入捕捉脚,运行转速测量程序,观察指示灯闪烁频率和转速信号频率之间的对应关系。

(5) 精确计算转速信号的频率。利用单片机的晶振频率(可以测量)和定时器的计数频率,以及测量得到的转速信号两个脉冲之间的周期,计算出转速信号的实际频率,并和信号发生器的设定频率对比,以此来验证整个系统的合理性。

6. 实验要求

(1) 预习《DEMO908GZ60 使用指南》及相关的 HELP 文档。

(2) 预习 LM324 的 PDF 文档以及 74LS14 的说明文档。

(3) 预习转速信号处理电路各部分的功能和输出与输入之间的对应关系。

(4) 仔细阅读提供的转速测量程序,掌握如何利用单片机定时器的输入捕捉功能来实现转速测量。

(5) 按照附录中的实验报告模板,撰写并提交实验报告。

（6）思考问题1：磁电式转速传感器的处理电路能否也适用于霍尔式转速传感器？

（7）思考问题2：比较电路的参考电平 V_{ref} 如何确定？需要考虑哪些因素？

实验3　汽油机喷油器驱动电路实验

1．实验目的

（1）学习从单片机的输出到执行器功率驱动之间的功率接口电路；

（2）掌握对 Freescale 公司提供的 Codewarrior＋DEMO908GZ60 集成化开发环境的使用，能够通过单片机的编程来实现各种不同的输入和输出功能；

（3）学习执行器的高边、低边驱动电路的设计基本方法和电路参数匹配；

（4）经过逻辑电路和功率电路的混合调试，进一步提高对于汽车电子机电结合的认识；

（5）了解汽油机喷油器对于喷油量的控制方式、影响因素等。

2．实验设备

（1）RIGOL D1102CD 型示波器，100 MHz，双通道模拟输入；

（2）汽油机喷油器（捷达王轿车上采用）；

（3）XD1022 信号发生器；

（4）WYK305 直流稳压电源，用来模拟车上的蓄电池，给喷油器的驱动提供功率；

（5）搭建驱动电路所需的面包板、MOSFET、电流反馈的功率电阻以及各种工具；

（6）DY2106 数字万用表；

（7）DEMO908GZ60 仿真器；

（8）PC 机一台，与 Codewarrior 软件和 DEMO908GZ60 形成一个单片机开发平台。

3．实验参考资料

（1）68HC908GZ60 PDF 文档；

（2）DEMO908GZ60 SCH 的说明文档；

（3）Codewarrior 的使用说明文档；

（4）MOSFET 的高边、低边、半桥和全桥驱动的方法（参考教材的相关章节）；

（5）MOSFET 的使用说明文档。

4．实验内容

（1）搭建喷油器驱动电路；

（2）调试基于单片机输出比较（OC）的控制程序；

（3）测量喷油器的驱动电路信号；

（4）实现用单片机来控制驱动电路，从而控制喷油器的工作。

5．实验步骤

（1）在面包板上搭建喷油器驱动电路。整个实验的硬件框图如图 A3.1 所示，实验用的喷油器驱动电路如图 A3.2 所示，其中控制信号既可以由单片机输出，也可以先用信号发生器输出。注意分析喷油器电磁阀线圈中的电流与反馈电阻中流过的电流的同与异，注意接线的可靠性。

注意：喷油器功率地线、控制信号的地线、示波器的地线的连接。

警示：通电之前先由实验指导教师检查电路，同意后方可通电。

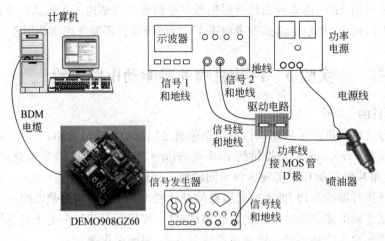

图 A3.1 喷油量驱动电路实验的硬件框图

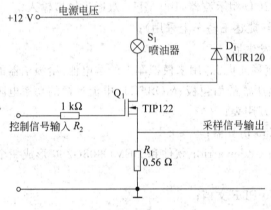

图 A3.2 喷油器驱动电路

(2) 调试喷油器的驱动电路。搭建的驱动电路经教师检查后,用信号发生器输出方波,并将方波的频率调整到较低的水平(几赫兹到几十赫兹的频率范围),作为 MOSFET 栅极的驱动信号,让喷油器工作(能够听到喷油器电磁阀打开和关闭时的敲击声)。

(3) 测量驱动电流信号。用示波器测量电流采样电阻上的电压,由于电阻的阻值已知,因此可以根据电压计算出流过电阻的电流大小。调整驱动电磁阀电源(WYK305)的输出电压,观察喷油器电磁阀的电流在不同驱动电压下的特点。

(4) 用单片机驱动电磁阀。根据预先准备好的 OC 输出程序,在计算机上把程序写入 68HC908GZ60 中,先用示波器测量 OC 输出信号,确保其输出频率在几十赫兹以内,调整好了以后,把控制信号直接连到 MOSFET 的 TIP122 栅极(注意先断电),接好后就可以用单片机直接控制驱动阀了。改变单片机的控制参数,观察电磁阀的电流信号和辨别工作声音有何不同。

注意:喷油器功率地线、单片机输出的地线、示波器的地线的连接。

警示:通电之前先由实验指导教师检查电路,同意后方可通电。

6. 实验要求

(1) 预习 DEMO908GZ60 输出通道设置比较以及相关的 HELP 文档。

(2) 预习 TP122MOSFET 的说明文档。

(3) 预习高、低边驱动的基本原理、功率驱动的主回路和泄流回路的搭建。

(4) 仔细阅读提供的单片机程序,掌握如何利用单片机的定时器 OC 功能来实现驱动外围的执行器。

(5) 按照附录中的实验报告模板,撰写并提交实验报告。

(6) 思考问题 1:流过电磁阀的电流和采样电阻的电流有何不同?

(7) 思考问题 2:当驱动电压比较低时,为什么电流信号会有一个凹坑?

(8) 思考问题 3:影响喷油器控制喷油量的四个因素是什么?

实验 4　步进电机驱动电路设计和驱动实验

1. 实验目的

(1) 进一步掌握单片机的输出到执行器功率驱动之间的功率接口电路;

(2) 能够熟练应用 Freescale 公司提供的 Codewarrior＋DEMO908GZ60 集成化开发环境搭建各种汽车电子控制系统;

(3) 掌握执行器的半桥和全桥驱动电路的设计基本方法和电路参数匹配;

(4) 进一步认识逻辑电路和功率电路的混合调试,提高对于汽车电子机电结合和电磁兼容的认识;

(5) 熟悉步进电机在汽车电子控制系统中的各种应用。

2. 实验设备

(1) RIGOL DS1102CD 型示波器,100 MHz,双通道模拟输入;

(2) 四通公司 SH-22206 两相混合式步进电动机;

(3) XD1022 信号发生器;

(4) WYK305 直流稳压电源,用来模拟车上的蓄电池,用来驱动电机;

(5) WD990A 微机电源,给信号供电;

(6) 实验室自制的步进电机驱动电路,或者学生自己设计的步进电机驱动电路;

(7) DY2106 数字万用表;

(8) MC 33486 全桥驱动器;

(9) DEMO908GZ60 仿真器;

(10) PC 机一台,与 Codewarrior 软件和 DEMO908GZ60 形成一个单片机开发平台。

3. 实验参考资料

(1) 68HC908GZ60 PDF 文档;

(2) DEMO908GZ60 SCH 的说明文档;

(3) Codewarrior 的使用说明文档;

(4) MOSFET 的高边、低边、半桥和全桥驱动的方法;

(5) PROTEL99 的参考书籍;

(6) 教材中的相关章节。

4. 实验内容(含大作业的内容)

(1) 学习步进电机的驱动方法,并在 DXP 2009 中设计两相步进电机的驱动电路原理图,主要的驱动元件为 MC 33486;

(2) 根据设计好的原理图在 DXP 2009 中进一步完成布线图的设计,要求在给定的电路板的尺寸内完成;

(3) 提交布线图,然后进入电路板的试制阶段;

(4) 对电路板进行调试和焊接,完成最终的电路制作;

(5) 在电子实验室进行步进电机的驱动实验,选择合适的 0~5 V TTL/CMOS 的驱动信号来驱动步进电机,实现步进的不同转动角度、不同转动速度、不同旋转方向的控制;

(6) 用示波器测量步进电机的相电流,理解和掌握电流反馈和相电流过流保护的设计方法。

5. 实验步骤

(1) 设计原理图和布线图。根据上课的安排以及如图 A4.1 所示的基本连接关系,确定步进电机驱动器的设计方案,并绘出原理图和布线图。

图 A4.1　步进电机驱动器的电路接口信号

(2) 调试步进电机驱动器的控制器。根据实验室提供的步进电机控制器,见图 A4.2,固定其旋转方向的设定,改变其步进脉冲和频率,测量电机的相电流和电机的旋转速度。

(3) 在单片机上调试 PWM 波输出的频率。用单片机将实验 1 中 PWM 波输出的程序,连接到步进电机的控制器,调整程序来设计步进电机的转动速度。

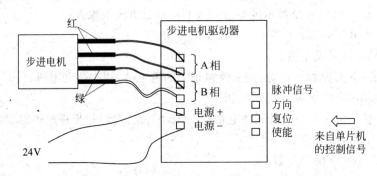

图 A4.2　步进电机调试的示意图

注意:步进电机功率地线、单片机输出的地线、示波器的地线的连接。

警示:通电之前先由实验指导教师检查电路,同意后方可通电。

用电机实现汽车刮水器控制系统,实现电机交替地沿正方向和反方向各转动一定的角度。

注意:步进电机功率地线、示波器的地线的连接。

警示:通电之前先由实验指导教师检查电路,同意后方可通电。

6. 实验要求

（1）预习 DEMO908GZ60 SCH 以及相关的 HELP 文档。

（2）学习 DXP 2009 的原理图和布线图的设计方法与具体软件操作。

（3）学习 MC 33486 的学习参考资料（PDF 文档）。

（4）学习 Matlab/Simulink 使用参考文档。

（5）思考问题 1：驱动步进电机的 MC33486 为什么会发热？

（6）思考问题 2：步进电机每相的泄流回路是什么？

（7）思考问题 3：步进电机的转速为什么不能太高？受什么因素的限制？

（8）思考问题 4：汽车上哪些控制系统需要采用步进电机、直流电机或者交流电机？

（9）思考问题 5：电磁兼容的基本概念是什么？

实验 5　汽车电子系统的 SCI 通信实验

1. 实验目的

（1）学习和了解汽车电子控制系统与其他系统之间的通信方式，包括 LIN，SCI，CAN，BlueTooth 以及 CDMA 等协议，理解开发汽车电子控制系统为什么需要有通信，更好地把握网络化、分布式的控制系统在汽车电子中的应用；

（2）掌握 SCI 通信中的电平转换、接收和发送的数据帧的特点，以及通信波特率的设置方法；

（3）学习和掌握 Matlab/Simulink 平台中在 PC 上实现 SCI 通信的功能和方法，熟悉相关函数的使用，练习和运用 Matlab/Simulink 平台下用户图形化界面的制作手段，学习 GUIDE 的用法；

（4）通过在 PC 机上通信的调试，体验汽车电子控制系统的监控和故障诊断的重要性和开发的基本思路。

（5）学习 68HC908GZ60 单片机 SCI 通信模块的使用。

2. 实验设备

（1）PC 机两台一组，用串口线连接；

（2）RIGOL DS1102CD 型示波器，100 MHz，双通道模拟输入；

（3）Matlab 软件平台；

（4）PC 机一台，与 Codewarrior 软件和 DEMO908GZ60 形成一个单片机开发平台。

3. 实验参考资料

（1）Matlab 中关于 GUIDE 的 HELP 文档；

（2）Matlab 中 Instrument Control Toolbox 的 HELP 文档；

（3）RS232 电平转换的 MAX232 说明文档；

（4）68HC908GZ60 PDF 文档；

（5）DEMO908GZ60 SCH 的说明文档；

（6）Codewarrior 的使用说明文档；

（7）教材中的相关章节。

4. 实验内容

（1）用示波器观察计算机和单片机开发系统之间的 SCI 的通信信号，比较 RS232 电平和标准的 TTL/COMS 电平之间的区别；

（2）在 Matlab 平台下，用 GUIDE 制作出通信所需的监控界面；

（3）设界面中按钮对应的 CALLBACK 函数，在函数中调用 SCI 通信的子程序，实现在 Matlab 平台下的 SCI 通信与用户定义的功能相连接；

（4）用双 PC 机实现 SCI 通信和接收，即完成一个最简单的基于 SCI 的"QQ"的开发过程；

（5）开发单片机 DEMO908GZ60 的 SCI 通信程序，实现计算机和单片机之间的 SCI 通信。

5. 实验步骤

（1）测量 RS232 通信的电平。在实验指导教师的帮助下，用示波器测量 MAX232 的电平，其中 MAX232 的引脚定义如图 A5.1 所示，主要观察计算机一侧的信号（COMPUTER_RXD 和 COMPUTER_TXD）以及 ECU 一侧的信号（MCU_TXD）和（MCU_RXD）两者之间的区别。

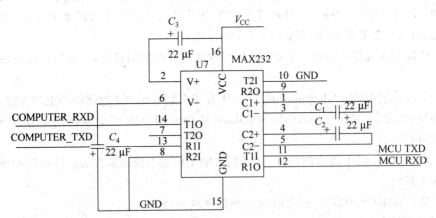

图 A5.1　MAX232 的引脚定义

（2）设计和开发 Matlab 平台下的通信界面。根据实验指导教师提供的基本界面，设计自己的通信界面。图 A5.2 是基本的通信界面，要求对界面中的文字、颜色以及按钮的大小进行重新设计。

（3）编制 SCI 通信的 CALLBACK 函数。上述界面在 Matlab 中是 .FIG 文件，对应每个按钮都有相应的 CALLBACK（按下按钮后调用的子程序），而且这些子程序是统一在一个 .M 文件中，要修改这些 .M 文件，分别实现对串口对象进行初始化、接收数据、发送数据、中断数据传送、关闭串口退出通信等功能；实验指导教师提供和基本界面对应的 .M 文件，参见实验 7 的程序。

（4）实现双机通信。两个 PC 机一组，实现双方的通信，在此基础上尝试修改波特率、通信密码，以及将查询的通信方式改为中断的通信方式等。实现 SCI 的"QQ"，利用台式计算机有两个串口的功能，可以连接多台计算机，实现多机 SCI 通信。

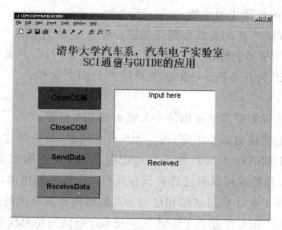

图 A5.2　SCI 通信的基本用户界面

6. 实验要求

（1）学习 MAX232,LIN,SCI,CAN 等网络通信的相关学习资料。

（2）学习 Matlab/Simulink 的 GUIDE 帮助文档。

（3）学习 Matlab/Simulink 的 Instrument Control Toolbox 帮助文档。

（4）思考问题 1：能否实现用 VC 或者其他软件来控制底层串口的通信 I/O？

（5）思考问题 2：Matlab 下的监控和通信有什么好处？

（6）思考问题 3：计算机上的波特率是标准的吗？

（7）思考问题 4：如何实现两个 DEMO908GZ60 开发板之间的 SCI 通信？

实验 6　模拟量输出实验

1. 实验目的

（1）学习和了解汽车电子控制系统输出的驱动形式,包括开关量输出和模拟量输出;

（2）掌握采用 PWM 输出加上低通滤波的模拟量输出方法,学习低通滤波器的频率配置方法;

（3）学习采用 Matlab/Simulink 对 PWM 进行滤波的仿真和评价方法;

（4）通过在 PC 机上的通信的调试,体验汽车电子控制系统的监控和故障诊断的重要性和开发的基本思路;

（5）掌握 68HC908GZ60 单片机 PWM 波形输出的使用。

2. 实验设备

（1）RIGOL DS1102CD 型示波器,100 MHz,双通道模拟输入;

（2）Matlab 软件平台;

（3）PC 机一台,与 Codewarrior 软件和 DEMO908GZ60 形成一个单片机开发平台;

（4）模拟量输出信号处理电路所需要的电子元器件,包括电阻、电容等。

3. 实验参考资料

（1）68HC908GZ60 PDF 文档;

（2）DEMO908GZ60 SCH 的说明文档;

（3）Codewarrior 的使用说明文档；

（4）实验 3 中 PWM 产生的方法和相关程序；

（5）Matlab 中关于信号处理设计工具 SPTOOL 使用的 HELP 文档；

（6）Matlab 中关于 Signal Processing 工具箱的 HELP 文档。

4. 实验内容

（1）搭建 PWM 转化为模拟量输出的 DA 输出的基本电路；

（2）利用信号发生器输出频率固定、占空比变化的方波，检验搭建的 DA 电路的功能；

（3）开发单片机 DEMO908GZ60 的 SCI 通信程序和 PWM 输出程序，实现计算机和单片机之间的 SCI 通信，并要求可以通过计算机在线修改 PWM 输出的占空比或者频率；

（4）用示波器观察 PWM 输出波形和经过 DA 输出的模拟量之间的对应关系；

（5）在 Matlab/Simulink 中建立 PWM 发生和 DA 电路的仿真模型，并和实验结果进行比较。

5. 实验步骤

（1）分析如图 A6.1 所示的低通滤波电路，计算滤波器的输入输出传递函数和截止频率，建立相应的 Simulink 仿真模型，仿真计算当输出电压为 $0\sim5$ V 的方波，占空比为 50%，频率分别为 10 kHz，1 kHz 和 100 Hz 时输出 U_{out} 的波形，分析并比较其输出波纹的大小。

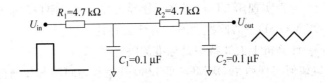

图 A6.1　PWM 转模拟量输出的滤波电路

（2）搭建如图 A6.1 所示的低通滤波电路，用信号发生器产生 1 kHz、幅值为 5 V、占空比为 50% 的方波信号作为 U_{in} 信号，用示波器测量和观察得到的模拟量 U_{out} 的波形，并和仿真结果进行比较。

（3）设计单片机 PWM 输出波形电路，并在此基础上封装为模拟量输出软件模块。PWM 输出的程序可以参考实验 3 中的喷油器驱动中的 PWM 输出程序。

（4）结合实验 5 的 SCI 通信实验，可以将 SCI 通信和 PWM 输出进行综合，实现计算机上设定期望的模拟量幅值，通过 SCI 通信将命令给单片机，再由单片机实现模拟量输出。

6. 实验要求

（1）学习 MAX232 和 SCI 等网络通信的相关学习资料；

（2）学习 Matlab/Simulink 的 GUIDE 帮助文档；

（3）学习 Matlab/Simulink 的 SPTOOL 帮助文档；

（4）思考问题 1：利用 PWM 实现模拟量输出中，输出波纹（误差）的幅值与什么参数有关？

（5）思考问题 2：为保证低通滤波器的效果，设计低通滤波器时需要考虑哪些因素？

（6）思考问题 3：DA 输出的误差如何控制？

（7）思考问题 4：还有别的 DA 输出方法吗？各有什么特点？

实验 7 CAN 总线通信实验

1. 实验目的

(1) 掌握 CAN 总线的通信协议，包括 CAN2.0A 标准帧和 CAN2.0B 扩展帧协议；

(2) 掌握 CAN 总线的物理层接收发器 MC33388 芯片的工作原理和特点；

(3) 掌握 CAN 总线的连接拓扑结构和 CAN_H 和 CAN_L 信号的变化特点；

(4) 学习 68HC908GZ60 单片机的 MSCAN 模块的使用，学习 CAN 总线模块的编程方法；

(5) 掌握 CAN 总线的测试和调试方法。

2. 实验设备

(1) RIGOL DS1102CD 型示波器，100 MHz，双通道模拟输入；

(2) DEMO908GZ60 仿真器；

(3) PC 机一台，与 Codewarrior 软件和 DEMO908GZ60 形成一个单片机开发平台。

3. 实验参考资料

(1) 68HC908GZ60 PDF 文档；

(2) DEMO908GZ60 和原理图文档和说明文档；

(3) Codewarrior 的使用说明文档；

(4) CAN Specification 1991，Robert BOSCH GmbH，Postfach 50，D-7000 Stuttgart；

(5) 带有容错功能的 CAN 接收发器 MC33388 的 PDF 文档。

4. 实验内容

(1) 实验为两人一组，分别用两台计算机、两套 DEMO908GZ60，搭建至少包括两个节点的 CAN 网络；

(2) 编制底层 CAN 网络的底层驱动程序，包括接收和发送程序的编制；

(3) 用示波器观察 CAN 总线中的 CAN_H 和 CAN_L 在空闲和输出传输过程中的电平；

(4) 完成 CAN2.0A 或者 CAN2.0B 消息的 ID 定义和数据封装，并进行发送和接收实验。

5. 实验步骤

(1) 按照如图 A7.1 所示将两个 DEMO908GZ60 开发板上的 CAN 总线连起来，相关的连线图可以参考 DEMO908GZ60 的 PDF 文档。

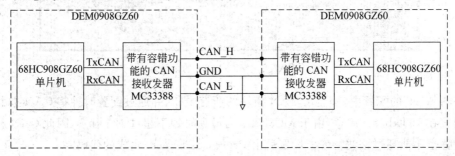

图 A7.1 CAN 总线通信电路连接图

（2）利用 Codewarrior 和 Processor Expert 编制 CAN 模块的初始化函数。具体过程如下：

① 起动 Codewarrior，将自动弹出对话框，选择 Create New Project 选项（创建新项目）。

② 分别定义项目的名称和所在目录，以及单片机型号（MC68HC908GZ60，定义调试的接口为 Mon08 Interface），并在 Rapid Application Development Options 中选择 Processor Expert 支持选项，Codewarrior 将自动生成项目的文件。

③ 在 CPU 的选择上，选择 64 脚封装：MC68HC908GZ60_64 的型号。

④ 利用 Codewarrior 中的 Processor Expert 配置 MSCAN08 模块。

关于 Processor Expert 的配置，可以参考相关的 HELP 文档。配置的界面和配置的结果如图 A7.2 所示。

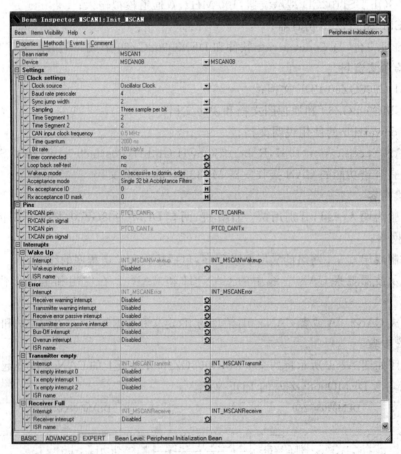

图 A7.2　MSCAN08 的配置

在图 A7.2 的配置中，禁止了 CAN 模块的所有中断，并通过配置时钟将 CAN 总线的波特率配置在 100 kb/s。注意，由于 MC33388 的最高时钟不超过 125 kb/s，因此 CAN 模块的时钟设置也不能超过该波特率。配置后由 Processor Expert 生成的代码略。

（3）在 PE 生成的 main 函数框架中，自行编写 CAN 模块的接收、发送子函数。实验中采用的是最简单的环节,即定期(10 ms)查询接收和发送的方式。相应的例子程序见下述内容。

(4) 利用自己配置的 CAN 消息,计算平均的消息传输时间。例如,对于标准的 CAN2.0A 和扩展的 CAN2.0B 协议,可用计算 CAN 一帧消息中各个域的位多少,得到相应的传输时间,如图 A7.3 所示。

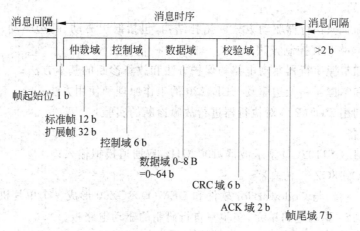

图 A7.3　CAN2.0A 和 CAN2.0B 的消息时间估计

(5) 采用示波器的两个表笔,分别测试 CAN 总线的 CAN_H 和 CAN_L 的电平跳变信号,捕捉完整的一帧消息的波形,通过波形分析消息的 ID 号、数据等每个位是否和软件中的期望一致。注意,当 CAN 总线连续发送 5 b 的相同电平信号(1 或者 0)时,将自动插入 1 b 的反向电平(0 或者 1),该位不会被接收到,但是会占用相应的传输时间,因此实际的传输时间可能会比图 A7.3 中计算的理论时间稍长。

(6) 完成上述步骤后,尝试改变消息的 ID、改变 CAN 通信的波特率等参数,进行通信和信号测试。

6. 实验要求

(1) 要求事先必须熟悉 CAN2.0 的通信协议,包括标准帧协议和扩展帧协议。

(2) 要求事先必须熟悉 MC68HC908GZ60 的 MSCAN08 模块的结构和寄存器配置,掌握基本的初始化、接收、发送等基本程序的流程。

(3) 要求事先必须了解 Codewarrior 和 PE 的配置方法,并预先完成 PE(Processor Expert)对 MSCAN08 的配置过程。

(4) 能够运用示波器表笔测量 CAN_H 和 CAN_L 的电平,对与 CAN 总线的电平等物理层特征具有较好的了解。

(5) 思考问题 1:CAN 总线的最高效率(有用的数据传输时间/整个通信时间)是多少?

(6) 思考问题 2:CAN 总线的 CAN_H 和 CAN_L 的电平特点是什么?

(7) 思考问题 3:CAN 总线的仲裁过程和 ID(标识)值之间的对应关系是什么?

(8) 思考问题 4:CAN 总线和传统的 SCI 通信相比,有什么优点?

(9) 思考问题 5:CAN 总线的中断和屏蔽有什么好处?

（10）思考问题 6：多节点之间通信应该如何制定消息？

（11）思考问题 7：CAN 总线的波特率越高越好吗？

实验 8　智能驱动芯片 TLE6220 的诊断实验

1. 实验目的

（1）学习和掌握执行器驱动方式和拓扑结构，包括低边驱动、高边驱动、半桥驱动和全桥驱动等典型电路及其控制方法；

（2）学习和掌握执行器驱动电路的保护方法和故障诊断的基本方法；

（3）学习和掌握 4 路低边驱动 TLE6220 的工作原理和使用方法；

（4）完成利用 TLE6220 对执行器进行故障诊断的实验。

2. 实验设备

（1）RIGOL DS1102CD 型示波器，100 MHz，双通道模拟输入；

（2）DEMO908GZ60 仿真器；

（3）PC 机一台，与 Codewarrior 软件和 DEMO908GZ60 形成一个单片机开发平台；

（4）TLE6220 驱动电路单元，实验室自行研制的驱动电路板。

3. 实验参考资料

（1）68HC908GZ60 PDF 文档；

（2）DEMO908GZ60 和原理图文档和说明文档；

（3）Codewarrior 的使用说明文档；

（4）Infineon 公司的 TLE6220 的 PDF 说明文档；

（5）TLE6220 驱动电路板图纸和使用说明。

4. 实验内容

（1）电路搭建，将 DEMO908GZ60 的 SPI 和信号输出与 TLE6220 驱动电路板的输入信号相连接，以实现 68HC908GZ60 来控制 TLE6220 的输出驱动。

（2）编制 68HC908GZ60 的 SPI 通信接口程序，实现单片机对 TLE6220 驱动芯片的 SPI 通信。

（3）完成 TLE6220 的输出通道配置，分别模拟正常低边驱动、对电源短路、对地短路和断路时的 TLE6220 通过 SPI 返回给 68HC908GZ60 单片机的诊断代码结果。

（4）用万用表或者示波器观察 TLE6220 的故障输出引脚 FAULT 的电平状态，对比有故障和无故障的电平特点，并结合 TLE6220 的说明文档进行验证。

5. 实验步骤

（1）搭建由 DEMO908GZ60 和数字量输出和 SPI 接口驱动 TLE6220 的驱动电路板的实验电路，其中的 DEMO908GZ60 的信号定义可以其原理图文件 DEMO908GZ60_SCH_C，而 TLE6220 驱动电路的原理图如图 A8.1 所示。建立的信号连接关系见表 A8.1。TLE6220 一共有 4 路输入控制信号，加上 SPI 通信 4 路信号，一共需要连接 8 路信号。而 TLE6220 的另外 3 路信号（PRG、RESET * 和 FAULT *）已经设置默认状态电平，通过 $10\mathrm{k}\Omega$ 的电阻上拉到 V_{cc}。

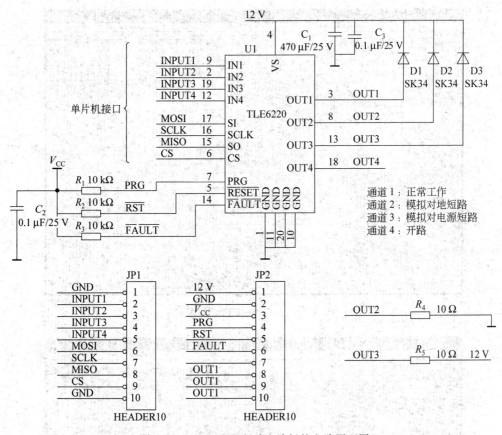

图 A8.1 TLE6220 驱动电路板的电路原理图

表 A8.1 DEMO908GZ60 和 TLE6220 驱动电路板之间的信号连接关系

序号	DEMO908GZ60 的 信号定义	68HC908GZ60 的 引脚定义	TLE6220 驱动板的 信号定义	TLE6220 芯片 的引脚定义
1	J1_9_PTA0	Pin_46_PTA0	JP1_2_INPUT1	Pin_9_IN1
2	J1_11_PTA1	Pin_47_PTA1	JP1_3_INPUT2	Pin_2_IN2
3	J1_6_PTA2	Pin_48_PTA2	JP1_4_INPUT3	Pin_19_IN3
4	J1_8_PTA3	Pin_49_PTA3	JP1_5_INPUT4	Pin_12_IN4
5	J1_23_SS∗	Pin_13_PTD0_SS∗	JP1_9_CS	Pin_6_CS
6	J1_19_MISO	Pin_14_PTD1_MISO	JP1_8_MISO	Pin_15_SO
7	J1_17_MOSI	Pin_15_PTD2_MOSI	JP1_6_MOSI	Pin_16_SCLK
8	J1_21_SPSCK	Pin_16_PTD3_SPSCK	JP1_7_SCLK	Pin_17_SI

（2）利用 Codewarrior 和 Processor Expert 编制 PORTA 口的初始化函数,其中必须将 PTA0～PTA3 设置为输出,且初始电平为低电平。具体过程不再详述,结果如图 A8.2 所示。

（3）利用 Codewarrior 和 Processor Expert 编制 SPI 端口的初始化函数,具体过程不再详述,结果如图 A8.3 所示。注意,将 SPI 设置为单片机工作的主机模式（MASTER）, TLE6220 工作在从机模式。其中的 SI 和 SO 数据是在 SPI 时钟的下降沿锁存,TLE6220 的 SPI 接口定义如图 A8.4 所示,读者也可以参考 TLE6220 的使用说明文档进行验证。

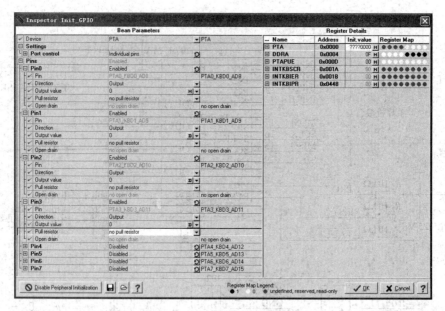

图 A8.2 PTA0～PTA3 的配置

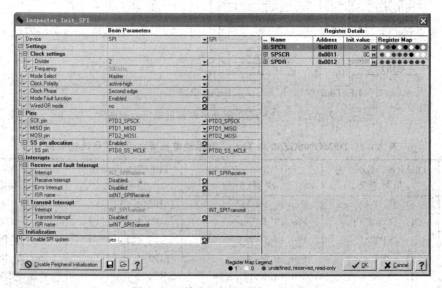

图 A8.3 单片机的 SPI 端口的配置

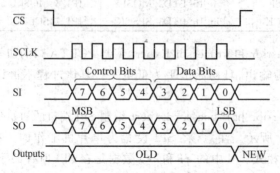

图 A8.4 TLE6220 的 SPI 时序要求

（4）利用 TLE6220 驱动电路板及第 1 路输出驱动（OUT1）搭建驱动汽油机喷油器的低边驱动电路，如图 A8.5 所示。结合 Codewarrior 对单片机编程实现的 PTA0 输出波形为周期 50 ms、高电平 5 ms 的方波。通过 TLE6220 驱动板驱动汽油机的喷油器，可以听到喷油器工作的声音。

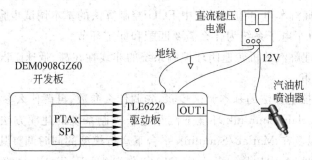

图 A8.5　TLE6220 驱动喷油器的连线图

（5）利用 Codewarrior 对单片机的 SPI 进行编程，实现图 A8.6 的 SPI 通信协议，并读取 TLE6220 发给单片机的故障诊断码，分析 TLE6220 的各个输出通道的故障诊断码是否正确（TLE6220 的 SPI 协议需要参考其 PDF 说明文档）。

图 A8.6　TLE6220 故障诊断的 SPI 协议

（6）利用示波器表笔或者万用表测量 TLE6220 的故障诊断引脚 FAULT 的电平状态，利用 SPI 通信协议使得 TLE6220 的 OUT2、OUT3 和 OUT4 都处于不工作状态，但是 OUT1 仍然正常驱动喷油器，再测量 FAULT 引脚的电平状态。结合 SPI 通信获得的故障诊断码，分析 FAULT 引脚的输出状态是否合理。

6. 实验要求

（1）要求事先必须熟悉 TLE6220 的使用说明文档，尤其是其诊断的 SPI 通信协议。

（2）要求事先必须熟悉 MC68HC908GZ60 的 PTA 端口模块的结构和寄存器配置，掌握 SPI 模块的基本的初始化、接收、发送等基本程序的流程。

（3）要求事先必须了解 Codewarrior 和 PE 的配置方法，并预先完成 PE（Processor Expert）对 SPI 和 PTA 的配置过程。

（4）要求阅读教材中相关的低边驱动和高边驱动等执行器驱动方式的有关章节，能够熟练搭建喷油器的低边驱动电路。

（5）思考问题 1：TLE6220 属于可以并/串行控制、串行诊断的智能驱动芯片，能否使得相应的输出通道只受 SPI 控制，而不受并行输入信号的控制？

（6）思考问题 2：低边驱动是如何保护感性负载的？

（7）思考问题 3：对 SPI 的波特率设置来说，频率越高越好还是越低越好？为什么？

（8）思考问题 4：如果有多片 TLE6220 需要控制，如何配置和单片机的信号连接？

（9）思考问题 5：SPI 控制的精度和并行控制的精度哪个更好？为什么？

实验 9　控制器 PID 算法调试实验

1. 实验目的

（1）了解和掌握汽车电子控制系统中 ECU 控制算法的基本调试步骤，如何做到和被控对象相匹配，理解汽车电子系统为什么需要匹配和标定环节；

（2）通过实验理解汽油机转速闭环控制系统的非线性在高、低速工况下的差别，以及控制算法所采取的对策；

（3）掌握 PID 控制算法的基本调试步骤，先调什么参数，再调什么参数；

（4）熟悉在 Matlab/Simulink 环境下汽车电子控制系统的建模方法，学习汽油机整个控制系统的模型，以及在 Matlab/Simulink 平台下运行模型的同时调整其中的参数；

（5）学习和掌握 Matlab/Simulink 中 DIAG & GAUGE Toolbox 的使用方法。

2. 实验设备

本实验为仿真实验，只需要 PC＋Matlab 软件平台即可。

3. 实验参考资料

（1）Matlab 中关于汽油机模型 enginewc 的文档；

（2）Matlab 中 DIAG & GAUGE Toolbox 的帮助文档；

（3）自动控制原理中关于 PID 控制算法各项的含义；

（4）Simulink 中的帮助文档；

（5）教材中的相关章节。

4. 实验内容

（1）用 DIAG & GAUGE Toolbox 中的各种虚拟仪表封装实验指导教师提供的实验模型，该模型是在 enginewc 模型的基础上改进得到的；

（2）保持汽油机空气-燃油系统的模型（被控对象）不变，对急速转速（1000 r/min）时的控制器参数 PI 进行匹配；

（3）对中等转速 $n=2000$ r/min 时的控制器参数 PI 进行匹配；

（4）对较高转速 $n=3000$ r/min 时的控制器参数 PI 进行匹配；

（5）改变汽油机-燃油系统模型中的关键参数（进气系统参数），重新对控制器在急速、中速和高速时的 PI 参数进行匹配。

5. 实验步骤

（1）用 DIAG&GAUGE 封装现有模型。在 Matlab 的 COMMAND Window 中运行 enginewc 就可以调出如图 A9.1 所示的汽油机模型。其中的 Controller 就是实验需要修改的控制算法，其内部结构如图 A9.2 所示。先利用 DIAG 与 GAUGE 将模型改造为如图 A9.2 所示，在图 A9.2 中，有一个非线性的积分限制环节，如图 A9.3 所示，其主要目的是解决积分引起的超调过大的问题。将图 A9.1 的模型转换为如图 A9.4 所示的模式；把控制参数 Ki 和 Kp 从控制器的模块中提取出来，同时用 Anguler Gauge 模块作业驾驶员命令和控制系统的输出响应，这样可以模拟驾驶员的任意加速和减速动作。

图 A9.4 中的 myKi 和 myKp 就是控制器中的 Kp 和 Ki，Controller 模块内部的参数已经被提取到模块的外面来了。Controller 模块的内部结构如图 A9.5 所示。

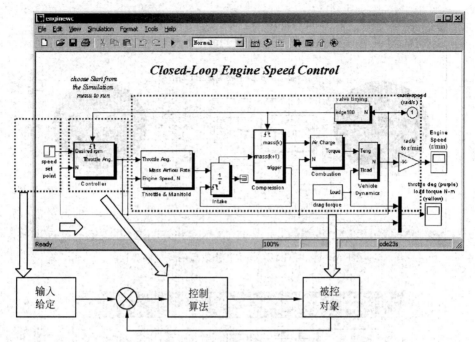

图 A9.1 实验所用的汽油机模型与对应的控制框图

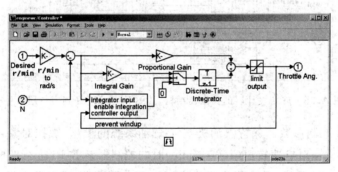

图 A9.2 IP 控制器的内部结构

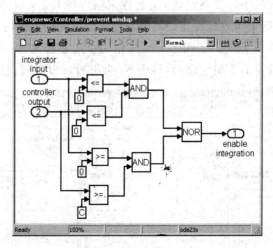

图 A9.3 积分限制环节

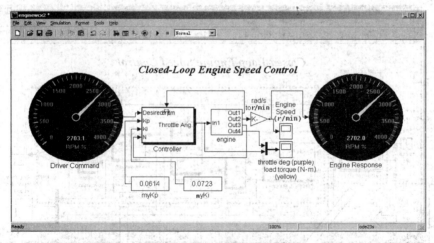

图 A9.4　用 GAUGE 重新修改后的模型和界面

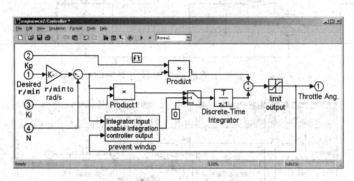

图 A9.5　重新设计后的控制器结构,其中 Ki 和 Kp 提到上一层模块中

（2）调整 PI 控制参数。保持汽油机空气-燃油系统的模型（被控对象）不变,见图 A9.6 中的进气歧管容积。对急速转速（1000 r/min）时的控制器参数 PI 进行匹配,具体的匹配步骤为：①设置 Ki=0,令 Kp 从小到大变化,当 Kp 变化到比较大时,发现系统振荡开始加剧,最后系统进入不稳定的状态。②确定 Kp 的合理范围。将 Kp 从振荡较剧烈的值向减小的方向调整,直到振荡的幅值和系统稳定的时间都在可以接受的范围内,但是此时的发动机实际转速和目标转速是有偏差的。③固定 Kp,开始逐步从零加大 Ki,当 Ki 加大到一定程度也可以发现系统趋于振荡的不稳定情形,再将 Ki 向小的方向调整,直到振荡的幅值和系统

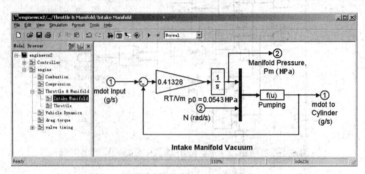

图 A9.6　RT/Vm=0.41328,进气歧管的容积初始值

的稳定时间都到达可以接受的范围内。④在该点附近微调 Kp 和 Ki,使系统的动态性能最佳。这样 PI 控制器的参数就可以确定下来了。

（3）改变发动机工况。将发动机转速分别设在 2000 r/min 和 3000 r/min,重复步骤（2）,检查调整后的 PI 控制器参数与 1000 r/min 有什么不同。

（4）调整发动机的结构参数。将图 A9.6 中的汽油机进气歧管的容积参数（RT/Vm）分别增大和减小 5 倍,再按照步骤（2）调整发动机平均转速分别为 1000 r/min,2000 r/min,3000 r/min 时对应的 Ki 和 Kp 值,比较它们的区别。

（5）分析和说明参数和转速变化时 PI 参数的变化趋势。针对上述实验结果,分析和总结汽油机本身在高速和低速时的工作特点,同时总结和讨论汽油机结构对于设计控制参数匹配的影响。

6. 实验要求

（1）预习 Matlab 中的 Diag & Gauge 的使用方法。

（2）预习 Matlab/Simulink 中的汽油机模型 enginewc 的建模思想和建模方法。

（3）复习控制工程基础中的 PID 控制的各项含义和相关的概念。

（4）做实验时,附上最终优化好的 PI 对应的发动机转速的响应的示波器曲线。

（5）思考问题 1：为什么汽油机高低速特性不一样？

（6）思考问题 2：为什么进气歧管的容积对过渡过程的控制如此显著？稳态时的影响是否也比较显著？

（7）思考问题 3：由于不同工况下控制器的最佳 PI 参数都不一样,实际的 ECU 进行参数匹配和标定时如何处理这个问题？

（8）思考问题 4：如果是一个真实的发动机,在调整 Ki 和 Kp 时,是否能够让 Ki 和 Kp 取得很大？实际的发动机参数调整过程应该如何进行？

（9）思考问题 5：模型中为什么要对积分环节进行限制？

（10）思考问题 6：什么是速度密度法测量发动机循环进气量？

（11）思考问题 7：对在 Matlab/Simulink 环境下的发动机建模有什么新的认识？对于虚拟的控制器调整和仿真实验有何评价？

7. 实验中的初始源程序

模型的初始文件 enginewcx2 从网络学堂直接下载。

实验 10　xPC Target 硬件在环仿真实验

1. 实验目的

（1）理解开发汽车电子控制系统的过程中为什么需要用到硬件在环仿真和调试,注意和实验 9 中的非在环仿真的效果进行对比;

（2）掌握和应用 xPC Target 双机的硬件在环仿真的基本技能,学习利用串口和网线进行主机和目标机之间的信息交互问题;

（3）通过实验理解 ECU 快速原型和传统的电子控制系统开发模式之间的差别,并将 xPC Target 和 dSPACE 进行横向比较,总结两者之间的优缺点;

（4）通过 PCL-1731 计算机多功能卡，熟悉 Matlab/Simulink 平台对底层硬件的驱动能力，实现软件和硬件的统一，综合硬件选择和模型搭建，解决汽车电子系统中的匹配和标定问题；

（5）理解实时仿真和非实时仿真对系统硬件和建模的双重要求，初步认识实时操作系统的基本概念，进一步认识什么是嵌入式实时操作系统；

（6）掌握数字滤波器设计等 Matlab 中信号处理的相关工具和方法。

2. 实验设备

（1）RIGOL DS1102CD 型示波器，100 MHz，双通道模拟输入；

（2）DY2106 数字万用表；

（3）PCL-1731 卡；

（4）串口线或者网线，用于两台计算机的通信；

（5）空白软盘一张，用作目标机的启动软盘；

（6）PC 机两台，一个作为主机，另一个作为目标机；

（7）加速踏板：实验室自制加速踏板设备，传感器类型 RP200（HolleyWell 公司产品）；

（8）节气门体：桑塔纳 2000 轿车的节气门体；

（9）WD990A 稳压电源，用来给传感器-加速踏板或者节气门体供电；

（10）DY2106 数字万用表。

3. 实验参考资料

（1）Matlab 中 DSP Blockset 的帮助文档；

（2）Matlab 中 xPC 仿真的帮助文档；

（3）PCL-1731 的使用说明书；

（4）教材中的相关章节。

4. 实验内容

（1）利用踏板或者节气门位置信号作为驾驶员的输入命令，用 PCI-1731 将其采集到 Matlab/Simulink 平台中（PCI-1731 在 xPC 下的驱动程序已经由实验指导教师提供）；

（2）对测量到的模拟信号进行频谱分析和数字滤波器，用 SPTOOL 观察其频谱信号，同时用 IIR 的 BUTTERWORTH 滤波器滤除其中的噪声；

（3）将滤波后的信号转换为驾驶员命令（给定转速信号）替换实验 9 中的 DIAG，如图 A10.1 所示，建立硬件在环实时仿真系统，其中的汽油机模型即为实验 9 中用到的模型；

（4）改变驾驶员的命令（踏板或者节气门位置），观察发动机的转速输出结果并作相应的理论分析；

（5）可以进一步将模型由发动机模型控制到带有自动变速器的模型，形成一个整车硬件在环仿真模型，尝试驾驶员的虚拟实验（此步选做）。

5. 实验步骤

（1）搭建硬件系统。按照如图 A10.2 所示的框图搭建模型。

注意：电源的地线、PCI-1731 的地线、传感器的地线的连接。

警示：通电之前先由实验指导教师检查电路，同意后方可通电。

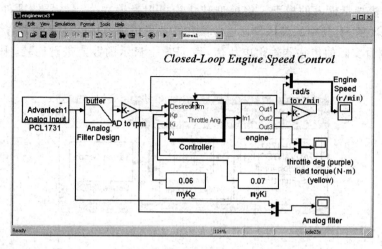

图 A10.1　实验所需要的模拟量信号输入和滤波器模块

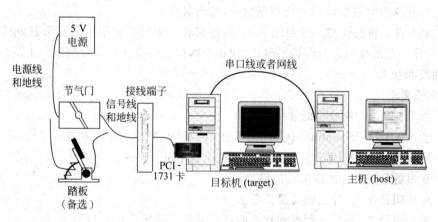

图 A10.2　xPC 硬件在环仿真的硬件框图

（2）设置和起动 xPC 双机通信。在主机上，运行 mex-setup，设置 Matlab 和 VC 的交叉编辑环境；再运行 xpcsetup，设置 xPC 主机和目标机之间的通信方式（网络或者 RS232，通信波特率等参数），并制作起动软盘；（这些操作请在实验指导教师的辅助下进行）接着用起动盘起动目标机，并在主机上运行 xpctest 模型，来检查主机和目标机之间的通信是否正常。

（3）搭建最简单的 xPC 硬件在环系统。如果主机和从机之间通信正常，就搭建如图 A10.3 所示的最简单的硬件在环仿真系统。选择输出的数字量端口，设置方波发生器的参数在 1 Hz 以下的频率范围，同时用数字万用表测量图 A10.2 中的接线端子与该数字量输出对应的引脚的电平，观察该电平是否和模型中 Scope 的逻辑相对应，如果成功输出跳变的信号，说明 Matlab/Simulink 已经找到该硬件并且能够正确驱动。

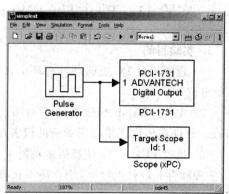

图 A10.3　最简单的 xPC 硬件在环仿真系统

（4）搭建模拟量输入的模型。将模型转化为模拟量输入＋滤波器的硬件在环仿真模型，如图 A10.4 所示，其中的模拟量通道应该和模拟量传感器接口端子输入的引脚对应；同时用万用表测量实际的传感器输出电压值，和 xPC 上显示的数值进行比较，来验证硬件连接的合理性。

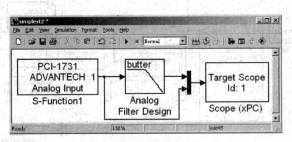

图 A10.4　检查硬件连接的模拟量输入的 xPC 仿真系统

（5）对模拟量进行滤波器匹配。根据设定的采样频率，确定合理的滤波器参数（截止频率和阶次），并比较滤波器前后的模拟量曲线，给出对比曲线。

（6）加入发动机的模型。按照图 A10.1，把实验 9 中的汽油机转速闭环控制模型加入进来，并且作一定的模型运行参数的改动，使得该模型能够在硬件综合的条件下运行。记录仿真的曲线和结果。

6. 实验要求

（1）预习 Matlab 中 xPC 的使用方法。

（2）预习 Matlab/Simulink 中汽油机模型 enginewc 的建模思想和建模方法。

（3）预习 Matlab 中 SPTOOL 工具箱的使用和 DSP Blocket 的使用。

（4）复习信号处理 IIR 滤波器的设计。

（5）思考问题 1：为什么模拟量需要滤波？

（6）思考问题 2：为什么硬件在环实时仿真只能用固定步长？

（7）思考问题 3：硬件在环仿真的优点和好处是什么？

7. 实验中的初始源程序

模型的初始文件 enginewcx2 从网络学堂直接下载。

实验 11　Real Time Windows Target 硬件在环仿真实验

1. 实验目的

（1）理解单台 PC 机的硬件在环仿真和双机（xPC）硬件在环仿真的各自优缺点以及各自的定位；

（2）掌握 Matlab/Simulink 平台下将一个离线仿真模型设置为 Real Time Windows Target 硬件在环仿真模型所对应的设置步骤；

（3）通过 PCL-1731 计算机多功能卡，熟悉 Matlab/Simulink 平台对底层硬件的驱动能力，实现软件和硬件的统一，综合硬件选择和模型搭建，解决汽车电子系统中的匹配和标定问题；

（4）初步学习 Matlab 平台下离散系统的建模方法和工具——STATEFLOW 的使用

方法。

2. 实验设备

（1）RIGOL DS1102CD 型示波器,100 MHz,双通道模拟输入;

（2）DY2106 数字万用表;

（3）PCL-1731 卡;

（4）PC 机一台;

（5）加速踏板:实验室自制加速踏板设备,传感器类型 RP200(HolleyWell 公司产品);

（6）节气门体:桑塔纳 2000 轿车的节气门体;

（7）WD990A 稳压电源,用来给传感器-加速踏板或者节气门体供电;

（8）DY2106 数字万用表。

3. 实验参考资料

（1）Matlab 中 Real Time Windows Target 的帮助文档;

（2）Matlab 中 Stateflow Toolbox 的帮助文档;

（3）PCL-1731 的使用说明书;

（4）教材中的相关章节。

4. 实验内容

（1）利用踏板或者节气门位置信号作为驾驶员的输入命令,用 PCI-1731 将其采集到 Matlab/Simulink 平台中。

（2）对测量到的模拟信号进行频谱分析和数字滤波,用 SPTOOL 观察其频谱信号,同时用 IIR 的 BUTTERWORTH 滤波器滤除其中的噪声。

（3）将滤波后的信号转换为驾驶员的命令(给定转速信号)替换实验 9 中的 DIAG,如图 A11.1 所示,建立硬件在环实时仿真系统,其中的汽油机模型即为实验 9 中用到模型。注意该模型中的 Analog Input 模块(来自 Real Time Windows Target ToolBox)和实验 7 中图 A10.1 的 Analog Input 模块(来自 xPCToolbox)是不一样的。

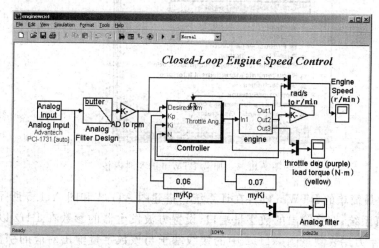

图 A11.1　RTWin 的硬件汽油机在环仿真模型

（4）改变驾驶员的命令(踏板或者节气门位置),观察发动机的转速输出结果并作相应的理论分析。

5. 实验步骤

（1）搭建硬件系统。按照图 A11.2 所示的框图搭建模型。

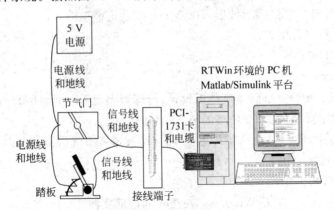

图 A11.2　RTWin 硬件在环仿真系统实验的硬件框图

注意：电源的地线、PCI-1731 的地线、传感器的地线的连接。

警示：通电之前先由实验指导教师检查电路，同意后方可通电。

（2）在 Matlab 平台下设置 Real Time Windows Target 的运行环境。在计算机上，运行 mex-setup，设置 Matlab 和 VC 的交叉编辑环境；从 Lanch Pad 中找到 Real Time Windows Target Toolbox；加载图 A11.3 所示的 RTWin 内核。

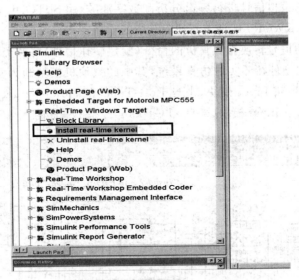

图 A11.3　加载 RTWin 的实时内核

（3）搭建最简单的 RTWin 硬件在环系统。搭建图 A11.4 和图 A11.5 所示的最简单的硬件在环仿真系统；选择输出的数字量端口，设置方波发生器的参数在 1 Hz 以下的频率范围，同时用数字万用表测量图 A11.2 中的接线端子与该数字量输出对应的引脚的电平，观察该电平是否和模型中 Scope 的逻辑相对应，如果成功输出跳变的信号，说明 Matlab/Simulink 已经找到该硬件并且能够正确驱动。

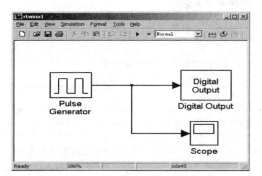

图 A11.4　简单的方波输出 RTWin 模型

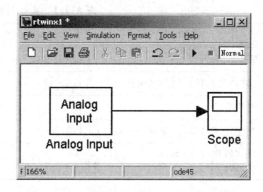

图 A11.5　模拟量输入的 RTWin 简单模型

(4) 搭建模拟量输入的模型。将模型转化为模拟量输入＋滤波器的硬件在环仿真模型,如图 A11.4 所示,其中的模拟量通道应该和模拟量传感器接口端子输入的引脚对应;同时用万用表测量实际的传感器输出电压值,和 xPC 上显示的数值进行比较,来验证硬件连接的合理性。

(5) 对模拟量进行滤波器匹配。根据设定的采样频率,确定合理的滤波器参数(截止频率和阶次),并比较滤波器前后的模拟量曲线,给出对比曲线。

(6) 加入发动机的模型。按照图 A11.1,把实验 9 中的汽油机转速闭环控制模型加入进来,并且作一定的模型运行参数的改动,使得该模型能够在硬件综合的条件下运行。记录仿真的曲线和结果。

6. 实验要求

(1) 预习 Matlab 中 Real Time Windows Target 的使用方法。

(2) 预习 Matlab/Simulink 中汽油机模型 Enginewc 的建模思想和建模方法。

(3) 预习 Matlab 中 SPTOOL 工具箱的使用和 DSP Blocket 的使用。

(4) 复习信号处理 IIR 滤波器的设计。

(5) 思考问题 1:xPC 和 RTWin 硬件在环仿真的差别是什么? 各自有何优缺点?

(6) 思考问题 2:用 Matlab 开发控制算法和用单片机直接开发控制算法各有什么特点?

7. 实验中的初始源程序

模型的初始文件 enginewcx4 从网络学堂直接下载。

实验 12　电控发动机综合实验

1. 实验目的

(1) 了解柴油发动机的基本工作原理和测试方法,同时要了解电子控制单元(ECU)的控制算法和诊断方法;

(2) 掌握常规传感器的容错方法、关键传感器容错机制和处理方法;

(3) 掌握发动机基本控制参数的调整以及对发动机性能排放的影响。

2. 实验设备

柴油发动机参数和测试所用的主要仪器设备分别见表 A12.1 和表 A12.2。

表 A12.1 实验对象：柴油发动机参数

发动机形式	水冷,直列,四冲程,高压共轨,16 气门发动机		
发动机型号	4E160-30	点火顺序	1-3-4-2
(缸径×行程)/(mm×mm)	110×120	怠速/(r/min)	700
总排量/L	4.257	整机净质量/kg	380
额定功率/kW;转速/(r·min⁻¹)	118;2500	最低燃油消耗率/(g·kW⁻¹·h⁻¹)	≤200
最大转矩/(N·m);转速/(r·min⁻¹)	600;1200～1600	燃料	国Ⅲ阶段柴油

表 A12.2 测试所用的主要仪器设备

序号	仪器设备名称	型号	生产厂家	备注
1	ECU	3000	北京易控凌博汽车电子技术有限公司	
2	测功器	Cw260	洛阳南峰机电设备制造有限公司	
3	油耗仪	hzb2000	南通启东发动机测试有限公司	
4	空气流量计	1200	上海同圆环保科技有限公司	
5	气体分析仪	Digas4000	奥地利 AVL 公司	

3. 实验背景资料

在电控发动机的实验过程中,ECU 是发动机的控制核心,是任务处理中心,通过传感器感知发动机的信息,根据已有的模型或者发动机数据,控制执行器(喷油器和各种阀),使发动机能够在不同的转速下输出不同的转矩。通过监控标定软件 ECKA,可以更改发动机的 MAP 数据,使得发动机能够达到最优化的运行状态,如图 A12.1 所示。实验中用一台高压共轨柴油机作为对象(见图 A12.2),通过实验使读者建立对电控系统的匹配标定、故障诊断和容错控制的基本概念。

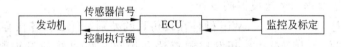

图 A12.1 实验用发动机的高压共轨系统框架图

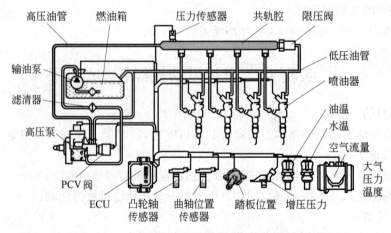

图 A12.2 实验用发动机的高压共轨系统框架图

在发动机的电子控制系统中,包括了传感器、ECU 和执行器,其中传感器中有常规传感器和关键传感器两种。常规传感器只是监控发动机的工作环境和状态。譬如水温传感器,能够感知发动机冷却液的温度,从而知道发动机此时摩擦阻力,冷起动时就要多增加油量。如果此时传感器故障,就进入默认的状态,或者由其他温度(如机油温度)替代;同时发动机的最大功率要降低,以免由于 ECU 失去温度检测的能力而导致发动机过热,损坏发动机。

ECU 中有一系列的控制 MAP 图,这些 MAP 图代表了传感器、执行器和发动机的特性参数,与控制逻辑一起构成发动机的控制软件。最基本的共轨发动机的控制逻辑如图 A12.3 所示。实验中应用的 ECU 是整个控制实验的核心部件,这里采用的 ECU 为北京易控凌博汽车电子有限公司研制的柴油机电子控制单元,核心芯片采用 S12X 的低成本 ECU,如图 A12.4 所示。在实验过程中,由于 ECU 的内部状态是不可见的,因此需要采用如图 A12.5 所示的监控和标定系统,与 ECU 进行实时通信,通过计算机的屏幕实现人机交互。其中的标定计算机和 ECU 之间采用 CCP 标定协议。标定界面如图 A12.6 所示。计算机监控系统还通过 CAN 总线和台架测试系统进行通信,能够实现整个匹配标定的自动化,台架测试系统的照片如图 A12.7 所示。

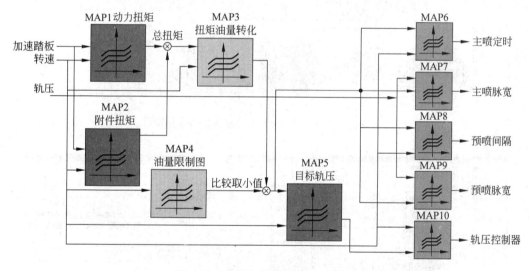

图 A12.3　共轨发动机 ECU 逻辑图

图 A12.4　研制的柴油机电子控制单元照片

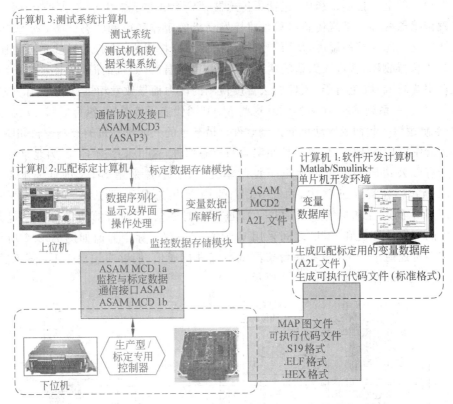

图 A12.5　发动机-测试台架-标定系统的通信接口

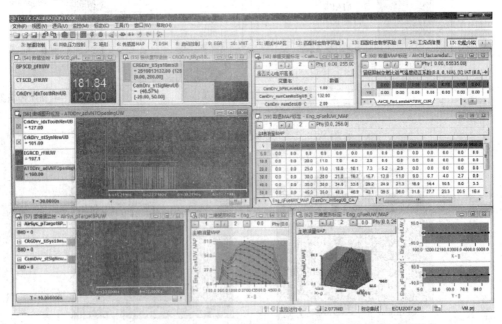

图 A12.6　匹配标定和监控发动机控制器运行的上位机(计算机)监控软件

图 A12.7 台架和测功机控制系统照片

在发动机的电子控制系统中,最重要的传感器是曲轴和凸轮轴的相位传感器。ECU 根据凸轮轴和曲轴传感器可以确定具体缸的具体位置,根据测得的进气量、轨压和查图需要的油量,从而控制喷油器的定时和脉宽。那么凸轮轴和曲轴传感器就非常关键,如果这两个传感器其中一个故障,该如何处理呢?

在运转状态下,如果凸轮轴出现问题了,因为此时已经知道发动机中各个缸的曲轴位置,所以对发动机无影响;如果曲轴信号出现了问题,因为凸轮轴区分活塞缸的位置精确不高,那么发动机的性能就会受影响,要降低发动机功率,"跛行回家"进入服务维修站维修。

在停机状态下,如果凸轮轴出现问题,ECU 就根据曲轴上的缺齿,对于一缸压缩上止点判断就要试喷,如果试喷后转速上升,那么当前的缺齿对应的就是一缸压缩上止点正确;反之,就把下一个缺齿(下一圈曲轴)作为压缩上止点。如果曲轴出现问题,发动机因为凸轮轴区分活塞缸的位置精确不高,那么发动机的性能就会受影响,要降低发动机功率,"跛行回家"去服务维修站维修。

汽车上所有的电子控制系统,都必须包括诊断(diagnostic)、容错(fault tolerant)和失效安全(fail safe)的处理措施。通过本次实验,可以帮助读者建立起相关的概念和处理方法。

4. 实验内容

(1)标定常规传感器的参数。例如,标定水温传感器的电阻随温度的变化规律,获得水温传感器的特性曲线。

(2)标定和优化发动机的控制参数。标定发动机的供油定时、供油脉宽、轨道压力,优化这些参数对于排放和经济性的影响。其中,发动机在 $1000\sim1500$ r/min 之间运转,记录发动机的转速、转矩、油耗和排放数据。其中,喷油定时和共轨压力对发动机的影响按照表 A12.3 和表 A12.4 记录数据。

(3)常规传感器容错处理。例如,将水温传感器拔掉,于是发动机就没有水温传感器了,通过监控系统观察 ECU 的反应,看看 ECU 是否能够成功检测水温传感器的失效,即是否报故障,并记录故障诊断,判断 ECU 的故障是否报得正确。

(4)关键传感器容错处理。例如,在发动机不运行时,把凸轮轴位置传感器线束与 ECU 线束的接口拔掉,模拟凸轮轴传感器失效,看看能否成功起动发动机,对比故障条件下的起动时间和凸轮轴传感器正常条件下的起动时间是否一致;在发动机运行时,把凸轮轴位

表 A12.3 不同喷油定时对发动机性能的影响

转速/ (r/min)	喷油定 时,CA/(°)	喷油脉 宽/ms	轨道压 力/MPa	转矩/ N·m	油耗/ (g·kW⁻¹·h⁻¹)	排放/10⁻⁶			备注
						HC	CO	NO$_x$	
	7								
	8								
	9								
	10								
	11								

表 A12.4 不同共轨压力对发动机性能的影响

转速/ (r/min)	轨压设 定/MPa	喷油脉 宽/ms	轨道压 力/MPa	转矩/ N·m	油耗/ (g·kW⁻¹·h⁻¹)	排放/10⁻⁶			备注
						HC	CO	NO$_x$	
	60								
	70								
	80								
	90								
	100								

置传感器线束和 ECU 线束的接口拔掉,模拟凸轮轴传感器失效,看看 ECU 的故障代码和发动机运转的声音是否有变化。

(5) 让凸轮轴传感器处于正常工作状态,分别在发动机运转和不运转时,拔掉曲轴位置传感器线束和 ECU 线束的接口,模拟曲轴位置传感器失效,又是什么现象?为什么?

5. 实验步骤

(1) 实验标准:发动机的实验条件,按照国家标准 GB/T 18297—2001《汽车发动机性能实验方法》的规定进行控制。测量仪表精度及测量部位应符合 GB/T 18297—2001 的规定。

(2) 实验方法:按国家标准 GB/T 18297—2001《汽车发动机性能实验方法》进行;测量数据时的发动机运行转速与选定转速相差不应超过 1% 或 ±10 r/min,发动机运行状态稳定1 min 后,方可进行测量。

(3) 实验分工:根据参加的人数(6 人左右),让 1 人操作发动机实验台架,1 人操作发动机监控标定软件,1 人操作发动机排放分析仪,其他人注意观察发动机的工作状态及更改标定参数之后发动机表现的差异性,如排放、动力性、经济性。

(4) 实验步骤:按照上述实验内容的要求,依次完成相关的实验。

6. 实验要求

此实验主要是了解电子控制和控制对象的结合,并且对控制对象发动机有初步的认识。在以后的实际应用过程中,能够初步构建控制思想和控制逻辑思维。要求对传感器和执行器的工作原理、发动机的工作过程和原理、ECU 的控制算法有基本的了解。因此实验之前要复习教材中关于 ECU 的架构和标定、诊断和容错等相关内容,并且阅读高压共轨系统的有关章节。

发动机实验具有一定的危险性,尤其和模拟关键传感器失效的实验相关的操作,一定要在实验室专业人员的指导下才能进行;同时小组的各个成员一定要相互配合与分工,服从指导教师和实验室专业人员的安排,顺利完成实验。

附录 B　实验报告模板

实验名称：_____

实验人员姓名

姓名　　　　　　　　班级　　　　　　　　学号

同组姓名

姓名　　　　　　　　班级　　　　　　　　学号

实验日期

_____年____月____日_____时_____分 ～_____时_____分

实验所用仪器

实验内容

实验基本步骤

重要实验结果(图表、曲线、数据)

心得体会

对改进实验的建议

本人签名：

日期

缩 略 语

AB	address bus	地址总线
ABS	Antilock braking system	防抱死制动系统
ACC	adaptive cruise control	自适应巡航控制
ACL	air cleaner	空气滤清器
ACTS	automatic clutch and throttle system	自动离合器和节气门系统
A/D	analogy/digit	模拟/数字
ACE	active corning enhancement	主动提高转向特性系统
A/F	air/fuel	空燃比
AMT	automatic manual transmission	机械式自动变速器
AP	accelerator pedal	加速踏板
ASG	auto shift gearbox	全自动变速器
ASR	acceleration slip regulation	驱动防滑系统
AST	automated shift transmissions	自动换挡变速器
AT	automatic transmission	液力自动变速器
ATPG	automatically test patterns generation	自动生成测试模式
ATDC	after top dead center	上止点后
ATF	automatic transmission fluid oil	自动变速器用油液
BIST(built-in-self-test)	(On the chip, memory, logic device I/O and the whole system testing technology)	对芯片/存储器/逻辑器件 I/O 及整个系统的测试技术
BTDC	before top dead center	上止点前
BMW	Bavarian Motor Works	德国宝马汽车公司
CA	crank angle	曲轴转角
CAC	center air cooler	充气冷却器(中冷器)
CAN	controller area network	控制器局域网
CARB	California air resource bureau	加州空气资源局
CB	control bus	控制总线
CBR	citizen's band radio	民用波段收音机
CCD	charge coupled device	电荷耦合器件
CCU	center control unit	中央控制单元
CDROM	compact disc read-only memory	光盘只读存储器
CFC	chlorofluorocarbon	氟氯化碳
CFI	continued fuel injection	连续喷油系统
CMPS	cam position sensor	凸轮轴位置传感器
CPU	central processing unit	中央处理器
CTP	closed throttle position	节气门关闭位置
CTS	coolant temperature sensor	冷却液温度传感器
CVRSS	continuously variable road sensing suspension	连续可调路面感应悬架

CVT	continuously variable transmission	机械式无级变速器
D/A	digit/analogy	数字/模拟
DB	data bus	数据总线
DFR	dynamic flow ratio	动态流量比
DI	distributor ignition	分电器点火系统
DIS	direct ignition system	直接点火系统或无分电器点火系统
DLC	data link connector	数据连接插头（诊断插座）
DLC	data long code	数据长度码
DPF	deposit particular filter	微粒捕捉器
DPM	defects per million	每 10^6 个器件中的缺陷数
DTC	diagnostic trouble code	故障诊断码
DTM	diagnostic trouble mode	故障诊断模式
DVD	digital video disc	数字视频光盘
E4WS	electronic 4 wheels steering	电子四轮转向系统
ECE	Economic Commission for Europe	欧洲经济委员会
ECE 15-04 +EUDC	Economic Commission for Europe15-04＋ Extra Urban Drive Cycle	欧洲经济委员会 15-04（关于排放的城市运行 15 工况 4 个试验循环）＋EUDC（关于市郊公路的一个试验循环）的汽车法规
ECM	electronic control module	电子控制模块
ECM	engine control module	发动机控制模块
ECS	electronically controlled suspension	电控悬架
ECT	engine coolant temperature sensor	发动机冷却液温度传感器
ECU	electronic control unit	电子控制单元
ECU	engine control unit	发动机控制单元
ECVT	electronically controlled continuously variable transmission	电控无级变速器
EEC	European Economic Community	欧洲经济共同体（欧共体）
EEPROM	electrical erase programmable read-only memory	电可擦除可编程只读存储器
EFI	electronic fuel injection	电控汽油喷射
EGOS	exhaust gas oxygen sensor	排气氧传感器
EGR	exhaust gas recirculation	排气再循环
EI	electronic ignition	电子点火（无分电器点火）
ELC	electronic level control	电控车身调平
EMAS	electronic modulated air suspension	电控空气悬架
EMC	electromagnetic compatibility	电磁兼容性
EMS	engine management system	发动机管理系统
EPA	Environment Protection Agency	环境保护局
EPHS	electrically powered hydraulic steering	电动液压助力转向系统
EPROM	erase programmable read-only memory	可擦除可编程只读存储器
EPS	electronic power steering	电动助力转向
ESA	electrical spark advance	电子控制的点火提前
ESP	electronic stability program	电子稳定性系统

EVAP	evaporative emission	燃油蒸发排放物
EBD	electronic brakeforce distribution	电子制动力分配
EVO	electronic variable orifice steering	电子可变量孔助力转向系统
FC	fan control	风扇控制(电子冷却风扇)
FDS	failure detect system	故障诊断检测系统
FIT	failure in time	在一定时间内的故障数
FM/AM	frequency modulation /amplitude modulation	调频/调幅
FMVSS	federal motor vehicle safety standards	美国的联邦机动车安全标准
GDI	gasoline direct injection	缸内直喷汽油发动机
GEN	generator	发电机(交流发电机)
GPS	global position system	全球定位系统
HCCI	homogeneous charge compression ignition	均质混合气压燃技术
HEUI	hydraulic electronic unit injector	液力活塞增压式共轨系统
HO2S	heated oxygen sensor	加热型氧传感器
IACV	idle air control valve	急速空气控制阀
IATS	intake air temperature sensor	进气温度传感器
IBM	International Business Machine	美国国际商用机器公司
IC	ignition control module	点火控制模块(点火 ECU)
IC	inductance-capacitance	电感-电容
I/O	input /output	输入/输出接口
IS	idle speed	急速
ISC	idle speed control	急速控制
ISCV	idle speed control valve	急速控制阀
ISO	International Organization for Stand-ardization	国际标准化组织
KS	knock sensor	爆燃传感器
LED	light-emitting diode	发光二极管
LP	open loop	开环
LPF	low pass filter	低通滤波器
LRC	LEXUS ride control	"雷克萨斯"乘适控制
MAFS	mass air flow sensor	空气质量流量传感器
MAP	manifold absolute pressure	进气管绝对压力
MAPS	manifold absolute pressure sensor	歧管绝对压力传感器
MBT	maximum brake torque	最大制动转矩
MFI	multi fuel injection	多点燃油喷射
MIL	malfunction indicator light	故障指示灯
MOSFET	metallic-oxide-simeconductor field effect transistor	金属-氧化物-半导体场效应晶体管
MOT	maintenance of test	保养测试
MOV	metal oxide varistors	金属氧化物压敏电阻
MPI	multi-point injection	多点喷射
MR	magneto rheological	磁流变
MT	manual transmission	手动机械变速器
NDIR	non-dispersive infra-red	非-色散红外分析仪

NTC	negative temperature coefficient	负温度系数热电传感器
OBD	on-board communication systems	在板(车载)通信系统
O/D	over-drive	超速挡
PAIR	pulse air injection reaction	脉冲式二次空气喷射
PCB	printed circuit board	印刷电路板
PCM	powertrain control module	动力传动控制模块
PCS	pressure control solenoid	压力控制电磁阀
PCU	pump control unit	油泵控制单元
PCV	pressure control valve	压力控制阀
PDU	portable detect unit	携带式诊断检测装置
PFD	phase frequency detector	相位频率检测器
PID	proportion integral differential	比例积分微分
PNP	park netrual position	驻车/空挡位置
PPVI	pump-pipe-valve-injector	泵-管-阀-嘴式电控燃油喷射系统
PROM	programmable read-only memory	可编程只读存储器
PSA	pressure switch assemble	压力开关总成
PSW	power switch	全负荷开关信号
PWM	pulse-width modulation	脉宽调制
RAM	random access memory	随机存储器
RDS	radio digital system	收音机数字系统
RFI	radio frequency interfere	无线电频率干扰
ROM	read-only memory	只读存储器
RPMS	revolutions per minute sensor	发动机转速传感器
SAE	Society of Automotive Engineers	美国汽车工程师学会
SAMT	semi-automatic transmission	半自动变速器
SCV	swirl control valve	旋流控制阀
SPI	single point injection	单点喷射
SPS	smart power switch	智能功率开关
SRI	service reminder indicator	维修提示指示器
ST	swept tool	扫描工具
STA	start signal	起动信号
SUV	sports utility vehicle	运动型多功能车
TB	throttle body	节流阀体
TBI	throttle body injection	节气门体喷射
TC	turbo-charge	涡轮增压器
TCC	torque converter clutch	变矩器离合器
TCCS	Toyota computer control system	丰田计算机控制系统
TCS	traction control system	牵引力控制系统
TDC	time delay control	时间滞后控制
TDCL	total diagnostic communication link	总诊断通信线路
TFT	transaxle fluid temperature sensor	变速驱动器油液温度传感器
TISS	transaxle input speed sensor	变速驱动器输入转速传感器
TP	throttle position	节气门位置

TPS	throttle position sensor	节气门位置传感器
TSC	tumble & swirl control	滚流和旋流控制
TVS	transient voltage suppressor	瞬变电压抑制器
TV	television	电视
TWCC	three way catalyst convertor	三元催化转化器
UEGOS	universal exhaust gas oxygen sensor	宽范围的排气氧传感器
UIS	unit injector system	泵喷嘴
UPS	unit pump system	单体泵
VCU	valve control unit	气门控制单元
VDC	vehicle dynamic control	车辆动力学控制系统
VDT	Van Doorne's transmission	Van Doorne 的传动
VGT	variable geometry turbocharger	可变截面涡轮增压器
VIA	vehicle interface adaptor	车辆接口适配器
VICS	vehicle intelligent communication system	车辆智能通信系统
VNT	variable nozzle turbocharger	可变喷嘴涡轮增压器
VSC	vehicle stability control	车辆稳定性控制
VSE	vehicle stable enhance	强化车辆稳定性系统
VSS	vehicle speed sensor	车速传感器
VSV	vacuum switch valve	真空开关阀
VSTM	vehicle system test manual	车辆电子系统有关的测试手册
VVT	variable valve timing	可变气门正时
WOT	wide open throttle	节气门全开